BEIJING LANGUAGE AND CULTURE UNIVERSITY
INNOVATION FUND RESULT SET

北京语言大学创新基金成果集

2015

共青团北京语言大学委员会　编

中国工人出版社

图书在版编目（CIP）数据

北京语言大学创新基金成果集. 2015 / 共青团北京语言大学委员会编. —北京：中国工人出版社，2016.2

ISBN 978-7-5008-6321-2

Ⅰ.①北… Ⅱ.①共… Ⅲ.①北京语言大学－科技成果－汇编－2015 Ⅳ.①G644

中国版本图书馆CIP数据核字（2016）第034408号

北京语言大学创新基金成果集2015

出 版 人	芮宗金
责任编辑	朱　鹏
责任校对	孙迺伟
责任印制	栾征宇
出版发行	中国工人出版社
地　　址	北京市东城区鼓楼外大街45号　邮编：100120
网　　址	http://www.wp-china.com
电　　话	（010）62350006（总编室）　（010）62005039（出版物流部） （010）82075935（工会与劳动关系分社）
发行热线	（010）62004002　（010）82081553（传真）
经　　销	各地书店
印　　刷	三河市万龙印装有限公司
开　　本	700毫米×1000毫米　1/16
印　　张	23.75
字　　数	300千字
版　　次	2016年3月第1版　2016年3月第1次印刷
定　　价	39.00元

目　录

“一带一路”下跨境电商崛起的机遇、挑战与创新*

摘　要：目前，国内经济的发展受到产能过剩、资本过剩、供需错位等因素的制约，为了实现产能和资本的输出，培养新的贸易增长点，政府提出了“一带一路”的发展战略。在这样的背景下，跨境电商应该充分地发挥自身的价值传导功能，抓住“一带一路”战略中“五通”建设带来的政策、基础设施建设、贸易畅通、人民币国际化等方面的机遇，并且，敢于面对来自网络建设、法制体系、人才市场、物流方面的挑战。另外，一些跨境电商已经开始采用创新的方式来解决传统贸易中存在的物流、信任、税收问题，这是跨境电商发展的新方向。

关键词：“一带一路”；跨境电子商务；人民币国际化

一、背景介绍

（一）跨境电子商务

跨境电子商务是指来自分属不同关境的交易主体（企业、金融机构、

* 作者：李洁尘（商学院国际经济与贸易系）；
指导老师：张爱玲。

个人等），通过互联网进行国际商业交易的贸易模式。现在国内跨境电商主要以进口电商为主，传统的跨境进口电商的产业链大致包括以下几个环节：品牌商签约、整合供应商组织供应链、国际仓储物流、国内清关、模式选品、国内用户流量获取、流量转化、消费者忠诚度。

自1998年以来，我国跨境电商发展迅速，大致可以分为三个发展阶段。1998年到2002年，阿里巴巴、中国制造网等B2B电商成立，开始探索中国跨境电商的发展道路，主要靠会员费和营销推广费盈利。2003年到2005年，出口易、敦煌网、四海商舟等公司先后成立，跨境电商主要靠交易佣金盈利，并开始提供一些增值服务。从2006年至今，是跨境电商的发展期，大量利好政策出台，兰亭集势和大龙网等跨境电商公司成立，这些公司以自营B2C企业为主，商务部数据显示2014年中国跨境电子商务企业已经超过20万家，平台企业已经超过5000家。一些电商在国外上市，这个时期跨境电商主要靠产品进销差价盈利。另外，由于中国产能过剩带来的经济颓势逐渐显现，"一带一路"、"互联网+"、供给侧改革等政策出台。在"去产能"中扮演重要角色的跨境电商迎来新的发展机遇，例如，阿里巴巴就在2015年"双十一"时提出天猫的国际化战略。

目前我国跨境电商发展潜力巨大。从国际的角度来看，《中国电子商务研究中心》的数据显示，2012年，全球跨境电子商务收入为3000亿美元，预计到2018年这一数字将翻番。从中国的角度来看，根据艾瑞网、中国海关总署和麦肯锡的资料显示，2013年中国跨境网购总金额为2160亿元，预计到2018年增长到10000亿元，跨境网购人数也将由2013年的1800万人增加到2018年3600万人。

目前我国的跨境进口电商主要有天猫国际、京东海外购、蘑菇街、聚美急速免税店、唯品会、一号店、网易考拉等。跨境网购的进口国主要是美国、英国、德国、澳大利亚、巴西。中国人跨境网购的动机主要是对国产产品品质的担忧、国人口碑传播和媒体引导。跨境网购进口的产品主要包括母婴产品、营养保健、食品、数码产品、户外运动装备、衣服鞋帽、箱包配饰、护肤美妆等。

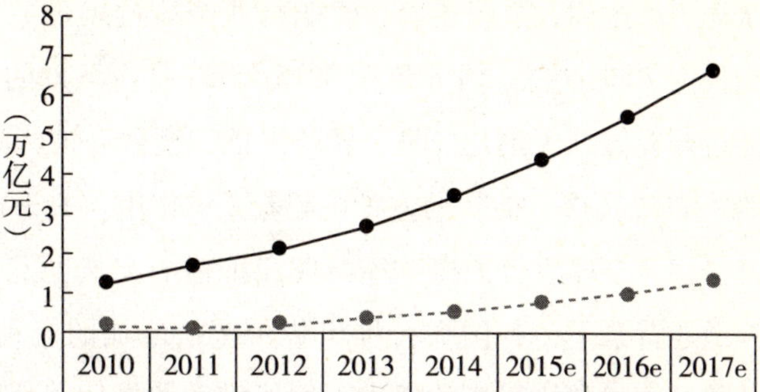

	2010	2011	2012	2013	2014	2015e	2016e	2017e
跨境进口电商交易额	1.2	1.7	2.1	2.7	3.5	4.4	5.5	6.7
跨境出口电商交易额	0.1	0.1	0.2	0.4	0.5	0.8	1	1.3

图1　跨境进出口电商交易额

数据来源：36 氪

目前我国的跨境出口电商主要包括中国制造网、全球速卖通、敦煌网等。以敦煌网为例，数据显示，到 2014 年年底，敦煌网的在售商品已达 3000 万种，交易规模也迅速增长。欧美是敦煌网主要的出口市场，另外，来自法国、荷兰、意大利、西班牙等多语言地区的订单呈现出极大的增长潜力。

（二）“一带一路”大背景

2015 年，我国经济进入“新常态”，经济下行压力增大，其原因就是国内产能和资本的过剩，以及供需错位。在经济调节的过程中，“一带一路”战略在产能和资本的输出以及发展新的贸易增长伙伴，提高国际竞争力中扮演着非常重要的角色。“一带一路”是“丝绸之路经济带”和“21 世纪海上丝绸之路”的简称，是 2013 年习近平主席出访时分别提出的。地域上，在国内，“一带”的中心是新疆，“一路”的中心是福建；在国外，“一带一路”包括中亚、东盟、南亚、中东欧、西亚、北非等 65 个国家和地区。整体可以分为中蒙俄、孟中印缅、中巴、新亚欧、中新、中伊土六大经济走廊。

“一带一路”战略提出的原因众多，包括产能过剩、资本过剩、“西进”战略等。从国内角度来看，产能和资本过剩已成为限制中国经济发展的主要因素。关于产能过剩，官方数据显示，2012 年底，我国钢铁、水泥、电解铝、平板玻璃、船舶行业产能过剩现象非常严重，利用率分别仅为70%左右。国务院在2015年10月份下发的文件中提到，解决产能过剩要做到“消化一批、转移一批、整合一批、淘汰一批”，“一带一路”在“转移一批”的方针中起着关键作用。关于资本过剩，2015年10月份初，全球股市走高，各类资产价格的突然上涨，这说明，在全球经济低迷背景下，各国央行推出货币宽松增加的流动性流向了金融市场。转移国内过剩的产能和资本，发展潜在贸易伙伴，创造新的经济增长点是“一带一路”战略提出的根本目的。

从另一个方面来说，我国更高水平的改革开放可以通过“一带一路”战略来推动。以往我国的改革开放三个阶段放的共同点是，第一，开放的区域重点一直是东南沿海地区。第二，把以WTO（及其前身关税与贸易总协定）为主体的多边贸易体制规则作为开放的参照系。但是，“一带一路”推动更广区域的开放，同时包括东南沿海地区和中西部内陆地区。因此，中国要在维持东面与美、日“竞争”的同时，推动“一带一路”战略，大力“西进”。

（三）跨境电商在“一带一路”中的战略位置

跨境电商在“一带一路”战略中起着非常重要的作用。原因如下：

第一，跨境电商的发展是“一带一路”战略推动的中间环节。2015年3月，发布的《推动共建丝绸之路经济带和21世纪海上丝绸之路的愿景与行动》中指出：支持符合条件的“一带一路”沿线城市开展跨境电子商务。

第二，我国与“一带一路”沿线国家之间存在的贸易潜能大。由图2可以看出，中国对“一带一路”沿线国家的进出口额及增速虽然有所放缓，增速下降与2008年金融危机爆发后，世界经济低迷有关。2014年，我国对“一带一路”沿线国家的进出口额分别占我国总进出口额的25%、27%。另外，从增速的角度来说，2014年，中国对“一带一路”沿线国家的贸易进出口额增速均分别超过我国进出口贸易额的增速。所以整体来看，与“一带一路”沿线国家的贸易合作潜力巨大，有望成为我国新的贸易增长点。需要注意的是，中国对“一带一路”沿线国家的主要贸

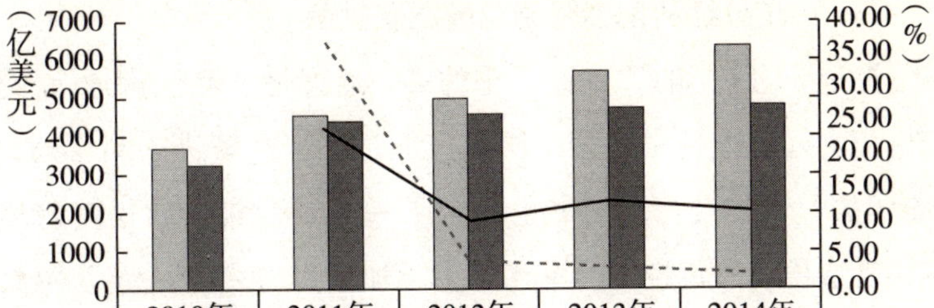

	2010年	2011年	2012年	2013年	2014年
出口额	3663	4542	5013	5691	6370
进口额	3226	4399	4585	4714	4834
----- 进口额增速		36.36	4.23	2.81	2.55
—— 进口额增速		24.00	10.37	13.52	11.93

图2　中国对“一带一路”沿线国家的进出口额及增速

数据来源：《“一带一路”沿线国家产业合作报告》

易方式是一般贸易。在“互联网＋”趋势的推动之下，不少传统的中小企业的营业额将会受到电商冲击，传统企业转型电商是大势所趋。政府相继也出台了“互联网＋外贸”的一系列政策，近年来，我国的跨境电子商务贸易额以30%以上的年增速高速增长，在未来，跨境电商将会起到越来越重要的作用。

第三，跨境电商的发展受新常态下“供给侧改革”、“互联网＋”政策的推动。目前，国内产能过剩，供应过剩，同时，需求过剩，跨境海淘交易数额逐年上升，在这种“供需错位”的经济背景下，跨境出口电商应发挥自身价值传导的功能，把过剩的供给引向国外，带动中国经济的增长，并且以“互联网＋外贸”的模式，推动国内中小微企业转型，另一方面，跨境进口电商应引进国外的产品，满足国内过剩的需求，这也与供给侧改革中“供给创造需求”的理念相契合。

二、机遇

在“一带一路”大背景下，跨境电商在政策、设施、贸易畅通、人民币国际化方面迎来了机遇。

（一）政策红利创造跨境电商发展机遇

“一带一路”的“五通”中的第一通就是“政策沟通”。近年来，跨境电商利好政策越来越多，国家产能过剩，经济进入新常态，中国企业“走出去”势在必行，国家也出台了一系列政策，放松对跨境电商的管制，营造传统外贸转型的有利氛围，加强以“一带一路”沿线国家的合作，鼓励跨境电商的发展。下面给出了2015年以来，国内和国外的跨境电商利好政策。

国内跨境电商利好政策：

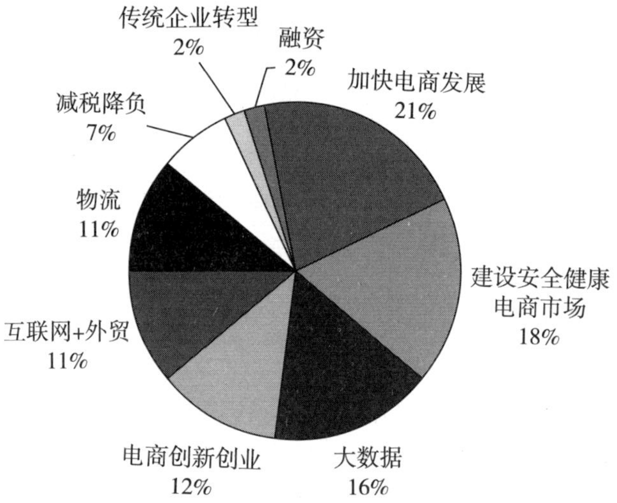

图3　2015年国务院出台跨境电商利好政策

数据来源：作者整理

由图3可以看出2015年国务院出台了大量的跨境电商的利好政策，其中利好政策占比较重的是加快电商发展、建设安全健康电商市场、大数据、“互联网+外贸”、电商创新创业、物流。

中外合作：2015年是“一带一路”政策的落实之年，2015年国家领导人为实现“政策沟通”而进行的访问及接见，在其过程中达成的合作协议为跨境电商的发展打下了坚实的基础，其中与哈萨克斯坦、韩国、欧洲各国、非洲各国签订的贸易协定影响深远。

（二）基础设施提供跨境电商物流基础

“一带一路”的“五通”中的第二通就是“设施联通”。基础设施是发展跨境物流的前提条件，基础设施不健全是目前跨境电商发展的一大制约因素。《推动共建丝绸之路经济带和21世纪海上丝绸之路的愿景与行动》中指出，要建设完备的基础设施网络，扩大贸易范围，节省贸易成本。为了给“一带一路”基础设施的建设提供资金，中国成立亚投行，目前已经有57个国家宣布加入，并且仅有一个国家签署协议，预计在2015年12月底，亚投行将正式运营，并于2016年第一季度进行融资，融资有望达到20亿美元左右。

2015年8月，首趟中欧班列“厦蓉欧”顺畅通关，全程1万多公里，运时15天，与较传统海运运输相比，能够节省20—25天，较空运节省运费80%。根据商务部网站消息，2015年1月至5月，中国企业在“一带一路”沿线国家承揽对外承包工程项目超过1000个，新签合同额占同期我国对外承包工程新签合同额的一半。“一带”的通路和“一路”的通航，完善了现代物流运输渠道，使得信息流、物流、资金流更加高效便捷。

（三）贸易畅通打破跨境电商贸易壁垒

“一带一路”的“五通”中的第三通就是“贸易畅通”。在国内，上海自贸区实行的贸易便利化政策成为一大亮点，并成为多个自贸区学习模仿对象。自从上海自贸区获批后，优质低价的进口产品在自贸区内涌现，以往“灰色海淘”逐渐较少，另外，上海自贸区具有国际水准的自由贸易区的核心制度，可概括为：“三自由、一保障”，即货物进出自由、投资自由、金融自由，且有法律法规保障，大量国企、民资和外资陆陆续续进入跨境电商这一行业，尤其在食品、红酒、奶粉等日用品领域发展神速。所以可以说，自贸区的建立，尤其是贸易便利化政策的实施极大地促进了跨境电商的发展。厦门、天津、福建自贸区也正在部署贸易战略。另外，我国各省份将在2015年年底之前出台在“一带一路”战略实施的过程中，各省的定位和发展规划，切实参与到“一带一路”战略中去。

国际上，韩国是中国的第三大贸易伙伴和第二大进口国，在中韩自贸区后，中国对91%的韩国原产货物有望实现零关税。这对跨境电商的发展是一大利好。12 月，中非贸易合作一再升温，习近平总书记提出“十大合作计划”，双方签署 22 项合作协议等都将快速提升双方的贸易往来。目前，中国正与越来越多的国家达成贸易合作协议，这对跨境电商的发展也是一大利好。

（四）人民币国际化解决跨境电商支付问题

人民币的国际化有助于各国商贸统一信用标示，完善支付体制，减少贸易摩擦。

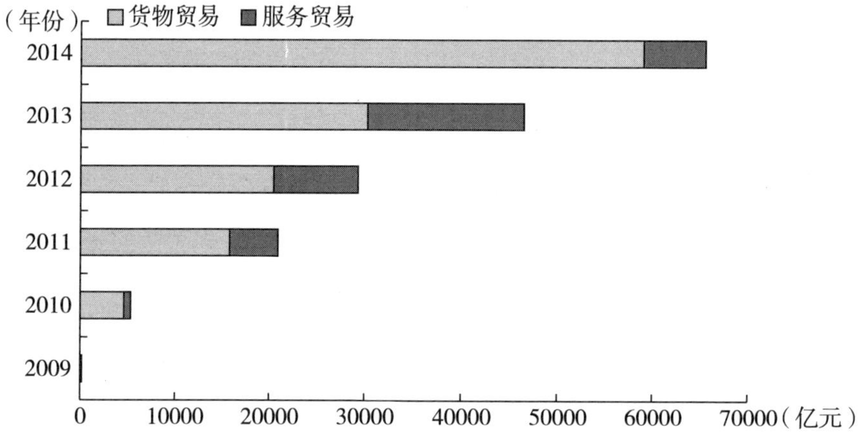

图 4　中国经常项目人民币年度结算金额

数据来源：中国人民银行

从图 4 可以看出，过去五年，人民币国际化取得显著进展。据中国人民大学国际货币研究所（IMI）编制的人民币国际化指数显示，2010 年初该指数只有 0.02%，到 2014 年底已经达到 2.35%。2014 年，人民币跨境收支占本外币跨境收支的比重上升至 23.6%，离岸人民币市场进一步拓展，人民币国际合作不断深化。人民币国际化的第一步是成为国际贸易的结算货币，目前已经达到了。

2015 年 12 月 1 日，人民币加入特别提款权（SDR）货币篮子，人民币在其中的权重将为 10.92%，人民币成为国际重要的投资货币，人民币国际化迈出第二步。但是，由于各国对人民币是否“可自由使用”仍保持着各自的看法，SDR 在外汇储备中虽占比重较小，新货币篮子将于 2016 年 10 月 1 日才能正式生效，中国监管体系尚不健全，大数据管理水平仍需提高等原因，人民币入篮带来的积极影响在短期内不能体现，要想在国际支付中自由的使用人民币，中国仍有很长的路要走。

“一带一路”提高人民币在国际上的流动性，推动人民币国际化。在“一带一路”战略中，亚投行的建设能够把国内过剩的资本输出到新的贸易增长地区，进而提高人民币在国际上的流动性，推动人民币进一步国际化。

三、挑战

在面临机遇的同时，跨境电商也正在面临着一些的挑战。

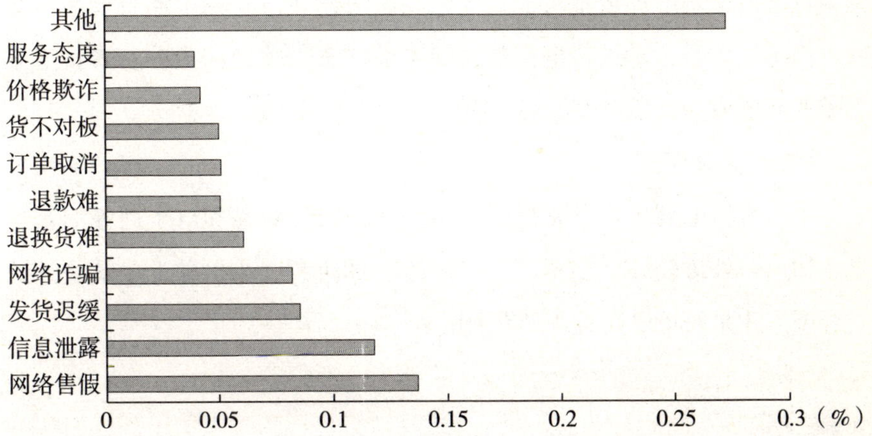

图5　2015年（上）中国网络零售十大热点被投诉问题

数据来源：《2015年（上）中国电子商务用户体验与投诉监测报告》中国电子研究中心

由上图数据可以看出，目前阻碍电商发展的因素主要有网络售假、顾客追偿难度和成本大、物流方面配送慢、支付方面存在信息泄漏和网络诈骗，另外，人才匮乏是网络数据检测不到的跨境电商的又一大挑战。接下来对以上提到的挑战进一步的分析。

（一）法制不健全

法制不健全，体现在两个方面。第一，中国跨境电商提供假货的问题。近年来，中国跨境电商向国外顾客提供假货的现象屡禁不止，已经引发世界关注。美国政府 2014 年 2 月 12 日公布的一份“2013 年恶名市场”名单中，中国市场在世界实体市场中，是提供假冒产品最多的市场。而我国目前对跨境电商假冒伪劣商品的监控力度不大，电子商务领域法律法规不够健全，这是限制电商发展的一大障碍。我国政府应积极吸取大的电商平台的打假监控措施的经验，完善电商监控和打假体制，改善电商发展现状。

第二，国内顾客追偿难度和成本大。跨境电商虽然实现了顾客和商家线上交易和支付，线下发货的运营模式，空间障碍小，但是，当国内买方发现产品假冒或有误时，由于买卖双方所在国家不同，实行的法律不同，退换货成本高，再加上供应链复杂，电商本身责任有限等原因，国内顾客追偿难度和成本可能要大。我国法律在维护网上消费者售后维权方面不够健全，对进口电商的监控不够完善，才使国内消费者售后维权难的问题成为跨境电商发展的障碍。

（二）人才匮乏

中国跨境电商人才研究报告显示，具备国际贸易和电子商务的基本专业知识、外语较好（随着“一带一路”的进程，小语种人才紧缺）的复合型人才是跨境电商行业最需要的。

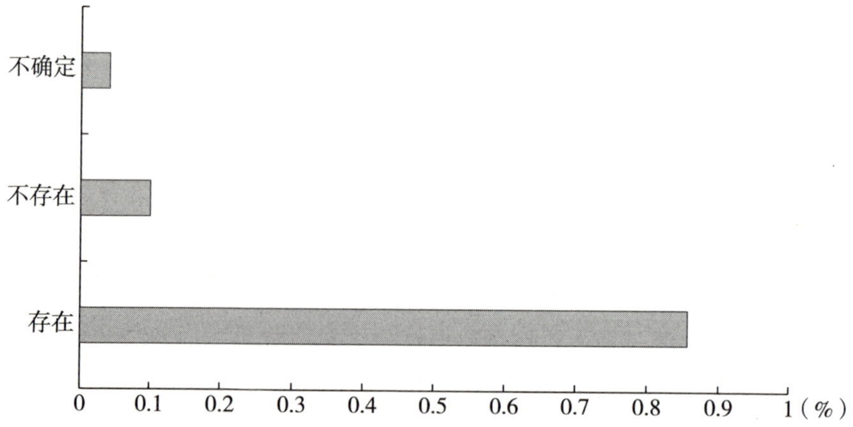

图 6　是否存在跨境电商人才缺口

数据来源：《中国跨境电商人才研究报告》

图6显示，86%的企业认为存在跨境电商人才缺口。不少企业认为，高校所提供的应届毕业生存在着解决问题能力不强、专业知识不扎实、视野不够宽、知识面窄等问题，高校培养的人才不能满足企业发展的需要。

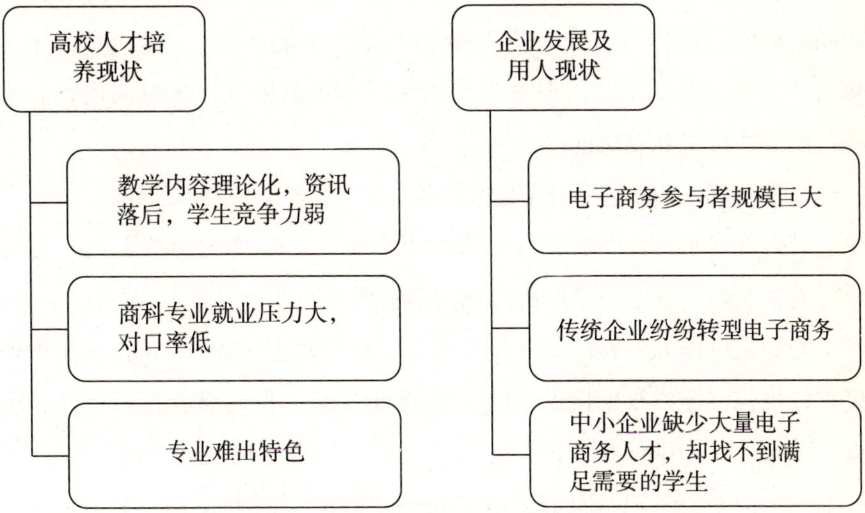

图7 高校人才培养现状与企业发展及用人现状对比

通过高校现状与企业发展及用人现状的对比得出了电商人才匮乏的原因：高校教学内容理论化，资讯落后，专业难出特色，另外，大学毕业生就业压力大，工作对口率低；企业转型快，信息更新快，不能与高校实现良好的人才对接。

（三）物流困境多重

物流一直是跨境电商发展的一大障碍。我国跨境电商面临的物流困境有：物流产业链长、环节多，成本高；运输及配送周期长；政治、文化、法律及海关等风险；汇率风险；另外，退换货物流难[①]。另外，发展中国家的物流成本比发达国家高[②]。

---

① 张夏恒、马天山：中国外贸电商物流困境及对策建议．当代经济论坛．2015年5月第37卷第五期．

② 发展中国家的物流平均成本占成品成本的15%～25%甚至更高，与发达国家物流成本平均仅占成品最终成本的10%～15%相比，发展中国家的物流成本较高。

跨境电商 B2C 的消费模式中，消费者一般选择快递和邮政小包。联邦快递集团（FEDEX）、联合包裹运送服务公司（UPS）、敦豪国际公司（DHL）和天地公司（TNT）四大快递公司（国际四大物流巨头）商品运输周期短、丢件率低、服务完善，但是收费较高。而国际 EMS、中国邮政、中国邮政大包虽然收价低，清关能力强，能运送出关的物品超多，但是运输时间长①。虽然“一带一路”战略部署的过程中，多方致力于物流与“一带一路”对接，但由于技术和成本等的限制，短时间内，物流仍是阻碍跨境电商发展的一大因素。

（四）跨境支付垄断和安全性问题

有调查显示，大多数在国外跨境电商平台上购物的消费者担心支付手段的安全性，其中，中国和巴西的消费者为甚②。

跨境支付作为阻碍跨境电商发展的因素原因是：第一，paypal 作为外资支付机构市场占有率接近 80%，有垄断优势。我国消费者只有持有印有 Visa 或 MasterCard 标识的国际双币支付信用卡才能进行海淘。2012 年 9 月，阿里巴巴的支付宝国际账户 alipayaccount 正式上线，但由于流程漏洞、欺骗行为、偏向买家、纠纷处理不当等原因，不能对 paypal 构成威胁。第二，支付安全问题。第三方支付平台会保存大量的用户支付信息，若第三方支付服务器数据库被攻击，将导致用户账号信息泄露。

四、创新

在这个大众创新的时代，跨境电商应该怎样创新，解决传统产业链中的问题，优化现存的跨境电商体系？本文将提出三方面的创新：物流

① ［华南］各大国际快递公司优缺点分析、福步外贸论坛 http：//bbs. fobshanghai. com/thread－4732441－1－1. html。

② 美国尼尔森公司在 2013 年 5 月 27 日至 6 月 12 日，调查了来自美国、德国、英国、澳大利亚、中国和巴西六大市场的 6000 多名跨境在线购物者。数据显示，从消费者最为关心的问题角度分析，跨境电商的消费者中，80% 消费者采用 PayPal 作为跨境支付手段。90% 的人担心安全性。其中中国和巴西消费者最为担心。

创新（海外仓储）、传统电商信任问题的创新解决方式、网购保退税（进口“跨境电商网购保税”和出口“跨境电商出口退税”）。

（一）物流创新

建立海外仓储是目前应对传统物流运送时间长、运输环节多等问题的最有效的措施。海外仓是指跨境电商为了节省物流时间，提高物流效率，保证售后服务质量而建在国外的仓库。使用海外仓，不仅可以降低物流成本，提高发货速度，进而提高卖家利益，还可以拓展产品品类。拓展产品品类方面主要指海外仓的集中运输模式能够运送超大件、超重件的商品，这是邮政小包或快件的物流方式满足不了的。最后，使用海外仓能够快速地进行退换货处理，提高售后服务质量。

（二）信任问题的创新解决方式

电商的一个传统问题就是信任，无论对供应商还是采购商来说，交易涉及很多方面的细节，尤其是涉及大额交易时，传统贸易中仅仅通过看图来决定是否交易的方式存在着许多信任问题。“移动互联 + 外贸”B2B 模式的跨境电商大龙网通过发布约商 OSell，解决了传统电商的信任问题，这种创新方式在跨境贸易中值得推广。

约商 OSell 是一款 APP，服务对象是外贸商人，使用约商 OSell 的用户能够在上面实现用母语即时通讯。约商 Osell 具备以下特点：约商 Osell、即时通讯母语对话、服务市场一站体验、线上体验馆一目尽览（体验馆）、线下网贸会提前预约、新品发布通告全球。其中体验馆的建立是解决信任问题的关键。约商在海外搭建体验馆，使海外采购商可以在当地的体验馆看到产品样品实物，实地查看产品质量和产生使用体验。目前，大龙网积极推进“百城百联”战略，在全球部署网贸馆，现已落地十国。

（三）网购保退税

1. 进口：跨境电商网购保税

“网购保税”是指进口企业先备货，后接单，有以下环节：海外采购、然后发至国内保税仓库、接受订单、配送货物，在网购保税的模式下，跨境进口电商在清关时只征收行邮税。具体分为七步流程：普货查验—理货—上架（产品进入保税仓）—客户下订单—打包—海关、国检查验—通关，由国内物流公司派送至客户。目前，宁波、郑州、上海、重庆、杭州、广州和深圳等城市的地方政府都在探索相应的进口保税政策。

与传统的进口政策相比，“网购保税”以下四点优势：第一，购物周期短，由于试点的货物是保税暂存的方式，消费者只要在跨境电商品台下好订单，就能很快地收到商品，从国内保税区直接邮寄到客户手中，购物周期大大缩短。第二，能够实现快速退换货物的需求。“保税进口”模式下，消费者要退换货，只需把商品寄回相应保税仓库就可以了，并且每个商品都有方位溯源标签，大大提高了售后服务质量。第三，因大幅度降低进口环节的税收，集中采购模式降低产品的采购成本，商品总成本低，价格优惠。第四，“网购保税”商品的进口、检验检疫、网上销售，经过严格的审查，从而保证了商品的品质，也解决了售后服务问题。

2. 出口：跨境电商出口退税

出口退税是指对出口货物退还其在国内生产和流通环节实际缴纳的增值税、消费税。现在我国跨境电商出口的产品品种多样、批量较小、批次较多，但是出口企业缺少进出口货物相应的出口报关单，因此不能实现出口退税。目前，不少地方政府采用推出出口退税的政策，出口退税不仅能降低出口商的交易成本，促进出口，提高国际竞争力，还能提高审核速度，减轻税务负担，提高效率。

五、结论

中国处于改革开放新时期，希望通过“一带一路”的战略，在现有的区域经济合作机制并行不悖的前提下，实现推动全球贸易投资自由化。但是如今中国经济下行压力加大，出口贸易萎靡，要想做到全球贸易投资自由化，则需要新的经济增长点作为支撑，跨境电商恰好可以做到这一点。在“一带一路”的大背景下，跨境电商面临着新时代的机遇与挑战，为了解决传统外贸面临的困难，不少企业也利用互联网，开拓了一些新的运营模式。本文主要就在“一带一路”的大背景下，跨境电商面临的机遇、挑战与创新展开了讨论。机遇部分主要包括：政策红利、基础设施为跨境电商提供物流基础、贸易畅通打破跨境电商贸易壁垒、人民币国际化解决外贸支付问题；挑战部分主要包括：法制不健全、人才匮乏、物流困境多重、跨境支付垄断和安全性问题；创新部分主要包括：物流创新、传统电商信任问题的创新解决方式、网购报退税。

参考文献

[1] 彭龙、张晨昊：《中国电商发展报告》，人民邮电出版社，2015 年 1 月第 1 版.

[2] 王吉赋、彭盾：《互联网 +：传统企业的自我颠覆、组织结构、管理进化与互联网转型》，机械工业出版社，2015 年 5 月第 1 版.

[3]《2015 年中国跨境消费年度指数报告》，http：//www. 100ec. cn/detail——6273952. html.

[4]《跨境电商 2015 年 7 月报告》，http：//www. 100ec. cn/detail——6273939. html.

[5] 图解全球跨境 B2C 电商趋势，http：//www. ebrun. com/20150615/137356. shtml.

[6] 陈恒、魏修建、杜勤：“一带一路”物流业发展驱动因素的动态轨迹演变，上海财经大学学报，第 17 卷第 2 期，2015 年 4 月.

[7] 金玲：“一带一路”：中国的马歇尔计划?，国际问题研究，2015 年 01 期.

[8] Zhaikun：BorrowInternationallyWell - knownConceptstoIntroducethe “BeltandRoad” Strategy，ChinaandWorld，InternationalUnderstanding，NO. 12015.

安溪县大坪乡经济（茶产业）发展状况与对策研究*

摘　要：实践报告由两部分构成——行程记录、对策拟定。鉴于宏观经济形势、大坪乡经济发展状况、村民生活水平及思想意识都会影响到茶产业的发展状况，此次我们团队采用了以记录行程的方式陈述大坪乡及大坪茶产业所面临的状况。本次行程共计6天。6天里，团队感受了大坪的风土人情，考察了大坪的经济建设，走访了大坪的各界人士，通过实地调研、召开交流会等形式，全方位地了解大坪经济发展所面临的瓶颈、农村发展所面临的生态环境问题。团队也本着实事求是的精神，以大学生的视角，在相关政府人员、企业投资人士及经济学者的建议和帮助下，尝试提出相关对策。对策的拟定也随着调研的不断深入而作出更加合理的调整，报告中也将展示代表性较强的前后对策变化。

关键词：景区考察；走访村民；制作参观；农村经济；文创产业

第一部分：行程记录

（反映大坪风土人情、生态环境、经济发展等状况）

第一日：　大坪体验

1. 初到大坪的第一天上午恰逢萍州村进行村主任选举，新领导班

---

* 作者：姚迟迟、郝安琪、胡竞瑶、张添富、梁佳俊；
指导老师：陈亮。

子换届，我们一行人都很激动于首次观看基层组织的选举。然而更令我们惊喜的是：村民们对于当家做主的理解与践行。村主任选举并未“顺利”进行，由于两位村主任候选人都未票数过半，不得不进行下一次的重选。添富的父亲告诉我们，近些年他明显地感觉到村民自主意识的提高，选举时没有任何偏袒，都实事求是地拥护做实事儿的人。农村民主意识的提高，这是一件让人欢欣鼓舞的事。而对于大坪而言，这更是其转变经济开拓未来的基础，因为人终究是决定事物发展的主因，倘若村民不觉醒自我意识，那又何谈可持续的经济建设，又何谈还大坪昔日之辉煌？这也是我们相信未来的大坪会更好的一个重要原因：大坪人会思考，敢思考，有自己的想法，能认识到问题存在的根源，并且有一颗寻求转变的心。我想，对于所有中国农村而言，这都是应该做到的一项优点。

2. 下午跟随添富的妈妈大致地游览了茶山，沿途采摘自家菜地的蔬菜为晚餐做准备，大家不亦乐乎。沿途阿姨为我们示范了手工采摘茶叶，一行人瞬间雀跃起来，不得不承认，劳动的确是一切美的来源。放眼一片深绿茶山，和着夕阳，矫健采摘，确有一番无法言说的劳动美。我想这也是长期生活在城市里的人们所无法领略到的，不得不感慨，现代化在推进人类进步的同时也不可避免地冲刷了曾经的恬淡与美好。人类不息向前，开拓着，也迷失着；收获着，也遗失着。我们无法对抗历史的洪流，但我们却可以选择保卫人的初衷，保卫起始的梦。这也是后来脉谷野唱总监所说的他为什么热爱大坪的原因——这是一个淳朴而美丽的地方，不可以放弃。

3. 晚上添富带领我们参观了茶叶制作的过程，一行人第一次如此近距离地、详细地了解并参观了茶业的制作。现代工艺的发展在提高制茶效率的同时也存在其固有的弊端，如：在压茶机反复碾压茶的过程中，茶所含有机物质会被破坏，进而影响到茶的品质。压茶机最开始是在政府的推广下普及的，当时还辅之以一定的补贴。机器代之以劳力，不仅省力还节时，加之政府扶持，村民们也就陆续购置压茶机。虽然后来政府也发现压茶机的弊病，但已然回转不了家家户户都使用压茶机的局面。

在参观过程中，添富也有所提及——机器的普及是科技发展的必然趋势，并不是要一味抵抗，但应该科学使用。以压茶机为例，在压碾茶的过程中完全可以通过控制力道，增加反复的次数，尽可能地保有茶本身的品质。但由于这样费时费力，所以大多数村民并不这样做，如此一来，虽然制茶的时间缩短了，单位时间内产量增高了，但却极大地拉低了茶叶的价格，而对于村民而言，也并未见收益有所增加。相反，长此以往也造成茶叶供过于求的局面，加之宏观经济不景气，茶叶的价格也就陷入所谓的“恶性循环”。这也是为什么近年来越来越多的村民放弃制茶转而外出打工的原因——做茶的效益实在不好。当然，从反面思考，这一点也恰恰为大坪未来转变提供了一个思路：要制作高精尖的好茶，要有层次有梯度地制不同的茶，以此驱动不同消费，带来更多的效益。

4. 俯瞰大坪全景。晚上添富带领我们攀爬“凤髻尖”塔，该塔是张氏祭祖时建的，于2011年重新修缮。登其上而可瞰大坪之全景。大坪面积78.65平方公里，有本土2万多村民和30万的台胞。夜晚的大坪是很美的，茶山环绕着星火灯光，在高处望去，眼目所及不仅仅是这个乡镇的生机与活力，更是一道道梦的希望。

第二日：景区考察

行程的第二日主要是考察大坪的生态环境及旅游资源。

1. 雄狮瀑布

车子行驶到向山处的路段会明显发现路基已铺好，但也只是铺好路基而已，后续资金不到位使得道路建设未能竣工，从公路转弯进山至瀑布的这段山路上，坐在车上的我们仿佛能清晰地感觉到轮胎扎在碎石子上的“刺痛”。而山路狭窄，较窄处两辆车不可交汇，毫无疑问，这为吸引游客进山观光自然地设置了一道阻碍。在车上我们也问了添富为何会出现资金不到位的情况，前期基础都已经打得差不多了，这最后一步怎么就出了岔子。添富也不得而知。但我们能想到大概的原因，不管怎样，日后这样的事定会越来越少，相信大坪乡民也会密切关注自己家乡的建设与发展。

一进入雄狮瀑布旅游区的山段便可见路旁有“咖啡店”等字样的牌

子高高矗立，但字迹已然模糊，牌匾也一派年代久远的迹象；景点指示标也经不起日晒雨淋，早已面目全非；山顶的迷你高尔夫球场也年久失修人迹罕至的样子，东南方向的那尊佛像也似乎在诉说着无尽的落寞与沧桑。

如前文所提，大坪多台胞，上述的这些景点设施也是早些年台胞投资建设的，然而因诸多因素，如地理位置、相关配套基础设施等的限制，没能形成规模旅游效益，导致景点荒废，人迹罕至。

2. 遮头溪瀑布

不同于雄狮瀑布的宏伟霸气，遮头溪瀑布显得温柔而婉约。车行至溪上公路便可听闻潺潺水流声。“未见其瀑，先闻其声”，哗哗的水声从谷底传来，颇有深山藏古寺的意味。然而停车下至溪流后，脑海中的温婉便被眼前景象轰然摧毁。溪流上漂浮着塑料袋、农药瓶等垃圾以及时不时随风飘来的一股股难闻的味儿，着实让人痛惜却又愤懑。

要知道，大坪乡是一个没有工厂的地方，河流的污染主要源于村民生活污水的肆意排放，甚至有时动物死尸也漂浮其上。这是许多中国农村所面临的共同问题，环保意识的薄弱、环保设施的缺乏，从根本上导致了生态的破坏。而再溯源追问，便归结到了村民教育的不够及政府宣传倡导的缺失。解决这些问题不是一朝一夕的，可贵的是现在已经有不少村民开始觉察开始醒悟，我们也看到政府在招商引资，努力引进企业进入大坪开发大坪的旅游资源，相信在个人、政府、企业的共同努力下，大坪的生态会变得越来越好。

3. 蒙昧是一种可怜的错

在考察的途中添富指着溪旁的一片茶园告诉我们：原来茶海明珠旅游开发公司曾耗资 100 万修建喷洒设施——在山顶修建蓄水池（都是天然的泉水），通过铺设管道将水喷洒在茶园之上，目的就是为了使茶叶处于“雾”的状态保有充足的水分，进而提高茶的质量。然而因为这些管道给村民锄草等管理茶园带来不便，被村民无情地砍断或拔除了。多么令人痛心和无奈。我们固然知道耕作种植的不易，但是我们也叹惋蒙昧无知的可恨。我们恨，不是恨这些不懂不知的村民，我们是恨为什么我们不能通过耐心地讲解和劝告告诉村民喷灌设施的作用和益处。不知者无罪，但是不知不是借口。也是这一个细节让我们再次深刻地体会到了知识传播的重要性，很多时候，只要我们多付出一点心思，多动一下嘴皮子，我们可能就能避免不必要的损失和伤害。而多动点心思的原动力，就是人的那颗责任心。

4. 关帝庙

大坪一带，村民多信仰佛道合一的宗教，他们重视寺庙的修建，也重视给祖先修建祭祀场所。而大坪五狮岩的关帝庙不仅仅是信仰的象征，更是文化与血脉联结的纽带，它所延续和传承的，是张姓氏族（大坪多张姓）情谊，更是中华子孙千百年来对根的坚守和尊崇。2013 年，海峡两岸关帝文化交流会暨五狮岩关帝庙落成庆典大会便在此举行，当时，台湾彰化、香港、广东、浙江、福建的张姓宗亲和新加坡侨亲代表以及各界乡贤，风尘仆仆赶回家乡，参加隆重的五狮岩关帝庙落成庆典大会，并举行座谈研讨关帝文化。

关帝庙占地 5 亩多，建筑面积 1000 平方米。游客但凡到此都会进去游览参拜一番，寺内商店物品价格也与市场持平，庙中的泉水也分外清洌甘甜，本就信仰佛道的闽南人士自然是少不了对这寺内泉水的热爱和珍惜。

台湾彰化张姓宗亲安溪大坪寻根团团长张守镇曾说，“我们是从大坪走出去的，根就在大坪，现在来到这里就是回家的感觉”。这句话道出很多华侨的心思：根在哪儿，哪儿就是家。这或许是这个世界为数不多的亘古不变的道理。而这亘古不变的真理也为大坪将来经济转型和农村发展注入强有力的能量。

5. 交通方面

在考察各景点后，我们大致总结了大坪乡的道路状况：尽管大坪乡目前有四条主道与外界进行沟通交流，但由于大坪乡位于丘陵内部，海拔又较高，故所拥有的多为盘山公路，加上施工难度大，车道仅有 2 车道，不适宜大型旅游车或者运输车辆进去，也不利于会车。日后若要发展旅游产业，拓宽公路必为首要之事。

6. 宣传方面

大坪的知名度远远不如安溪其他乡镇，同时厦门人对大坪乡的熟知也不够。目前大坪的宣传途径主要集中在乡民自发组织宣传，同时政府也尽力在各大宣传媒体上宣传大坪，但由于资金有限，效果并不是很好。雄狮瀑布脉谷野唱一定程度上起到了很好的宣传大坪乡的作用，但是由于举办时间短，影响效果还不够理想。

第三日： 拜访各界人士

行程第三日主要是拜访当地各界人士，听取他们对大坪经济发展的意见和建议。团队一行人主要拜访了：原中国社会科学院经济研究所副所长林青松、安溪县前工商局局长萍州村党支部书记张火旺、北京崎仁茶叶有限公司创始人张清奇。团队认真听取了前辈们对大坪现状的认识和看法，总结了大坪发展所面临的瓶颈和阻碍，展望了大坪未来发展的前景和道路，为本次暑期实践奠定厚实的基础。

张老书记和林老前辈都生于20世纪30年代，他们见证了国家半个多世纪的沧桑巨变，更见证了安溪大坪半个多世纪的起落浮沉。对于他们而言，大坪不仅仅是家乡，而更像是他们自己的孩子，那种溶于血的割舍不了的亲情和期许。这也是为什么两位已近耄耋之年的老前辈在谈话之间总流露着掩饰不住的激动与深情，用诗人艾青的话来说，“为什么我的眼里常含泪水，因为我对这土地爱得深沉”。

张老书记说，建国初期大坪乡上交给国家的茶叶产量占全省的十分之一，可以说大坪是这个国家的功臣，大坪的茶业由国家出口，为国家赚取了大量的外汇。回望那段艰难的日子，我们不难想象外汇对这个新生政权的支持，相信所有大坪人也为曾经与祖国同甘共苦而骄傲和自豪，那一种夹杂着汗水的美好回忆是一代人刻入骨髓的不忘却的记忆。

改革开放前，我国实行的是计划经济体制，国家因地制宜，规划各区不同的农业生产，大坪（海拔800多米）高山云雾出好茶，得天独厚的自然地理条件使大坪茶叶十分红火，有“斤茶斗米”之效益，村民们不用担心粮食问题，因为种的茶可以保证他们换到生活所需的粮食。改革开放初期，大坪乡茶产业一片欣欣向荣之势，吸引了许多外地人前来打工。

然而也正是因为改革开放，市场开始逐步活跃，资源都自发地涌入势头较旺的行业，福建省内茶叶种植就首先折射出这个问题，许多原本种植粮食作物的地区也纷纷改种茶叶，根据经济学原理，不难推出，这一改变极大地冲击了大坪的茶业发展，并在一定程度上扼杀了“物以稀为贵”，茶叶的价格自然受到影响。此外压茶机的推广普及也极大地削弱了原本茶叶的质量竞争优势，再加上近些年宏观经济不景气，茶叶处于买方市场，连年走低的茶叶价格难以再维持一个家庭的开支，这也是为什么近些年大坪出现了人口只出不进的现象——大坪的自然地理条件决定了它只能种茶而种不了粮食作物，那么为了解决大米的问题，他们必须放弃制茶而外出务工（大坪海拔、地形、土壤酸碱性的特殊性，除了茶叶不适合种植其他作物。大坪乡曾尝试发展其他农业，但皆以失败告终）。真可谓是“成也萧何败也萧何”，地利在这个时候是那么的至关重要。

这也是解释了为什么今天大坪人急切寻求改变，因为他们看到了大坪的土壤的局限性，所以大坪也希望在保留高精尖制茶的情况下大力发展旅游业。靠山吃山，靠水吃水，上苍是公平的，大坪的美丽风景和淳朴的民风就是他们未来的保障。

在谈及农村经济转型、产业升级这一问题时，林青松老师谈及了重要的一点：目前看大坪未来的出路也似乎只能是发展旅游业。可是发展旅游产业少不了巨大的投资，且战线极长，去哪里找实力雄厚的企业来投资，什么政府可以有能力来做这一件事。他说大坪的地理位置实在尴尬，属于安溪归泉州管，但却离泉州十万八千里，相反，大坪却是厦门的后花园，与厦门同安市仅半桥之隔。若是划给厦门，则站在巨人的肩膀上好发展，厦门市的实力足够支撑大坪的规划和发展，而于厦门而言，吸入大坪则可拓宽其城市腹地，可以更好地布局自己的发展。大坪与厦门都赞同此提案，可是泉州又不放。

这是一个明了但却复杂的问题。如果为了大坪好，为了大坪的百姓好，划给厦门对大坪无非是百利而无一害，可是泉州从利益和情感的角度又不愿意放。各区政府各自为政，牵涉的利益又太大，以致没人拍板敲定此事。林老前辈说北京大坪同乡会每年都会提案此事，可是迟迟得不到解决，确为无奈。

但就像最后一天开交流会时玫瑰坡文创产业有限公司的郭董所说，任何改革都是自下而上的，只要村民自己意识到，只要企业肯进来，政府一定会牵头搭线，作为民间，应该先要有自己的努力，因为这是开头，只有开了一个好头才能引起别人的注意、吸引别人的关注。

第四日：走访村民、商讨交流会议程

行程的第四日主要是走访村民，了解村民们家庭生活、子女上学、外出务工等情况及他们对大坪乡现在及未来的看法。在走访过程中，我们最大的感受就是：大坪茶产业确有日落西山之势，出于生计的考虑，越来越多的人离开大坪外出打工，那些仍然留下做茶的都是些家庭经济负担比较重的，比如有三个孩子需要上学，那么就需要家里一年产四季的茶，种大量的茶以供孩子上学。而那些但凡能不种茶的皆都放弃，抑或一年只种一季秋茶，因为秋茶的效益相对较好。举一个家庭的例子，爷爷奶奶爸爸妈妈加上自己偶尔帮忙，一家人五口人一年下来除去成本净赚只7000元，而这，付完一个孩子的学费后就已所剩无几。这就是茶叶价格的现状，这就是大坪茶农的生存状况。基本上留在家的只是老年人，青壮年都外出务工了。好在大坪青年人一直心系家乡，虽身在外，但对于大坪的任何活动都力挺到底，每每有需要也即时返家。不论怎样，毕竟是养育自己的土地。走访的青年人也表示愿意回来建设新大坪，为大坪的经济转型贡献一份力。

我们也问了一名上大二的女生关于未来是否愿意回大坪这一问题，她的回答我想代表了很多人。“读书，多少都是为了走出去，出去了就不想回来了。”对这个回答没有任何批判或夹杂着道德评判的情绪在里面，这是多么简单而直接的愿望，它是多少向往着从大山里走出去的年轻人的梦。现代化裹挟了城市，更裹挟了乡村，不留一丝情面。今天，有多少中国农村面临着人去村空的景象，每年数以千万计的农民工又在以怎样的方式控诉着这个社会的畸形与不堪？如果不是那份坚守与不舍，如果不是相信有改变的那一天，我想不仅是大坪，所有的农村都会逐渐消失于我们这片土地。

改变在人，没有人一切都将止步不前。如何留住人，这是这个时代给我们抛下的难题，我们不能留给子孙后代去解决，我们应该直面历史的课题，以真正勇士的姿态去搏击时代的汹涌浪潮。路漫漫其修远，人之一生，且行且拼搏之。美好的时代，良好的制度，给了我们拼搏的勇气和信心。如果连奋斗的信心都没有，那么这个民族是真的无望了。

第五日：商讨交流会议程、体验制茶

是日大雨，出行不便，团队便在家与添富母亲一同捡茶梗，一同装茶，享受着一家人其乐融融的氛围。几日的相处，从最初的陌生客人变为彼此亲昵的家人朋友，这种感觉太让人不舍。离开的时候我在车上思考了学校鼓励大家暑期实践的目的，我首先想到的就是：人的教育、爱的教育。当不同院系不同专业的同学出于同一个志趣而聚集在一起，几天里同吃同住同行，同甘苦共患难，最直接的感受就是人与人之间情谊的增进，那一种可以信赖的彼此扶持的不离不弃。现在大学生太需要这样的体验和经历，独生子女的这一代让我们失去了很多原本应该有的情感培育和养成，暑期实践这样的活动在客观上一定程度地弥补了这种体验的缺失，它确是一个宝贵的平台和珍贵的机会。

干完活大家开会制定了第二天交流会的议程。交流会旨在向当地村民及相关人士汇报我们实践的总结和发现，力求以此提供大家以讨论交流的话题，继而拟定思路，为大坪日后发展贡献集体的智慧。同行的伙伴可谓是做足了充分的准备，凌晨时分大家才纷纷洗漱休息。在这个非硬性要求的实践里，我看到了专注与负责。我尊敬我的同伴，他们每一个都在用心做事。

第六日：交流会

交流会将本次实践推上高潮，也为本次实践画上一个完美的句号。我们邀请了村委会的工作人员、大坪青年、投资大坪的企业家及热心建设大坪的人共同参与。两个小时的会议里，大家争论的非常激烈，我也惊讶于大坪青年人的眼界，更赞叹企业家们的情怀与眼光。正是这个交流会让我笃信大坪的明天会更好。

会上大家的思路是一致的——对于大坪而言，旅游业是其正确定位；保留高精尖传统制茶，增加茶叶附加值；政府应担当起整治环境卫生的责任，在环保和产业转型上起到宣导作用；搭建合理平台，吸引投资。村民们对于发展体验式茶园旅游是积极响应的，看得到大家对改变的迫切与信心。以玫瑰坡文创产业有限公司郭董为代表的投资人士也一并看好大坪的发展与未来。

关于投资这块，我们团队也一直跟踪后续消息，得知在第 18 届中国国际投资贸易洽谈会上安溪玫瑰坡文创产业项目正式签约。该项目落户大坪，规划总面积 22.6 平方公里。项目签约投资总额 5668 万美元，包括文化创意产品开发、设计、广告代理、设计、制作、发布、组织文化艺术交流活动、休闲度假等内容。项目签约方代表——中国传宝胜地公司总裁邹一宽介绍："我们团队希望把安溪大坪金铜山项目建设成为当代中国儒家、道家、佛家三教一体，九流一源的文化观光旅游项目。其中的春秋阁将会是中国除河南中原之外，闽南地区全球华人寻根探祖溯源的新圣地。"项目将于今年开始动工，力争三年内完成基础设施，五年内呈现出景区的样貌。而"21 世纪海上丝绸之路"的建设无疑给该项目提供了强大的时代背景和可能。我们可以展望，不远的将来，大坪将焕然一新。

第二部分：对策探索

（前后期目标的调整及最终结果）

一、前后期目标的调整

在项目立项之初，我们构想重点停留在建立起对称的信息平台和互联网销售平台，保障茶农的销路。由于缺乏调研，被传统的普遍的"茶叶高品质和销路差的矛盾；普通外地市民买不到正宗的好茶"这一困境而牵制，却忽略了宏观经济形势以及大坪乡自身的特殊性。故在调研伊始，我们也将目标拟定在帮助大坪乡建立起淘宝店和微店上。但随着多处的走访及考察的深入，我们发现：淘宝店和微店式的茶农直销不切合大坪实际。

原因如下：

尽管淘宝微店在许多地方已经非常发达，网店的开设流程也并不复杂，人人可建，但网店在大坪并不是一个靠一台电脑就可以简单解决的问题。首先，物流对大坪的网店有着直接的限制。大坪的交通并不发达，尽管道路建设不错，但山路崎岖，车辆进入有一定困难。各主要快递公司在大坪几乎没有联络点，物流只到安溪县城，大坪人取快递只能坐1至2个小时的车去县城取，或托人带上来。唯一可进入大坪的快递只有中通快递，而且还不是专门的渠道配货，只是通过大坪的班车司机顺带捎货。大坪的茶叶运输都是茶农或者中间商直接联系专门的货车进山运输，淘宝微店式的销售太散，无法估计运输成本。

其次，淘宝的茶叶市场几近饱和，且多数由大公司把控，茶农很难进入，勉强开店也没有品牌支持，销售量不大，帮助甚微。至于微店，尽管微店是新兴产品，但其依靠朋友人脉圈销售模式的本身就是对茶农这一群体的最大限制，更不要说如今留在茶乡的都是中老年劳动力，对于此类新兴产品的运营维护就是一个很大的问题。如果大坪的茶业希望依靠互联网销售，那么只能期待在网络越来越发达、越来越深入乡村的未来，由有雄厚实力的电商对茶乡的资源进行整合，建立网络品牌，形成大规模的网茶销售。

二、最终结果

针对实践前期目标，团队做了详细的调查，在此过程中，我们既发现了原来目标中一些不实际的方面，也对一些问题有了新的想法和思考，并拟定了最终对策。

成果如下：

1. 建立信息门户网站，使茶叶供需信息更加对称

如今在微博等网络媒体的热搜上很容易看到这样的新闻，某地的什

么产品大量滞销，农民只能任由其烂在地里或者树上，几乎血本无归，如2015年陕西乾县500万公斤大葱滞销事件、甘肃小水村番茄滞销等事件，而往往在其他地区这些产品的价格并不便宜，供不应求。这样的消息在微博公布之后，很多都能依靠互联网找到新的销售渠道，从而解决问题。大坪的茶叶虽然还没有太多滞销的情况，但供给过多严重影响茶叶价格，其实茶叶产能并没有过剩，如北京马连道茶城也十分需要高质好茶，这样供需信息的不畅就导致了茶叶销售的困难，浪费了许多资源。但正如前面的例子所说，微博可以在某种程度上帮助解决这样的问题，但它毕竟是一个第三方的平台，茶农和茶商之间的信息传递并不那么直接。如果我们能利用网络建立一个平台，一个专门的信息门户网站，茶农专门在该网站上发布供给信息，茶商在网站上直接发布需求信息，生产、销售的两个端口直接对接，可以节约许多资源。

2. 运用网络媒体和自媒体宣传大坪

不论是旅游业还是茶业，大坪本身都面临着“酒香巷深”的问题，丰富的旅游资源不为人知，优质的毛蟹茶没有知名度，大坪需要利用各种网络平台宣传自己。举个例子，大坪政府或者乡民都可以在百度旅游、去哪儿网、大众点评网等网站上发布并完善大坪景点的信息，组织乡中的青年们在“驴友网站”上写介绍大坪的文章，并邀请“驴友们”写下来大坪旅游的日志攻略，这都是在网络自媒体时代可以宣传大坪的好方法，成本低到几乎为零，却容易形成一传十、十传百的口碑。当然，这样的自媒体宣传要有一定的针对性，要把大坪最具特色的地方展现出来，帮助形成大坪的品牌，然后，再利用这样的品牌去统一发展旅游业和茶业。

3. 利用“互联网+”新形式进行招商引资

旅游业和品牌的建设都需要大量的资金支持，中国农村传统的融资方式可能更多地需要依靠政府，但这是一个全民皆商的网络时代，中国的网络众筹已经开始发展起来。大坪的旅游建设既需要资金支持也需要人才支持，众筹的形式或许就是这些问题的解决之道。以民宿众筹为例，大坪乡发展旅游业首先要解决的就是食宿问题，只有食宿有了保障，大坪才有可能留住短途旅游游客。近几年乡中的发展让大坪乡空出了很多闲置老房。如果能够充分合理的改造处理这些闲置老房，那么食宿问题不仅能够得到解决，传统民居又能成为大坪旅游业的一大新卖点。前期民宿的改造建设需要很大一笔资金，大到老房的抗震安全建设，小到房间的一个小小摆设。预估一个一百平左右的老房从改造到开始正式投入使用至少得25万元的资金，对于这笔资金的获得，最好的方式应该是众筹的方式。首先，大坪乡还不为外界所熟知，短期内获得较大的一笔投资资金是非常困难的，采用众筹的方式则可以发挥大坪乡民的力量，迅速获得这笔资金。其次，民宿投资者的召集过程也是一个宣传过程，并且这种影响是以面的形式铺开的，更能够起到宣传大坪的作用。最后，民宿的前期经营需要更多的消费者和宣传者，民宿投资者可以成为第一批的消费者，消费体验完成后，投资者会自动转化为宣传者，为民宿带来更多的顾客，带来更多的消费。众筹可以说是大坪铺开局面的开始。

【团队与安溪玫瑰坡文创有限公司的交流合作】

目前，我们的团队与安溪玫瑰坡文创产业有限公司郭连萍董事长进行交流合作，携手共建大坪众筹民宿的工作已经展开。在大坪乡萍州村长安埔有一茶农主动提出将老房无偿赠给众筹使用。更多的众筹工作也在积极筹划当中，在2015年的9月3日，郭董事长以及众多大坪青年在大坪乡萍州村长安埔茶王张仙化老先生家开了一次针对众筹民宿建设发展会议，会议上共同讨论了民宿筹建工作、宣传工作等。

众筹民宿进一步的工作还有民宿的具体建设设计、装潢设计、管理人员的安排以及营销定价和服务等众多工作。而众筹资金这一方面也在积极筹划，不久将对外公布，进行下一步的建设。以下是民宿预计股份的分配方式：

（1）屋主提供院落房舍以租金作为持股比例。

（2）现金入股资金方。

（3）劳务交换作为众筹股份。

（4）经营人员以管理作为股份。

（5）保留一定比例股份作为日后营销备用股份。

股　票	股份比重	备　注
资金股	50%	资金股股本为每股 10000 元
劳务众筹股	20%	
经营管理股	15%	
营销备用保留股	15%	

其实不仅是民宿，大坪的观光茶园、农家乐等项目的建设都可以引入众筹的方式，上面的民宿案例可以说是给这种新的筹资方式提供了一个极好的范例。

4. 保护乡村生态环境、原生态风貌、传统民俗，开展特色旅游

大坪本身的茶乡风貌十分迷人，传统民俗也十分有特色，在未来进行经济建设和旅游开发的过程中一定要注意保护，不然无异于自毁根基，使大坪丧失持续发展的凭借。实践发现，大坪的生态环境保护存在一定的问题，给旅游业的发展造成了一定的困难。大坪水污染问题较为严重，农药化肥和生活垃圾的不当处理影响了水质；两千年的古杉保护不到位，使得古杉情况堪忧；茶园中造型独特的迎客松已经枯死……在开发旅游的同时，生态保护是当地政府和村民必须重视的一点；此外，大坪茶叶的制作包括采茶、摇青、杀青、揉捻、烘焙等一系列过程，如果能够将制茶的一整个过程完整展示给游客看，必将在每年的茶忙季节吸引大量的游客到大坪乡观光旅游。目前大坪乡旅游资源主要集中在瀑布和寺庙，而资源最丰富的茶园反而没有充分利用。大坪乡虽然遍布茶园，但目前却不适合开展观光旅游。其主要原因有大坪乡茶园建设缺乏规划，都是村民自己开垦的茶园，缺乏统一部署，影响美观；另外，茶园较为单一，除了茶树外极少有其他灌木类植物点缀；茶园道路不通，缺少遮阳休息处也是影响生态茶园观光旅游发展的原因。至于制茶过程的观光旅游则是缺乏专门场所供人参观，此外压茶机（一种速效茶叶打包机，可有效压缩制茶的时间，但用这种机器会严重破坏茶叶的口感和汤色）的广泛使用也影响了观光效果。如若茶园观光旅游发展态势良好，必将能够带动大坪乡餐饮、住宿等其他产业发展；特色旅游还可开展大坪特色民俗

文化节、斗茶比赛、“一人一茶园”认领项目等。茶树认领是旅游业中相对新颖的部分，通过茶树认领活动，顾客可以在大坪乡官网上认领一片茶园，可以通过监控看到茶园的每天变化，也可以和茶农进行线上交流，了解茶园的养护。采摘季节一到，顾客可以亲自到大坪乡采摘茶叶甚至可以和茶农一起体验制茶过程。而至于没有时间到大坪乡采摘茶叶的顾客，茶农则可以将制好的成品茶叶寄到顾客家。如此运营模式不仅可以提高大坪乡的知名度，增加游客人数，还可以很好的提高茶农的利润，增加茶叶的附加值，卖出的不仅仅是茶叶，更是对顾客的一份心意。

5. 加强基础设施建设

作为一个旅游业才刚刚萌芽的地方，大坪的旅游道路要想走得更加长远就不能忽视基础设施的配套建设。这样的基础建设，绝对不能简单地就地城镇化，这样只会抹杀大坪的个性，使得大坪与其他任何一个城市一样毫无特色，没有底蕴。大坪需要的是更多便利的生活设施，更加整洁干净的主道、小路，不需要多么现代化，只是要一个干净舒适便利的环境。

6. 发动大坪青年力量

大坪年轻劳动力向外流失较为严重，但这是现实经济情况所致，生长于这片土地的青年们都有着一颗为家乡贡献的热心，因此他们是一批可以集结的力量，人在外乡，仍然可以有很多方式帮助家乡的发展。在这个新的时代，大坪需要新鲜的血液和力量。我们期待大坪乡政府给大坪青年们更多作为的机会，如引进一些大学生村官、定期召开青年建设交流会等，我们也期待大坪茶业复兴的那一天有更多的大坪青年回到家乡、建设家乡。

结语

大坪乡所面临的问题不仅仅是大坪的问题，它折射出的是工业化城市化进程中中国农村的尴尬境遇，究竟该何去何从。这是一个变革的时代，城市化极大地冲击了农村原本的社会、经济生态；然而困境中也蕴含机遇，农村经济如何转型，农村建设该走向何方，都将依赖于这个变革的时代。我们不怕发展陷入瓶颈，也不怕曲折探索，但我们一定要抓住机会，积极应对，努力求索。团队也希望此次实践能够以小见大，由一及百，希望我们的实践结果能提供给中国农村普遍问题一定的借鉴意义。当然，我们的实践并未因6天行程的结束而结束，我们会持续关注大坪、帮助大坪，希望用我们微薄的力量为茶海明珠增添光彩！

国际青年传媒平台建设探析*

一、背景介绍

在经济新常态与互联网技术不断革新进步的环境背景下，网络媒介传播技术的飞跃发展促使传媒产业结构发生了变革性的变化，导致了传媒业出现大震荡与大发展双重格局并存的奇特景象。传媒国企与世界各大华文传媒企业都纷纷思索着创新与转型，形成跨国合作、跨界融合、传统媒体与新媒体融合发展的新态势。

2014 年 8 月，国家从整体发展战略的高度对媒体融合道路作出明确指示，中央全面深化改革领导小组第四次会议审议通过了《关于推动传统媒体和新兴媒体融合发展的指导意见》。习近平总书记强调，要着力打造一批形态多样、手段先进、具有竞争力的新型主流媒体，建成几家拥有强大实力和传播力、公信力、影响力的新媒体集团。随后，中宣部部长刘奇葆指出，要贯彻媒体融合发展的讲话精神，强化互联网思维，加快推动传统媒体和新兴媒体深度融合。

2015 年 8 月，在“一带一路”战略的宏伟蓝图下，中心社与国侨办

---

* 作者：韦丽诗、唐文宝（商学院）；
指导老师：蒋力。

在天津、江西、广西、贵州等地联合当地相关传媒单位举办了海外华文传媒峰会，聚集世界海外媒体共讨“一带一路”华文媒体合作，传统传媒与新兴传媒融合，推介我国文化发展叠加机遇。“一带一路”是和平之路、发展之路，它给国际交流与合作带来了诸多机遇。

目前虽然各大高校学生会或者新闻院系学生组织都有校园传媒社团，如记者团、新闻中心等社团组织。但是各校都仅局限于本校，规模小，报道范围一般限于本校的活动，传播渠道也相当受局限，受众一般只是本校的学生，新闻视野与锻炼机会相当局限。很多对传媒热爱但非传媒相关专业的同学很难有锻炼能力和展示才能的机会，受小麦公社的启发，我们想搭乘海外华文媒体在国内扩建重组记者站之风，借助国内文化企业资源，整合各高校传媒社团，成立一个国际青年传媒O2O平台，实现国内外大学生信息互通，资源和资讯共享，发展一支专业的国际青年传媒团队，服务于国内外大学生。在“一带一路”背景下，站在新的历史起点，用互联网思维实现平台创新、内容创新、团队运作模式的创新。垂直于校园，深入新闻采编、教育/求职、中外学生交流及多彩青春几个与大学生紧密关联的板块挖掘推送深度内容，增强用户黏性。

二、运作方式

线上设微信公众平台，线下有办公场所和会议室，与全国各省市的国民教育系列中的全日制普通高等学校（包括国家教育部门审批成立的依靠社会力量举办的全日制高等学校）传媒组织或者相关社团建立合作关系，或者建立记者站，联合全国各高校学生建立线上微信群、微信公众平台，创建一个线上交流的平台与空间，定期或不定期举办线下活动。

1. 新闻采编

为大学生搭建一个广阔的社会实践平台，培养在校大学生对校园新闻、时事新闻以及社会热点新闻的关注度和敏感度，锻炼大学生观察问题、发现问题、分析问题以及解决问题的能力。鼓励大学生把个人理想与社会实践紧密结合起来，培养个人的沟通交流、社会实践、新闻采集及编辑写作等各方面的能力，全方位提高大学生的综合素质。

线下：组建记者团队，参加各种活动及论坛/会议（包括校园及社会活动，如：中国人民大学新闻学院60周年院庆系列论坛、2015新媒体巅峰论坛、新闻中心抗战胜利70周年纪念系列新闻发布会、9.3阅兵现场报道、每年两会现场报道等），确立主题并对相关人士进行采访，编写与大学生相关的有深度的时事文章。

团队培训：每月定期召开专业培训会议，邀请专业教授或行业内资深专家人士进行授课辅导，提高传媒团队的专业能力。

素质拓展：每学期举行一次户外素质拓展活动，由北京体育大学的拓展小组来负责，增强各校传媒社团或者记者站之间的交流与联系，增强团队凝聚力与活力。

线上：微信公众平台、新华网、人民网、《北欧华人报》官网、《英国华商报》官网等国内外合作媒体网站推送报道深度时事文章。同时，每期推送至少一篇新闻采编学习干货，提供传媒爱好者学习，增强受众黏性。

2. 教育/求职

主要扩大大学生的社会参与，理论与实践结合培养大学生的综合能力与求职技能。

线下：在寒暑期及小长假或周末组织开展一些志愿支教项目、调研项目、实习项目、模拟面试等。

志愿支教项目：分为长期、中期和短期支教。长期为一个学期以上，中期为一个月至一个学期，短期为一周至一个月。面向国外对汉语师资短缺的大学及中小学，及国内教师资源短缺的中小学。

调研项目：大学生就业情况、国内外大学生生活及就业情况、公司对大学生的招聘情况、简历设计等调研，掌握与大学生息息相关的数据并进行分析，寻找大学生与企业资源互补契合点，帮助大学生实现就业。同时根据调研数据信息反馈调整团队项目的制定与实施，为广大大学生提供优质的综合性服务。

实习项目：与企业对接，帮助大学生创造更多实习机会。

模拟面试：在小长假或周末，邀请公司 HR 一起举办模拟面试活动，让大学生切身体验面试的程序，培养大学生的心理素质及语言表达能力，掌握成功的面试能力及技巧。

线上：主要以国际青年传媒微信公众平台为媒介进行志愿者招募、项目成果展示、学习性文章推送、活动反馈互动等。

3. 中外学生交流

打造国内外大学生学习交流与合作的平台，增进国内外学生之间的沟通与了解，加强国内外大学生之间的文化交流，生活学习交流，就业交流等，开拓同学们的视野，拓展同学们的知识面和社会参与面。

线下：暑期组织一些中外学生交流的夏令营活动，组织国内大学生到国外大学参访学习交流，邀请国外大学生到国内参访学习交流等活动。

线上：微信公众平台和网站同步推送活动预告及招募，分享活动动态及成果。

4. 多彩青春

展示当代大学生风采与多彩学习生活姿态。

线下：联合国内外大学生举办国际性大学生摄影比赛、书法比赛、写作比赛、微电影比赛等竞赛活动。

线上：微信公众平台与网站同步进行活动预告、招商、成果展示等，同时对中国留学海外学生，外国留学中国学生进行生活、学习就业等方面深入采访与分享。

三、微信公众平台设置

微信公众平台名称：世文联国际青年传媒。

微信号：NCN – youth。

菜单设计：（见图 1）。

编辑推荐：主要推送时事新闻和深度文章阅读。

教育/求职：主要服务于教育和求职项目的开展与推送。纯干货则专门推送求职技巧、简历设计、新闻采编、摄影、photoshop 学习等知识性

编辑推荐	教育/求职	多彩青春
全球视野	支教志愿	
校园活动	纯干货	
留学生活	实习/招聘	

图 1　菜单设计

文章；实习/招聘则专门推送实习信息与招聘信息。

多彩青春：主要服务与多彩青春系列活动的分享与推广。

目的：

1. 深化、强化各高校间的交流与合作，增强团队的凝聚力与综合能力。

2. 与各行业企业、海外学校等建立联系与项目对接等，寻找社会需求与大学生资源互补的契合点。

3. 实习平台与内容创新，增强受众黏性，为国内外大学生提供全面的优质的阅读内容和资讯服务。

四、高校类似微信平台应用实例分析

（一）微信公众号分为订阅号与服务号

公众平台群发消息的规则/限制：

1. 订阅号（认证用户、非认证用户）在 1 天只能群发 1 条消息（每天 0 点更新，次数不会累加）；

2. 服务号（认证用户、非认证用户），1 个月（按自然月）内可发送 4 条群发消息（每月月底 0 点更新，次数不会累加）；

3. 上传至素材管理中的图片、语音可多次群发，没有有效期。

4. 群发图文消息的标题上限为 64 个字节。

5. 群发内容字数上限为 600 个字符或 600 个汉字。

6. 语音限制：最大 5M，最长 60 秒，支持 mp3、wma、wav、amr 格式。

7. 视频限制：最大20M，支持rm，rmvb，wmv，avi，mpg，mpeg，mp4格式。（上传视频后为了便于粉丝通过手机查看，系统会自动进行压缩。）

注：公众平台群发消息目前只支持中文和英文，暂时不支持其他语言。

动作类型	功能类型	普通订阅号	微信认证订阅号	普通服务号	微信认证服务号
发送信息	纯文字		✓	✓	✓
	纯图片	✓	✓	✓	✓
	纯语音	✓	✓	✓	✓
	纯视频	✓	✓	✓	✓
	图文消息	✓	✓	✓	✓
跳转页面	外部链接（其他网站）		✓	✓	✓
	素材管理（图文消息）	✓	✓	✓	✓
开发者模式	开发者模式		✓	✓	✓

图2　微信公众平台账号功能列表

（二）高校微信平台应用实例分析

高校信息化微信公众号中功能较完善的有华中科技大学_ tpai、北大助手、武大助手、江苏理工小助手、厦大助手、厦大易班等。

1. 华中科技大学_ tpai

其功能以推广学校信息化系统为主要目的，添加了学生常用的查天气、查校园活动功能。它的一级和二级菜单如下图所示。

其中，活动信息、讲座信息、招聘信息、电影信息、查电费都是跳转到相应网页；查天气、查自习室、查图书馆则直接显示文字信息。其优点是：①所有菜单功能都已经实现，并且和内部业务系统进行了绑定。②帮助菜单项将除其他菜单以外的功能列入，以文本的信息详细列出来，便于订阅用户了解和获取更多服务。

2. 北大助手

该公众号是订阅号，没有实现自定义菜单，主要靠文本回复来获取服务。虽然功能不够直观，但是关注后输入“？”即可获取功能列表。输入对应的编号即可获取相应的服务。“北大助手”主要是推广北大燕园校

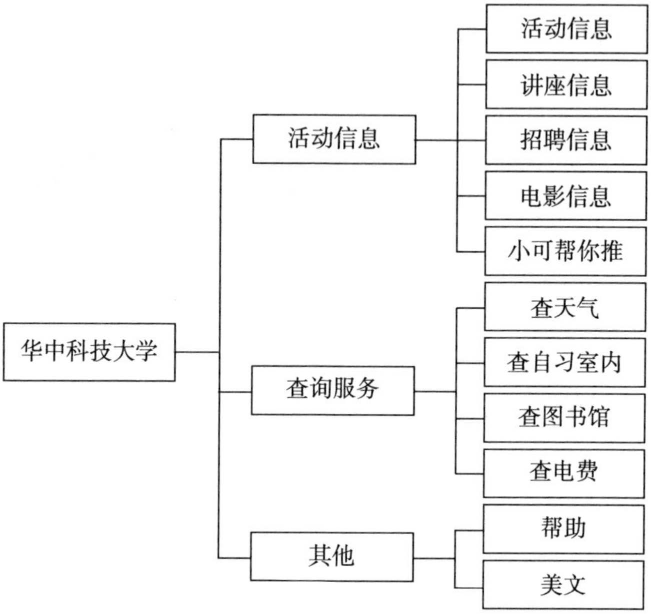

图3　华中科技大学_ tpai 微信公众号菜单项

区学习和生活相关服务。

该应用的功能特点是：①联系方式功能做得比较好，输入“41”就能了解所有校内生活学习相关的联系方式；②绑定北大新闻网、北大通知网、北大讲座网、北大图书馆、北大 BBS、北大百年讲堂等业务系统；③北大交友功能，通过评论校花校草以及上传相片获取交往机会等服务提升该公众号关注度。

缺点：①无菜单，界面不够美观；②将燕园美食放在显眼位置，有商业推广意味；③缺乏与校园一卡通相关服务。

3. 武大助手

“武大助手”可以说是早期校园公众号的代表。2013 年，tpai 网站曾举办一个以校园为主题的微信公众平台创新大赛，“武大助手”在该比赛前推出，很多参赛方案都将该公众号作为参考应用。

“武大助手”的功能以课表、成绩、空教室查询和交友聊天为主。自定义菜单项以及全部功能概览如图 4 所示。

该应用的特色是：①绑定教务系统，可查课表、查成绩、搜课、查平均分；绑定图书馆可借书；绑定武大在线可进行二手交易；绑定自强新闻网可查看新闻和通知；②可查询完整的空余教室信息；③沟通功能强大，只需输入姓名就可以找到相关的照片和个人简介；④点一点菜单即可实现和校内陌生同学聊天，增加交友的神秘性；⑤“校花”、“校草”的评选活跃了校园气氛。

该应用的不足之处在于：①没有绑定一卡通的查询余额和缴纳电费功能；②没有新闻和活动查询功能；③一级菜单的名称不够直观。

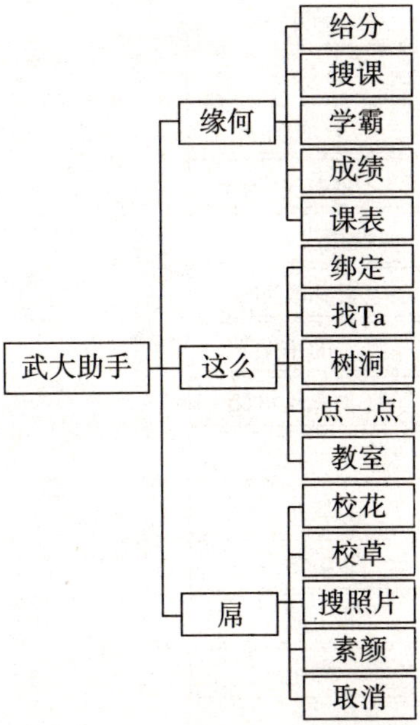

图4　“武大助手”的功能菜单

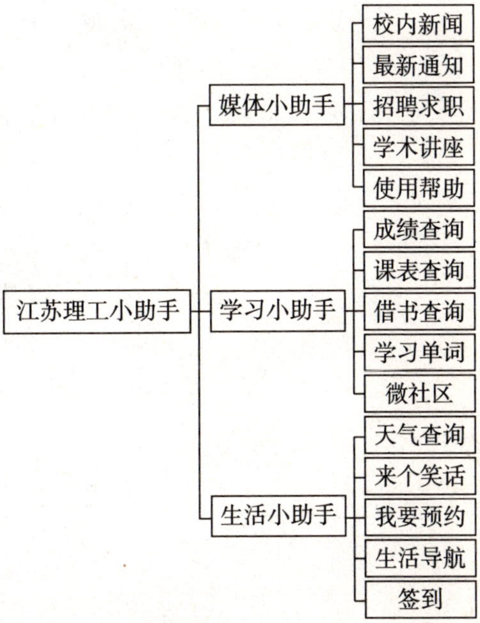

图5　“江苏理工小助手”的功能菜单

4. 江苏理工小助手

“江苏理工小助手”的功能相当全面，如图5所示。

其优点在于：①功能齐全。除常规与学术新闻相关的菜单外，还拥有招聘信息查询、学习单词、天气查询、生活导航的功能；②“生活导航”通过商家进驻的方式提供快递查询、旅游线路查询、电影票查询、宾馆预订、电脑维修等服务；③自定义菜单的名称清晰；④用户既面向学生也面向教工，用户群广。

也有不足之处：①菜单单击后链接的页面多数未与校园信息化系统

对接，而是重新开发页面来链接，工作量大，信息量少；②缺少两个重要功能——一卡通信息查询和空余教室查询。

5. 厦大助手

“厦大助手”是目前厦大校内功能最全的公众号。与教务系统、图书馆系统、一卡通系统等基础信息化系统进行了绑定。

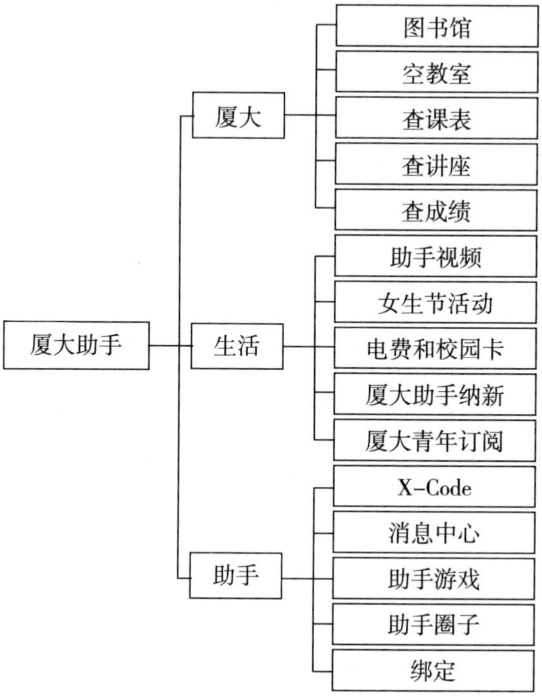

图6 “厦大助手”功能菜单

该应用设计的菜单功能项较完善，与教务系统和一卡通系统绑定，成绩查询、讲座查询、电费查询、校园卡余额查询等都已实现。不足的地方有：①图书馆信息查询、空教室查询等菜单中的功能还未实现；②太多无关无用的功能造成主次不分；③未实现校园联系方式查询、校园活动查询等。

备注：以上案例来源百度文库《微信公众平台应用调查报告》

（三）类似平台实例分析

北京语言大学学生会、北语人生活圈微信平台都启用了自定义菜单功能，且内容丰富，推送的文章编辑格式新鲜且富个性化。

SU 热点	失物招领	BLCU
历史推送	意见反馈	SU 介绍
版权说明	今日天气	数字北语
联系小语	北语校历	
	自习室	

图 7　北京语言大学学生会平台菜单

北语生活	查快递	北语学习
北语微社区	入学必读	英语听力练习
小圈儿帮帮忙	200 打一年	学习资料
树洞秘密/表白墙	超低价 iphone6	小语种学习
失物招领	领取生活费	在线翻译
		留学生活

图 8　北语人生活圈平台菜单设置

北京语言大学学生会、北语人生活圈等校园微信平台菜单设置都涵盖了校园活动、学习、生活等方面，但是仅服务于本校学生。

此外，学校间联盟的微信平台也开始出现，如：青年论坛、首都高校传媒联盟、帝都学生圈等。

青年论坛与首都高校传媒联盟并没有启用自定义菜单，为一般的群发推送，平台建设简单，推送的内容杂乱而没有规律。据了解，首都高校传媒联盟是在北京市团委的领导下联合北京各高校传媒社团共同建立的平台，设有主席团和委员会，但是组织涣散，各校之间实际并无太多联系。

帝都生活圈采用自定义菜单将文章分类推送，内容丰富活泼，但是受众仅限于北京大学生，且注重线上推送，线下活动目前还没开展。

综合以上分析：

目前微信平台在高校的应用已不鲜见，用户的选择也越来越多，如目前厦门大学已有多个微信公众号，并且拥有一定数量的用户。

五、国际青年传媒的优势分析

1. 平台优势

依托世界文化产业交流联合会、北欧华人报社、英国华商报社、新华社、人民日报社、北京星光京颖文化艺术发展有限责任公司、北京华京建设（集团）工程有限责任公司、广州华夏美术展览中心有限公司、香港特别行政区文学艺术界联合会、广西刘三姐集团、桂林刘三姐艺术团、美中发展促进会、卢旺达华侨华人协会、坦桑尼亚凤凰旅行社、荷兰商贸文教交流协会、重庆羽虹国际旅行社有限公司、中国科普作家协会、塔吉克斯坦东方阳光国际工程公司、加拿大侨友企业集团有限公司、美中文化教育交流联合会、中国广电艺术网等实体单位在国际上已经拥有一定地位与影响力的国际平台与社会多方资源，可以实现校园与社会的对接与合作，开展新闻采编、教育/求职、中外学生交流及多彩青春的各项活动与项目。实现国际青年传媒 O2O 平台的目标及意义。

2. 团队优势

我们是国际青年传媒团队，都是由国内外各大高校在校大学生组成，团队组建与结构创新，拥有着活泼的朝气和与时俱进的创新思维与激情；我们可以提供专业的培训；我们与北京体育大学拓展团队合作，可实现团队素质拓展活动。

3. 学习交流优势

依托世文联与各国内国际社团的社会认可度，我们可以组织参加各种前沿论坛交流活动，了解并学习各领域前沿信息与知识；借助社会资源实现中外学生交流项目。

4. 空间优势

我们有固定的办公区域和会议室，可以定期与不定期组织交流会与专业培训会议；可实现集中办公。

5. 地域优势

我们团队核心在北京，为中国的首都，交通、科技、信息、经济最发达的城市，利于我们团队国际化的发展。此外在亚洲、欧洲、美洲、非洲，以及太平洋地区等地都有合作单位。

6. 环境优势

北京拥有全国最丰富的人口资源、经济资源、教育资源与世界多元文化的国际资源，北京各高校拥有全国最优质的学习资源。

7. 国家政策支持优势

《关于推动传统媒体和新兴媒体融合发展的指导意见》明确指出，要强化互联网思维，推动传统媒体和新兴媒体融合发展，打造一批形式多样化、手段先进、具有竞争力的新型主流媒体。世文联国际青年传媒团队的建设与平台的搭建符合国家支持发展趋势。

综合以上分析，我们认为：

（1）目前国内或国外都有很多传媒企业，而且发展相当成熟，有些传媒企业已经自有 APP 等客户端平台，开始开拓新媒体平台，但是这些传媒企业面向的是社会群体，并没有专为在校大学生设立实战锻炼、施展与发展的平台与空间；

（2）学校方面，目前各大高校都设有学生会等学生社团组织，包含传媒组织，且受学校团委的保护与支持，但是各高校社团组织都是独立运营，只面向本校学生，信息渠道与资源仅局限本校，很多对传媒热爱与感兴趣的同学并没有机会参与实战锻炼的机会；

（3）各学校间的交流与联系弱，有些学校可能会带团互访交流或者联谊，但是机会甚少且范围小，难以达到交流学习与提升的效果；

（4）社会与校园分开，在校大学生的社会参与机会与范围很局限，社会信息与机会和学生的实践与需求难以契合匹配；

（5）国内与国外分开，国内外学生间的交流与信息互通、资源共享的渠道受限，目前国内外学生之间的交流活动主要由学校或者社会单位组织，对很多同学来说门槛高、成本高，难以参与其中。

在各个公众号功能同质化的今天，用户无论使用哪个公众号都可获得类似服务。我们国际青年传媒侧重内容的质量与线下活动的开展。利用自身的资源与优势实现微信号的差异化，体现国际青年传媒的国际化特色。我们将会调用高校信息化各个子系统的数据，掌握校园核心信息资源，在功能实现方面比现有公众号做得更好，服务更便捷周到。特别是综合能力的锻炼与提升、新闻采编、求职就业等方面的引导与培养。

此外，我们将着眼于将 Web 功能转化到微信平台，或通过微信将用户导航到 Web。另辟蹊径，推出一些独特的、只能通过微信端进行操作的服务，提升微信号的关注度和使用率。微信提供的高级接口可供实现这些“独特”的服务，如地理位置接口可实现地图和导航功能。

且行且探索，我们将继续探索微信号的功能实现与技术特性，调研用户需求，将微信平台更好地应用于校园综合信息化服务中，实现平台创新、内容创新、团队运作模式的创新，打造全新的国际青年传媒 O2O 平台。

六、国际青年传媒机构设置

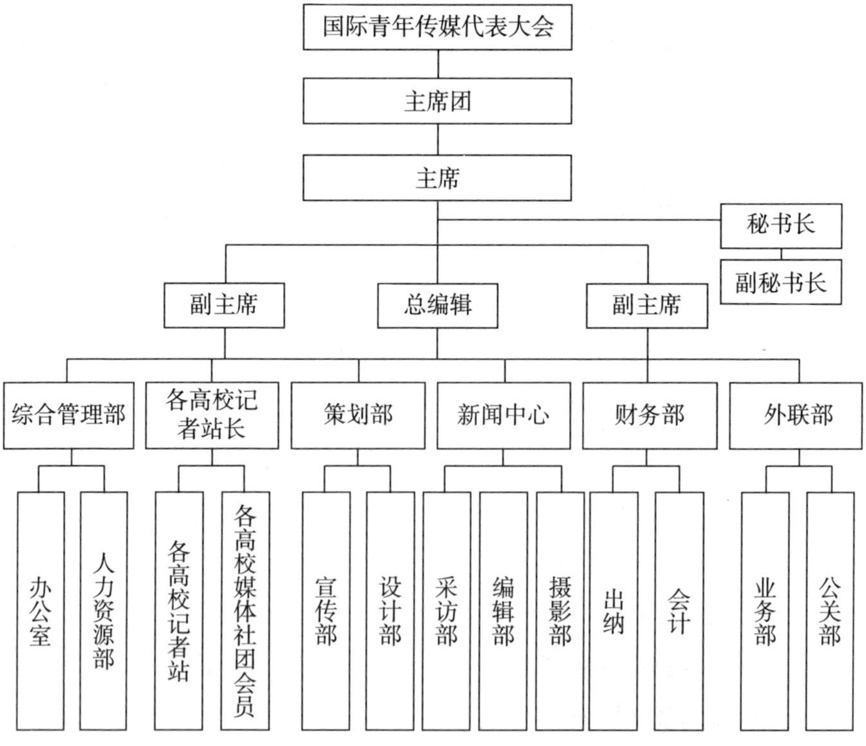

七、各部门职能及招新文案

（一）办公室

部门职能：

1. 加强团队的规范化、专业化及系统化管理，确保骨干人员的稳定。

2. 加强服务意识及沟通协作，做好团队建设工作。

3. 全面负责记者站行政管理工作。包括：固定资产、各类文档合同、会议安排、接待客人、印鉴证章、图书资料、快递及传真等后勤保障工作。对记者站管理制度的制定及推进，监督贯彻和执行。

招新文案：

我们统筹全局，我们是幕后推力。

我们是记者们的坚强后盾，我们是记者站的中流砥柱。

团队合作，大局观念，服务意识是我们必备的品质。

如果你会管理，有魄力，够专业，就快加入我们。

你行你就来！

（二）人力资源部

部门职能：

1. 从团队战略目标出发，全面实施人力资源管理与开发。

2. 制定团队人力资源管理中、长期规划、政策、制度和年度计划，并监督计划实施。

3. 组织制定团队成员招募、聘用、调配、考核、晋升、奖惩、职称和技术等级评定等人力资源管理方针、政策、规章及标准，并监督执行。

4. 协调和指导本部门和各部门的成员招募、团队培训、绩效考核及奖惩等工作，确保团队人力资源的合理使用。

招新文案：

流水的记者铁打的记者站。

我们秉着对记者站的热爱担起这一份责任。

睁着辨别神队友的火眼金睛。

为记者站输送着最有活力的新鲜血液。

想要面对面接触更多小鲜肉?

那就快来吧!

(三) 宣传部

部门职能:

1. 负责记者的宣传策划，提高平台的关注度、阅读量和转发量以及文章稿件的投稿量;

2. 负责撰写微信平台文案，活动宣传等文案;

3. 紧跟网络热点，策划精品专题。

招新文案:

高大上的记者站也要有高大上的宣传手段。

因为我们，更多的人开始关注并喜欢上记者站。

也因为我们，记者站变成独一无二的高端平台。

如果你有想法，爱创新。

宣传部是你最佳的选择!

名扬天下，也有你的一份!

(四) 设计部

部门职能:

1. 负责记者站 LOGO 以及相关宣传品的设计;

2. 负责微信平台版面、栏目的设计和升级。

招新文案:

我们是特立独行的设计师!

我们是天马行空的幻想家!

只需要一台电脑，一个充满点子的大脑。

我们就能让文字唱起歌，让图片跳起舞。

有满脑子想法却无处实践?

有一身过人才华却默默无闻?

最经典的设计，由你来打造!

（五）采访部

部门职能：

1. 根据阶段工作计划大纲，定位相关的企业、人物、事迹、热点活动等采访报道范围；

2. 确定具体采访对象和主题，并作简要描述；

3. 准备采访大纲；

4. 开展采访工作，并记录或录音；

5. 完成当月重大选题及采访任务，保质保量完成稿件及完成选题报告等工作；

6. 建立并维护专家及作者队伍（学者、专家等）；

7. 负责相关活动跟踪，约访等；

8. 负责重大选题联络工作，及政府攻关、广播项目内容协调。

招新文案：

想去全球各地游历？

想与各界名人面对面交流？

想参加各种国内外重要活动？

那就来找我们吧！

无尽的新闻资源、广阔的采访渠道，你值得拥有！

想要见证历史？找我们就对了！

（六）编辑部

部门职能：

1. 负责搜集整理世界各国留学生生活情况信息材料（学习、工作、生活、饮食、旅游文化等）；

2. 负责搜集相关信息、整合、应用（经济、人文、文史、哲学等科研文献）；

3. 负责微信平台的管理推送；

4. 负责文章推送选题的策划，对平台反馈以及阅读量、转发量有敏锐的洞察力，能把握受众心理；

5. 关注相关微信平台，提出改进策略和措施，推送策划和内容审核。

招新文案：

记者站的定位、风格、深度，都由我们来决定。

有品位，有内涵，有格调，你就是最优秀的新闻编辑。

如果你热爱新闻，热爱阅读，热爱创新。

那就不要犹豫，加入我们！

最出色的报道将由你写出！

（七）摄影部

部门职能：

1. 对记者站所参与和举办的各项活动进行照片和视频拍摄，并整理保存；

2. 管理维护记者站的拍摄设备；

3. 为记者站及其各项活动拍摄宣传图片和视频。

招新文案：

想游历世界，用自己的视角记录历史吗？

想端起相机，在光影变幻中成为一代大师吗？

想燃烧青春，让自己的大学生活不留遗憾吗？

摄影部在这里等你，

最高端的设备，最可靠的团队，最优秀的环境

等你来加入！

（八）出纳

部门职能：

负责财务成本、费用支出的预测、控制、分析和考核；审核日常报销是否符合记者站的规章制度，有无超出规定的限额，有无遵守规定的报销流程。

招新文案：

我们不是挥金如土的败家部门！

我们精准计算，精确预测，严格考核。

每一笔支出我们都了然于心。

每一次计算我们都无比准确。

我们需要细心、严谨的你。

别犹豫，来就对了！

（九）会计

部门职能：

1. 管理记者站日常财务运转，协调解决团队内外财务各项问题，保证记者站财务体系畅通；

2. 负责合理安排记者站资金运转、控制与管理（包括广告收入以及其他业务收入的更新录入、佣金的计算审核及发放、稿费的计算审核、整理及分发、汇款和邮寄事宜）；

3. 对团队核心成员提供财务资料，进行日常财务事务联络处理；

4. 审查分析记者站月度财务报表，协调处理相关财务问题；

5. 完成季度和年度记者站汇总财务报表和相关财务分析报告；

6. 定期汇总相关财务报表和投资分析。

招新文案：

我们就是数钱数到手抽筋的土豪部门！

我们不要一掷千金，我们只要分文不差。

想要掌控资金的动向，想要为记者站创造更多财富？

会计部在这里等你！

一起来数钱吧！

（十）业务部

部门职能：

1. 负责制订广告以及其他业务的发展战略；

2. 负责制订记者站各高校分站的建立战略，协调与各高校分站点的工作配合；

3. 带领团队完成广告客户的开发及维护工作；

4. 负责广告发布流程中与编辑部、新闻中心的沟通工作，如：版位确定，软广告安排等；

5. 负责分析微信平台后台数据和读者信息，把握信息消费用户的需求，定制具有针对性、个性化的文章推送战略。

招新文案：

我们为记者站的发展拓宽道路！

我们是与社会各方沟通的桥梁！

谈判桌是我们的主场，我们是记者站扩大影响力的排头兵。

我们默默工作，却至关重要。

我们就是低调奢华有内涵的代名词！

拓展人脉，锻炼能力，开阔眼界，我们都能给你。

业务部的门永远为你敞开！

（十一）公关部

部门职能：

带领团队完成对记者站重要客户的公关活动。

招新文案：

谈笑风生，处变不惊。

我们就是智慧和气质的化身！

我们就是穿着西装的战士！

在客户面前我们是举止典雅的合作伙伴。

在问题面前我们是雷厉风行的消防员。

想练就三寸不烂之舌？

想拥有一身超人本领？

公关部是你不二选择！

八、我们的目的及意义

我们的目的是：

1. 扩大在校大学生的社会参与面与实战锻炼的机会；

2. 建立一个国际化的在校大学生交流与展示的O2O平台，相互促进与展示才能，提高个人综合素质；

3. 为广大在校大学建立一个传媒创新与开发探究的O2O平台与空间，发挥在校大学生的创造力；

4. 为广大在校大学生推送与大学生密切相关的各种资讯与报道，以及益于大学生身心发展的深度文章；

5. 服务于国内外各专业的在校大学生。

我们的指导思想是：成为国内外大学生交流学习、相互促进的平台，增进国内外学生之间的沟通与了解，加强国内外大学生之间的交流与联系，拓展在校大学生的知识面和社会参与面；成为在校大学生一个最广阔的社会实践与锻炼的O2O平台，培养在校大学生对校园新闻、中国新闻以及社会热点新闻的关注度和敏感度，锻炼大学生观察问题、发现问题、分析问题以及解决问题的能力；鼓励大学生把个人理想与社会实践紧密结合，培养个人的沟通交流、社会实践、新闻采集及编辑写作等各方面的能力，全方位提高大学生的综合素质，为在校大学生今后走进社会、步入职场，夯实经验基础。

我们的宗旨是：强化、深化国内外高校间的交流与合作，实现资源和资讯共享，同时将国内高校媒体凝聚在一起，融合健康发展，共同为国内外大学生提供最优质的订阅服务，发挥促进海外校园文化和中国校园文化海外传播的双重功能，同时起到国内外大学生信息互通、共同交流学习、相互促进的纽带作用。

我们的目标是：在北京59所高校及全国各省市高校建立分站点，发展全国各高校学生媒体会员单位，立足于北欧华人网、《北欧华人报》及世界文化产业交流联合会，联合世界500余家华文媒体，实现资源和资讯共享，发展成为专业的传媒精英团队，实现平台创新、内容创新、团队运作模式的创新。

九、国际青年传媒团队现状

国际青年传媒团队于2015年9月4日正式组建成立，于10月1日激活微信平台，正式上线。各种制度等文件将陆续完善。

2015年9月18日，团队第一次出访，于中国评剧大剧院观看评剧《野火春风斗古城》，并采访领衔主演马惠民先生。

2015 年 9 月 26 日，团队第二次出访，于天津静海光合谷度假区参加“嗨天津”啤酒音乐节开幕式。

2015 年 9 月 29 日，参加 2015 新媒体巅峰论坛。

团队还处在成立初期，各项工作还在有序开展中，我们将会不断学习、不断反思、不断完善，逐渐向目标前进。

2015 年 10 月 10 日，我们将会举办“记者与新闻的交汇，新媒体现状与未来的碰撞”主题暨国际青年传媒第一次培训会。讲课教师有：中国国际广播电台驻联合国首席记者，韬奋奖获得者刘晖老师、新华社在职政治采编室主任吴小军老师、人民日报海外版记者扬子岩老师、微信钱包主管王辉、清华大学新闻学博士毕晓梅等业内资深老师。

十、国际青年传媒工作计划落实

1. 2015 年 10 月，推出微信平台，提升优化内容，推广；

2. 2015 年 11 月 1 日，根据微信平台后台数据以及反馈信息对团队工作进行分析、评价、调整、规范，并加大宣传力度；

3. 2015 年 11 月下旬起，从周边学校开始拓展与各高校社团组织的联盟合作，并开始着手筹建各大高校记者分站点；

4. 各高校记者分站实行义工和专职相结合的办法，逐步专业化、规范化；

5. 2015 年 12 月，完成商业计划书，扩大商业合作与融资。

（注：现在各项工作已经逐步正常展开）

北京六度网络科技有限责任公司创业计划书*

一、执行总结

本公司针对在京高校大学生找语伴的需求，通过中外用户学习问答、自主交流、线下活动，建立一个集社交、学习、交流需求为一体的六度平台。

目前国内两千多万在校大学生中，希望通过语伴进行语言学习练习口语社交的同学不在少数。作为首都的北京更是外国人来华学习工作的集中地之一。中外语伴交友需求旺盛，然而国内缺少便捷高效的语伴交流平台。六度平台希望通过客服私密精确的中外交友需求对接，个性化的中外交友指导服务，多样化的线上线下活动相结合的维持语伴方式，在中外语伴交流这个暂为空白的领域成为领跑者。六度平台采取会员收费制，广告投放以及平台衍生品研发为主的盈利方式，目标为在3—5年内国内市场占有率达到60%以上，成为国内年轻人跨国交友平台的引领者，并逐步开拓国外跨国交友平台。团队成员均为北京语言大学在校学

---

* 作者：张梦溪、关钰欣、杜瑜萌；
指导老师：曹璐璐。

生，受“小联合国”多样中外文化氛围熏陶，跨文化交流能力强，经验较丰富，对市场变化反应灵敏。

二、企业介绍

（一） 公司名称

北京六度网络科技有限责任公司，名称来源于匈牙利作家 Frigyes Karinthy 的六度人脉理论，意为地球上所有的人都可以通过六层以内的熟人链和任何其他人联系，即最多通过六个人你就能够认识任何一个陌生人，每一个擦肩而过的陌生人都有可能是你的第六度人脉。此名称表明了我们是一个社交平台，同时含有根据多样化的需求进行社交，找到最符合自己性格特点的语伴的含义。

（二） 创业目的

基于中外友好交流需要，为在京中外年轻人提供一个便捷平等的找语伴的平台。

（三） 创业理念

我们致力于为中外用户提供平等的交流平台，促进中外用户的自我发展，满足他们的语言学习、社交等方面的需要。本公司的观念是会员至上，用户体验为先，我们会尽我们的所能，从多方面来提供创新性的以人为本的产品和服务，满足中外会员相互交流的需求，同时完善产品来提升中外会员的用户体验。

（四） 创业企业战略

因为互联网企业具有发展快，产品更新速度快，周期短的特点，故将企业战略阶段分初期（1—2 年），中期（3—5 年），和长期（6—10 年）三个阶段。

1. *初期（1—2 年）*

提高产品知名度和认可度，树立品牌形象，达到在北京高校外国学生以及北京的外国定居者中 60% 及以上的市场占有率，成为北京地区第一大连接中外用户的社交平台；产品在技术上开发成熟，基于微信公众平台和微信朋友圈的方式将进一步发展成基于自己的网站或移动 App，开发多种服务形式，不再只依赖微信软件，增强平台独立性；根据需求变动改进和完善产品服务，发展线上线下具体化、多样化的创新服务，收回初期投资，准备开发衍生产品，提高人力资源素质，提高核心竞争力和综合实力。

2. 中期（3—5 年）

将平台进一步向北京市及上海、深圳等其他一线城市推广，市场占有率在北京达到 90%，其他一线城市 60% 及以上，成为年轻人跨国交友平台的引领者；进一步拓展服务，实行多元化经营战略，加强与国内其他网站、平台的合作，同时线下活动运营规模化、品牌化，线上线下一同完善跨国交友的衍生网络。

3. 长期（6—10 年）

平台进一步发展壮大，市场扩展到互联网发展充分的发达国家大城市，如东京，纽约等，为他们提供线下交友服务；建立线上线下结合的社交网络，服务范围拓展到线上聊天、线下交友、匹配朋友等多方面，开发出独特的根据需求匹配好友的技术并推广应用，开发论坛集合更多中外资源，抓住全球化的有利机遇，迅速发展壮大，成为全球化、集成跨文化交流优势的企业。

三、产品与服务介绍

（一）运营模式

六度是一个以在京中外年轻人及学生为主要目标群体，为他们提供一个交友及找语伴机会的平台，实行实名注册会员制，针对会员找语伴的不同需求提供服务。

（二）产品介绍

1. 现行交友方式

（1）概述：因为外国人和中国人的语伴需求不平衡，平台暂时采取外国人发布需求，中国人报名的方式。外国人的需求由微信公众平台

（微信号：sixdegrees123）收集，随后由客服小度（个人微信，微信号：sixdegrees1234）的朋友圈发布。中国会员添加客服小度个人微信为好友后在朋友圈下面回复“报名”或者私戳小度报名。一般报名五六个人后，小度会在下面评论停止报名，停止报名前一切报名都算数。随后小度会将已经报上名的中国会员填表时所填的个人信息由公众平台发给外国人，并教外国人如何添加好友，让外国人自己选择添加哪些人为好友。中国人则报名后等待外国人添加即可。

（2）平台采取会员制，只有会员可以报名外国人的语伴，添加好友时小度会发送会员链接。也可在微信公众平台回复#5 获取报名链接。中国会员报名后其个人介绍及微信号会由微信公众平台发送给其所报名的外国人（不包括姓名、手机号班级等信息，但是会员可以在个人介绍里提及），故报名表填的个人介绍信息越详细，外国人添加的概率越大。

（3）小度会在微信朋友圈定期（一周或两周一次）收集中国人的需求，在微信公众平台上发给外国人由他们报名，外国人报名后小度会私戳会员通知。此项在于帮助有不同语种需求的中国人找到语伴，并且增加平台与外国人的互动。

六度微信公众平台自 9 月 3 日成立，9 月 10 日正式运营以来，至 9 月 20 日截止，十天时间已收集超过 30 份外国人找语伴的申请，同时中国人会员有 130 名，平台已为 30 名外国同学、几十名中国同学成功解决了找语伴的需求。

2. 未来预期发展模式

未来微信公众平台、微信私人客服将不再能满足六度开展大规模、跨城市、根据需求匹配语伴的服务要求，一方面其他国家外国人微信使用频率不高，另一方面在未来微信是否还是国人使用频率最高的社交产品并不确定。所以逐渐脱离微信，开发自己的产品是未来六度发展的大方向，也是增强自身独立性和抗风险能力的要求。

在未来，六度将招募技术人才，开发六度一系列的互联网产品，并且将主要服务由微信转向自己的独立 App 和网站。

（1）六度 App

六度 App 是一个中国人和外国人能够自由交流的平台，不必通过六度微信公众平台建立连接。采用手机注册会员制，保证信息真实可靠。分学习问答、自主交流、线下活动等多个版块：学习问答板块主要供中国人和外国学生互相解答语言类的问题，采用积分制鼓励大家多多提问和解答；自主交流板块供中外学生自由交流，找朋友及语伴，以及兴趣相投的朋友；线下活动板块供中外学生自主组织和参加线下活动，会员既可报名别人的活动也可自己发起活动。同时六度自己和一些商业合作伙伴也会在这里发起一些语言角、线下聚会等活动。

（2）六度网站、论坛

六度也会开发网站，网站的定位是供中外友人远程交流。用户可在六度网站上和远在大洋彼岸的外国人视频聊天，同时中国人通过六度语伴平台认识的外国人回国后，他们也可继续使用六度网站视频交流；要来中国学语言的外国人也可先通过这个平台和中国人了解中国的情况。网站设有专门的运营人员，管理论坛的环境及定期策划推出网站活动，增加用户参与度和粘性。

3. 总结

微信公众平台、服务号、手机 App、网站等一系列产品，将六度打造成一个致力于做中外交流的平台品牌。无论是线上还是线下、近程还是远程，六度都将提供相应的服务来满足会员交流的需求。我们的服务追求用户体验至上，用心给会员最人性化、注重细节的完美体验，既保证社交需要又保证流程的高质量高效率，帮助中外会员在最短的时间找到最满意的外国朋友，用最便利的方式享受六度的高效的线上线下一体化的服务。

（三）盈利模式

1. 会员制会费的收取

我们会在中国会员注册时添加支付宝或微信支付的方式，只有支付才可提交报名表。支付后中国会员可永久享受六度提供的报名外国人语伴的服务，无时间、数量限制报名外国人语伴。

2. 向用户提供更高级的收费服务

会员服务分级制，高级别的会员享受我们提供的如精确匹配、优先推荐等服务。

3. 其他商家广告投放

六度微信公众号积累一定的关注量后，可尝试在每天的推送里开放广告招商业务，尤其是公众号所汇集的外国人资源宝贵，具有其他主要面向中国人的公众平台不具备的优势。利用此项优势，六度平台会尝试和其他商业公司开展广告合作，推送一些诸如外国人兼职信息、口语老师招募信息、外国人需要的商品信息等广告。

4. 线下活动费用收取

六度会联合其他组织、团体开展一些中外学生交流的线下活动，比如英语角、外语演说活动等。但此种方式推广的目的要大于盈利的目的，并不作为盈利的主要方式。

5. 周边产品售卖

六度在品牌树立后会开发自己的一些实用的周边产品，例如本子、明信片、水杯、T恤等，既可作为奖励和会员互动，又可作为实际产品向会员售卖。

四、市场分析

（一）市场环境分析

1. 语伴交友市场

随着中国近年来经济的繁荣发展，越来越多的外国人开始接触中国文化，来到中国学习汉语。北京语言大学作为“小联合国”，拥有众多来自世界各地的留学生资源，同时五道口作为繁华的“宇宙中心”，周边高校如清华、北大等也有不少来华留学生、交换生。北京作为中国的首都，有得天独厚的优势，望京、三里屯、国贸、使馆区等地是外国人主要的工作区域，也有不少外国人。

下图中所画出的范围是外国人在京大致的分布区域，由于京顺路沿线和沿温榆河一带的别墅分布比较分散，所涉及的区域比较大，所以该范围圈得比较大。另外，有些分布圈也有特定某国人聚居的特点：五道口的留学生圈里以韩国留学生居多；燕莎、凯宾斯基饭店的欧美圈里是以德国人居多；而京顺路沿线的欧美圈里则以美国人居多。

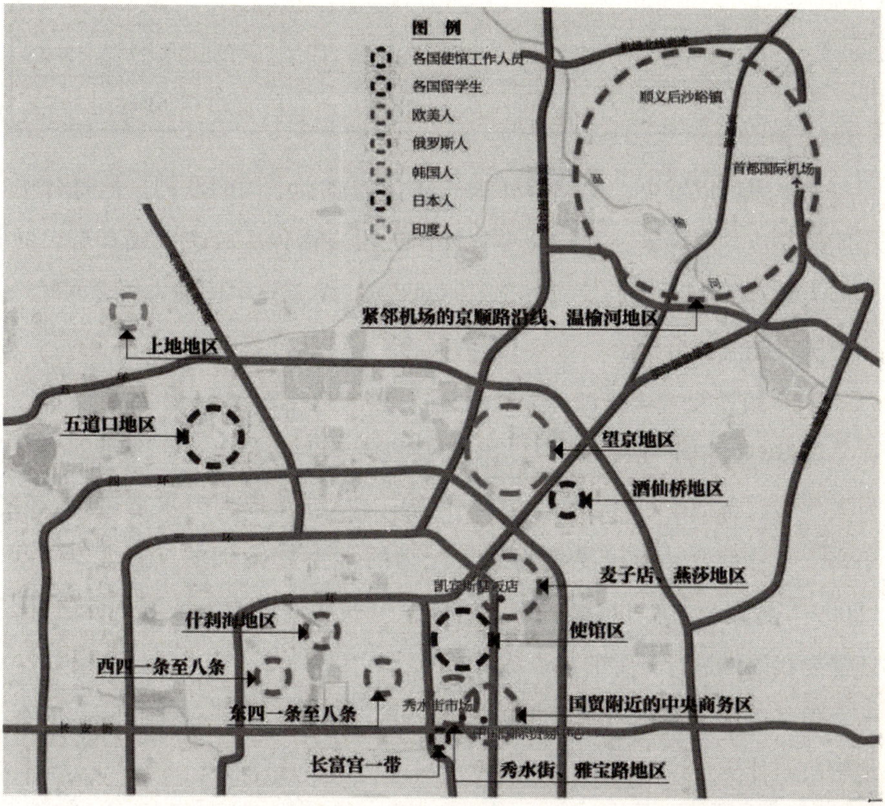

图片来源：中国国家地理 http：//www. dili360. com/cng/map/1334. htm

2. 心理学分析

他们虽身在中国，但很多人碍于语言不通或者对中国人的一些不好的印象，对中国人不了解，不愿主动去找中国人搭讪、交朋友，平时参加活动的范围也局限在外国人圈子中，大多数外国人中国朋友数量较少。

北京语言大学外国人需求调查（2015.8）

样本总量108	需要中国朋友	不需要中国朋友	需要中国朋友百分比
	84	24	78%
	与中国朋友交流频率大于每周一次	与中国朋友交流频率小于每周一次	与中国朋友交流频率小于每周一次百分比
	35	73	68%
	有多于一个语伴	没有语伴	没有语伴的外国人百分比
	40	68	63%

从上表可以看出，大部分外国人还是需要有中国朋友的，但是和中国朋友交流并不频繁，并且大多数外国人没有语伴。故超六成有需求的外国人没有找到恰当的渠道找到中国朋友，或者找中国朋友并不积极，和中国人交流机会少。

3. 中国学生市场分析

随着高校招生规模的扩大，中国高校大学生人数众多，达到2468.1万人（教育部2014年统计）。英语作为中国大学生普遍要求掌握的一门语言，十分重要。而想要考雅思、托福的学生数量众多，已达260万（2009年数据），练习口语需求大。除了寻找培训机构等练习培训之外，还需要找语伴进行日常的口语练习。

但是市场上没有一个类似的平台，可以精准、快速、便利、低成本地解决语伴交友这个需求。

综上，我们可以得出结论：中外学生语伴交友平台具有广阔的市场。

（二）竞争分析

1. 交友平台分析

百度贴吧

基于关键词的主题交流社区，通过搜索关键词细分顾客需求，将对同一话题感兴趣的人集合在一起形成一个社交圈子。但是其界面较简单，忽视了个性化的用户体验，主题分块弱化了一部分的人气，基于贴吧形成的资源整合还不够。

语伴网

语言学习分享和交流互动社区。找语伴，学外语练口语。年轻人为主，免费注册发布语伴信息，语伴问答。通过广告投放获得收入。但是平台缺乏维护与管理，用户发布个人信息的真实性和安全性得不到保障，也缺乏个性化的指导和服务，且线上解答问题有时差等一系列不方便学习的因素。外国人用户的活跃度黏度不高，中国人的需求长期得不到解决。

结论：目前市场上没有专门针对中外年轻人的、发展成熟完善的语伴交友平台。

2. 中外交流组织机构分析

北京语言大学中外学生交流协会

北京语言大学中外学生交流协会 CFSC 致力于联络中外学生友谊，为中外学生提供一个文化交流的平台，加深其文化的相互理解，让中外学生在参与趣味活动中开阔视野，结交友人。与汉语速成学院达成合作，定期举办中外学生交流活动以及旗袍大赛等弘扬传统文化的活动。但其活动次数、覆盖中国学生范围有限，满足中外学生需求有时效性。并且中外学生交流活动不能很好地顾及每个学生具体化、个性化的需求，很多学生往往和外国人见上一面就不再继续联系，建立的关系没有基于需求所以没有持久性。

社会上的口语角

人员的流动性大，社交参与人员的信息安全得不到保障；外国人数量少，绝大部分是中国人之间说英语，对于练习口语有一定积极作用，但因得不到外国人的指导，口语的发音、语法、表达习惯等很难得到改善；一些不喜欢参与多人社交、大型活动的中国人语伴需求得不到满足。

口语辅导机构

口语辅导机构有专门的外国老师帮助学生提高口语，但收费高，有时效性，适合短期想要迅速提高口语成绩的同学，但那些学生的需求占少数，并且大多学生参加完辅导机构后练习口语的机会急剧减少，缺少持续的指导及锻炼。

（三）本企业的市场定位和目标客户

1. 市场定位

（1）产品定位：一个集中外学生社交、学习、交流需求为一体的平台。

（2）竞争定位：六度平台是针对年轻群体的语言社交产品，属于潜力型市场，所以公司在同行业间最大的优势就是新颖和特色。同行业中需要树立品牌效应。

（3）消费者定位：在京有语伴需求的在校大学生群体。

2. 目标客户

北京市年轻顾客群体，年龄在 18—30 岁，其中以社会工作单位作为主要的推广对象。北京在校大学生为主要宣传群体。

（四）企业 SWOT 分析

1. 本企业优势和特色

（1）私密性：中国会员与外国人分别通过个人微信号和微信公众平台报名交友，由客服小度连接二者，除了报名双方外他人无法看到平台里其他人的信息，保证了双方个人信息的安全和报名信息的私密性。

（2）即时性：交友需求信息发布后，报名双方都将在两个工作日内得到回复，迅速得到反馈。试运行期间平均 2 天双方交友需求得到解决。

（3）便利性：中国会员交费后即可注册，不限次数，无限期提交报名信息；外国人关注微信公众平台后即可按照提示发布交友信息，无任何门槛要求。双方成功交友后即可进行线下见面等交流活动。

（4）针对性：本平台主要针对年轻人的找语伴需求，且公司的经营者和客户的年龄相近，在“小联合国”学习成长，有更多中外交流的经验，更了解客户的需求，同时对市场的反应更灵敏。

（5）可操作性：线上交友线下活动见面相结合，保证语伴关系能够长期维持下去，中外用户均可以在平台上体验语言学习、文化交流的乐趣。

（6）个性化：会员分级服务，根据中外双方的需求匹配语伴，并提供个性化的交友指导和建议。

2. 本企业劣势

（1）六度平台比较新颖，服务发展还不成熟，经营经验不足。

（2）学校客户群体的利润较小；线下活动的组织策划相对比较繁杂。

3. 机遇

（1）年轻顾客群（尤其是大学生群体）寻求语伴的需求日益增长，但是受到自身交友圈的局限还有中外文化之间的隔阂，自身难以实现，所以本公司服务的市场潜力巨大。

（2）主要针对的顾客是年轻群体，其中以在校大学生为主，顾客人群的综合素质较高，经营安全系数大。

4. 威胁

（1）本公司属于新型的互联网科技公司，缺乏经验，人力资源管理对公司的要求比较高。

（2）对于新兴的公司，产品的宣传相对于其他有传统产品为市场的宣传比较困难。

（3）中外文化差异，客户心理变化等导致中外用户之间发生矛盾的可能性加大。

五、营销策略

（一）前期策略

1. 扫楼传单、班级宣传：新生开学的传单宣传，班级班群宣传推广，吸收新用户资源。

2. 组织活动：采取英语角等线下交流活动的方式来宣传本平台，向活动参加人员介绍、宣传、销售平台服务产品。

3. 社团宣传：在北京高校通过校内中外交流社团进行平台宣传，积累用户资源。

4. 邀人分享：邀请在其校内或更大范围内有一定知名度的大学生或青年在平台上率先进行注册分享，形成带动效应。

5. 线上平台：

（1）建立六度微博、微信、人人、校园 BBS 等线上平台并定期推送有关中外文化交流的文章，邀请语伴交友成功的会员分享中外交流过程中的经验，增进大家对中外文化交流的了解，以便更好地与语伴交流，提高平台的知名度。

（2）联合 706 青年空间、Insight China、小酱油平台及关于青年创业支持的年轻人关注量大的运营较好的平台进行本平台的宣传，形成校外有针对性的社会化推广线。

（二）后期策略

1. 社会认证：当平台达到一定的用户人数后，本项目可以进行官方的和民间的资质认证。通过它可以提高公司的知名度和信用级别，以增加商业机会。

2. 广告宣传：在网络、媒体、公共交通工具等平台上发布广告，打造品牌形象，提高知名度。

3. 校园代理：在各大高校中依托中外交流社团找校园代理，帮助公司深入各大高校进行推广。

4. 互联网推广：和知名青年社交网站建立合作关系。

5. 公共形象建设：组织中国会员与语伴一起参加语言角等志愿活动，如到中小学校开展定期的志愿语言角及经验分享会，到社区教授语言，分享中外交流心得等公益宣传活动，建立公共形象。

6. 媒体参与：积极参与配合媒体活动，获得尽可能多的软、硬新闻的机会。

7. 组织合作：当公司有一定知名度后，与大使馆、民间中外交流组织等建立合作关系，做好资源对接，提高交友效率和进一步提升公司的知名度。

六、公司组织结构介绍及人才建设

（一）公司组织结构

公司建设初期预测有员工 10 人，其中总经理 1 名，行政部 3 人，技术部4人，运营3人，市场部3人，财务部2人。

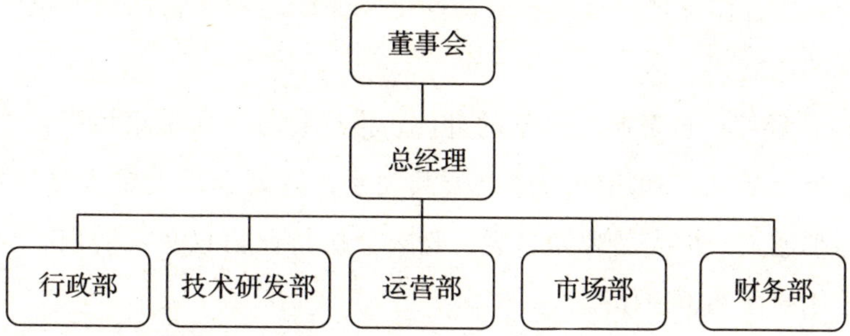

（二）部门职责

1. 董事长：董事长是公司的法定代表人和重大经营事项的主要决策人，是董事会代表，对股东负责，主持召开公司股东大会、董事会议，并负责上述会议决议的贯穿落实；组织讨论和决定公司的发展规划、经营方针、年度计划以及日常经营工作中的重大事项。

2. 总经理：由董事会聘任，其工作对董事会负责。主持公司经营班子日常各项经营管理工作，召集和主持总裁办公会议，检查、监督和协调各线业务工作进展。审批财务开支，对重大事项执行决策，签署日常行政、业务文件。

3. 行政部：协助总经理处理日常行政事务，组织汇总公司年度综合性资料，草拟公司年度总结、工作计划，制定公司绩效考核办法、公司组织架构及人员编制，统筹、管理和分配后勤物资；负责员工的招聘、考核、培训、调配、离职等工作，制定不同岗位薪酬标准，建立人力资源储备。

4. 技术研发部：负责平台项目功能需求分析、技术可行性分析，网站项目功能的实现和内部测试。负责向主管及时反馈程序开发中的情况，并根据实际情况提出改进建议。参与程序开发和维护过程中重大技术问题的解决，参与程序安装、测试、研发更新。

5. 运营部：负责平台整体的规划、运营、推广和管理，进行市场调查和分析，组织设计平台整体定位、架构设置、风格设计、业务方向等的综合策划，确立定位与发展方向，推动商业模式的形成和相关产品的设计、优化；与其他相关网站、媒体、单位建立良好的业务合作关系，发展与培养合作伙伴，提高有效访问量，保证运营项目的顺利执行与业务目标的达成。

6. 市场部：负责制定网站的宣传、推广计划，实施市场广告、推广活动和公关活动；利用网络建立公共关系，策划合理营销策略与手段，树立品牌形象，扩大品牌知名度；收集分析行业信息及发展现状，调研用户使用习惯和用户体验。

7. 财务部：起草公司年度经营计划，组织编制公司年度财务预算；执行、监督、检查、总结经营计划和预算的执行情况，提出调整建议；研究公司财务状况和资本结构，提出资金使用方案，防范财务风险。

（三）人才建设与管理

1. 集聚人才

我公司非常注重人才资源的利用，将人才队伍建设视作关乎公司兴盛与衰亡的大问题。公司在成立初期人才数量不足，拟采取以下措施集聚人才：

（1）前景吸引。通过科学而诚实地设计好公司发展方案，描绘出未来美好蓝图，吸引一批志同道合的人才。而且，这些为干一番事业而来的人才大部分将成为公司的精英与骨干。

（2）氛围吸引。从人们的择业选项看，有的偏重于物质条件，有的则看重人际，氛围和发展空间。公司要打造一个和谐和向上的团队氛围，创建优越的软环境，以吸引人才。

（3）领导者魅力吸引法。领导者口碑好，令人敬仰，也是能有效吸引人才的。公司领导人始终要坚持品行修养，做到德才兼备，拥有责任心和爱心，以塑造良好的个人魅力，吸引大量优秀人才。

（4）高薪招聘法。这是现代企业人才招聘中最常用，也是最有效的办法。但公司初期处于创业阶段，提供高薪资的条件尚不成熟，不允许大量高薪招聘各类人才，只能对个别关键的技术人才实行高薪聘用。

2. 培育人才

培育人才是一个公司建设人才队伍、不断更新知识、参与激烈的市场竞争的需要，我们将增加队伍培育投资，采取学校培育、实践培育、外聘专家培训等多种方式培育人才，助力公司的发展。

3. 初期薪资标准

单位：元

年　份	2016	2017
总经理	9000	10000
行政部	5000	6000
技术研发部	8000	9000
运营部	6000	7000
市场部	6000	7000
财务部	5000	6000

七、财务计划及分析

（一）财务预算

六度为小型创业公司，初步成立，不需要固定资产；但市场开发和技术研发需投入大量费用。

总体投资概算表　　单位：万元

项　目	投资金额
网站、app 建设	3
域名购买	1
人员薪资	5
广告、市场开发费	6
开办费	3
流动估算	2
合计	20

（二）收入成本预测

1. 收入预测

网站收入大致分两个组成部分：会员会费的缴纳（包括所有等级的会员）及广告收入。前两季度公司初步成立，为保证用户体验，不插入广告。基本会费为每用户 20 元，高级用户 40 元，随着广告费用投入的增多，运营时间的增加，注册会员数逐渐增加。预计第一季度每月有 500 个新会员，第二季度每月 600 个新会员，第三季度每月 700 个新会员，第四季度每月有 900 个新会员。广告费用从第三季开始。项目收入估算如下表：

项目收入估算表 单位：万元

时　　间	第一季度	第二季度	第三季度	第四季度
会费缴纳	3	3.6	4.2	5.4
广告收入	0	0	1	2
合计	3	3.6	5.2	7.4

2. 成本预测

企业在初期建设期间项目宣传、开发成本比较高，随着运营和产品的完善，成本逐渐减少。项目成本估算如下表：

项目成本估算表 单位：万元

时　　间	第一季度	第二季度	第三季度	第四季度
人工费用	1.2	1.2	1.2	1.2
产品开发、维护费用	1	1	0.8	0.8
宣传费用	2	2	1	1
合计	4.2	4.2	3	3

（三）投资分析

1. 融资方案

计划采取通过路演和创业大赛向天使投资人和风险投资人直接股权融资，同时通过众筹网站融资的方案，注册资本 5 万元，投资总额 20 万元，各股东按注资比例承担相应责任、收益。

2. 财务效益分析

（1）资产净利润率 ROE

净资产收益率 ROE = 年均净利润总额/权益 = 48000/200000 = 24%

（2）净现值

五年的净现金流量分别为 -15.2，5.5，6.4，7.6，8.9 万元。

企业财务基准收益率定为8%，项目运营5年的项目净现值，通过EXCEL计算出项目净现值为7.37万元。

(3) 结论

以上数据表明，本项目投资方案的税后财务净现值为7.37万元，远大于0。本项目方案财务内部收益率为24%，大于行业基准收益率。因此，从财务评价角度看本项目经济效果比较好，是一项完全可行的投资方案。

八、风险预测与控制

（一）风险分析

1. 技术风险

公司技术风险主要体现为App开发、网站搭建失败，而软件开发成功与否在很大程度上取决于公司人才素质以及对行业、业务流程是否有深入的调研、了解与掌握，对合作的软件开发商的能力考察与控制。

2. 经营风险

公司为稳定技术人员和吸引外部优秀人才，必将采取一系列的奖励措施，因此人力成本的投入必然会逐步增加。同时，由于公司处于创业阶段，工作环境、福利待遇在开始时同其他公司相比可能会存在一定差距，从而增加了引进高素质人才的难度。

3. 管理风险

随着公司规模的急剧膨胀，公司组织结构、管理方法可能不适应不断变化的内外环境。

4. 财务风险

公司在发展初期，财务风险主要体现为资金短缺风险，即资金不能满足公司快速发展的需要。

5. 盈利模式风险

在国家政策，法律法规发生变化或者其他不可控制的情况发生时，可能会造成较大风险，甚至导致项目的生存问题。

（二）风险对策

1. 以人为本

奉行“以人为本”的企业文化，以实现员工价值和公司价值的共同增长；采取多种激励措施，如员工持股、股票期权等，尽可能地吸引并留住人才；给予员工发展所需要的空间和支持，满足员工实现自我价值的需要；增强员工的归属感、提高劳动积极性，发挥人力资源的整体优势，为组织创造效益。

2. 强化经营管理

推行目标成本管理，加强成本控制；采取内部培训、外部培训等多种措施，提高管理团队的整体素质；倡导组织创新、思想创新，以适应不断变化的外部环境。

3. 财务管理

完善和加强公司自身的“造血”机制；加强对资金运行情况的监控，最大限度地提高资金使用效率；实施财务预决算制度，聘请有经验能力的人才进行有效的管理。

4. 盈利模式

在化解财务风险方面，本项目在未来的发展上已做出规划，在适当的发展时机将业务延伸到软件开发方面，该产业前途好，进入的门槛较高，可充分利用现有人力和技术资源，不需增加太大的投入，是一个新的盈利增长点。

创建听障儿童心理健康情况调查平台*

摘　要：本项目以莎利文聋哑学校的听障儿童、特殊教育工作者以及普通大众为调查对象，采用问卷调查的方式从三个维度对听障儿童的心理变化根源、特殊教育工作者对听障儿童心理问题的看法以及普通群众对听障人的认识进行了调查。利用卡通漫画代替文字表述，成功吸引了听障儿童的注意力；应用先进的互联网调查问卷，既环保又高效，充分发挥了大学生的创新精神。希望通过本调查，对听障儿童心理健康问题的研究产生一定的帮助，引起更多的热心人士关注听障儿童，帮助听障儿童健康成长。

关键词：听障儿童；心理健康；三个维度；调查平台

一、项目基本信息

（一）调查背景

听障儿童，是指由于先天或后天原因，导致听觉系统中的传音、感音，以及对声音综合分析的各级神经中枢发生异常，引发听力障碍的儿

* 作者：兰宇晴、农济源；
指导老师：王丽媛。

童。据2006年第二次全国残疾人抽样调查公报公布的数据显示，中国共有听力、语言残疾人2780万人，其中0—6岁的听力残疾儿童约有13.7万，每年新生聋儿约2.3万，是目前最具权威的数据。2012年的临床研究表明，听障儿童的心理、行为问题总检出率为53.33%，远高于正常儿童，这些问题的出现可能与听障儿童的听觉言语康复水平、康复模式以及家庭亲子关系有关。

中国残联2013年调查统计，中国只有50%的听力残疾儿童进入机构康复，机构康复后的孩子只有50%进入普幼或普小，而在美国等发达国家，听力残疾儿童进入普通学校学习的比例高达90%。

以上数据表明，我国听障儿童占残疾人总数的比例很大。但与发达国家相比，我国听障儿童的康复工作较为落后，政府投入不足、技术水平不高、社会认知不深。

（二）调查目的

据中国聋儿康复研究中心公布的数据显示，中国是世界上听障儿童数量最多的国家，3岁以下发病的聋儿约占总数的85%，而同期就诊率仅为58%。现今社会对于听障儿童的心理健康及康复问题不够重视，导致一些儿童有了自卑、抑郁等精神疾病。

我们需要建立一个听障儿童心理健康情况调查平台，与莎利文聋哑学校合作，从听障儿童、特殊教育工作者和普通群众三个维度进行调查，寻找听障儿童心理变化的根源，分析特殊教育工作者对听障儿童心理问题的看法以及普通群众对听障人的认识，并将调查结果通过学院和莎利文聋哑学校的微信平台及微博账号与社会各界人士共享，呼吁人们关爱听障儿童，重视听障儿童心理健康，让听障儿童感受到社会的关怀。

（三）项目执行情况

本次调查从2015年5月15日开始，到6月15日结束，共历时一个月。此次调查共发放问卷190份，收回187份，有效问卷为180份，问卷有效率为96.3%。其中，听障儿童调查问卷18份，特殊教育工作者调查问卷29份，社会群众调查问卷133份。

调查实施自始至终都进行了严格的质量控制，团队成员对完成的问卷进行了反复检查及核实。除传统纸质问卷外，也采用了互联网问卷网站问卷星进行数据处理和制图、制表使用 SPSS 和 EXCEL 软件。

二、项目研究成果

（一）调查对象基本情况

在 180 个有效调查样本中，男性为 51 个，女性为 129 个，男女比率约为 1∶2。年龄分布在 60 岁以下人群中，其中 14 岁以下占 13.2%，14 至 20 岁占 8.3%，21 岁至 40 岁占 65.6%，35 岁以下的占 51.9%，36—45 岁的占 29.2%，46—55 岁的被访者占 14.1%。

普通群众部分被访者中，职业分布广泛，主要集中在学生（50.4%）、公司职员（19.6%）、教育工作者（15.1%）和医护人员（9.2%）。

（二）调查设计和方法

针对调查群体的不同特点，我们设计了三份不同的调查问卷。

听障儿童版调查问卷利用了大量的图画和卡通漫画来呈现提问和回答选项，以期达到简单易懂、生动有趣的效果。为了深入了解听障儿童教育工作，在特殊教育工作者版调查问卷中设计了大量文字论述题，包括“从事听障教育工作的原因”、“工作中印象深刻的事情”等。普通群众版问卷则利用了交叉统计等技术，根据调查对象对听障儿童的了解程度，分类显示不同的提问和答案选项，方便从不同的角度统计分析调查结果。

（三）研究成果

1. 听障儿童更喜欢聋哑学校和老师

在“更喜欢聋哑学校、家还是公园”的提问中，15 人选择了聋哑学校，占总人数的 83%（图 1）。在被问到“父母陪孩子一起出去游玩的频率”时，43% 的孩子表示爸爸妈妈每个月带自己出去游玩一次，20% 表示每半年一次，37% 表示每周一次；相比之下，有 54% 的孩子表示希望父母每天都陪着玩耍，37% 希望每周一次，仅有 4% 和 5% 希望每半年一次和每月一次（图2）。

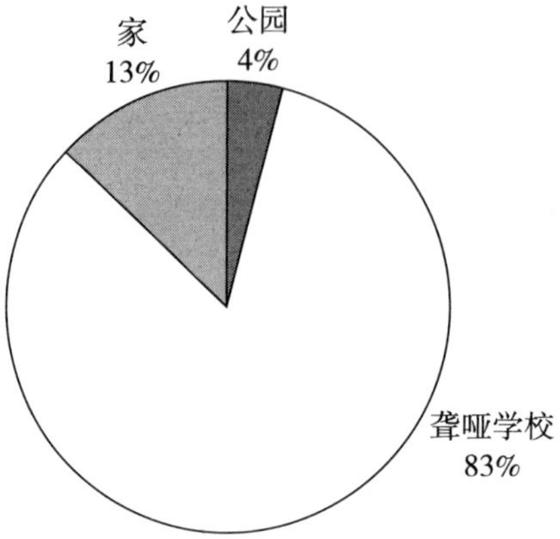

图1　更喜欢哪里？

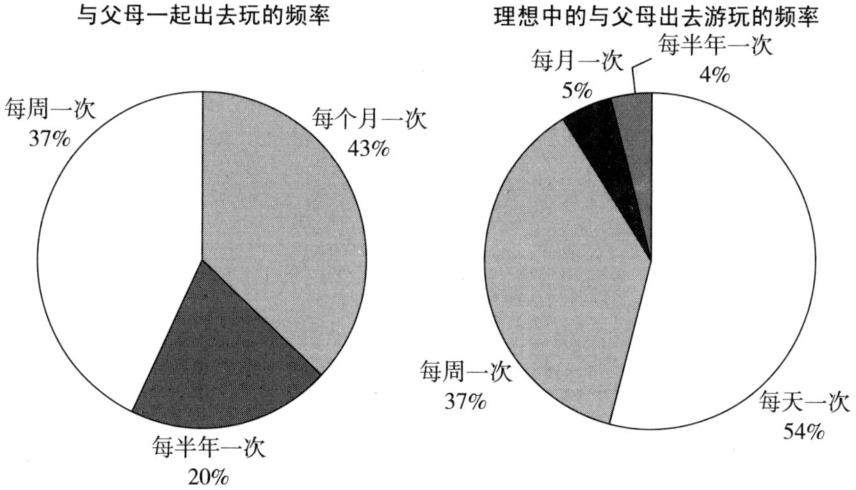

图2

从图3中可以看出，使得孩子感到不开心的因素中，“听不到声音”占34%，“经常被同学欺负”占21%，“考试成绩低（康复成果测试）”占23%，“父母对弟弟妹妹更好”占22%。有59%的孩子选择在遇到不开心的事情时告诉老师，20%选择告诉家长，21%选择憋在心里。

被问到“喜不喜欢哥哥姐姐们来学校和你们一起玩”的问题时，

89%的孩子选择喜欢，并表示希望哥哥姐姐们可以经常来找他们一起玩。最后，当被问到“希望收到什么礼物”时，57%的孩子选择助听器，24%选择蛋糕和糖果，19%选择爸妈陪着出去玩。

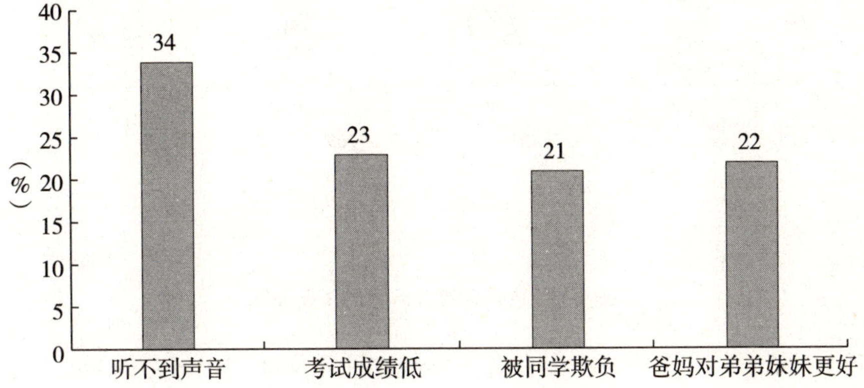

图3　感到不开心的原因

2. 特殊教育工作者认为：越早发现越早治疗，康复效果越好

特殊教育工作者版调查问卷的结果显示，莎利文聋哑学校的教师中，有79%认为越早发现孩子的听力障碍，并尽早治疗、干预，康复效果越好，21%则认为不管什么时候，只要接受康复训练就可以康复。

在听障儿童可能出现的心理问题中，教师们认为抑郁（25%）、自闭（19%）、孤僻（15%）、自卑（12%）最常见。78%的教师认为孩子遇到不开心的事情会憋在心里不说，只有22%认为孩子会向教师倾诉。对于“导致听障儿童心理健康问题的主要原因”，74%的教师选择“生理缺陷”，60%选择“不良家庭氛围”，53%选择“社会歧视”，33%选择“学校教育和管理方法不当”（图4）。95%的教师建议家长应该尽早将孩子送入康复中心或聋哑学校进行康复学习，同时，有89%的教师认为康复训练后的听障儿童学习能力与正常孩子一样。

在被问到“从事听障儿童教育工作的原因”时，90%的教师表示热爱孩子并且大学所学专业为特殊教育，10%表示大学时在志愿工作中了解到听障儿童的现状，毕业后留在莎利文工作。有64%的教师表示非常热爱自己从事的特殊教育事业，但同时也有36%抱怨工资待遇太低。

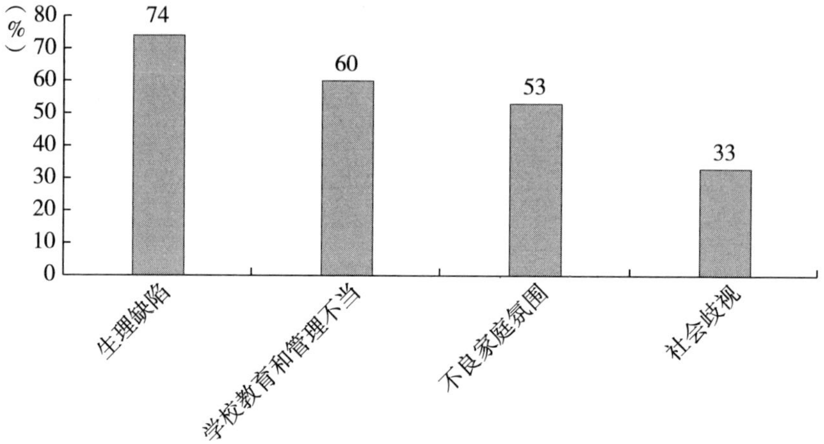

图 4　导致心理健康问题的主要原因

79% 的教师们建议康复中心和聋哑学校在注重文化知识教育的同时，也应该注重社会交往技能和心理健康教育的培养。

3. 大多社会普通群众对听障儿童不够了解

如图 5 所示，受调查的 133 位普通群众中，非常了解听障儿童群体的人占 7.5%，基本了解的占 30.8%，不了解的占 61.7%，其中女性被调查者比例（69%）高于男性（48%）。表示非常了解和基本了解听障儿童的调查对象中，城市居民占 76.4%，远高于乡镇居民（23.5%）。在不了解的调查对象中，85.3% 表示想要了解听障儿童，但是没有途径。

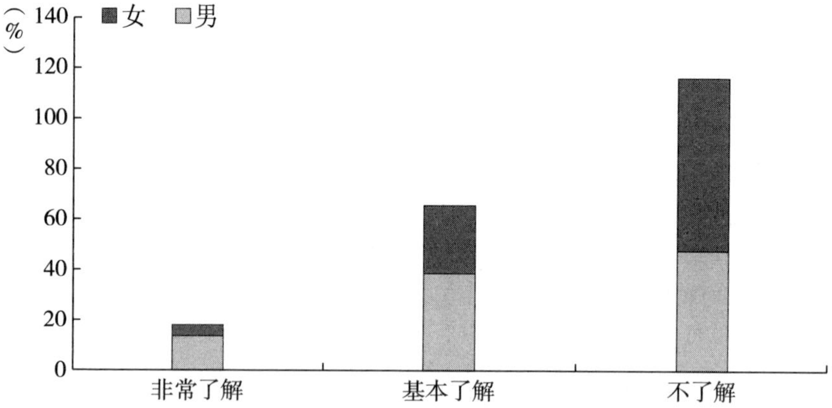

图 5　对听障儿童了解程度

超过一半的调查对象认为听障儿童一定存在心理健康问题。认为听力障碍一定会对儿童学习能力产生影响的比率，在非常了解的调查对象中为20%，基本了解中为61%，不了解中为74%，远远高于特殊教育教师（11%）（图6）。78.9%的调查对象认为听障儿童接受教育过程中，面临的最大困难是与人交往沟通能力较差，73.7%认为面临的最大困难是心理健康问题，51.1%认为是学校的教育教学条件（图7）。

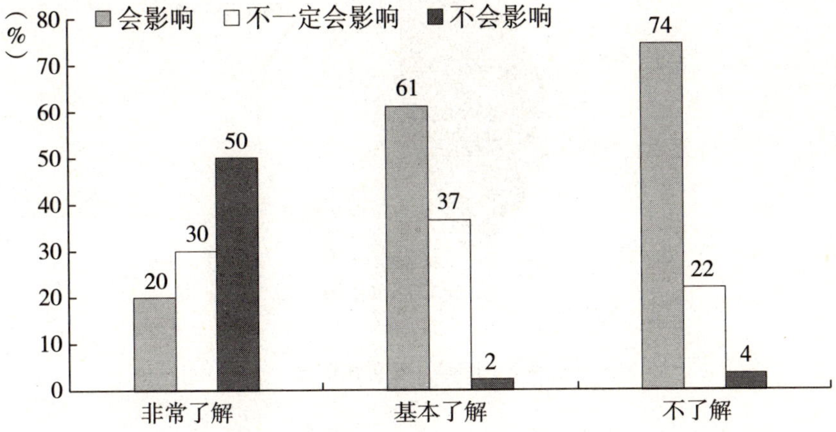

图6　听力障碍是否会影响学习能力

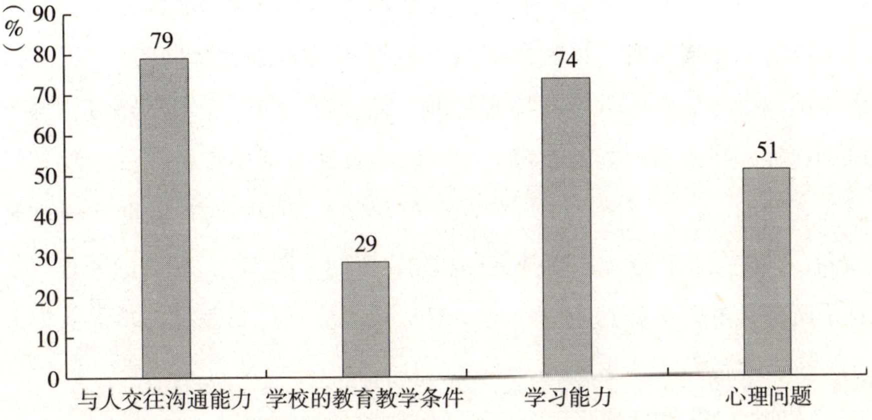

图7　受教育过程中可能面临的困难

4. 社会普通群众对听障儿童帮扶力度不高

在对听障儿童群体了解程度的调查中，有过听障儿童志愿服务经验的占52%，略高于没有做过志愿服务经历的比例（48%）；如图8所示，21%的调查对象表示经常对听障儿童给予帮助，37%为偶尔给予帮助，19%为只帮助过一次，23%表示还未曾帮助过；仅有21%表示曾参加过3次以上的听障儿童康复中心义务活动，15%为参加过2次，29%为参加过1次，从未参加过的比率高达34%。

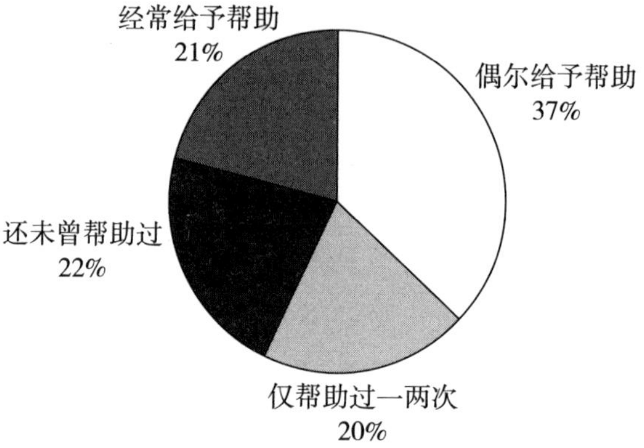

图8　听障儿童帮扶情况

在被问到"愿意向听障儿童提供哪些帮助"时，被调查的133位社会群众中，72%选择公益活动，65%选择应工作或学校志愿活动要求进行帮扶活动，60%选择捐款捐物，仅有21%选择以帮助听障儿童为职业（图9）。而在被问到"可能阻碍人们对听障儿童进行帮助的因素"时，60%的调查对象表示不了解哪些帮助途径较好，54%表示不知道有哪些帮助途径，45%表示能力有限，37%表示日常生活中宣传较少，没有想过需要帮助。在对听障儿童可能需要的帮助排序时，医疗救助选项排名最高，其次是教育资源、精神支柱和物质资助（图10）。50%的调查对象认为听障儿童应该得到平等对待，22%认为应该得到尊重，28%认为人们应该多多帮助听障儿童融入社会。

（四）结论与建议

第一，听障儿童的心理健康问题主要来源于生理缺陷和家庭环境等。父母应该多注意孩子的言语行为，尽早诊断，尽早联系康复中心或聋哑学校进行治疗；同时，父母也应该多花时间陪伴孩子。

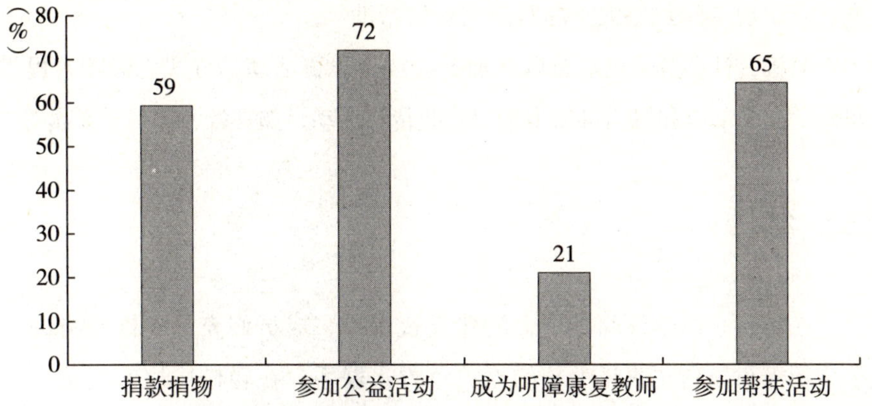

图 9　愿意向听障儿童提供哪些帮助

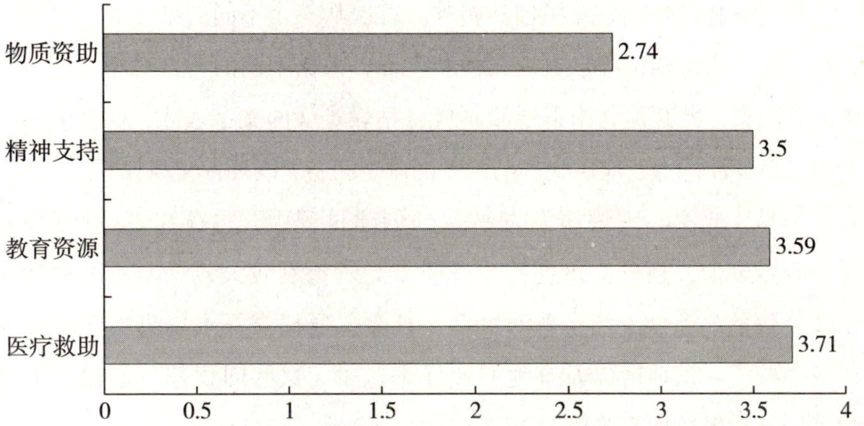

图 10　听障儿童可能最需要的帮助

第二，听障儿童心理健康问题主要集中表现为抑郁、自闭、孤僻和自卑。建议从事特殊教育工作的教师在康复教育过程中，多观察孩子的行为表现，主动与孩子聊天沟通，及时发现，及时疏导。

第三，听障儿童康复教育工作者较少，且工资待遇不高。建议康复中心及聋哑学校在注重孩子的全面发展的同时，通过扩招教师，减少工作量等方式，适当提高教师的生活质量。

第四，政府及社会相关机构对听障人群体不够关注。有关听障人及其心理健康问题的宣传太少，尤其是乡镇地区。建议政府以及各媒体机构通过公益广告，宣传栏，宣传海报等方式，加大社会对听障人的关注度，吸引更多的热心人士向听障人提供帮助。

第五，社会群众更愿意以参加公益或者志愿活动的方式为听障人提供帮助。相关单位和机构可以多组织一些帮扶活动，如支教、募捐、义卖等。

三、结语

在本次心理健康调查平台的建立过程中，成员们充分发挥自身的才干，积极与莎利文聋哑学校的相关负责人联系，在轻松愉快的气氛中与听障儿童们进行一对一互动，弥补了目前听障儿童心理健康调查理论性较强，缺乏一对一考察的漏洞。

同时，我们也充分发扬创新精神。首次从三个不同的维度对一件事情进行调查，使得调查结果更加具体和全面；根据不同的调查对象设计不同的调查问卷，尤其是利用卡通漫画代替枯燥难懂的文字表述，成功吸引了听障儿童的注意力；应用先进的互联网调查问卷，既环保又高效等。

但是，此次心理健康调查平台的创建过程中，也存在着一些问题：样本容量较少，且三个角度的调查样本数量差别较大，听障儿童和特殊工作者数量远远少于社会普通群众；社会普通群众样本较集中于城市地区及学校，乡镇地区以及其他职业样本过少。这些问题都一定程度上影响了调查结果数据准确度。

最后，希望通过本次调查，可以对听障儿童心理健康问题的研究产生一定的帮助，也希望可以引起更多的热心人士关注听障儿童，帮助听障儿童健康成长。

参考文献

[1] 韦小满. 特殊儿童心理评估 [M]. 北京：华夏出版社，2006：12 - 13.

[2] 张宇迪、陈呈超. 聋生心理健康状况的初步调查 [J]. 中国 特殊教育，2006 (5).

[3] 李珂珂. 我国听障儿童心理建康研究综述 [J]. 湖北师范学院学报，2010 (3).

易购有限责任公司创业计划书*

摘　要：随着生活节奏的加快，工作效率的提升以及物流业的高速发展，现代市场衍生出了与当代生活节奏相匹配的以淘宝、京东为显著代表的新型电子商务模式。省时、便捷、高效的网购体验正促生着传统行业的转型和发展。在线上到线下的电子商务模式（O2O）中，正向的产业链整合成为了电商集团下一步发展的重心。但由于大型电商的战略和整体布局固有的局限性，他们对于线下市场商品信息的更新传播缺乏必要的预见性和信息传播交流的主动性。大型电商在O2O模式中缺乏特定领域的逆向、深化发展。将线下商品信息引流到线上进行整合，再引导用户在移动端进行商品筛选并回归线下享受更加具象化的购物环境以及更加完善的商品质量保障体系，与淘宝等电商平台从不同起点出发，合力为消费者提供多元化的购物方式和卓越的购物体验。实现线下到线上，再从线上到线上的有机结合，帮助传统行业完成从线下到线上的业务拓展。

关键词：创业计划；大学生；电子商务

* 作者：王钰尊、梁凤鑫、刘陆逸平；
指导老师：刘北。

一、创业执行纲要

（一）项目创想

网上购物无法看到实物，不够直观，人们又往往出现对质量，售后品质保证的担忧，对尺寸的捉摸不定，更有对商品真伪的难以判断。而传统的购物方式费时，费力，不仅常常需要大范围的去搜索一个自己满意的商品，还经常无功而返。因此人们十分需要能有一种既省时，又直观，又有质量保障的购物方式。为此我公司特推出此项产品服务，将特定地区品牌商家的资源进行整合。在购物之前可从地区，品牌双向搜索，在确定目标后即可径直前往该店进行试穿，既可直观看到自己满意的商品，又在最大程度上节省了时间，满足了现代人对高效率生活的要求。

（二）执行方案

前期（探索期1—2年）：凭借免费迅速切入市场。通过微信平台对商家折扣信息的免费或低价推送，建立商家对品牌的信任度，扩大品牌效应，吸引尽可能多的商家入驻。中期（拓展期3—5年）：发展手机客户端（APP）、建立网页版并在PC端占有一定市场份额，扩大信息平台的知名度和受众范围。长期（成熟期6—9年）：构建信息供给与反馈的完整体系，将用户需求和商家信息、商家诚信度紧密挂钩，增强用户和商家对信息平台的黏附度。

二、产品服务说明

本公司作为一家初创公司，一直以顾客的需求为本，以提升用户体验作为我们的首要任务。基于前期的产品调研和目标客户群的访谈，在样本容量达到问卷要求后，我们判断现在的大学生群体的衣物以及中低端奢侈品的购物需求相对旺盛，但是缺乏足够的购物信息来协助他们提升线下购物的感受和效率。

基于这种考虑，我们决定上线“E购”微信平台、微博和人人账户，为特定区域的所有商家提供线上的高密度、高质量的衣物以及中低端奢侈品购物相关信息推送，并为商家提供一种信息推送的综合服务。在初期的市场培育和成长期后，我们还会视用户的需求继续发展 APP 以及 PC 端软件。

（一） 市场调研

在创业项目的立项阶段，我们创业小组经过讨论决定将线下的商家服务和各种商家信息进行汇总整理，并为消费者和我们产品的其他用户提供信息阅读、浏览、分享等服务，方便消费者在购物前进行信息准备，在所选品类下进行相对精确的定位。

在这种大前提下，我们进行前期市场调研和用户体验的时候就采取了以线上问卷为主，辅助以线下询问的方式。需要认识到的是由于我公司人员组成以在校大二、大三同学为主，线下的询问人群构成难免出现单一化、重复化趋势。所以在本计划书中，我们着重讨论线上问卷的结果。

截止到 2014 年 10 月 5 日，我们线上问卷一共收到了 100 份有效问卷，现将信息和结论总结如下：

1. 目标客户群体

问题一：您的性别是？问题二：您的年龄是？

在饼状图中我们可以清晰地看到，女性问卷填写者占了绝大部分，这意味着女性对于问卷调查和线上的各类信息推送有着相对更强的吸收能力和好奇心。由此我们得出结论，女性将会是我们基于微信和 QQ 推送

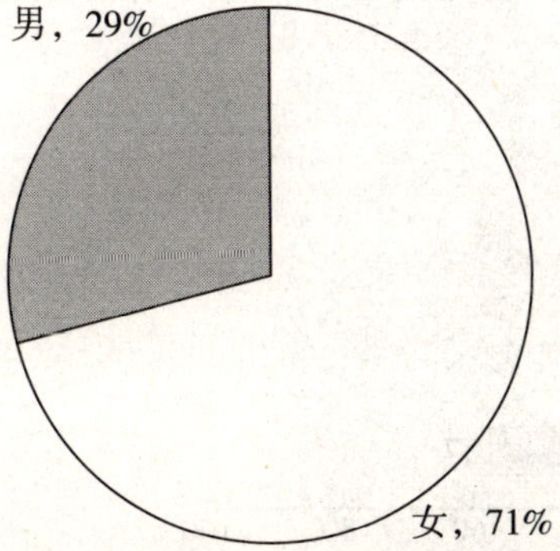

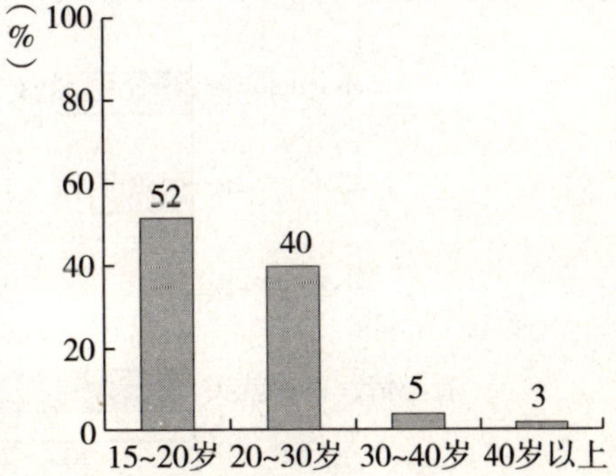

信息的主要接受者。这与我们前期的预测也是吻合的。未来我们在信息推送过程中也会在内容和语言使用上加以注意，以便更好地契合女性消费者的需要。例如在衣物品类中更多地推送裙子、女性配饰及其他女性衣物的购物信息，语言使用中更多地使用女性特有用词和标点符号，来更好地激起女性消费者的购物欲望。

在柱状图中我们可以看到，填写此问卷的人群中15—30岁的购物人群较多，占到了总人数的92%，这与我们的前期预测也是吻合的。以手机、平板电脑带来的移动端的革命在信息技术领域和信息传播领域带来了深远的影响。在这种条件下，大量使用移动端来接收非工作信息的人群出现了低龄化的趋势。这种低龄化人群也将会是受我们线上信息影响的主要人群。

结合以上两图的分析，我们判断，年轻女性将会是我们产品的主要用户，年轻男性也占有一定比例。根据上图分析的结论，我们会在设计产品时将目标客户群用户作为核心，根据客户的需要调整我们的信息推送频次、商家筛选和衣物品类，以便更好地满足用户需要。

2. 现有购物习惯

问题三：您平时的购物频率是怎样的呢？

在购物频次图中我们可以看到，选择“看心情，喜欢就买”的用户占到了57%，选择在特定周期内进行衣物购买的用户占到了43%。结合上文中目标客户群体的分析，我们判断现在的年轻女性多有逛街的爱好，这种行为的发生是缺乏规律的。在线下对女性进行访谈的时候我们发现这种购物频次受到多种因素的影响，例如：自己的工作时间安排，其他

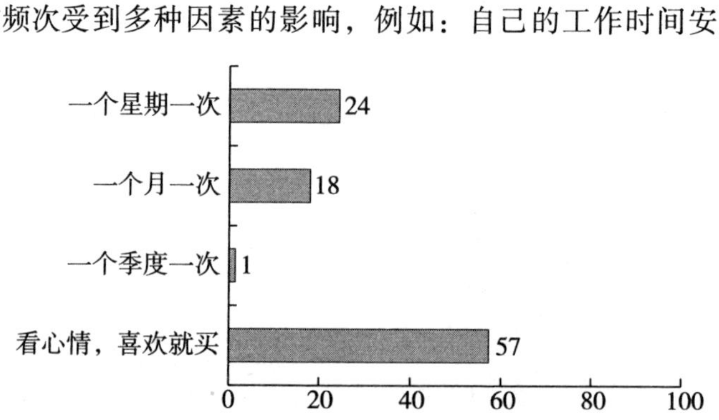

女性朋友的时间，季节变化因素等。这种消费习惯也决定了这些用户现有的消费行为多为冲动性消费，即在逛街过程中遇到自己心仪的衣物直接进行购买，缺乏对于同类商品价格、质量的比较。在这种情况下，我公司推出的产品将会有效提升商家的竞争效率，与此同时提高消费者收益。

问题四：您平时买衣服都是通过什么途径呢？

在这个问题的饼状图中我们可以清晰看出传统的纯线下购买衣物的购物习惯已经收到了极大的冲击。但是通过访谈我们发现，我公司产品的目标客户群对于网购有着很多糟糕的购物体验，主要包括：购买的线上衣物存在材质问题，质量问题较为严重，不经用或者掉色断线情况严重，以及售后服务态度差，解决不了问题。在这种情况下，如何在顺应购物信息化的趋势下同时趋利避害，避免这些弊端就成了一个全新的问题。我公司的服务和产品巧妙平衡了网购和实体购物的关系。对于习惯实体店购物的客户我们可以及时推送特定区域的服装折扣和上新信息，便于用户和消费者查询和比较；对于习惯网购的客户我们合理分流，逐渐培养并引导这样消费的消费者和用户使用我们的产品，通过线上的比较来确定大致范围并返回线下购买衣物和中低端奢侈品。

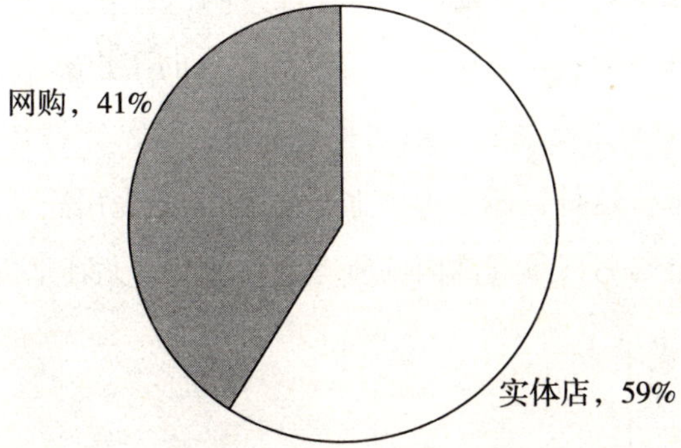

问题五：您平时都在哪些地点买衣服呢？问题六：您平时购物是怎样选择种类的呢？

在这两个问题的答案中我们可以发现在大陆地区的年轻女性大多没有特别强的品牌忠诚度，即使有偏爱的品牌也会有较多的备选品牌。我们的目标客户群大多数都是在大型综合商场购物。就我们线下的调研分

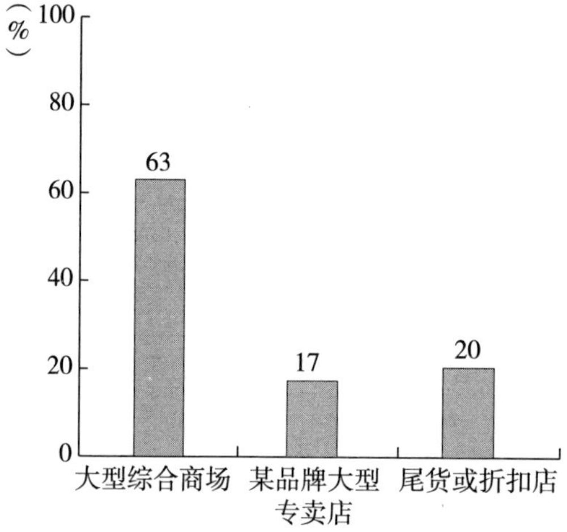

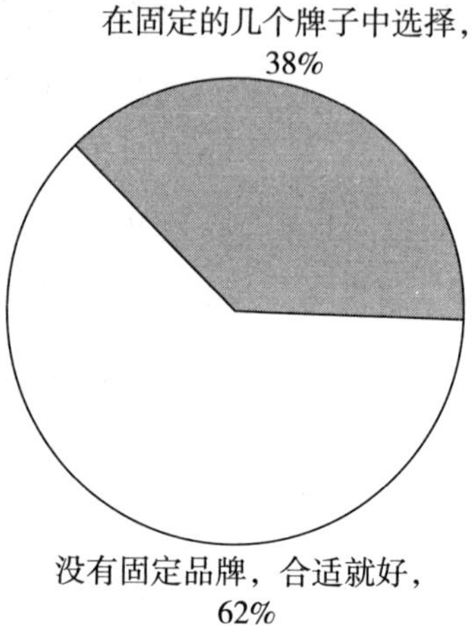

析来看，很多年轻女性的逛街行为都是复合行为，在逛街的同时还会选择餐饮等其他形式的服务。

针对这种情况，我们会向有品牌忠诚度的用户着重提供比价业务，而对于没有品牌要求的用户我们会提供商圈的综合信息服务并着重引导用户的消费习惯，由单一形式的冲动型消费变为更加理性的消费行为。

问题七：您觉得折扣对您购物的影响大吗?

在关于折扣的问卷答案中我们发现有43%的用户对于折扣非常敏感，还有47%的用户对于商品价格敏感程度略低。这两个群体对于价格有着不同程度的诉求，这种诉求也是我们公司会竭诚为用户满足的。在这种情况下，我们会努力搜集商圈内的所有商品信息，尤其是折扣信息。

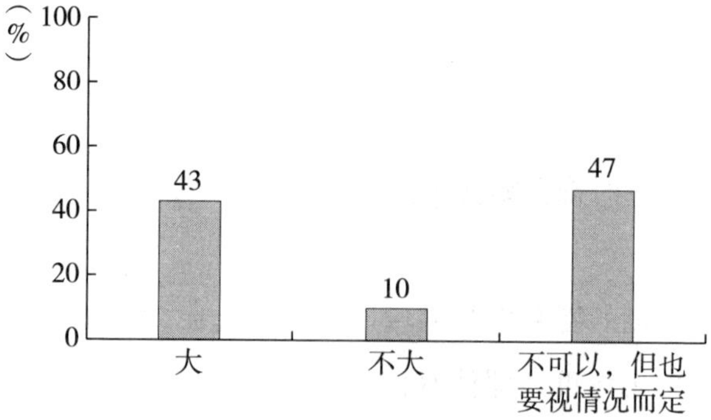

3. 产品目标

问题八：您在每次购物之前是否愿意了解附近有哪些服饰实体店（包括你最喜欢的品牌），以及他们的确切位置，最近样式，打折信息等情况？

问题九：您是否十分想了解一些品牌新品上市的日期，却有碍于麻烦不易寻找呢？

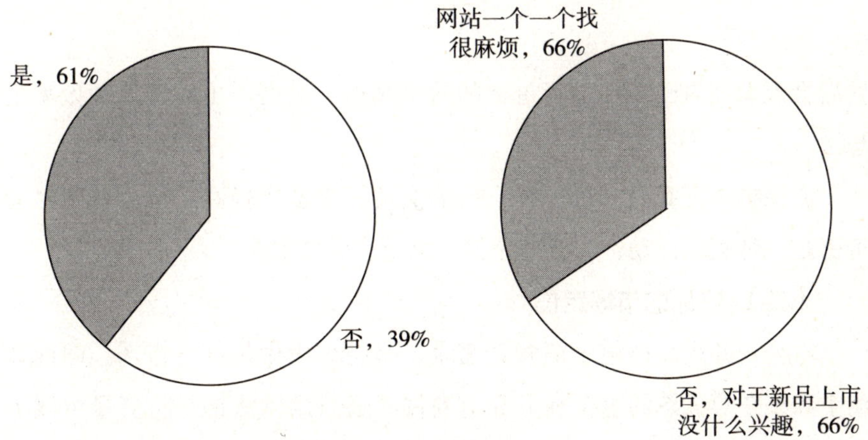

在这两个问题中我们发现愿意在购物前使用我们产品的潜在用户数量为61%，在这种情况下，我们首先会在创业前期优先满足我们潜在用户的需要，并逐渐引导剩下的39%的用户习惯，使消费者可以更加理性的消费，这也是我们的产品的终极目标。

我们注意到大多数用户（66%）对于商品上新缺乏足够的兴趣，这与我们的前期预测是有一定出入的。在未来的创业过程中，我们会相对弱化衣物上新的消息推送。与此同时，我们也会注意审核商家的上新信息，尽量引导商家在商品上新过程中与消费者进行良好的互动和推广。

问题十：您每次逛街购物时，会因为无法确定明确目的闲逛而浪费很长时间吗？

这个问题属于一个引导类问题，目的旨在引导回答问卷的用户加入我们的产品测试进而使用我们的产品。用户在看完最后一道题，即第十

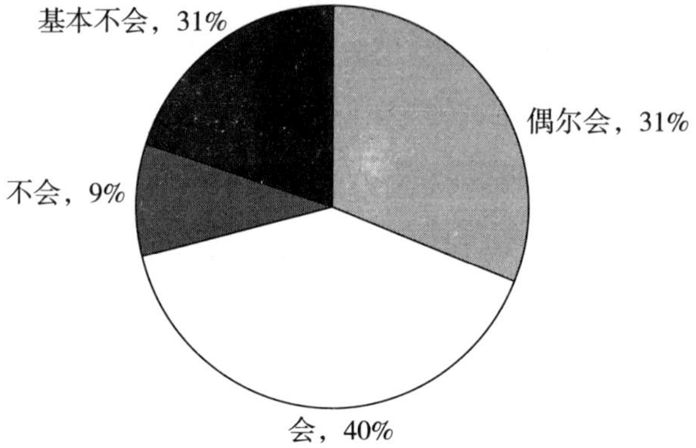

题后会意识到自己现在进行逛街的效率高低，进而产生提升这种效率的想法。

但根据线下我们对目标客户群的交流，很多年轻女士认为花费时间逛街是一种娱乐活动，与效率无关，感受快乐最重要。

（二）产品的市场定位

本公司的产品根植于消费者需求，坚持做大做好细分市场。国内如淘宝和京东等成熟的电子商务和电商模式通行的做法都是将流量由线下引导到线上，或者建立以线上平台为基础的完整生态系统。但是国内尚没有大型的以线下购物为基础的生态系统，建立这样一个系统也是我们公司最终极的目标。我们相信，这样的一个生态系统可以在保证用户购物体验的同时有效地避免线上购物带来的各种弊端。

在我们公司初创时期，我们会分别做单个商圈的服饰、中低端奢侈品的综合购物信息推广。单个商场在推广自己的项目时难以也不愿意将整个商圈的购物信息进行整合并推广，而大型电商在最基层的线下购物环境也是鞭长莫及。另一方面流量被线下的商店分流也是大型电商多不乐见的。

基于这种考虑并结合我们的同学资源，我们认为现在我们团队的这款产品有效地抢占了细分市场，并且存在发展空间，具体发展道路如下所示：

在项目初创期，先行开发微信公众号，人人公共主页以及其他在线推广方式，集中我校附近商家服装购物信息，并在自有传媒上展示。这一阶段不收取商家任何费用。我们会尽自己的资源在本校和友邻友好高校进行一些活动推广。

在项目发展期，在自有传媒展示取得一定的流量之后，我们会开始通过移动端 APP 和 PC 端的软件进一步整合发布信息，这一阶段的我们依然会对商家放开免费进入的入口，但是我们会通过调整购物信息推送的优先级和推送内容的方式对于商家的购物信息展示进行分级分类，在我公司下属自有传媒和应用端中，对于想取得优先推送的商家放开收费通道；对于想进行广告推广的公司进行有偿推广。

在项目成熟期，我们会开始构建生态系统。这个生态系统依托我们每天产生的流量和浏览量，在更广的区域开展业务。业务门类也会由单一的线上信息整合并在线下推动变为在线上提供更多的业务，如：团购，用户对商品进行点评。并结合移动支付端开展定金支付业务。

在项目稳定期我们会进一步优化算法，对资源进行深度整合。用户可直接按照心仪服装或奢侈品的特征对于我们所提供的信息进行排序，直接进行挑选。并且会优化公司的硬件条件，将对于商品内容的静态单一图片展示升级成为视频展示或者立体图片三维展示。在这一阶段我们会进行数量繁多，种类不同的用户体验问卷调查，进一步按照用户需要打造一个完全贴合用户需要的生态系统。

（三）产品的优势

社会信息化程度不断加深，使用智能手机和其他移动端客户的人群不断增长，这意味着我们的潜在用户数不断增加。线下衣物的商品线上信息整合发布，并引流在线下购买属于一种全新的消费模式，这一细分市场尚不发达，用户习惯会相对容易调整。

这一消费模式对于消费者来说可以让他们免费获得同类商品的比价、比质业务，是符合消费者利益的。

这一商业模式对于商家来说相对公平，且对于协助线下商家的转型提供了有益的机会。与此同时，还将大幅提升商家商品的浏览量，也会相应在线下增加商家的客户群，进而提升收益，符合商家的利益。同时有助于传统产业进一步发展，也协助了商家进行商业模式转型。从服务类别上讲属于第三产业，发展思路清晰，符合国家有关政策精神。

三、公司概述

（一）投资安排

资金需求数额：10000 元　　相应权益：1 元/股

（二）拟建企业基本情况

公司名称	易购有限责任公司
公司宗旨	发布精准的商场打折信息，让购物无须再苦苦找寻
公司团队	在校大学生
地址	北京市
在寻找第几轮资金	■种子资本　□第一轮　□第二轮　□第三轮
主营业务	商家折扣宣传

注：电脑为固定资产出资，同时，为降低沉没成本，其余设备如打印机、空调、办公桌、固定电话等初期均不考虑购置。后期，规模扩张更改办公地址后，再进行必要购买。

（三）企业文化

1. 注重诚信：我们为消费者提供反馈机制，可以监督商家是否真的打折，对于谎报打折信息的商家，我们会予以一定的惩罚，达到一定次数后清退。

2. 4C：消费者（customer），体现在淘宝对用户的关注，重视用户社区体验，支持用户沟通交流等；成本（cost），免费可以说是降低卖方和买方交易成本的最直接的体现；而安全系统的构建以及支付宝的推出，更是在深一层面上降低买卖双方的交易风险，降低其隐性成本；方便（convenient），友好的界面和即时通讯工具的采用，方便购买；沟通（communicate），例如淘宝就不仅推出淘宝旺旺支持用户的在线即时沟通，同时还通过建立社区论坛等方式，广泛听取用户的意见并不断改进。

四、市场分析

（一）SWOT分析

S优势

1. 平台技术水平较为领先，开发领域新颖。通过整合一个地区的商家资源，使用户在购物之前可以根据需求，从地区或品牌两个方向进行搜索，选择自己所喜欢品牌的实体店，或者离自己距离最近的实体折扣店，满足用户快节奏的购物需求。

2. 对商家店面的定位更加细化、全面，立足于大型购物商场的所有商户，而不是一条街道的某几家店面。为用户提供更多元的购物信息选择。

3. 相比于淘宝等这种典型的电子商务交易平台，我们给用户不仅提供实体店的信息、使他们享受到在实体店现场试穿的优势，同时避免了电子商务交易平台的账户交易安全问题。

4. 产品使用性、实用性强。潜在用户数量多，未来市场潜力大。

W劣势

1. 产品研发、升级、改造技术成本较大，需要技术人才，在研究关键技术时可能会出现资金短缺，人才不足的问题。

2. 前期投入成本较大，后期的资金回收用时较长。

3. 由于涵盖多种类别商品信息，相比市场上只专注于特定领域的竞争对手，本地搜索信息专一化方面存在一定劣势。

O机会

1. 可选供应商的企业数量多，潜在用户多，市场开发机会大。随着中国经济的迅速发展和人们生活水平的提高，商业区的数量和规模不断增加。按照地区、品牌等划分，海量的实体店面可以成为我们的供应商。同时，光顾这些店面的用户都可以成为我们的用户。

2. 供应商信息化程度不断提高，对网络宣传方面的重视程度及需求不断提高。随着社会信息化及相关科技、电子商务不断发展，供应商希望能通过网络来宣传自己，提高自己的销售额。

T 威胁

1. 类似替代品的出现（如很多企业也相继开始建立自己的电子采购平台，大部分通过自主开发软件，量身定制了一系列符合企业实际情况的系统，意图通过平台来控制自己的采购环节。）可能会引起使用者的增长减缓或减少。

2. 网购所占日常购物的比率不断增大，更多人喜欢不出户便捷的网购而不是到实体店选购。

3. 国内经济政策如税收政策的调整，产生新规则而引起成本增加。

4. 国际经济形势，商业周期如经济危机等影响。

（二）波特五力分析

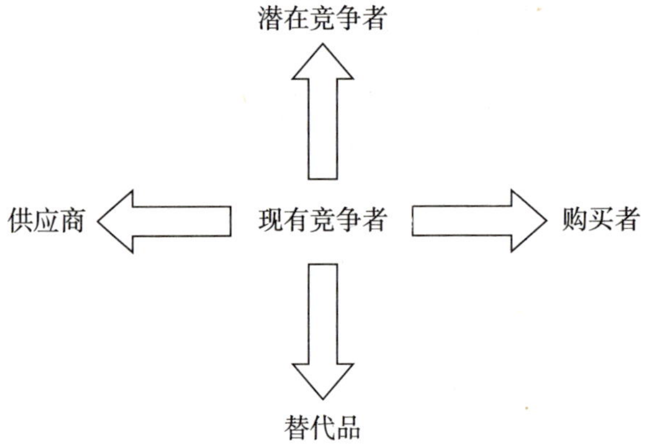

1. 潜在竞争者的威胁

目前市面上没有具备相同功能的软件，但却有大众点评、淘宝、当当、亚马逊等有某些共同特质的软件。淘宝、当当等具有与本产品相同的侧重点——服装，而大众点评却具有与本品同类型的食品服务，但相较于这些软件，虽然本产品在功能上有一定的优势，但由于缺乏背景和根基，在培育商户黏性的时候有很大压力。这种新型的购物方式需要给消费者及商家一定的适应时期。因为进入壁垒低，潜在竞争者威胁较大。

2. 现有竞争者的威胁

现在大众点评上存在零星的商场信息，但由于其信息不完整，没有对应的服装信息，所以现有竞争者的威胁不大。

3. 替代品的威胁

如前文所提目前市面上知名度较高的电子商务网站层出不穷，在腾讯、聚美、京东、阿里巴巴相继上市后，这些企业实力进一步增强，功能也不断完善，因此不排除其将来发展出相同功能的可能，届时我们面临的最大威胁将是这些使用度高，下载量大的软件。当然大众点评的信息也有可能进一步完善，因此我们的产品存在一定的替代品威胁。

4. 供应商的议价能力

本产品所有商品展示均为商家申请提供的店铺信息，及商品资料，通过此方式，不仅商家能够增加知名度，更可以大大增加有效客流量及销售量。在电子商务行业日益壮大，网购占领大部分市场的今天，本软件省时，高效的特点，也可以帮助实体店逐渐扭转趋势，因此对商家来讲由此带来的利益极大。因此供应商的议价能力较弱。

5. 购买者的议价能力

本产品的购买者为广告商，由于产品刚刚进入市场，与一些固有的电子商务大品牌相比，没有品牌效应，不占优势，所以想吸引到大批的广告商有相当的难度，此外，产品还处在起步期，广告商一时也难以习惯这种新型的购物推荐平台，对此绝大多数广告商会处于观望态度，因此，第一步的跨出具有难度，购买者的议价能力较强。

（三）PEST 分析

1. 政治方面（Political）

随着电子信息，互联网行业的飞速发展，中国网民数量剧增，随着智能手机的普及，中国青年已基本人手一部智能机，人们已步入信息化高科技时代。网络平台的运营已引起了国家的重视，从 1999 年开始，相关的立法开始出现，2000 年人大会上一号提案使电子商务立法成为更多人关注的焦点，在其后的三年多的时间里，相关的一些法律、法规、部门规章和地方法规陆续出台。在这一过程中，出台了包括《电信管理条例》、《互联网信息服务管理办法》、《商用密码管理条例》、《全国人大关于维护互联网安全的决定》等在内的多部法律法规。在电子信息法律日渐完备的今天，再加上本软件的运行不需要通过电子平台的交易，又在一定程度上保证了其安全性。

2. 经济方面（Economic）

随着综合国力增强，经济的不断发展，居民人均可支配收入增加，大型服装品牌，奢侈品品牌的销售量大大增加，实体店相对于网店的质量方面更占优势，在交易额较高的买卖中，人们还是更多依赖实体店。因此即使在网购十分盛行的今天，实体店的销售额还是要远大于网店，再加上市面上目前还没有一款从线下到线上的品牌服装推荐平台，本产品还不会产生电子交易造成的隐私安全问题，在这种氛围下，本产品有较大的发展空间。

3. 社会方面（Social）

随着人民生活水平的大幅提高，在现代社会人们更追求高品质，大品牌的服装，但在生活节奏大大加快的今天，有限的时间对人们的这种追求形成了一定的限制。在智能手机盛行的今天，中青年成为智能手机主要应用者，青年走在时尚前沿，将有极大可能为我们 APP 的宣传提供巨大的力量，更是为我们 APP 的推广提供了更广阔的空间。中年购买力比较强大，将有可能通过我们的推荐，真正意义上完成购买，促进本产品的进一步发展。

4. 技术方面（Technological）

如今中国已经拥有了一批自己的手机软件研发人员，不需要再引进国外的一些研发技术，因此能大大地降低公司的研发经费，并且能缩短软件研发、修复的时间。而且作为一项新兴的技术，为降低技术成本及风险，可从最基本的微信平台做起，从微信平台至 APP，从北京推广至全国。

（四）目标市场

本产品主要侧重在大众消费集中的各大商场及品牌商家，同时，这些商家在与网购的竞争中失去了一定的市场。传统商家需要我们的产品，将他们线下的店推广到线上，使实体店购物更加方便快捷，为其争取市场。

（五）市场需求预测

因为本产品将简化生活中实体购物的过程，提高生活效率，因此用户对本产品需求较大。在网购日益盛行的今天，本产品可为实体店抢占市场并一定程度上增加销售量。因此，商家对本产品的需求会日益增长。由于实体店购物的方式回避了网购中的支付风险，而且售后保障及退换货也更加直观方便，所以会取得越来越多商家和用户的信任。

（六）市场发展趋势预测

1. 产业的发展趋势

随着电子商务的迅猛发展，领域内垂直化趋势显著增强，以团购行业为例，一些商家不再只专注于综合型团购网站的发展，新的细分市场慢慢被发掘出来，以美团为典型的细分团购网站纷纷走上拓宽挖深行业的道路。由此及彼，我公司所致力于开发的产品在未来的发展中，必然会遇到更多专注特定领域的竞争对手，在专一化精致化服务方面处于劣势。同时，电子商务进入门槛相对较低，随着更多商家的涌入，市场同质化趋势明显，未来的发展，本产业可能遇到商业模式差异小的难题，此时，及时更换商品广告，挖掘潜力市场，服务器稳定运行等问题会接踵而来，将给产业的进一步发展造成压力。发展危机固然存在，但本产品的独特发展前景也不容忽视。不同于淘宝这种典型的电子商务交易平台，我们更加侧重的是线上和线下的完美结合，我们是在利用线上平台为消费者的线下消费提供更好的服务，用户不仅可以搜到实体店的信息，享受真实试穿的喜悦，同时还可以避免电子商务交易平台可能带来的账户交易安全问题。鉴于这种独特的发展优势，本产品在经过前期的宣传试用，中后期的优势凸显还是非常明显的。

2. 目标客户的发展趋势

商家发展趋势：随着社会信息化程度的不断提高，商家想要通过信息化平台推广自己商品的意愿日渐强烈，同时，不同类型商业区规模不断扩大，可选供应商数量多，所以商家市场开发的潜力大、机会多。此外，本 APP 针对商户推出的入驻优惠政策，如限期免费广告宣传，也会在扩大商家入驻规模方面起到很大的推动作用。

用户发展趋势：宣传力度的大小在很大程度上会影响用户使用范围的拓宽。前期，由于 APP 尚不被大多数人熟知，信誉度等都有待提升，目标客户可能会相对局限，比如只是在一个校区，一个街道进行了受众，但是由于对具有传播速度快的多种社会化媒体的广泛应用，如微博，在产品推广的中期和后期，目标客户的响应效应一定会显著扩大。

（七）应对策略

1. 产品创新

做好自身产品的定位并密切关注其细分市场，建立纵深的服务并发展合适的模式；充分利用互联网技术，要为消费者提供性能良好的信息过滤器；在结合传统营销平台的同时打造专业化、个性化的互联网整合平台，考虑到平台长期的发展，可以考虑做一个开放的 API（accurate position indicator），让想要入驻的商家可自行接入，从而变我们的平台由被动到主动。

2. 技术创新

本平台主要就是要保障一个稳定的服务器给用户提供静态页面。随着业务规模的扩展，页面上显示的信息可能容纳不了众多商家的个性化诉求。那么我们可以结合现在较为流行的 LBS（location based service）业务，做一个基于地理位置的推荐。即根据用户的实际位置给予首页信息显示，这样一方面解决了大量商家首页显示的问题，另外一方面也做到了较为精确的定向营销。

3. 营销改进和创新

（1）重视传统媒体的宣传作用，扩大与其合作范畴。如各种报刊杂志、电视、移动电视（包括 BUS、地铁和楼宇中的广告电视等），尽量让产品进入人们的日常生活视野。（2）改进合作方式。根据媒体特点制作增值信息定期在合作媒体上发布，形成一种系列或者专栏。（3）凸显品牌。最重要的一点就是显示品牌，至少应该注明信息出处。网站宣传定位进一步明确，并制定相应的宣传标语和关键词。（4）加强“病毒式”传播的作用。通过折扣或代金券鼓励会员介绍朋友，并强化注册。吸引商家合作，参与我们的独家折扣活动，即：顾客通过我们产品预订商品，可以享受折上加折。（5）引入“意向营销”理念。除了媒体、邮件、短信以及微博等新兴媒介的应用，在未来的发展中，可以引入“意向营销”理念，即消费者可以自主组团，其他消费者看到组团信息后报名，根据报名的人数和具体某品牌的商家谈商务特定折扣。引入 DIY 秒杀营销，网络流量对于电子商务有着举足轻重的作用，而“秒杀”这种网络促销行为，能够在短时间内聚集大量人气。成功的“秒杀”活动可以大大提高商家的知名度，同时可以提高商家对我们产品的信任度以及青睐度，一举两得。（6）通过培训提升团队执行力。特别是新入职员工和公司的核心管理团队。保证政策理解到位以及新入职人员的稳定，培训的落实能够一定程度上提高团队的凝聚力和执行力。（7）扩大融资规模，由于电子商务网站的数量急剧膨胀，并且大多数网站平台之间存在着同质化的竞争，电子商务行业势必面临整合，面对这种发展危机，我们在未来一定要扩大融资的力度，增强市场竞争力，以增加对风险的抵抗能力。

五、市场销售战略

（一）销售及推广战略

1. 分销渠道

（1）注重网络平台建设，打造精品信息服务窗口和新型购物平台。营销网页是宣传的门面，消费者对营销网络的良好印象，直接决定了口碑传播的正面性，产品定位，服务定位及相关保障对我们的营销网络建设起着最根本的作用。

①产品最大程度上满足消费群体的特质和需求。我们网站的宗旨是让广大爱美女性享受到“最低折扣”的优质信息服务，并且让消费者买到自己最称心如意的产品。产品将着眼于不同层次的女性服装，既要有档次高的服装，也要有中低档产品，从而满足不同消费群体的不同层次需求，力求产品的受众面最大化。同时，省去传统的 B2C（Business to Customers）商品的包装、物流环节，将网络信息和直观购物有机结合，进一步满足消费者的消费体验。

②服务保障贴近消费者需求。从消费者在我们的网站和微信等其他信息平台获取信息，到最后成功购物的整个过程中，我们会以消费者需求为出发点，对每一步的信息筛选、实体店购买环节进行严格把关。比如，消费者使用我们平台消费后，进行在线评价；为消费者提供短信消费服务信息；设置客服电话，为消费者答疑解惑、协调问题；推出“消费无忧”等一系列后期服务，汇总消费者意见使商户的信息得到反馈，强化了对商家诚信度和服务力度的监督，并让用户增加对我们信息平台的信任度，从而增加用户黏性，扩大用户的使用市场，进一步吸引更多商家入驻。

（2）充分利用社会化媒体的作用，加强对新浪微博、搜狐、网易媒体等的运用。以新浪微博为例，我们将通过主账号和各个地区分账号的矩阵式模式来进行宣传推广，将产品和口碑迅速传达给目标受众。

（3）通过直接赞助 SNS 网站或者栏目，直接将我们的网站展示出来，同时尽可能和更多的社交网站对接。

（4）利用网络媒体进行“事件营销”。为用户提供某些大型招聘活动的信息，调动消费者的积极性，为平台赢得知名度。

（5）我们将首先建设一个“标本商户”，通过它在我们平台的运营，给其他的商家做一个示例，从而吸引更多商家入驻。

2. 定价战略

（1）制定合适的价格策略，吸引商家入驻。在营销初期，我们将重点放在市场开拓上，通过“试入驻—免费体验”（即让有意商家享受一个月免费入驻我们的网络平台的方式）来吸引更多的商户。

（2）通过“先入驻多得优惠”方式，在持观望态度的商家中形成竞争环境，达到吸引商家入驻，完善市场开拓的目的。

（二）盈利模式

1. 市场分期

- 前期（探索期）：广告收入、利用微信平台等辅助模式
- 中期（拓展期）：广告收入、电商家特别优惠政策（如电子优惠券，积分卡 - 佣金模式服务）
- 远期（成熟期）：广告收入、电商家特别优惠政策、商务合作、推广在线洽谈等业务

2. 盈利模式介绍

（1）广告收入：①广告有弹出广告、漂浮广告、BANNER 广告、文字广告等多种表现形式可供用户选择。按照广告费用的多少来决定广告的形式和版面位置。②广告按关键字搜索的形式进行推送。例如搜索特定产品，在分析各个商户声誉的情况之余，按照商家所给广告费用的高低，排列出商家在搜索信息中的排列顺序，同等类型商家付广告费多的排名靠前。这种“竞价排名”是我们所有商家会员专享的搜索排名服务，当用户在我们的信息平台搜索供应信息时，竞价商家的信息将排在搜索结果的前三位，可第一时间被找到。

（2）利用微信平台辅助进行广告业务拓展，我们将利用自己的微信平台，按照商家申请和要求，进一步对商家折扣信息进行宣传。如果一个商家的打折信息通过我们在朋友圈内转发，达到一定规模，我们将按照比例收取推广费用。

（3）为用户提供商家特别优惠政策：①通过电子优惠券的形式，刺激用户与商家的消费联系。用户在我们的信息平台上可以订购电子优惠券，凭此券到所在商家实体店可以享受进一步打折或其他优惠政策。我们信息平台将通过这一方式从商家那里按件数获得广告提成。②形成积分卡—佣金模式。第一步，签约店面，达成合作意向。第二步，持卡消费。用户注册后，可以免费申请积分卡，用户凭积分卡到签约店面可享优惠并获积分，积分可折算现金、礼品或折扣。第三步，收取佣金。我们的信息平台将按照持卡用户的实际消费额的一定比例，向店面收取佣金，以积分形式返还给会员一部分后，剩下部分成为公司收入。

（4）商务合作，广告联盟，行业协会合作，传统媒体的合作等。广告联盟通常是网络广告联盟，国内联盟营销还处于萌芽阶段，大部分网站对于联盟营销比较陌生。百度联盟、谷歌联盟、淘宝联盟等是国内做得比较成熟的广告联盟。

（5）在线洽谈业务，商家和用户可以在线洽谈价格，讨论款式等细节购物信息。申请该业务的商家要交相应的服务费。

六、管理团队

（一）公司组织结构图

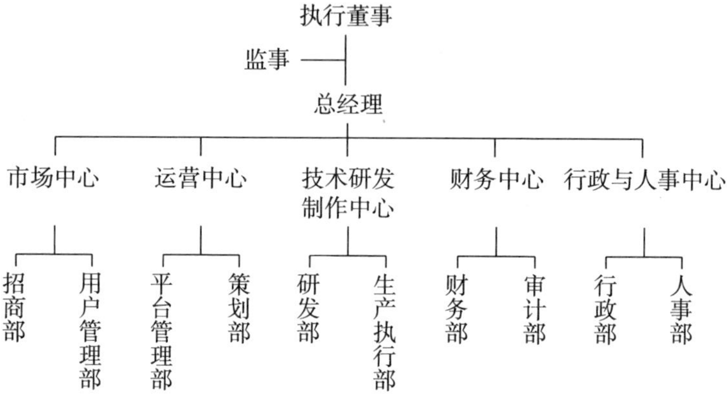

（二）具体职责分工

执行董事：执行董事为决策人，对股东大会负责。负责召集股东会会议，并向股东大会报告工作，执行股东大会的决议；决定公司的投资方案和经营计划；决定公司内部管理机构的设置；决定聘解总经理及其报酬事项。

监事：对股东大会负责，检查公司的财务；对执行董事和管理人员进行监督，并有权要求各部门进行协作配合，如发现其有违反法律法规和对公司造成损失等行为，有权向股东大会提出罢免其职务的建议。

总经理：负责整个公司的正常运转，根据企业不同阶段战略规划充分执行，执行过程中对团队问题及目标不断调整。

市场中心：完成前期商家的引入到位及后期企业发展过程中商家的不断引入。根据对厂商、实体店的充分了解，把握住商家需求，对商家入驻政策提供最准确的方案，把商家需求分解变成平台开发方案，由运营判断分阶段实施。开展产品推广并及时进行调研和分析市场情况的工作。

运营中心：负责整个网站的建设及管理，从最初的平台功能的完善和开发的跟进，到招商需求与用户需求整合，到平台上线后商家和用户沟通等一系列的运营工作。

技术研发制作中心：评估技术开发周期和成本，未来功能拓展，对商家和用户提出的平台需求进行梳理，未来功能拓展端口预留，对网站访问安全和接待顾客数量，搜索和展示界面等方面进行开发和把控。

财务中心：在对公司财务状况的运营有一定了解的基础上，对整体财务风险进行评估，给予资金使用方面的建议。对公司相关情况按照相关准则进行定期审计。

行政与人事中心：公司人力资源工作的规划，建立、执行招聘、培训、考勤等人事程序或规章制度；负责制定和完善公司岗位编制，协调公司各部门有效的开发和利用人力，满足公司的经营管理需要；负责拟定部门薪酬制度和方案，建立激励和约束机制。

（三）人才战略和激励制度

1. 人才战略

（1）本公司通过引入市场导向，并高于市场导向的人才价值定位系统，不拘一格地以品格选人为基础，以竞争及能力练人为方式，清晰并量化员工发展途径及标准。员工靠能力来获得晋升，公司以发展来留人。

（2）本公司有针对性地管理各种人才，加强各类型如公关型、科技型等人才的管理，注重对他们的培养，制定相应的激励机制，充分发挥他们的才能。

（3）注重外部人才的引进。吸引公司外部大量有创新精神的人才。为其创造良好的平台，提高公司的核心竞争力。

2. 激励制度

明确员工的工作职责，实行科学的收入与考核挂钩指标，奖优罚劣。具体制度：薪酬设计遵循公平性、竞争性、经济性、合法性原则；采用高弹性、高稳定性、调和性等薪酬激励模式；设置年终奖、优秀员工奖、出国进修计划等激励计划，做到有效地激励员工；员工持股或股票期权激励；职业生涯规划和培训激励；营造激励性的组织氛围。

七、运营管理

（一）质量管理与控制

1. 质量目标：根据消费者的反馈，来考核商家的诚信度，提高整个平台的真实度与可信度。

2. 组织架构：①直属的汇报关系；②部门独立性（见公司描述）；③充分的考核权利：质量管理工作若想取得成绩就需要赋予相关部门充分且自主的考核权利，对于违反质量管理制度的，质量管理部门有权利提出惩罚意见，并且最终得到落实。考核权利的保证使质量管理工作做到真实有效。

（二）信息管理系统

1. 办公自动化系统：提供有效的方式处理个人和组织的业务数据，进行计算并生成文件。

2. 通信系统：帮助人们协同工作，以多种不同形式交流并共享信息。

3. 管理信息系统和执行信息系统：将 TPS 数据转换成信息以监控绩效和管理组织，以可接收形式向执行者提供信息。

（三）风险管理

1. 风险识别

（1）内部风险。营销风险：消费者是否会使用本产品来了解打折信息；是否有商家愿意通过我们的平台提供折扣信息；财务风险：前期初始投入 10000 元，广告如未带来及时收益，公司将面临入不敷出的风险；人事风险：人员变更。

（2）外部风险。竞争对手风险：出现同类的竞争对手；经济环境风险：国家经济政策调整。

2. 风险处理

根据实际情况估计此风险会带来多少损失以及何种损失，并降低损失程度。

（1）是否有消费者愿意使用这个产品来了解打折信息？调查结果显示：不到10%的受调查者认为折扣对自己购物影响不大；60%受调查者认为愿意在购物前了解附近有哪些品牌店及其打折情况；71%的受调查者认为平时购物时因为没有目标而浪费了时间……调查结果显示，本产品市场空间非常大。

（2）是否有商家愿意通过我们的平台提供打折信息？前期为商家提供免费入驻的机会，以此吸引商家入驻，这可以吸引消费者。等到消费者群体壮大后，又可以反过来吸引更多商家入驻。

（3）人员变更？电子产品个别人员变更对公司整体运营影响不大，但要特别留意技术部门的人员变动情况。注意提前预测、提前准备，出现人员变动时，应及时调整部门人员，确保公司整体运营正常，并及时招聘合适的人员。

（4）出现同类竞争对手？本项服务进入为空白领域，抢占发展先机，增强用户的信任度与黏附度，同时针对对手的具体情况，确定是否要改变营销手段，如：与合作商家商议独家折扣。

（5）经济环境风险？牢牢把握国家经济政策，并购置保险以保证在风险来临时有转移风险的机会。

八、财务计划

（一）公司融资计划

1. 融资方案

根据财务预算，公司拟定初期投资总额为 3 万元，注册资金为 1 万元。

2. 资金使用计划

拟定初期投资主要用于，初步形成及进一步扩大产品影响力，进行市场开拓，宣传活动开支，产品配套技术服务费，办公用品相关配套设施的购买产生的费用等。且在扩张过程中，本产品具有轻资产、可复制和低成本的特点。

初期资金投资预算表

	投资估算（元）	比重（%）
流动资金	4000	40
市场开发	3000	30
产品研发	3000	30
合　计	10000	100

注：由于公司设立初期需要大规模开发客户和市场，所以市场开发初期投资较高。此外为了保证产品具有雄厚的技术支持，形成一定的优势，产品研发所需的资金需求较高；考虑到发展初期，使用自有的电脑设备且办公地址灵活性较大，所以无固定资产；公司初期不确定性因素过多，需要大量流动资金支持。

3. 资本结构

公司初期总投资额为 3 万元，其中，自筹资金 1 万元（33.3%），固定资产出资 5000 元（16.67%），核心技术作价出资 5000 元（16.67%），（一年后）银行贷款 1 万元（33.3%）。注册资本为 1 万元，为公司自有权益资本。公司核心管理层有控股权。同时，初期考虑大学生自主创业，无偿还能力，信用额度较低，因此试营 1 年后，再进行银行贷款。

（二）财务预测

1. 财务预测编制说明

拟定公司的创立时间为 2015 年，由于我公司为新设公司，无历史财务数据可供参考，本公司根据市场的实际情况，市场的发展前景及公司最可能的市场份额，进行财务预测。

注：考虑行业竞争情况，进入领域细分则为空白领域，初期无竞争者，故公司暂不考虑其余竞争者对市场份额分割。

2. 财务预测依据

（1）收入预测

由于企业初期存在一个建设期间，对于商家为入驻免费、广告免费。之后，随着商家信任度的提升，将产生一定的广告收入，初期定为 150 元/24h（根据人工宣传费用定价）。未来一年的主营业务收入预测数据如下表：

2015年收入预测表　　单位：元

时　　间	第一季度	第二季度	第三季度	第四季度
预测收入	0	0	4500	4500

（2）成本预测

由于企业在第一年存在一个建设期间，故成本较高，以后随着公司软件定期维护等，步入正常期，成本也会随之减少。未来一年的主营业务成本预测数据如下表：

2015年成本预测表　　单位：元

时　　间	第一季度	第二季度	第三季度	第四季度
人工费用	500	300	1500	1000
维护费用	300	200	1000	500
宣传费用	900	900	900	500
合　　计	1700	1400	3400	2000

注：①人工费用：开发小组中技术人员报价，初始运营及第三季度广告收费，工作量大，工作时间延长，人工费用增加。

②维护费用：初期，产品运作和维护成本较低，第三季度广告初始收费，增加微信平台新功能，维护费用增加。

③宣传费用：初期，在参考同类型企业的实际水平基础上，进行定期的宣传。

（三）预测财务报表

依据各项会计准则确认和计量的结果编制财务报表；依据重要性原则来判断关于项目在财务报表中是单独列报还是合并列报；由于公司为新创立公司，为密切关注财务状况，及时调整公司战略，财务报表均按季度编制。

1. 预测的资产负债表

单位：元

项　　目	第一季度	第二季度	第三季度	第四季度	2015年
流动资产：					
货币资金	8300	6900	8000	10465	10465
流动资产合计	8300	6900	8000	10465	10465
非流动资产：					

续 表

项　　目	第一季度	第二季度	第三季度	第四季度	2015 年
固定资产	5000	—	—	—	5000
无形资产	5000	—	—	—	5000
非流动资产合计	10000				10000
资产合计	18300				20465
负债：					
银行贷款	0	0	0	0	0
负债合计	0	0	0	0	0
所有者权益					
股本	20000	—	—	—	20000
法定盈余公积金	—	—	—	—	46. 5
未分配利润	—	—	—	—	418. 5
所有者权益合计	—	—	—	—	20465
负债及所有者权益合计	—	—	—	—	20465

注：固定资产为自有 2 台电脑，作为固定资产出资，按公允价值评估为 5000 元。无形资产为核心技术作价出资 5000 元。

2. 预测的利润表

单位：元

项　　目	第一季度	第二季度	第三季度	第四季度	2015 年
主营业务收入	0	0	4500	4500	9000
减：人工费用	500	300	1500	1000	3300
维护费用	300	200	1000	500	2000
宣传费用	900	900	900	500	3200
加：投资收益	0	0	0	0	0
营业外收入	0	0	0	0	0
减：营业外支出	0	0	0	0	0
利润	-1700	-1400	1100	2500	500
减：所得税（7%）	—	—	—	—	35
净利润	—	—	—	—	465
加：年初未分配利润	0	0	0	0	0

续　表

项　　目	第一季度	第二季度	第三季度	第四季度	2015 年
可供分配的利润	—	—	—	—	465
减：提取法定盈余公积金（10%）	—	—	—	—	46.5
提取任意盈余公积金	0	0	0	0	0
未分配利润	—	—	—	—	418.5

3. 预测的现金流量表

单位：元

项　　目	第一季度	第二季度	第三季度	第四季度	2015 年
一、经营活动产生的现金流量					
提供劳务收到的现金	0	0	4500	4500	9000
经营活动现金流入	0	0	4500	4500	9000
购买商品，接受劳务支付的现金	300	200	1000	500	2000
支付给职工以及为职工支付的现金	500	300	1500	1000	3300
支付的各项税费	—	—	—	—	35
支付其他与经营活动有关的现金	900	900	900	500	3200
经营活动现金流出	—	—	—	—	8535
经营活动产生的现金流量净额	—	—	—	—	465
二、投资活动产生的现金流量					
收回投资收到的现金	0	0	0	0	0
取得投资收益收到的现金	0	0	0	0	0
收到其他与投资活动有关的现金	0	0	0	0	0
投资活动现金流入小计	0	0	0	0	0
投资支付的现金	0	0	0	0	0
支付其他与投资活动有关的现金	0	0	0	0	0

续　表

项　　目	第一季度	第二季度	第三季度	第四季度	2015 年
投资活动现金流出小计	0	0	0	0	0
投资活动产生的现金流量净额	0	0	0	0	0
三、筹资活动产生的现金流量					
吸收投资收到的现金	10000	0	0	0	10000
取得借款收到的现金	0	0	0	0	0
收到其他与筹资活动有关的现金	0	0	0	0	0
筹资活动现金流入小计	10000	0	0	0	10000
偿还债务支付的现金	0	0	0	0	0
分配利润或偿付利息支付的现金	0	0	0	0	0
支付其他与筹资活动有关的现金	0	0	0	0	0
筹资活动现金流出小计	0	0	0	0	0
筹资活动产生的现金流量净额	0	0	0	0	10000
现金及现金等价物净增加额					10465

注：现金及现金等价物主要包括现金及银行存款。

（四）结论

通过对本公司 2015 年四个季度的财务预测分析，表明企业有大好发展空间，拥有广阔的前途，资金的周转不灵情况出现概率较低，随着营业时间的持续，固定资产的稳定，费用的相对减少，收入将持续走高，总之，公司经营的财务前途良好。

本公司在促进传统行业向线上发展、实现线上和线下双向有机结合、从而推动传统行业业务拓展方面具备先见性和可行性。这一创新满足了人们对省时、直观、有质量保障的购物方式的需求，具备良好的市场开拓前景。通过“E 购”微信平台、微博和人人账户的开通，以及后续 APP 以及 PC 端软件的发展，本公司的信息传播将获得稳固的技术支持，顺应了电商发展的潮流。因而，我们有理由相信，本公司会逐步在未来的电商争战之中开拓出自己一片市场。

附录

附录 1：Logo 释义

E 既为“易”的谐音，也是 EASY 的首字母，象征着本产品精简购物模式，省时省力的特点。此外，E 也是 ELECTRONIC COMMERCE 的首字母，E 购即暗含着电子商务的含义。“购”不仅代表购物，而且谐音“GO”也能为消费者带来生动的即视感，同时“GO”也有将线下做到线上的转变过程。我公司的 LOGO 体现了产品高效便捷的特点，也向消费者传达了从线下到线上的信息整合，最终又回归到线下的新型购物形态。

附录 2： 产品预览说明

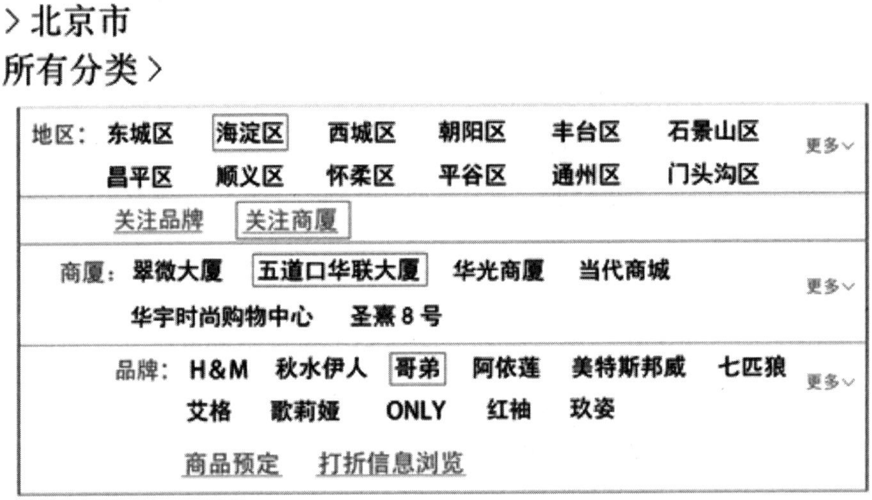
> 北京市
所有分类 >
地区： 东城区 海淀区 西城区 朝阳区 丰台区 石景山区
昌平区 顺义区 怀柔区 平谷区 通州区 门头沟区
更多
关注品牌 关注商厦
商厦： 翠微大厦 五道口华联大厦 华光商厦 当代商城
华宇时尚购物中心 圣熹 8 号
更多
品牌： H&M 秋水伊人 哥弟 阿依莲 美特斯邦威 七匹狼
艾格 歌莉娅 ONLY 红袖 玖姿
更多
商品预定 打折信息浏览

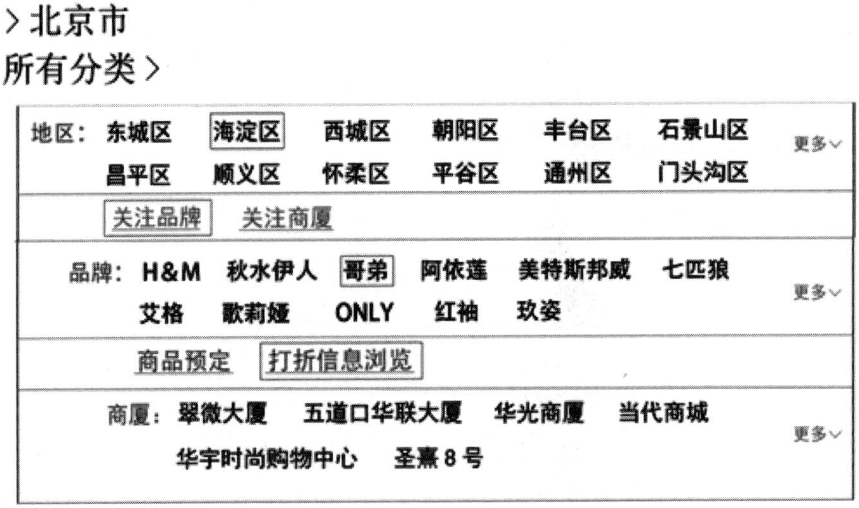
> 北京市
所有分类 >
地区： 东城区 海淀区 西城区 朝阳区 丰台区 石景山区
昌平区 顺义区 怀柔区 平谷区 通州区 门头沟区
更多
关注品牌 关注商厦
品牌： H&M 秋水伊人 哥弟 阿依莲 美特斯邦威 七匹狼
艾格 歌莉娅 ONLY 红袖 玖姿
更多
商品预定 打折信息浏览
商厦： 翠微大厦 五道口华联大厦 华光商厦 当代商城
华宇时尚购物中心 圣熹 8 号
更多

基于 WIFI 的课堂考勤系统*

摘　要：为使现今课堂点名更加方便快捷，节省时间及精力，项目主要利用 Eclipse，Wamp 等集成软件，通过 Java，PHP，SQL 等语言进行代码编写，首先，完成了 Android 手机基于 wifi 的考勤功能，包括签到和迟到、旷课、早退情况的记录；其次完成了手机课表 APP 的功能，包括课程的总体显示及内容增、删、改、减；然后完成了手机桌面插件显示课程状态及考勤信息；最后完成了手机端与教师端数据库的即时更新，实现了基于 wifi 的课堂考勤系统。

关键词：wifi；课堂考勤；Android

一、引言

随着中国信息化时代的到来，所有的人类活动都向科技化发展，现在国内外大学生的数量急剧增加，而大学普遍利用点名来记录学生平时成绩的方法让不少老师头疼，点名浪费上课时间太多，不点又难以估量同学平时的表现。

---

* 作者：董文伟、丁宁；
指导老师：樊太志。

与此同时，高速发展的科技使得手机的使用也急速更新，据 2013 年最新调查显示我国智能手机普及率已经达到总人口的 66%，其中大学生是主要的使用群体。其中智能手机几大主要的系统中，安卓系统的市场份额达到了 75%。这一数据说明，大学生群体中智能手机已经相当普及，而且大部分用的是安卓系统手机。

更重要的一点是，由于无线网络技术近几年的飞速发展，现今 wifi 的覆盖率已经极其广泛，而且连接 wifi 的操作非常简单，基于 wifi 的软件开发这一项技术有很大的前景，可以开发出来运用于很多领域。

在课堂考勤难并且安卓手机及 wifi 技术广泛使用的情况下，基于 wifi 的课堂考勤系统就应用了这两项技术，解决了课堂考勤的问题，使得整个过程变得简洁方便。同时项目还实现了 APP 课表功能包括课程的查看以及增、删、改、减，插件显示课程及考勤提醒功能，教师端网页数据库的信息系统管理。

二、正文

（一）考勤功能的实现

考勤功能是在桌面插件中实现的，目的是可以常驻内存，即使 APP 关闭也不影响考勤功能，软件会获取手机的系统时间，在进入到上课的时间时，会生成一个 2 小时以内的随机数，当到达随机数指定的时间时，系统会进行签到，更新老师端的数据库，如果在到达指定的时间时没有连到老师的 wifi，APP 会把你的缺课的记录加 1。

首先是连接 wifi，在进入随机数的时间后，我们首先打开手机的 wifi，这一部分用到了 android 对手机 wifi 编程的函数，且涉及手机权限方面的知识，要预先申明权限，setWifiEnabled（true）这个函数可以实现手机 wifi 的打开，最后扫描 wifi 的列表连接本门课程的 wifi。

这一部分用了 android 的内置函数 Calendar 来实现手机时间的获取，并且新建了继承 TimerTask 的子类来做计时器，记录上课的时长，来个随机数做对比，查询数据库我们用了 android + PHP + MySQL 的形式，首先安卓给数据库用 post 的方式传入当前课程的编号，随后 PHP 到数据库中改变数据库的信息。考勤完成后，更新手机的课表，来获得最新的考勤次数。

（二） 课表 App 功能的实现

A 界面一：主界面

如下图：

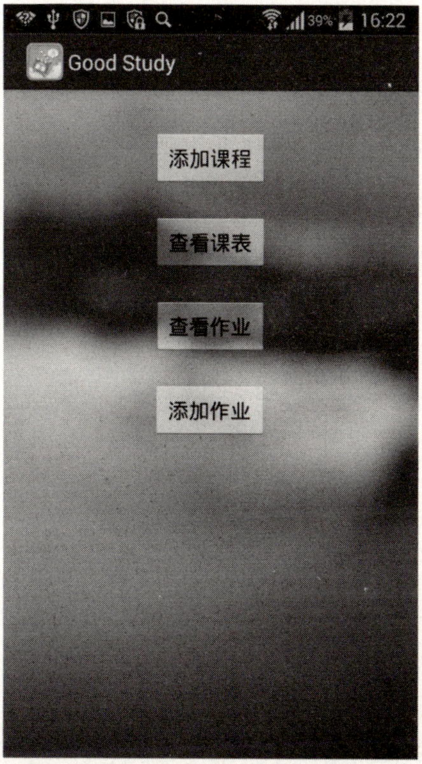

主界面是点击课程表 APP 后首先进入的页面，主要连接了页面间的转换。在做点击按钮时，通过 setOnClickListener 设置监听器，再使用 onClick 函数响应点击事件。

关于监听器：监听器是个抽象类，它包含了一个事件触发时系统会去调用的函数；在子类中，要根据项目的需要重写相应函数；派生后的监听器需要绑定到按钮上，就像一个耳机可以发出声音，但若不去戴它，是听不到它发出的声音的。一般的情况是这个按钮可能需要这个监听器，而另外一个按钮需要另外一个监听器，每个监听器各司其职，但功能相似时，也可以多个按钮共同绑定一个监听器。各种控件，都有常用的事件，如点击按钮，拖动一个滚动条，切换一个 ListView 的选项等等，他的绑定监听器的函数命名规则是 setOn * * * * Listener。

B 界面二：添加课程页

如下图：

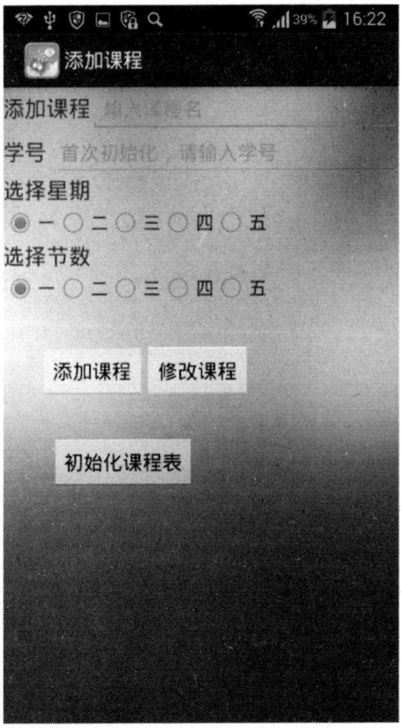

1. 此页的功能是向手机数据库中添加课程信息和修改课程信息。

2. 输入课程名，选择星期及节数，点击添加课程，即会调用手机端的数据库进行 SQL 的 insert 插入。点击修改课程即是 SQL 的 update 数据库。

3. 此部分的关键点在于 Android 手机连接数据库，一般情况下，若不需连接远程数据库，则采用关系型数据库 SQLite3，它是一个支持 SQL 轻量级的嵌入式数据库，在嵌入式操作上应用广泛，它提供了一个简单的 SQL 接口，相当小的内存占用和高速的响应，更方便的是它是开源的，许多开源项目（ Mozilla，PHP，Python ）都在产品中装配 SQLite。在 an-

droid 中，SQLite 是被集成于 Android runtime，每个 Android 应用程序都可以使用 SQLite 数据库。

C 界面三：查看课表页

如下图：

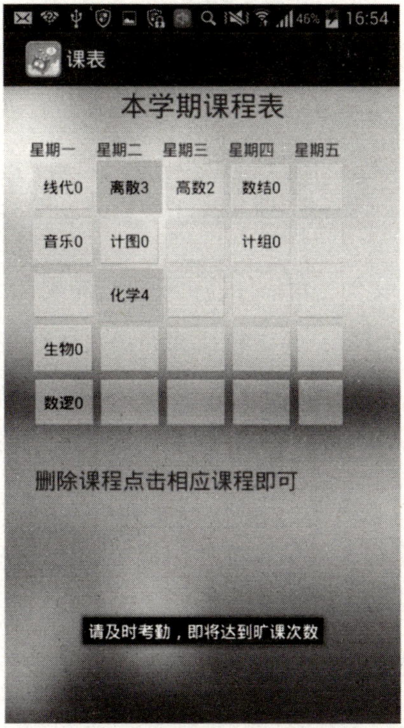

1. 进入此页即会完整的显示整学期的课程信息。

2. 在联网状态下，点击初始化课程表按钮，手机便会在教师端的课程数据库取出相应的课程信息加载并显示到课表上。

3. 此页面同样可以进行课程信息的添加及修改。输入课程名，点击相应未知的课程按钮即可。

4. 在对数据库数据进行操作时用到 SQLiteDatabase（android. database. sqlite. SQLiteDatabase）。关于操作数据库的工作（增、删、查、改）都在这个类里；同时使用 execSQL（sql）执行 SQL 语句，用这个方法 + SQL 语句可以非常方便地执行增、删、查、改。除此之外，Android 还提供了方法实现增、删、查、改。

（三）手机桌面插件功能的实现

桌面插件如下图：

首先新建了 xml 文件，对插件的页面进行布局，添加需要的部件并对其进行颜色等属性的设置，其中包括北京语言大学的校徽。插件中一共设置了 ondelete（），onupdate（），onenable（），onRecieve（），四个主函数，一个计时器的类会每秒发出一次广播，当 onRecieve（），函数接收到广播后开始执行，考勤等功能。同时，插件需要显示课程的信息，这一部分查询的是手机端的数据库，用到了 android 手机数据库的知识，得到相应的课程信息后，将课程信息显示在插件上。

（四）教师端网页数据库的实现

如下图：

这里是关于教师后台管理网页和数据库的连接实现，首先在网页界面的设计是使用 html 和 css 进行架构，一共只有两个页面，登录界面及登录后界面。当老师登录自己的用户名密码时会自动跳转至自己的界面，显示这位老师本学期教授的课程并显示最近一次的课的考勤情况，数据库的连接采用的是 wamp 集成环境，利用其中的 php 和 mysql 连接网页和存放各种信息的数据库，如课程信息，老师信息，每次考勤信息及学生信息。一旦手机端的信息经过远程传送至网页端的数据库中（第五点中实现），刷新页面会即时根据数据库的变化出现变化。

此处的要点就在用 php 对 mysql 数据库进行连接，＄link_ id = @mysql_ connect（＄host，＄db_ user，＄db_ password）or die（" 连接数据库失败" . mysql_ error（）），以及在 php 文本中对数据库中的不同表的交叉查询和显示。

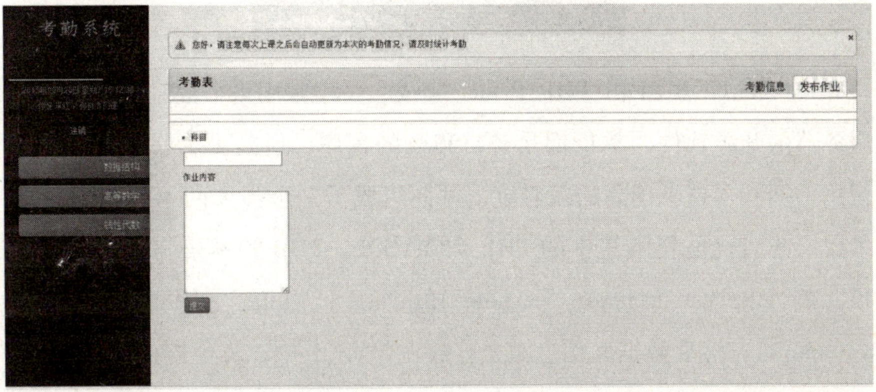

以上为教师布置作业的界面，教师登录发布作业后，作业会放到电脑端的数据库中，当学生联网后，作业会更新到手机的数据库中。

（五）手机端查看作业

首先通过 wifi 将 MySQL 数据库中的作业信息更新到手机本地的数据库，点击查看作业即可查看老师布置的作业。

（六）教师端与手机端数据库的即时更新的实现

这里是有关数据库的远程连接，想要达到远程连接，需要数据库 + 服务器 + 客户端三方，这里采用的是 wamp 软件，即 Windows 下的 Apache

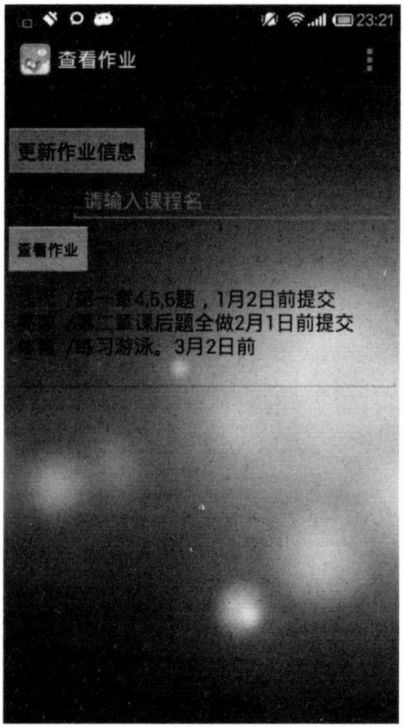

+Mysql/MariaDB+Perl/PHP/Python 集成，一组常用来搭建动态网站或者服务器的开源软件，本身都是各自独立的程序，但是因为常被放在一起使用，拥有了越来越高的兼容度，共同组成了一个强大的 Web 应用程序平台。我们就是利用其中的 PHP 和 MYSQL。PHP 脚本语言用来进行连接，例 HttpPost httppost = new HttpPost（"http：//192.168.253.4/test.php"）；然后数据库信息都是存放在 MYSQL 中，方便连接使用。

其中有几个要注意的问题：1. 远程连接数据库这部分要在子线程中操作。2. 连接数据库时手机端和服务器端要在同一个网下。3. 获取 ip 时使用 cmd 窗口 ipconfig 命令。4. Wamp 要设置在 put online 状态下。5. 在 Manifest.xml 文件中要添加相关权限设置，例〈uses-permission android：name=" android.permission.INTERNET" /〉。

（七）总结与改进

本项目为使现今烦琐的课堂点名更加方便快捷，节省时间及精力，使老师和学生能更好地利用课堂时间，主要利用 Eclipse，Wamp 等集成软件，通过 Java，PHP，SQL 等语言进行代码编写。首先，完成了 Android

手机基于 wifi 及 APP 的考勤功能，包括签到迟到旷课早退；其次完成了手机课表 APP 的功能，包括课程的总体显示及内容的增、删、改、减；然后完成了手机桌面插件显示课程状态及考勤信息；最后完成了教师端的网页数据库以及手机端与教师端数据库的即时更新，实现了基于 wifi 的课堂考勤系统。

由于存在系统兼容性问题，插件及 APP 界面在不同的手机上显示有些差别。这方面的改进要针对不同的手机来进行，或者通过更好的界面设计来解决这个问题。同时，由于现在特定网的 wifi 能够覆盖的范围有限，所以基于 wifi 的考勤还不能进行大面积的签到。

参考文献

[1] Leonardodora（2013）. 连接 android 和 php + mysql（wamp）数据库 . http：//download. csdn. net/detail/leonardodora/5548629.

[2] LFF_ Coder（2012）Android 通过 PHP 连接 MySQL（读取）http：//blog. sina. com. cn/s/blog_ 6923201d01011t6h. html.

[3] 软件技术开发联盟（2013）《Android 开发实战》.

[4] zengshuqin（2011）关于 Android 的监听器的两个实现 http：//blog. csdn. net/zengshuqin/article/details/7019889.

[5] yangpeng98（2010）Android 中 Handler 的使用方法——在子线程中更新界面. http：//blog. csdn. net/yangpeng98/article/details/5625955 9.

多民族视野中的《诗经》与彝族史诗比较研究*

摘　要：本文正文分为两个部分，第一部分从植物意象、动物意象、婚恋观念以及原始崇拜四个方面对《诗经》和彝族史诗进行比较，分析其在相似性中的相异之处，第二部分则从地理环境与自然条件、生产力发展水平以及所处的社会发展阶段等方面对二者表现出相异性进行原因的探讨。结语部分阐述了以多民族视角重新审视《诗经》这部中原地区汉民族的开源之作的意义与价值。

关键词：《诗经》；彝族史诗；比较研究；原始崇拜

《诗经》作为我国最早的一部诗歌总集，最初是中原各地的民歌和周王朝的正声雅乐，广泛地展现了周朝时期中原地区汉族先民的政治、经济、思想、文化及社会生活。彝族是我国西南部少数民族的重要一支，在其长期的发展过程中形成了极为丰富的以口头说唱形式流传的民族史诗。随着20世纪50年代以来对我国西南部少数民族史诗的不断发掘，现已整理出版了多部彝族史诗作品，其中最具代表性的是大小凉山彝区流传的《勒俄特依》、云南彝区流传的《阿细的先基》《查姆》和《梅葛》，

---

* 作者：农燕华、包诗维、李维祁；
指导老师：侯文华。

并称为“四大彝族史诗”，是研究彝族古代社会、历史、文化、风俗习惯等的重要素材。

《诗经》与彝族史诗作为中原汉族与西南地区彝族的重要诗作代表，既存在跨越时空的相似性，又于“同”中有“异”，表现出共性中的个性。本文将比较《诗经》与彝族史诗在意象使用以及其中蕴含的先民原始信仰和崇拜等几个重要方面中的不同之处，并试图从地理环境、经济生产方式、社会结构等方面对两者所呈现出的相异性做出解释。

一、相异性的比较

（一）植物意象

初级的农耕时代，无论是彝族史诗还是《诗经》，在对植物的描写上都体现着当时人与自然的和谐之美，植物也是一个民族的象征希望的文化符号，承担着民族寄望，对不同植物的刻画体现着各个民族在不同地理环境下对大自然的同样的崇敬与欣赏。

《诗经》中的植物意象包含广阔，如果将分散在不同诗篇中的植物意象稍作分析，便可发现整部《诗经》较为完整地展现了黄河中下游以及华北平原中自然植被的覆盖情况以及农田作物的分布状况。《诗经》中所列林木种类，极其繁多，其中有杞、柳、杨、桐、栲、桧、梓、栎、棣、柽、棠、梅、榛、榆、樗等乔木及椐、椒等灌木。从这些树木在不同诗篇背景下的分布情况，其实也是当时不同地貌下的植被分布情况透视，洲、渚、坻的形成与沿河的地质、地貌、来水、来沙和人类的活动有着密切的关系，循着《诗经》植物和地点的匹配描写也为了解到黄河、长江上、中游复杂多变的地质、地貌状况提供了一条颇为有价值的线索。除林木外，西周、春秋时期北方地区还有大片竹林分布。《小雅·斯干》：“如竹苞矣，如松茂矣。”《卫风·淇奥》：“瞻彼淇奥，绿竹猗猗。”“瞻彼淇奥，绿竹青青。”“瞻彼淇奥，绿竹如箦。”《诗集传》：“淇上多竹，汉世犹然，所谓淇园之竹是也。”任昉《述异记》：“卫有淇园出竹，在淇水之旁。”由此可见，随着人类经济活动的频繁及自然环境的变化，北方地区古今植被状况也发生了重大变迁。

除了在不同地貌下呈现的不同品种的树木，出现在诗经的草本植物中，粮食作物占有一定比重，比如“麦”在《鄘风·桑中》《鄘风·载驰》《王风·丘中有麻》《魏风·硕鼠》《豳风·七月》等都有提到；“稻”《唐风·鸨羽》《豳风·七月》《小雅·白华》《鲁颂·閟宫》；“黍”《王风·黍离》《唐风·鸨羽》《豳风·七月》《小雅·黄鸟》等，同时纺织纤维类，瓜果蔬菜类也有着一定的出现频率。

相比于《诗经》中植物意象的多样化与完整性，彝族史诗中的植物意象使用则显得集中而有代表性。以《梅葛》为例，其与《诗经》植物的差异，第一点体现在中国早期农业农作物的差异上。例如，甘蔗，梭罗树，马缨花等极具地域特色，对农作物上果木棉麻，洋芋苞谷的描写，西南少数民族的农业发展起步也是比较早，在当时也是较为丰富，农业生产技术也有了一定的发展。第二点，在借景抒情方面，植物的情感担当在《诗经》中不仅仅是美好的寄托，有时也酝酿在主人公的愁思中，《诗经》中有大量的植物意象，并隐含着丰富的文化意蕴，植物可以是女性的象征、寄情的赠物、婚恋生活的隐语，还可以代表婚恋的场所，有时在表达这一主题时，植物往往就是最中意的抒情对象。在这一点上，少数民族的诗歌相比较下更加乐观一些。第三点，在农作物的种植上。彝族史诗《梅葛》流传的地区，海拔都在2000米左右，气候寒冷，山高坡陡，沟深水冷，自然环境较为恶劣。这些地区历史上基本上以旱作为主，兼以畜牧和少量的狩猎活动。较早的农业是采用“火耕法”，即“焚林而田”，也就是所谓的“刀耕火种”，这种刀耕火种的粗放耕作，在彝族中也曾长久遗存。这种耕作法在后来虽有改变，但仍可见到其痕迹，比如撒荞子，就要烧荒地，以砍倒的树晒干后，用树枝烧地以肥土这是确保荞子丰收的重要一环。荞地一般在高山的坡地上，土质不肥沃，尽管人们付出了辛勤的劳作，仍不能保证荞子有好收成。以马游村为例，马游村以农业为主，种稗子（当地称小米）、玉米、荞、土豆等农作物，产量不高，兼以畜牧业。这种生产方式，是受当地特定的地理位置和气候环境制约的。马游村地处海拔两千多米的山区，三面环以高山，西面有一豁口，成为风口，大理苍山雪风吹来，气候寒冷，虽然土地平整但寒冷的气候使农作物生长缓慢产量极低，正是在这种环境中，在文学作品中呈现的都是积极丰收的一面，在文学作品的背后，是知识经验的累积，农业的发展，生产力的进步，重要的民俗活动以其神圣的权威性来强化习俗的规范性，从而维护族群共同的权益，使社会生活得以正常运行，增强民族的文化认同。尽管在种类技术和生产条件下，北方的优势相对较大一些，但是无论是《诗经》还是像《梅葛》的少数民族叙事诗，在植物的描写背后，更多的是当时人们对美好生活的赞美和对未来生活的憧憬。植物的成长成熟，枯萎凋落，循序往生都是生生不息的过程，自然景观下的还是人工培育下的植物都是体现着劳动人民对生活的一份努力。挖掘植物独特的新意蕴，能更加透视有关人与自然环境和谐相处的社会生活之美与生态美，以及人类精神生活的人际关系融洽美与爱情，去深刻理解人类和自然交融的智慧所在。

（二）动物意象

活跃在文学作品与人类活动联系更加密切的还有动物，包括野生和当时生产条件下可饲养的动物。动物形象在《诗经》和彝族史诗的最大差别就是，一个是“现实化”，一个是“神话化”。《诗经》中共出现了112种动物，孔子曾说过，读《诗经》可以“多识于鸟兽草木之名”。《诗经》里有无数的动物：鸠、睍睆、黄鸟、马、螽、毚兔、灵鹊、雀、鹿、鸿雁、狐狸、暴虎、蝇、促织、豹、鹭、鸱鸮、蜉蝣、鹈鹕……

其中以马为例，《诗经》有多种表达方式，骐，骥等。在《诗经》出现的众多动物中，“鸟”的形象形成了动物形象中的代表。包括鸳鸯，雁，关雎等。在诗经中鸟具有深厚的审美内涵，通人性，晓人意，超物质的，来源于人的创作主体又具有高于生活的审美价值，出现的鸟的形象就构成了一个有机的艺术整体。从诗经的首篇《关雎》可以看出动物在日常生活和文学创作中的重要地位，《关雎》以雎鸠之雌雄和鸣，以喻夫妻之和谐相处，这一根深蒂固的观念，流传至少也有两千多年的历史，影响之深。在汉儒大量的解说中，我们听到的几乎是一种完全相同的声音。闻一多先生在其《诗经通义》解关关雎鸠一句时，仍沿“雌雄情意专一”、“尤笃于伉俪之情”一说，高亨先生的《诗经今注》新见丛出，注释“雎鸠”仍说：“雌雄有固定的配偶，古人称作贞鸟。”所以在诗经中出现的动物一般有着社会赋予的规则意义，动物还是植物都是“人化”的动植物，比如硕鼠象征收敛钱财的官吏富商的形象。

在《诗经》所描写到的动物意象身上没有神性和虚幻性，具有的是形象性、真实性和浓浓的人情味，无论是是渔猎所获，还是山野所见江河所遇，有的是人事所需，无不都是那个时代自然社会生产生活中所有，形成了《诗经》取象的非虚幻特色。在这一方面对比彝族文化背景下文学作品的动物，彝族传统民间文学描写动物、植物和自然环境时，鹿类（特别是麝香鹿）的呈现广泛而最具代表性，彝族创世史诗《梅葛》中“狩猎与畜牧”一节，提到捕鹿需要麻绳等狩猎工具，狗是大理苍山的黄石变的，猎手们在狩猎的过程中发现，雄鹿在茶山上，雌鹿在东洋大海边的岩礁里，便求来格滋天神 5 个相当懒散的儿子猎狗撵山。

“麂子跑出来/ 阿赌拼命追/ 从山头到山脚/ 从河头到河尾/ 追过一山又一山/ 追过一林又一林/ 追到大河边”

另一个在彝族史诗文化有着创世地位的就是“虎”。从先民时期居住在西南边陲滇川黔桂的彝族人民，有着独具特色而繁杂纷呈的虎文化，后来有的支系自称是虎的民族。这些在创世神话中都得到了正面的印证。《梅葛》中有这样一段关于造天造地是按照天神格兹的旨意上山打杀一只猛虎，用老虎的四根大骨做撑天柱，用老虎的肩膀作东西南北支柱，才把天撑起来，使天地稳定。

…虎头作天头/虎尾作天尾/虎耳作天耳/左眼作太阳/右眼作月亮/虎须作阳光/虎肚做大海/虎油作云彩/虎气作雾气/虎心作天心/虎胆作地胆/虎尿作海水/虎胃作大地/虎血作海水/大肠做成江/小肠做成河/虎肋作道路/虎筋作地筋/虎皮作地皮/硬毛做树林/软毛作地毛/细毛作秧苗/爪毛做小草/骨髓变金子/虎骨变银子/虎肺变成铜/虎肝变成铁/……

在《阿细的先基》中记载也有关于虎创世的描述：混沌时代，宇宙间有一只硕大无比的老虎，它的眼变成日月，皮变成天，故银河似虎斑纹，肠胃变成江河湖海，筋骨变成山脉，虎毛变成花草树木，也反映了

"虎生宇宙观"。

可以对比来看，《诗经》已经脱离神话性的创作，走进开始逐步完善的人类社会生活当中，动物也有着创作者赋予的"社会责任"，但是少数民族的生产生活中狩猎占有重要地位，往往寄托着少数民族信仰文化，包括种植业的发展也和狩猎中的动物有所联系，狩猎也成为一个重要的推动力，比如他们剖开孔雀的肚子，发现里面有棉花的圆荚——这是当地彝民使用棉花纤维的开端，麻网纺织的动力也来自于作为狩猎工具，以及麻网作为狩猎技术的使用。正是少数民族对狩猎物品的依赖，在依赖中也产生自己独特的社会规则和精神信仰，比如在《勒俄特衣》提及的鹰、猴、蛇、蛙等，如果杀了蛇，必须马上掩埋掉，不然就要遭受冰雹或者地震。杀了禁猎的动物可能带来厄运，厄运会持续几代人。猎杀熊猫，粮食要减产。杀喜鹊之类的"益"鸟是禁忌，有杀乌鸦之类的"害"鸟也是禁忌。如果杀了禁忌动物，须请来毕摩驱邪。假若杀的是天鹅，则要用羊和芝草扎成的鹅做牺牲，耳朵上有明显的肿块或者大的伤疤或撕裂的麝香鹿或野猪不得猎杀，等等。正是这一份重要，使得一代代人能够敬畏生命能够保护生命，狩猎被当成与人类社会与神灵世界之间的沟通的一个方式，是精神文化输出的重要途径。少数民族文学创作者用饱蘸民族情感的笔触，洞见其民族志书写特征，可以回见当时西南少数民族凭借低生产力下的初级想象凝成的民族历史文化和精神信仰。同时彝族史诗中描写的一些场景不仅仅是本民族的特色文化，也有着其他民族的习性特点，像苗族，在西南地区滋生的信仰文化体现着最淳朴原始的灵魂魅力，同时也是多民族文化融合交流下的文化产出。

（三）婚恋观念

在《诗经》中还是在彝族史诗中，婚恋成为诗歌创作的重要部分，反映社会风俗阶级地位，往往投射出社会多层文化。婚姻习俗是一个民族的重要习俗，不同的婚姻形态、婚姻制度、婚育观念都反映了该民族不同的历史面貌和社会发展状况。"无郎无姊不成歌"，在《诗经》十五"国风"中，约有三分之一的诗歌是以爱情生活为题材的，最集中的是关于恋爱和婚姻的诗，或歌唱男女相悦之情、相思之意，或赞扬对方的风采容貌，或描述幽会的情景，或表达女子的微妙心理的情歌，也有反映婚嫁场面，家庭生活等婚姻家庭诗，还有表现不幸婚姻给妇女带来痛苦的弃妇诗，内容丰富，感情真实，是《诗经》的重要组成部分，也是最精彩动人、成就最高的篇章。

正因为婚制、婚俗是一个时代特有的一面镜子，从中可以折射出当时社会的政治、经济、文化等方面的情况。通过《诗经》中的婚恋诗，上古先民们的婚姻大事往往经过一个大致过程：

野外集会的狂欢中求偶→结下盟约→一段时间的交往→成婚→同居。

初民的所谓男女盛会的活动是伴随着整个社会的一些祭祀祈祷活动，主要在春分前后，农历二月到三月间。古代人类在户外生活开始的阶段，人们要举行一些仪式活动以示祈祷和吉庆，这种从国家礼制规定到民间盛行的规模盛大的社会活动，无疑给青年男女提供了更多可以娱乐欢会的机会。自仲春二月的桃花水到三月三的上巳节，直至春末夏初的采桑季节，都是延续简狄三人行浴的高媒宗教风俗，是男女聚会相欢的良辰佳日。在播种粮食的春天，也为他们爱情的萌发提供了一片生机盎然的乐土。《诗经》中的婚恋诗对“仲春会男女”的婚恋风俗给予了充分的反映，如“召南”的《鹊巢》、“邶风”的《燕燕》、“郑风”的《野有蔓草》等都是对这方面内容的反映。“卫风”中的《淇奥》和《有狐》两首诗表现的是在卫地之淇水河畔男女聚会的诗篇。看似“相恋”的过程有美好的成分，但婚姻制度更多的就是束缚。中国古代婚姻制度曾经经历原始群婚、血族群婚、亚血族婚、对偶婚等形态，后来才正式确立了一夫一妻制。一夫一妻制由父系氏族社会开始实行，女子离开自己氏族到男方家，从夫居住，所生子女由父系计算世系。《诗经》时代，一夫一妻制已确立下来。《周南·桃夭》中“之子于归，宜其室家”的句子，明显是女子出嫁到男家。《卫风·氓》“女也不爽，士贰其行。士也罔极，二三其德，”“信誓旦旦，不思其反，”从中可看出对爱情的专一已是一种通行的道德观念，并有信誓来坚定专一的爱情。至于《邶风·柏舟》中“之死矢靡它”的激烈誓言，就更加动人心魄了。周代的婚姻制度以专偶制婚姻制度为主体，但原始的婚姻制度仍有残留，“群婚制”，“内婚制”，等婚姻制度在《诗经》中都有不同程度的反映。如在《诗·商颂·玄鸟》："天命玄鸟，降而生商"；《诗·大雅·生民》："履帝武敏歆，攸介攸止，载爱载风，载生载育，时维后稷"，契和后稷都是只知其母不知其父，都是亚血缘婚姻的产儿。内婚制，就是群婚中的血缘婚，指同胞兄弟姊妹之间的婚姻。《齐风·南山》、《齐风·敝笱》都有所反映。收继制也叫"烝报收继婚"，指寡居的妇女可由其亡夫的亲属娶为妻。"烝"是儿子娶除生母之外亡夫的妻妾，"报"是侄子娶伯母或婶娘为妻。这种婚姻制度在"卫风"中有反映。如《墙有茨》、《君子偕老》。《诗经》中有不少反映贵族婚姻的诗篇，大都反复强调了具有"三重"特色的婚制准则，并大都具有鲜明的聘娶和媵嫁色彩。贵族阶层婚俗的主要形式是"媵妾制"。"媵妾制"是一种陪嫁制度，即同姓女陪嫁。这种特权婚姻经过商朝的持续发展与演变，到周朝更趋于成熟和完备。讲究"门当户对"，周代的聘婚制有个特点，就是带有明显的重视门第的倾向，尤其是在贵族的婚姻中，有着显著的政治目的和经济意图。这一思想倾向一直影响中国历史，成为衡量婚恋的一个重要标准。

在婚恋诗中，可以看出父系社会下女人地位处于劣势。当时的中国虽然对于婚恋有了一定的放松，但这个"放松"也只是生产力进步的条件下有局限的交流圈拓展，但是还是存在有一定的社会礼教束缚，因此强烈反抗的女性形象在《诗经》中所占比例较少，但可以看出先秦女子对爱情的忠贞和对阻挠的强烈反抗。特殊的弃妇的女性形象更体现男尊女卑。在《诗经》中描写弃妇形象的诗为数不少，在男女不平等的夫权社会，婚姻的幸福对于妇女来说，常常只是一个美好的愿望而已。《邶风·谷风》和《卫风·氓》充满了对负心人的控诉、厌恨和责难，是《诗经》弃妇诗的代表作。《邶风·谷风》以女主人公自诉的口气写她初到夫家时，家境贫寒，经过辛勤劳作，逐渐富裕起来，而其丈夫却变了心，另有所娶，竟将其赶走。《谷风》中的女主人公在夫家尽心尽力工作，在受到丈夫冷脸对待时依然不忘曾经的誓言，希望丈夫回心转意（"黾勉同心，不宜有怒。德音莫违，及尔同死。"）。这些都体现了男子的绝情和女子的懦弱。女子的懦弱不仅是因为爱情上，更是因为她们在当时的社会上的地位的低下，女子的弃妇形象是女性地位卑下的一个显著体现。《卫风·氓》通过一位弃妇的自述，激昂、生动地叙述她和氓恋爱、结婚、受虐、被弃的过程，表达了她悔恨的心情与决绝的态度，深刻地反映了古代社会妇女在恋爱婚姻问题上受压迫和损害的现象。

在彝族史诗中，婚恋也是严肃认真谨慎的大事，要求忠贞不贰，这与《诗经》反映的婚恋主题都是共通的。最初的婚恋描写与创世神话有着一定联系，从兄妹经历种种考验的结合得到上天的应允等，婚恋观也成为族群起源的神话、族群地域的象征等文化因素构成族群的重要成分，这是因为族群不是通过世袭血统脉络，而是通过保留在群体文化个体之中的持续的感受，共享的记忆和共同的命运等脉络来延续的，也即族群是通过包含在各种神话、记忆、象征和价值观之中的文化亲和力脉络来延续的。同时彝族史诗中的婚恋带有西南少数民族的部落聚居等特点，婚姻的结合有氏族宗教等影响，也有着自己的道德伦理观，信仰遵守在里面。但是在一些方面还有着差别。由于《诗经》描述地带更早地进入父系社会，生产力更为进步，而彝族史诗反映的是交替时代，还可以看到“女权”的影子，从图腾崇拜的“母虎”也可以看出，彝族有着对母体的崇拜和尊敬，这是与《诗经》所体现的最大差别。彝族史诗中的女子形象活泼开朗居多，在生产生活中都有着重要地位，怨妇形象几乎没有在史诗中体现。无论《诗经》还是彝族史诗，人类社会对女性形象的描述和追求总是与美好相连的，把女性看作是真善美事物的象征，而对于女性美好形象的表现总是初始于女性的外在之美，又细心雕刻内在美的各种姿态。正是女性的位置在家庭中极其重要，家组成国，影响着纲常伦理和社会运作规律。婚恋诗，描绘出那个时代婚恋生活的绚丽图景，生动展示了人类的爱情生活和心灵空间，成为透视历史的一面铜镜。

（四）神灵与祖先崇拜

在人类的童年阶段，尚未完全脱离原始阶段的人们对于外部的自然力量存在着一种天然的、与生俱来的恐惧，由此产生了对于“神灵”这一超自然力量的崇拜心理，这一点可从流传下来的彝族史诗中的多处得到印证，如《梅葛》中将格兹天神看做造天之神，以及《阿细的先基》中在天地产生之初拿来金、银、铜、铁四根柱子稳固天地的阿底神，这些不同的记载都表明了彝族先民在无法对未知的大自然作出解释的情况下将天地的形成想象为神力所创，并对未知的强大的自然世界充满了敬畏。而《诗经》虽产生于生产力水平更高、社会阶段更先进的中原地区，其中的一些诗篇中仍然能够寻觅到一些古老的神灵崇拜的遗留痕迹。追寻中原地区先民的早期神灵崇拜的一个重要线索便是散落于一些诗句中的“天”。《诗经》中共出现166处“天”，“天”首先可以指自然属性上的地理空间概念，如“绸缪束薪，三星在天”（《唐风·绸缪》）和“鸢飞戾天，鱼跃于渊”（《大雅·旱麓》），其次，就其延伸意义上说，也可以指超自然属性的至高神，如《大雅·文王》中的“天作高山，大王荒之”，指的就是具有支配宇宙的力量的天神，而其他有关的双音节或多音节词，如《小雅·雨无正》中的“昊天”、“日文天”，《大雅·云汉》中的“昊天上帝”以及《周颂·雍》中的“皇天”等，也同样代表了一种神格化的超自然力量，这些都说明了《诗经》以前时代的中原先民在思维发展的初级阶段将天穹看作超越人类世界之上的另一个具有支配日月星辰、风雨雷电的神秘力量的神性世界，并对之怀抱信仰。

然而，无论是以中原地区作为孕育土壤的《诗经》，还是产生于古彝族聚居的西南地区的彝族史诗，我们都应该看到，尽管留存着先民们对超自然力量的崇拜的痕迹，但这种神灵崇拜正逐渐转变为一种祖先崇拜。

彝族史诗中，几乎都会包含关于天地起源、人类繁衍的内容，但在这些创世史诗中，神话的色彩在渐渐淡化。如《阿细的先基》中对于人类起源的解释是，男神阿热和女神阿咪在太阳下面用九钱黄泥造成第一个男人，在月亮下面用八钱白泥造成了第一个女人。在这段人类繁衍的阐释里，男神阿热和女神阿咪都不再是超越人类劳动生活之上的全能的神，而更接近于同人间有血肉联系的拥有超人才能的人，或者说是神化了的人，是彝族先民心目中理想化了的自己的祖先的形象。这说明了在筚路蓝缕的开创过程中，彝族先民对于民族历史的认识逐渐摆脱神话思维的束缚，而越来越肯定人在历史中的主体地位，人们早期处于蒙昧阶段时的神灵崇拜也逐渐转变为在肯定人在历史开创过程中的主导作用的基础上形成的祖先崇拜。

对另一部彝族史诗《梅葛》来说，这种祖先崇拜则表现得更为明显。在彝族人的观念里，认为人死后有三个魂，一个回到祖先所在地，一个在坟里，一个在家中祖灵中。后世人如果对家中祖先的灵牌四季供奉，祖先感受到子孙的敬意便可以庇佑后世的子子孙孙；反之，则会有灾祸降临在后世人的头上。因此，葬礼被彝族人民视为对祖先魂灵表达敬意的一个重要方式，十分受到重视。传统的彝族葬礼必须要在相当于祭司的毕摩的主持下进行，而在葬礼上，由毕摩吟诵梅葛则是必不可少的环节。

如果说彝族史诗中所表现出的祖先崇拜仍带有蒙昧阶段的神话色彩，那么《诗经》中的祭祀诗所表现出的祖先崇拜则几乎已经褪去了神话色彩而更多地表现为政治文化的诉求。《诗经》中的祭祀诗主要集中在《大雅》和《颂》中。《大雅》中祭祀诗有 8 篇，其中有 5 篇为祭祖诗；《周颂》直接描写祭祀或与祭祀有关的 21 篇中，祭祖诗占了 14 篇，由此我们可以看出，相比于自然神灵，周人显然更重视对祖先神灵的祭拜。然而，与彝族史诗不同的是，周人对祖先神灵的崇拜不再是对于天地开创、人类起源的神话式的幻想，而更多的是出于政治文化上的目的，主要表现就是在内容上不再讲述洪荒之初人类祖先如何繁衍、如何开创家园，而大多是歌颂民族历史上建立过丰功伟绩的先祖先王，如《周颂·清庙》、《周颂·维天之命》等篇赞美与歌颂周文王，《周颂·思文》祭祀的是先祖后稷。这种内容上的转变表明，《诗经》所形成的时代的民族统治者对于祖先神灵的祭祀更多的是为了强化人民的宗族观念，以求巩固在此基础上形成的阶级统治。

二、相异性的产生原因

（一）地理环境与自然条件的差异

《诗经》与彝族史诗都描绘了一幅幅古代中国不同地区人民的生产生

活的广阔画卷，在原始到农业社会阶段，人民的劳动生活与大自然紧密相连，采集、农耕等生产手段的对象都是大自然中的各种植物，如此，则以古代先民广泛的劳动生活为表现对象的《诗经》和彝族史诗中必然会涉及大量植物意象的使用。然而，《诗经》与彝族史诗的诞生土壤分别是广袤平坦的黄河中下游平原、华北平原与重峦叠嶂、丛林茂密的西南山区，地理环境与自然条件的差异十分巨大，动植物种类千差万别，因此，二者的动植物意象的使用必定呈现出不同的风貌并展现出不同地域的独特性。

植物意象的内涵及其形成，往往是古人特有的交感思维、强烈的生殖崇拜心理及现实生活体验共同生成了植物意象，采用不同的植物意象作为抒情叙事的对象，最重要的影响因素是地理环境，一定地理条件下孕育的周围景象自然融入到人的生活体验当中。从《诗经》的有关篇章可以看出，在西周、春秋比较漫长并且生产力发展有限的历史时期，古代中国各地植被状况良好，在华北和黄河中游地区有着相当完整的绿色植被覆盖。比如，在《邶风·击鼓》中："于以求之，于林之下。"《召南·野有死》："林有朴樕，野有死鹿。"《周南·兔罝》："肃肃兔罝，施于中林。"《秦风·晨风》："鴥彼晨风，郁彼北林。"《毛传》："北林，林名也。"《小雅·车附图 》："依彼平林，有集维鷮。"《大雅·生民》："诞寘之平林，会伐平林。"《毛传》："平林，林木之在平地者也。"而与此相对，彝族史诗中选取的独特而富有代表性的植物意象，如娑罗树、马缨花等热带、亚热带树种，则向人们展现了一幅异域气息浓重的少数民族地区风景画卷。

（二）生产力水平的差异

黄河中下游平原和华北平原拥有得天独厚的地理环境以及自然条件，天然的河流提供了充足的水源，肥沃的土壤为作物的生长提供了充分的养料，平坦的地势使得排水条件十分优越，种种因素促成了中原地区的农业的迅速发展，推动着中原地区向着农耕社会迈进。在农耕也得到迅速发展的同时，人们逐渐过上定居生活，畜牧业也不断地发展起来。而产生于生产力发展水平较高的中原地区的《诗经》中的动物意象分为两类：一类是一小部分仍保留着古老的动物图腾崇拜的动物意象，如《商颂·玄鸟》中有“天命玄鸟，降而生商”的诗句，将玄鸟作为受天帝的旨意降生商朝的使者，便是反映了商代以鸟作为图腾的部族动物崇拜；另一类，也是占了绝大多数的一类则是家禽家畜等人们圈养的动物，如《王风·君子于役》：

> 君子于役，不知其期，曷其至哉？鸡栖于埘，日之夕矣，羊牛下来。君子于役，如之何勿思！
>
> 君子于役，不日不月，曷其有佸？鸡栖于桀，日之夕矣，羊牛下括。君子于役，苟无饥渴！

诗中出现的牛、羊、鸡等动物意象均为人为饲养的家禽家畜，由此展现了那个时代一户普通农户的生活画面。

而彝族先民所生活的西南部地区的农业生产水平则远远没有达到中原平原地区的高度，遑论畜牧业的发展。因此，彝族史诗中的动物意象则多为丛林猛兽，带着较为浓厚的图腾崇拜色彩，如《梅葛》中关于格兹天神捕虎的描述以及《阿细的先基》中关于虎创世的记载，都可以说明彝族先民曾以百兽之王——老虎作为部族图腾，代表着早期彝族先民在生产力水平低下的情况下渴望获得如老虎一般的强大力量保护自身的愿望与渴求。

（三）社会发展阶段的差异

随着生产力水平的不断提高，中原地区的社会发展进程不断加快，发展至周朝已经形成了自上而下的较为完善的一套社会制度，因此，无论是从《诗经》中婚恋诗背后所折射出的周朝相对完备的婚恋文化和婚姻制度中，还是从《诗经》中的祭祀诗所反映的周朝时已经发展得相对成熟的祭祖文化和配套的礼仪制度中，我们都可以看出，《诗经》已经走出依靠神话想象进行创作的阶段，而逐步走向一个发展完备的人类社会。

与《诗经》相比，彝族史诗的产生时代则更接近与神话时期向“人话”时期的过渡阶段，这一时期虽然仍未完全摆脱神话思维的影响，但人的主导作用已经被提到一个新的高度。如《阿细的先基》里关于人类起源的记载中，最初创造了人类的虽然是男神阿热和女神阿咪，但最终承担起人类世代繁衍的重责的，则是一对在天意的指示下结合成为夫妻的人类兄妹。又如，《查姆》中对于人类的起源归结为猴子在长期的劳动生产实践中不断适应实践的需要而逐渐进化的结果，也就是说，人类是在生产劳动中由猴自然演化而来，并非上帝或某种神力所创，基本上否定了神造万物的观念。这都说明了彝族史诗的形成时期，人们已经开始逐渐对超自然的力量和人类自身的价值有了理性的认识，但与《诗经》所产生的时代相比，仍是一个由信仰“神”到信仰“人”的时期。

三、结语

中国是多民族的国家，对中国文化的考察离不开多民族视角。在中原地区诗歌取得璀璨成就的同时，少数民族的诗学成就同样斐然，彝族史诗便是其中之一，并以其丰富的数量成为少数民族诗学的代表。

《诗经》与彝族史诗作为全方面反映中原地区汉民族与西南部彝族的民族发展、社会生活等的重要著作，既表现出了两个不同民族间的相似性，反映出人类进化过程中的普遍规律，又受到不同地域的客观影响因素表现出民族发展进程的不同之处。通过对《诗经》与彝族史诗的比较研究，增加对汉彝两族的共性与异性的了解与认识，将有助于我们拓宽民族视野，重新发现与认识历史上的多民族共存现象。

参考文献

著作类

［1］程俊英：《诗经译注》，上海古籍出版社，2006 年 .

［2］潘富俊：《诗经植物图鉴》，上海书店出版社，2003 年 .

［3］《查姆》，云南人民出版社，2009 年 .

［4］《阿细的先基》，人民文学出版社，1960 年 .

［5］《梅葛》，云南人民出版社，2009 年 .

论文类

[1]《诗经》中的植物文化，布莉华、刘传，承德民族师专学报，2005－03－15.

[2]《诗经》动物意象研究，张守华，曲阜师范大学，2010－04－01.

[3]《诗经》中的动物兴象及其象征意义探源，井超，河北大学，2009－06－01.

[4]《周代婚俗下的〈诗经〉研究》，黄伦峰，广西师范大学，2007－04－01.

[5]《〈诗经〉研究的盲点：婚恋诗中男性形象的整体观照》，郑群、钱宗武，扬州大学学报（人文社会科学版），2005－11－30.

[6]《从〈诗经〉中看周人婚恋诗及婚姻观》，陈娟玲，剑南文学，2011－11－25.

[7]《彝族史诗〈梅葛〉原始共同意识的审美分析》，肖国荣、张建，楚雄师范学院学报，2011－05－20.

[8]《原始性别意识研究——基于云南少数民族神话史诗和原始信仰的考察》，付昌东，云南师范大学，2009－06－08.

[9]《从彝族创世史诗中的集体记忆看其族群建构》，纳张元，民族文学研究，2013－04－15.

[10]《彝族阿细人的民族文学传承——以〈阿细的先基〉为例》，施蓉蓉，陕西师范大学，2011－05－01.

[11]《彝族生物多样性智慧及其农业生产实践研究》，赖毅，南京农业大学，2012－10－01.

关于地方方言对欠发达地区农村小学生语言学习的影响调查实践报告*

摘　要：语言环境对语言学习的影响是巨大的，尤其是生活在偏远地区从小受方言熏陶的刚入学的小学生，加上师资力量的参差不齐和老师授课的语言习惯，都会极大影响小学生在起步阶段对普通话的掌握和新一门外语的兴趣以及认知。本次社会调查实践就是针对这一问题做一次较详细的调查和分析，并尽可能地给小学生讲授一些好的学习和语言习惯。

关键词：欠发达地区；方言影响；语言习惯；学习方法

我是2014级汉语言文学专业的学生，在北语经过一年时间的学习，我越来越体验到语言环境对语言学习的重要性。尤其是在这一年的英语学习中越发认清了自己的口语有多差。高考成绩140分遇上口语立马变得一文不值。我也问过一起经历高考同样英语成绩130分以上的小伙伴，情况跟我的并无两样。于是我开始反思从小学三年级就开始学习英语的我们到现在也已经十个年头了，因为我对语言很感兴趣，英语成绩也一直都不错，无论是语法听力阅读理解写作都得心应手，但凡我们考试需要

* 作者：马娇；
指导老师：高秀平。

的英语能力在这十年中都已具备。最重要的一点，我们从未有过口语考试，平时学习课文的时候老师布置下来让我们预习，我们一向做的是把课文里涉及的单词表上的单词提前背熟，结果就是在成绩单上有个引人注目的英语成绩然后迎来一串串“你英语怎么会学得这么好”的赞美。当时确实是觉得这些都是理所当然恰如其分的，然而直到经历了这一年做英语 presentation 和英语课上发言的窘迫之后，我意识到真的该对这个问题寻根究底一下了，而根源在哪儿，抛开我们的考试方式，因为进入大学后很多同学跟我们的考试大同小异，基本上也不会涉及英语会话口语的内容，那么，我能想到的就是语言环境了。

语言环境很重要就是重要在我们无时无刻不在受它的影响，尤其是从小就接受的语言环境，而我的家乡就是一个说方言的小县城。所以，我在家乡的小学生群中进行了一些调查，着重了解了一下小学生尤其是已经开始正式学习英语的三年级以上的小学生，首先是了解方言对他们的影响，然后就是了解方言影响他们对英语学习的态度以及他们英语学习的情况，并针对他们的实际情况进行一些兴趣上的引导，希望能对家乡学生的英语学习尤其是口语有所帮助。

一、当地方言对小学生英语学习形成的影响

我的家乡是山东省潍坊市下属的一个小县城，生活节奏缓慢，我从小生活在民风淳朴的小村子，从幼儿园到初中都是在自己和附近村子里上的，高中才考到县城里的重点高中，这也导致了我从出生到高中毕业从未用普通话跟人交流过，只限于课堂上朗读课文和回答问题。跟大城市幼儿园学习英语且有较好的教学设施和语言环境不同，我家乡的小学生在三年级以前并没机会接受基础英语教育，而且孩子们从出生起就生活在只说方言的环境中，牙牙学语学的也是家乡的方言。且不说幼儿园在村里更为简陋的条件和薄弱的幼师力量，即使是上小学之后也并不会接受普通话的专门练习，而且很多老教师并不会用普通话教学，就算一些年轻老师用普通话，学生们也只是最终在讲普通话时磕磕绊绊还带着

浓重的方言味道，这还仅仅是在学自己的母语时出现的问题，学习一门新的外语的困难程度就可想而知了。

我曾经问过村里的三年级以上的小学生是否喜欢英语，没有一个孩子的回答是肯定的，这实在让我大跌眼镜。其实这也是比较普遍的现象，因为农村里的家长基本是农民，或者是在外边打工，文化程度都不高，对英语也没有除了成绩以外的关注，在没人督促和辅导的情况下，孩子们没有自觉喜欢和学习英语的意识也在情理之中。这就导致这些孩子从小学时候开始就对英语有抵触情绪，久而久之迫于升学的压力下一路走来也只能讲一口带着方言口味的中国式英语，而且口语极差，无论是对于升学还是就业都有十分严重的影响。

我调查了一部分从三年级到即将升初一的小学生，情况不一。首先是问他们在学习中老师的普通话教学情况，跟我十年前上小学时的情况基本一样，当年教我的老教师还是他们的老师。他们很多都是初中毕业，中专毕业的也很少，而且这几年基本没有几个年轻的师资力量的加入，在教学过程中老教师们也已经习惯了用方言教学。课堂上都是方言的话，可想而知课下更不会用普通话了，也许过家家玩游戏的时候会蹦出几句带有方言味道的普通话。连普通话都是如此状况的话，平时说几句英语的概率更是微乎其微了。

我又问了已经正式学习英语一年的三年级学生对学习英语的感觉，答案是很不喜欢。可能平时朗读语文的课文对一直说方言习惯了的孩子来说都有些困难，更不用说刚接触的一门新语言，哪怕让他们独立读几个英文单词都是很困难的，跟读还可以。我又问他们爱不爱看动画片，当然爱。但是问他们看不看英语动画片的时候，答案是坚定的不。我想我理解是什么原因让他们这么排斥英语。本来父母的文化水平不高，在孩子的课业辅导上本身就很吃力，可能辅导低年级的语文数学还勉强可以，但在英语学习上父母是没有可能帮得上忙的。我们上小学的时候英语并没有被十分重视，家长更关心的也只是数学语文成绩，但随着英语越来越被普及和重视，英语也成为家长关注的一点，然而还是心有余而力不足。家长往往只能通过试卷上的分数来督促孩子的英语学习，而孩子们的想法却是“爸爸妈妈都不会我也不用会，而且我知道狗是 dog 猫是 cat，这些爸爸妈妈还都不知道呢”，所以，本来在学习英语的起步阶段就很困难的小孩子就会从心里排斥这门新语言。

然后是四五年级的学生，他们经过对英语的逐渐认识和学习，而且面对着来自家长和学校的压力，已经基本知道学好英语的重要性了，然而却免不了被自己一团糟的成绩打击的信心全无。他们中的大部分在三年级打基础的时候孩子气地排斥，到四五年级又迫于压力不得不硬着头皮去补救自己的英语成绩。为了成绩上能取得效果明显的进步，他们会比较重视背单词，我带他们预习即将要学习的单词表，明显看得出他们很紧张很着急，一直想让我带他们多读几遍，领读几遍之后，很多词依然不会读，鼓励他们自己独立读的时候，可能只是自己拿不准，就不想张嘴，没那个勇气读出来，读音不会却能够拼写出来的。他们的问题就在于习惯了跟读之后大脑中只有对那个单词的印象，跟读过程中也只是嘴动没有真正去记忆这个单词的读音，听写单词和考试之前只需要记住单词的拼写就能得分，而不会考察这个单词的读音准与不准，久而久之他们的嘴就懒了，不会再去管哪个单词读音是什么，更不想张嘴去读一个完整的句子。

最后是六年级的即将升入初中的学生，他们的成绩意识很明显要强很多了，加之面临升学的压力，学习英语也会从被动变得更主动一些。对他们进行一些初中知识的预习也比较乐意接受，包括尝试着给他们扩展一些课外的词汇和语法知识，他们也会很认真地做好笔记并能做到不懂就问及时消化，在英语的学习能力和学习成绩方面已经做得很不错了。他们也在尝试着读单词读句子，但免不了大部分读音不准确和语调带有浓浓的方言味道，感觉还是说得不够多没有底气。

经过调查了解，我家乡小学生在语言学习方面的确受方言影响较大，日常生活中首先就不用普通话，在学英语的时候本来开口读出来的就少，读出来又会带方言的味道，久而久之自然会越来越不想开口读，随着升学压力下对英语成绩的要求越来越高，自然也只是注重卷面上需要的能力，口语也会很弱。相比之下，大城市的小学生这方面的能力会强很多。

大一一年我一直在学校志愿服务总队的后勤子女帮扶项目当志愿者，给一个三年级的小女孩进行课外辅导。我发现她的口语就很不错，发音也是很标准，甚至比我们那的六年级的学生都好。而且她也很愿意张嘴去说。因为在北京这边的小学生一年级甚至幼儿园就很正式地学习英语了，也基本不会受方言的影响，加上师资力量的强大，他们自然会在口语方面比小县城农村里的孩子强很多。而且为了加强我辅导的学生对英语的兴趣，我也问过她喜不喜欢看英语动画片，她说她已经看过很多了，包括老师给放的和自己找的感兴趣的，然后我们又一起看了《功夫熊猫》和其他的英语节目比如《糟糕历史》，她都很喜欢。可能这就是大城市和小县城的差别吧。所以我在家乡的小学生中也进行了一些实践，通过一些有趣的形式引导他们正确认识英语从而提高他们对英语的兴趣。

二、经过引导和培养小学生对英语学习的兴趣

我组织小学生参加了一些活动。因为考虑到他们说普通话的水平，所以在开始我就用普通话跟他们交流，也鼓励他们跟其他同学交流的时候也用普通话，过了一段时间之后他们基本适应说普通话的感觉了我们才进一步练习英语口语。首先我让学生从我已经准备好的资源里自己挑了感兴趣的动画片不管是英语还是国语都可以，最终定的是《蜡笔小新之超级美味b级美食大逃亡》，毕竟是电影，时间有一个多小时，而学生的耐心却没有撑到电影结束，所以我就决定不能放这么长的电影给他们看，就算是放也是要一个片段一个片段的放，或者干脆就放小短片，因为对于他们感兴趣的非英语动画片都不能看到结束的话更不用说本来就不感兴趣的英语了。所以我给他们放了《小熊之家》，缓慢精准的对话可以让他们一边看故事一边体会地道英语对话的感觉，另外可以在纠正他们已经学过的单词读音的基础上学习其他相关的较为简单的英语单词和日常对话。看完之后我会鼓励他们情境模仿，尝试着分角色扮演练习对话，让他们慢慢适应开口对话并应用到日常。另外我们还看了《糟糕历史》，语速很快却很有趣，他们可能无法跟上影片中的词语的转换，也无法听懂主人公在说些什么，但至少可

以通过画面对话的趣味性调动他们大脑的紧张度，时刻关注画面上人物的动作表情对话语气，在这种情景下猜测主人公可能表达的意思。另外我们还把《胡桃夹子：魔镜冒险》、《功夫熊猫》、《疯狂的原始人》进行了分片段的观赏，也都取得了不错的效果。

除了看视频之外，我还会给学生们适当预习一下新学期要学习的内容，通过预习单词，给他们听软件上标准的英式和美式发音，然后融入简单的对话中不断练习。短句先是让他们跟读，然后两人一组读给对方听，最后起来展示，声音洪亮主动起来展示的会给笔记本等文具的奖励。这首先是让学生能积极主动地开口说英语，通过奖励和兴趣的引导，让他们感受到其中的乐趣。有了兴趣和动力才能更好地学习新知识。

还有就是通过一起听一些英文歌曲的方式，让他们试着听其中自己懂的单词，同样给予奖励，训练他们在享受英语歌曲时注意力的集中。主要就是培养他们的一种让英语进入自己日常生活的意识，真正从被动为成绩变成主动为喜欢。

另外我们还会做一些英语小游戏，用英语单词对话的过家家等，还会鼓励孩子们回家教爸爸妈妈学几个英语单词，然后回来跟描述一下当小老师感觉，这样可以让他们在学习的过程中找到成就感，还会加强亲子之间的交流和在英语方面的共识。尽可能地让学生在短时间内培养英语学习的兴趣和信心，为新学期更好地学习英语做好准备。

这次调查实践我基本了解了家乡小学生的英语学习状况，这可能也是大多数欠发达地区的现状。很多偏远地区仍然是完全的方言沟通，普通话的普及率相当小，方言对这些地区学生在小学的英语学习的起步阶段都产生很多消极影响。尤其是小学生很容易受环境的影响却不能正确认识到普通话和英语口语表达的重要性，这就需要正确的引导。虽然囿于教学条件和资源的限制不能达到大城市英语教学的水平，但还是希望学校从课堂普通话教学开始，起码让孩子在学校尽量减少方言的影响，然后就是在英语教学方面加强对孩子兴趣的引导，锻炼他们勇敢开口说英语的能力，从小学开始打好口语基础，养成自觉提高自己口语的能力，在以后初中高中的学习中也实现在英语各个能力方面的全面发展。

互联网金融下的大学生理财状况研究*

一、引言

近两年来互联网金融悄然兴起，特别是自2013年6月，阿里支付旗下余额宝的出现，更是掀起了互联网金融一轮新的浪潮。之后各家互联网公司以各自的支付平台为基础，接连设计出互联网金融理财产品，展开了激烈的竞争，如腾讯旗下的微信理财通，百度旗下的百度钱包理财等，以及一大批P2P、票据、众筹等新形式的理财项目。如今，余额宝的规模已超5000亿元，客户数量已过亿，是目前发展最好的互联网金融理财产品，天弘基金也一举成为国内最大的基金管理公司。

通过余额宝，用户不仅能够获得收益，且余额宝内的资金还能随时用于网购支付，灵活提取。用户在支付宝网站或手机客户端均可直接购买基金等理财产品，而转入余额宝的资金也会在第二个工作日得到基金公司的份额确认，并对已确认的份额开始计算收益。

大学生作为年轻的社会群体，接受新鲜事物的速度相对较快，余额宝类的互联网金融理财产品在大学生群体中广泛传播，并形成了较强的

* 作者：边恬嫚、金天子、刘若域；
指导老师：李克宁。

影响力。但以往的同类型研究多侧重于在传统金融理财的背景下展开，对新兴的互联网金融理财背景下的研究还相对欠缺。为此，我们展开本次研究，探究大学生群体对互联网金融理财产品的认可程度，以及互联网金融对大学生理财观念的影响。

本篇论文作为本次研究的理论成果，其主题是对互联网金融环境下大学生理财行为的研究。本研究采用问卷调查的方式，运用统计学的方法并结合个人理财的知识对调查结果进行分析，目的是为了分析和总结当下大学生的理财现状，比较在大学生视角下传统理财与互联网理财的异同，及当下大学生的经济状况和风险承受能力。

我们预期的结果是在互联网金融的背景下，了解当下大学生的经济状况，分析大学生的理财行为，研究大学生的理财观念。其意义主要在了解掌握大学生经济能力和理财状况的基础上，分析当下大学生群体对理财这一概念的理解程度和这个群体在未来理财市场的潜力，从而有助于互联网理财产品的改进和大学生理财市场的进一步拓展。

二、研究设计

研究方法：本课题的基本研究方法是发放、回收调查问卷并对其进行分析。我们在参考国内外相关文献的基础之上，设计和发放调查问卷，利用统计软件，采用科学的统计分析方法，掌握大学生群体的经济状况，并研究其理财行为和风险承受能力。

研究目的：本课题旨在通过对一手数据的分析研究，收集大学生理财行为的数据，分析该群体的理财偏好、特点，并以此为依据，为互联网金融环境下大学生的理财规划和互联网金融企业开拓大学生理财市场提供建议。

问卷设计：本问卷总体分为两部分：个人信息部分（含受访人性别、年级、专业）和个人理财行为调查，总计 28 道问题。

问卷发放与回收：问卷发放和回收采用线上线下两种方式，以大学生为目标群体，运用随机抽样思想，随机选取样本进行调查。截至 2015

年2月4日，共收到有效问卷788份，其中女性580份，男性208份；大一63份，大二165份，大三338份，大四153份，研究生64份，博士生5份；商科293份，非商科495份。

三、实证分析

（一）从基本信息分析理财习惯的影响因素

通过调查结果可知，参与本次问卷调查共有788人，其中有理财习惯共281人，无理财习惯共507人。我们分别以年级、性别、专业为分层依据，进行独立性检验，判断其是否为有无理财习惯的影响因素。

1. 年级与有无理财习惯的独立性检验

H_0：年级与有无理财习惯相互独立。

H_α：年级与有无理财习惯非相互独立。

实际统计情况：

	大一	大二	大三	大四	研究生	博士	总计
有理财习惯	16	51	135	51	25	3	281
无理财习惯	47	114	203	102	39	2	507
总　　计	63	165	338	153	64	5	788

期望分布：

	大一	大二	大三	大四	研究生	博士	总计
有理财习惯	22.46574	58.83883	120.5305	54.55964	22.82234	1.782995	281
无理财习惯	40.53426	106.1612	217.4695	98.44036	41.17766	3.217005	507
总　　计	63	165	338	153	64	5	788

$$X^2 = 9.190169$$

在显著性水平，$\alpha = 0.05$下，自由度为（2-1）（6-1）=5

$$X^2_{0.05} = 11.070 > X^2$$

因此，我们不能拒绝原假设，即年级与有无理财习惯相互独立。

调查结果显示，在参与调查的全体学生中，以年级分层，有理财习惯的学生占该年级所有参与调查的学生百分比在不同年级中呈现不同水平。大一学生中，25.4%具有理财习惯；大二学生中，30.9%具有理财习惯；大三学生中，40.0%具有理财习惯；大四学生中，33.3%具有理财习惯；研究生中，39.1%具有理财习惯；在博士生中，60%具有理财习惯。其中，博士生高达60%有理财习惯可能受到样本过少的影响，呈现一定异常。但从独立性检验的结果中，我们得出结论年级与有无理财习惯并无明显关联。

2. 性别与有无理财习惯的独立性检验

H_0：性别与有无理财习惯相互独立。

H_α：性别与有无理财习惯非相互独立。

实际统计情况：

	男	女	总计
有理财习惯	79	202	281
无理财习惯	129	378	507
总　　计	208	580	788

期望分布：

	男	女	总计
有理财习惯	74.17258883	206.8274112	281
无理财习惯	133.8274112	373.1725888	507
总　　计	208	580	788

$$X^2 = 0.66344$$

在显著性水平，$\alpha = 0.05$ 下，自由度为：$(2-1)(2-1) = 1$

$$X^2_{0.05} = 3.841 > X^2$$

因此，我们不能拒绝原假设，即性别与有无理财习惯相互独立。

调查结果显示，在所有参与调查的男性中，38.0%具有理财习惯；

在所有参与调查的女性中，34.8%具有理财习惯，男性呈现出稍占上风的状况。但经过我们对性别与有无理财习惯的独立性检验显示，两者并无直接的相关性，即两者独立。

随后我们继续深究性别对于具体金融产品的相关性发现，虽然整体上性别与有无理财习惯独立，但在具体理财项目上并不独立。相对而言，女性更加倾向于银行存款、保险等低风险、收益稳定的理财产品；而男性则对于股票、基金等收益相对较高、风险相对较大的理财产品较女性更为关注。但总体而言，不论男性、女性其较多涉及的依然是银行存款、货币基金等风险较小、收益稳定的产品（见图1）。

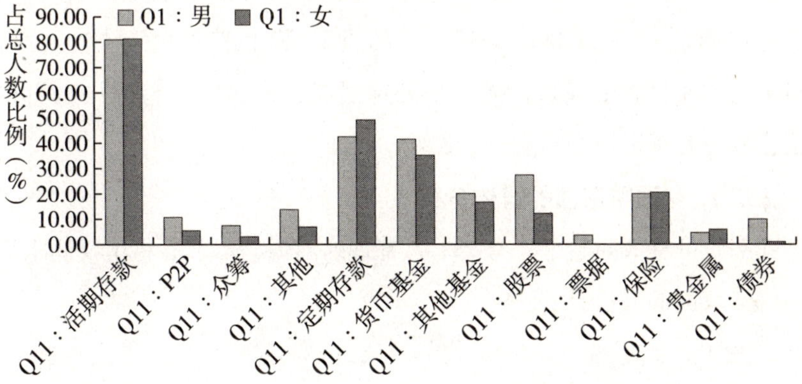

图1　性别差异对理财形式选择的影响分布

3. 专业与有无理财习惯的独立性检验

H_0：专业与有无理财习惯相互独立。

H_α：专业与有无理财习惯非互相独立。

实际统计情况：

	商科	非商科	总计
有理财习惯	140	141	281
无理财习惯	153	354	507
总　计	293	495	788
理财人数占比	47.8%	28.5%	

期望分布：

	商科	非商科	总计
有理财习惯	104.4835	176.5165	281
无理财习惯	188.5165	318.4835	507
总　　计	293	495	788

$$X^2 = 29.87114$$

在显著性水平，$\alpha = 0.05$ 下，自由度为（2－1）（2－1）＝1

$$X^2_{0.05} = 3.841 < X^2$$

因此，我们拒绝原假设，即专业与有无理财习惯非互相独立。

通过问卷结果反映出，47.8%的商科学生有理财习惯，远高于28.5%的非商科学生理财比例。另外通过我们的独立性检验中也可得出结论，专业对理财习惯具有明显影响。

（二）有理财习惯的群体分析

在788份有效问卷中，有281人有理财习惯，本部分将主要侧重于对他们反馈数据的分析。

1. 理财形式选择的分析

在有过理财习惯的281名同学中，我们可以发现日常生活中最常见最易理解的银行存款在同学们理财选择中最为普遍；收益相对稳定，风险相对较小的货币基金、保险在同学们的理财中也较为普遍，反映出大学生的风险承受能力较弱，带有风险厌恶型倾向，更倾向于安全、稳定的理财产品；其他类理财产品，特别是P2P、票据、众筹的出现及一定占比反映出大学生理财的多元化特性以及对新鲜事物有较强的敏感性（见图2）。

另外对照商科与非商科学生理财方向的选择中，我们可以明显感觉到商科同学更加愿意多元化地尝试P2P、众筹、货币基金、其他基金、股票、债券等需要一定的专业知识为基础的理财产品，也体现了专业学习背景对于他们的理财已经产生了一定的影响。而非商科同学则更加倾向于活期存款、保险等易于理解，专业知识涉及较少的理财产品，其他对

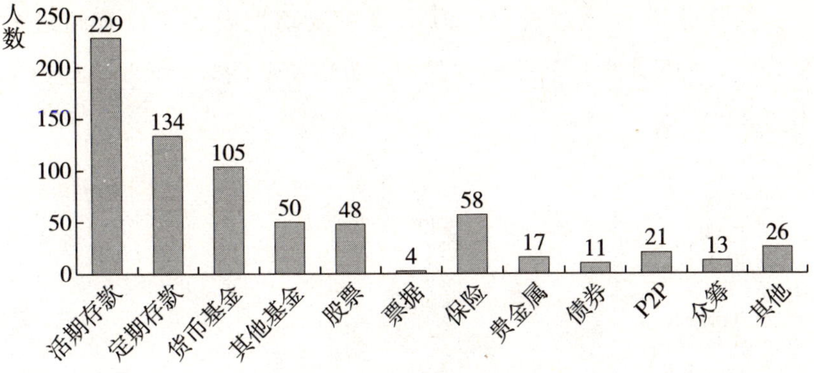

图 2　理财形式选择分布

于专业知识有一定要求、风险相对较高的理财产品对于他们的吸引程度相对较低（见图 3）。

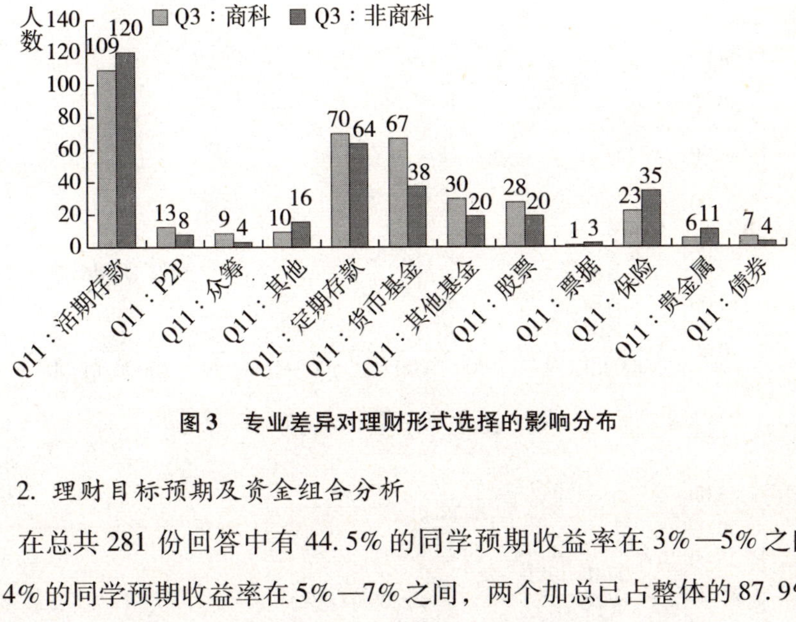

图 3　专业差异对理财形式选择的影响分布

2. 理财目标预期及资金组合分析

在总共 281 份回答中有 44.5% 的同学预期收益率在 3%—5% 之间；43.4% 的同学预期收益率在 5%—7% 之间，两个加总已占整体的 87.9%。反映同学们的理财目的还是以保值和一定的增值为主（见图 4）。而有理财习惯的同学中有 75.5% 的同学其理财账户内余额在 5000 元以内（见图 5），71.2% 的同学在理财后银行卡活期余额留存在 3000 元以内（见图 6），对照 74.4% 的同学月均生活费在 2000 元以下（见图 7），可以大致推测出同学们理财习惯是留存约一个月的生活费在银行卡内便于随时取用，其余部分进行理财投资。但反映在流动性要求上，有超过一半（58.72%）的要求的依然是随取随用，表明流动性对于大学生理财起着十分重要的影响。

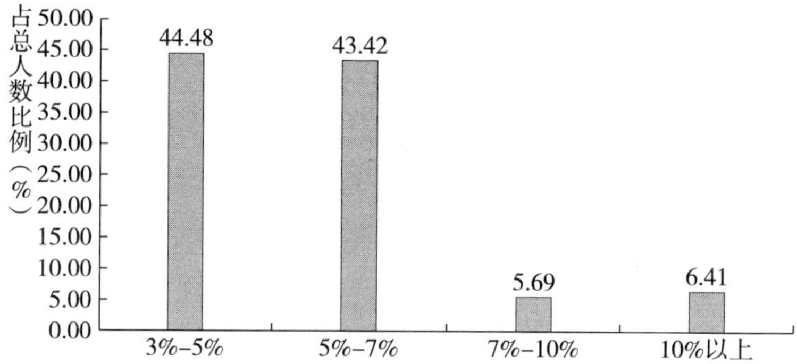

图 4　理财预期收益率的分布

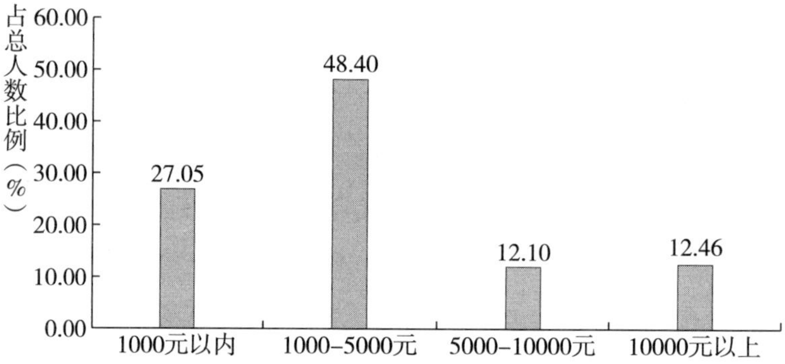

图 5　理财账户资金余额的分布

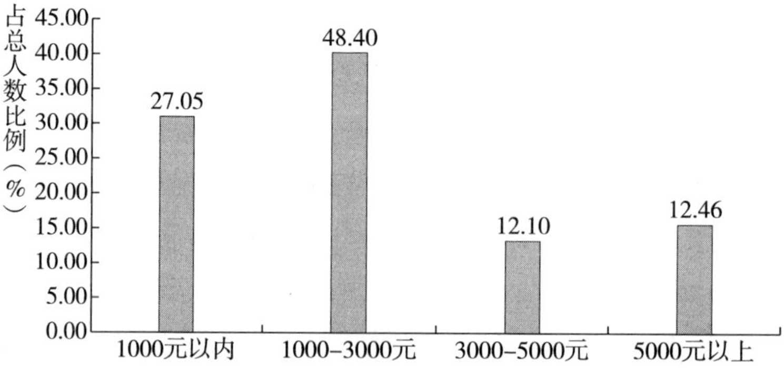

图 6　银行卡活期留存资金余额分布

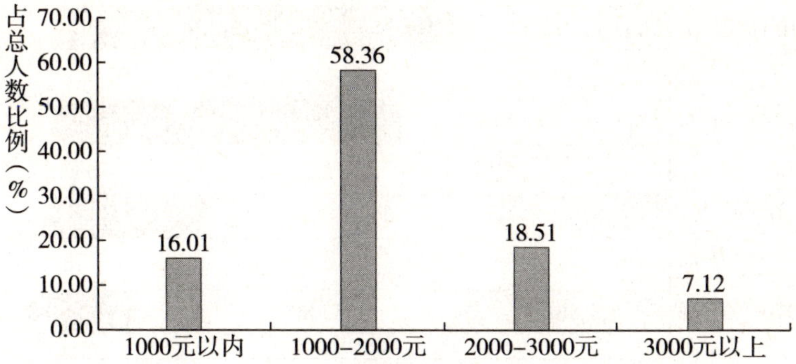

图7　月均生活费分布

而通过各年级层学生理财账户余额对比，可发现随着年级或者说年龄的增长，同学们理财资金总体呈增长的趋势（见图8）；且随着理财账户资金量的增加，同学们对其预期收益率也逐步增高（见图9）。

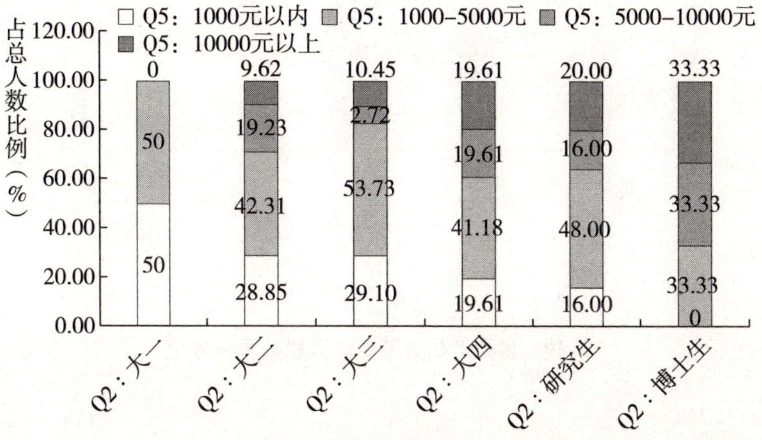

图8　各年级层学生理财账户资金余额分布

3. 理财产品各特点偏重程度分析

本次问卷调查中，我们选取了平时理财中最主要考虑也是最常见的五个因素来分析同学们对其的重视程度。通过281份回答的分析，收益率和风险是同学们最为关心的两项，在回答总数中分别有80.8%和55.6%的同学将其列为着重考虑；而最低投资限额则为同学们理财中最不关心的一项（见图10、11）。

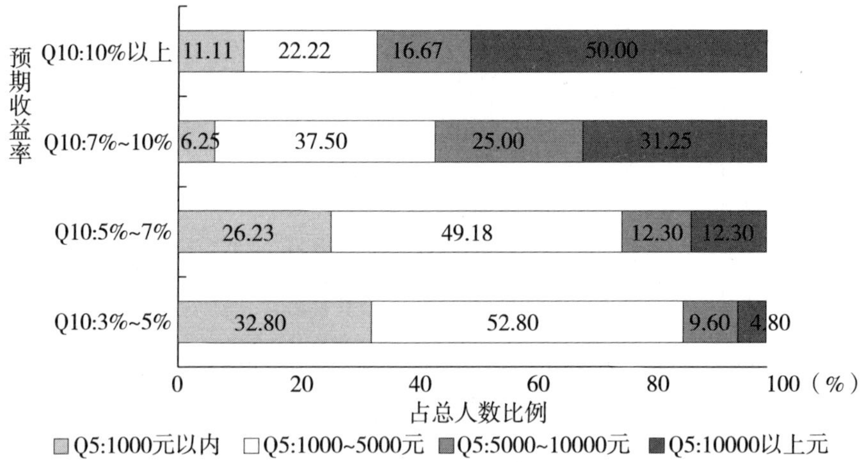

图 9　预期收益率与理财账户资金余额的分布

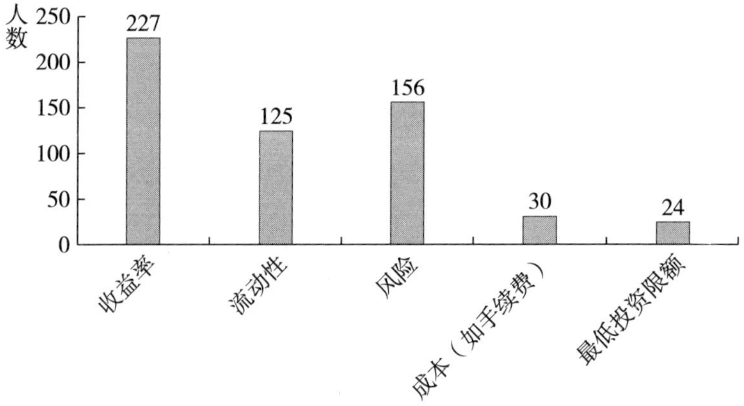

图 10　理财产品各特点最看重的两项分布

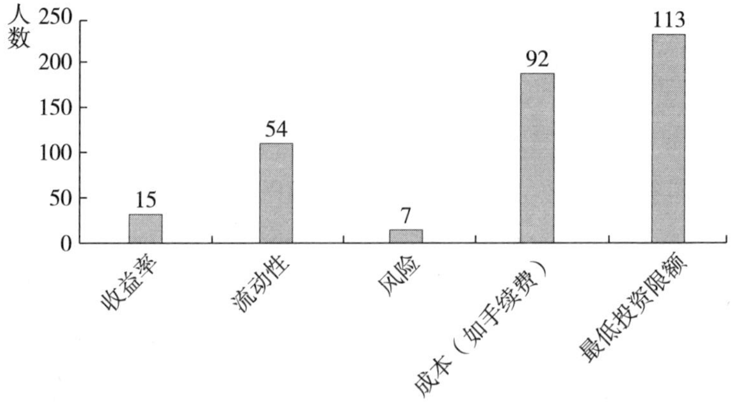

图 11　理财产品各特点最不看重的一项分布

并且商科和非商科专业上的差异并未显示出结果上的差异（见图12、13）。而上文问卷分析中同学们对于随取随用的高流动性要求却和成本一样，未受到过多重视。我们推测在预期收益率较为诱人的情况下，同学们愿意放弃一部分的流动性用以换取更高的收益。

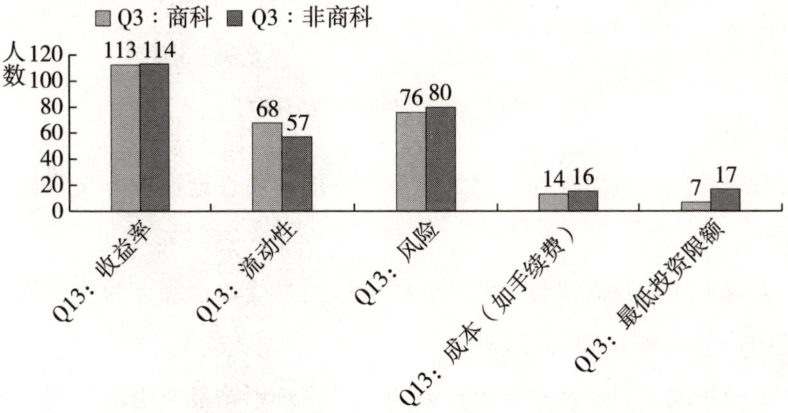

图12　专业差异与理财产品各特点最看重的两项交叉分布

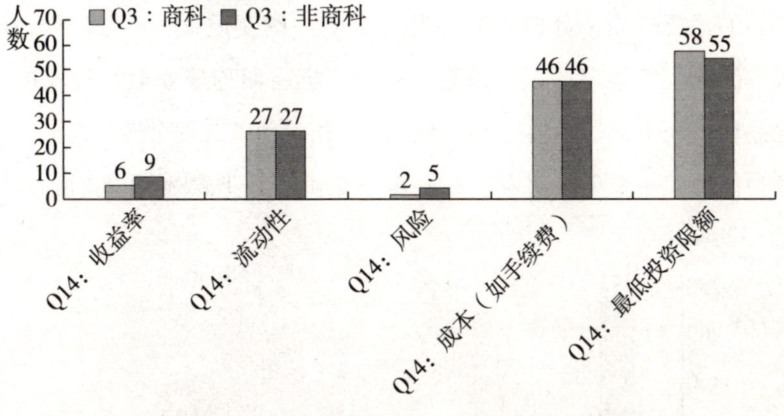

图13　专业差异与理财产品各特点最不看重的一项的交叉分布

4. 理财起始节点及互联网理财的原因和方向分析

在通过对于同学们理财开始节点的分析中，有73.67%的同学是在2013年6月即余额宝出现之后开始进行理财（见图14）。

但考虑到可能有部分在2013年6月后开始理财的同学并非因余额宝的影响而开始理财，我们之后再次随机选取了一部分同学进行问询了解，

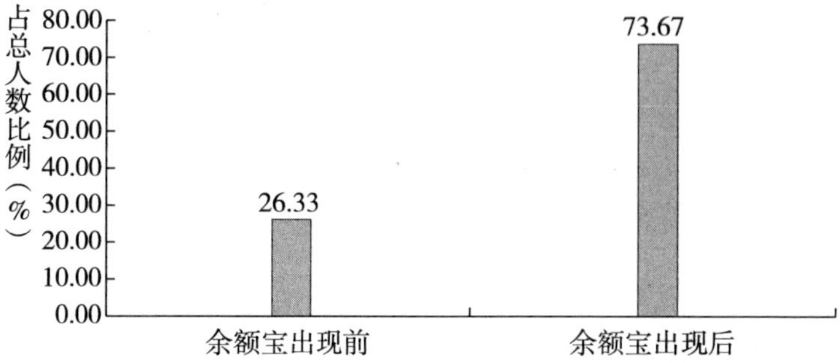

图 14　理财起始节点的分布

发现此部分同学虽然存在，但其比例并不能实质性地影响上文我们获得的结论。

故综上所述我们认为，大部分同学依然是受以余额宝为代表的互联网理财产品的吸引而进入理财。

而分析同学们受余额宝为代表的互联网理财产品吸引的原因，方便快捷在 281 份回答中受到了 242 人的认可；流动性强也得到了 157 人的认同（见图 15）。说明方便快捷和流动性强也正是余额宝为代表的互联网理财产品的主要特点。分析当下各类“宝宝”的实质——货币基金，由于其投资方向为货币市场上的债券、央行票据、回购等安全性较高的短期金融品种，期限最长不超过 397 天。所以相对而言其安全性较高而且赎回也较为便利，一般赎回期为 T+2；但正是由于其 T+2 而非实时到账以及

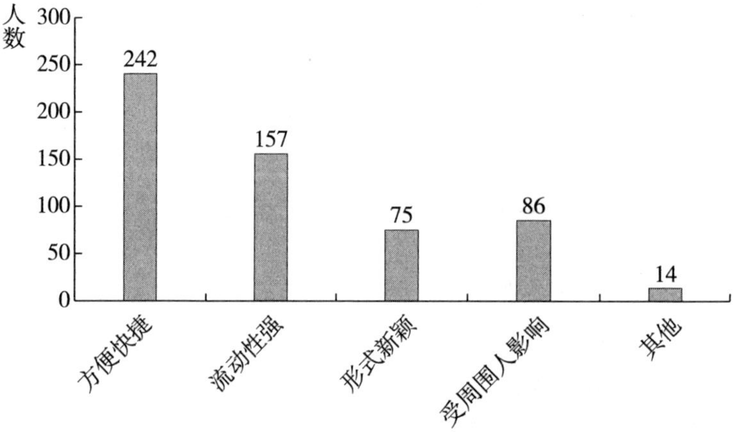

图 15　选择互联网理财原因的分布

购买赎回操作复杂使其在实际使用中体验不佳，因而货币基金虽早已有之，却知之甚少。而余额宝为代表的互联网企业正是通过与基金公司合作和垫资的方式实现了部分程度上的实时赎回。加之当前互联网和智能手机普及率愈来愈高的环境下，互联网企业通过网站和手机客户端等使得基金的申购、赎回完全可以在线上进行操作，从而更进一步地提升了其使用体验。较好地解决了传统货币基金使用体验不佳的问题。

从各年级同学投资的第一款互联网理财产品的选择来看，余额宝由于率先实现了使用体验的提升而获得了巨大的市场。在281份问卷回答中有239名同学的第一款互联网理财产品为余额宝，占比高达85.05%（见图16）。即使在现在余额宝的七日年化收益率逐步回落至4%左右，依然有209名同学继续持有余额宝（见图17）。但选择余额宝外的理财产品的同学逐渐增多，反映了已有部分同学（59.4%）开始学会比较收益率等各因素并选择更适合自己的理财产品（见图18）。

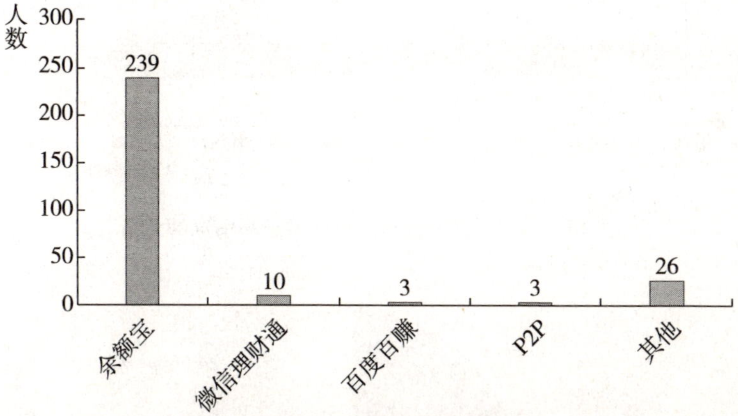

图16　第一款互联网理财产品的分布

可以说余额宝在此完成了一次对于大学生理财意识的启蒙，使同学们开始理财并养成了对于理财成果的一种关注度，具体表现为每天（24.56%）或者每周（39.50%）去关注自己的理财收益（见图19）；同时学会运用网络去了解和寻找各类理财产品的信息（见图20）。

（三）无理财习惯的群体分析

在788份有效问卷中，有281人有理财习惯，而其余507人没有理财

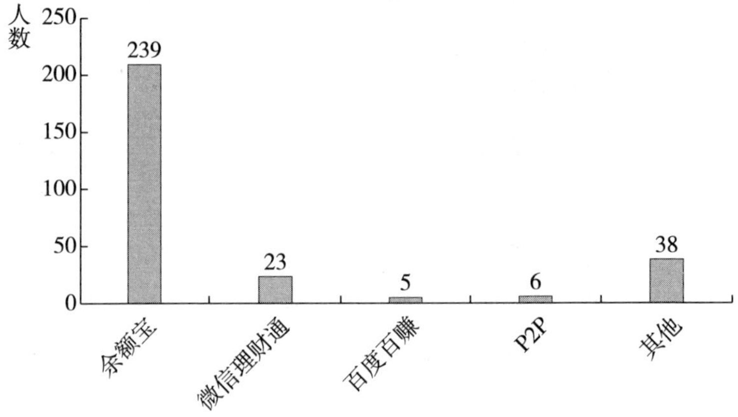

图 17　当前投资的互联网理财产品的分布

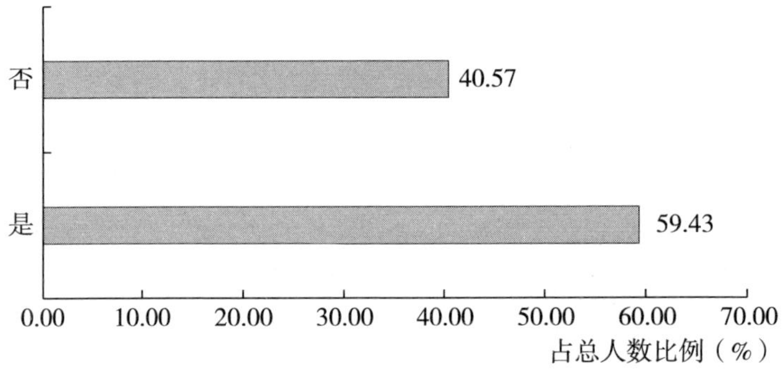

图 18　是否关注其他理财产品收益率情况的分布

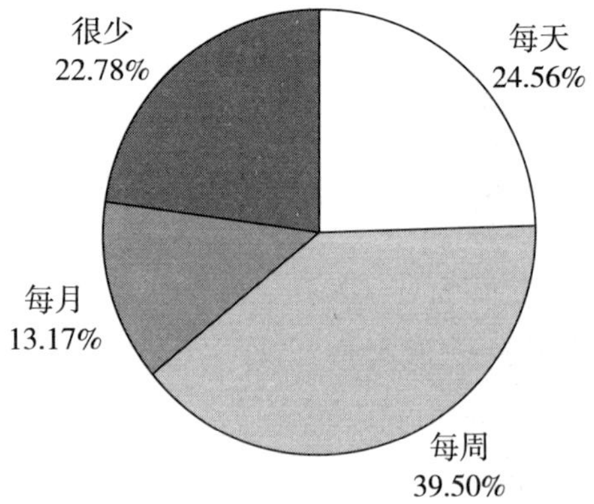

图 19　理财产品收益率关注频率的分布

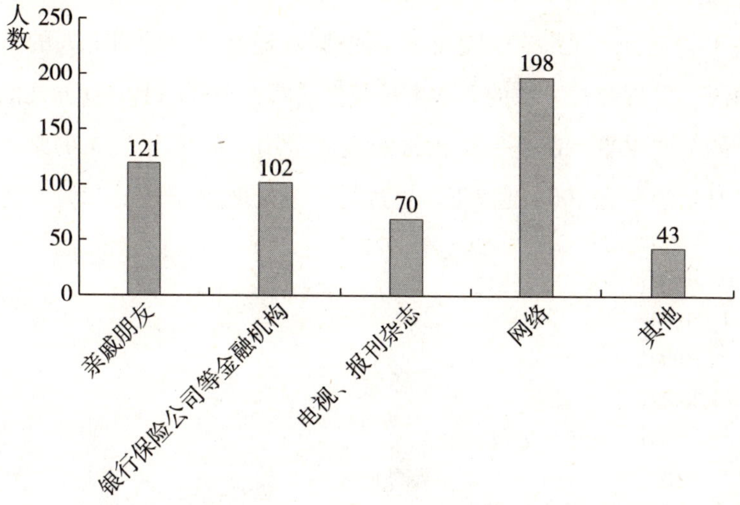

图 20　理财产品信息获取渠道的分布

习惯。对于没有理财习惯的这 507 人，是本部分的主要研究对象，我们将着重分析阻碍大学生进行理财的原因。

1. 未进行过理财的原因概况

经过我们对于问卷结果的分析，由总体结果看，有 314 人选择了“资金不足”这一选项，271 人选择了“没有理财习惯”，之后是“认为理财很麻烦”和“没有相关信息”（见图 21）。下文我们将对其中最为重要的几个原因分别进行分析。

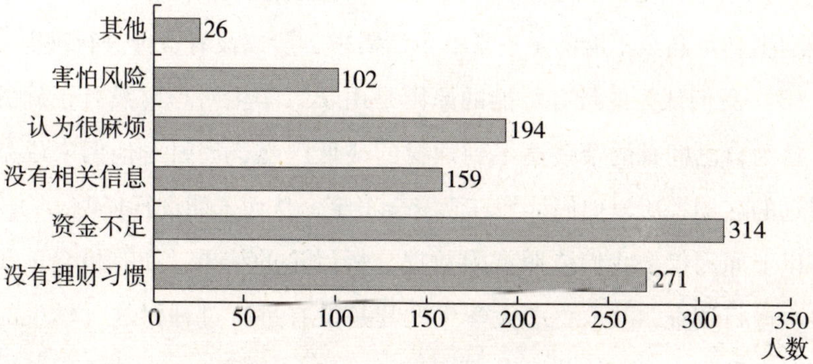

图 21　未进行理财的原因分布

2. 资金不足是否成为未进行过理财的原因分析

关于“资金不足”的问题，我们根据有理财习惯的281 人的月均生活费情况，发现超过半数的大学生每月生活费在1000 到2000 元之间，根据当下的消费水平，这是一个正常的生活费用。甚至有16% 的学生，他们的每月生活费在1000 元以下，也进行了个人理财（见图22）。

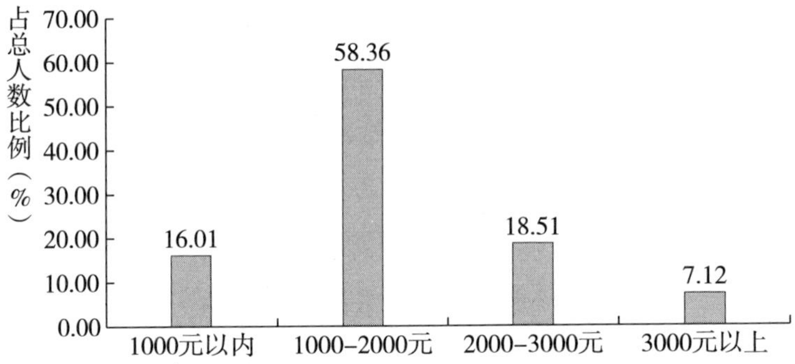

图22　月均生活费分布

由于未对没有理财的这一部分大学生的生活费用情况进行统计，我们只能进行有限的推论。经过我们的讨论，我们认为“资金不足”成为阻碍大学生理财的最主要影响因素的原因主要有三点：

（1）由于个人消费习惯等因素，一部分大学生确实没有余钱，基本将家长给予的生活费花完，造成没有资金的情况。

（2）由于家庭状况原因，一部分大学生的生活费用低于大多数学生，只能刚刚满足甚至不能满足正常的生活需求，所以没有资金进行理财。

（3）我们认为的最有可能的原因是由于大学生对理财没有正确的认识。认为自己拥有的余钱达不到理财的最低门槛，理财对他们来说是个很遥远的名词，所以他们认为自己资金不足，从而未能进行理财。

以上原因仅是我们依照有限数据分析讨论的结果，如有机会，我们会再次进行调查，获取更多大学生尤其是没有进行过理财的大学生的经济情况，以作更严谨的分析。

3. 关注财经新闻与有无理财习惯的独立性检验

关于“没有相关信息”这个原因，由于调查条件限制，我们假设绝大多数同学获取信息的途径是财经新闻，包含报刊、电视、网络等各类常见的大众传媒。据此，我们可以做一个有无理财习惯和是否关注财经新闻的交叉分析（见图23）。

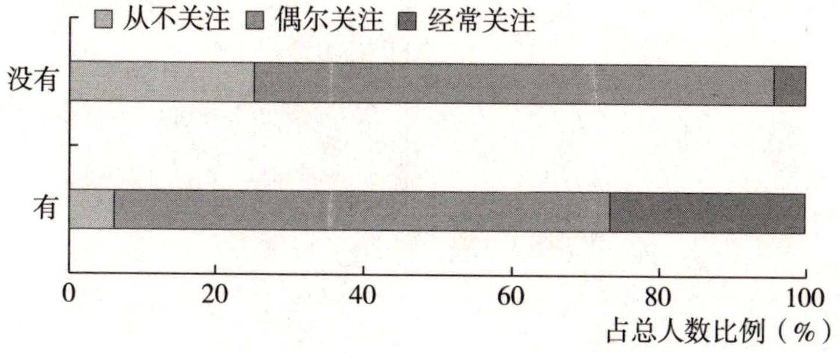

图23　有无理财习惯与是否关注财经新闻的交叉分布

由交叉分布柱形图可看出，“偶尔关注”财经新闻的比例在有无理财习惯的两类学生中近乎相同，主要差别在“经常关注”和“从不关注”财经新闻的人群中。有理财习惯的学生中选择“经常关注”财经新闻的比例达到26.7%，明显高于没有理财习惯的学生的4.5%。由这个数据我们可以很明显地看出，有理财习惯的大学生更加关注财经新闻，不仅表现在总体比例更高，更表现在对财经新闻关注的程度更高。但是关注财经新闻与是否理财的因果关系，是关注财经新闻促进了大学生进行理财，还是有理财习惯的大学生更加关注财经新闻，我们不能确定。如果条件成熟，我们希望做一个更详尽的调查，把二者的因果关系理清，并扩大对“相关信息”来源的详尽调查。

4. 是否了解余额宝类产品的投资方向与有无理财习惯的交叉分析

根据调查，余额宝是现在有理财习惯的学生中最青睐的理财产品，281人中有209人正在使用余额宝进行理财，而当我们将其与是否了解余额宝的投资方向进行交叉分析时，却发现了一个奇怪的现象：正在使用余额宝进行理财的学生中有60.3%的人，也就是126人不知道余额宝的投资方向（见图24）。

比例之高出乎我们的意料，这反映了许多大学生在不知道一款理财产品投资方向的情况下，也就是说在风险性不清楚的情况下投资了一款理财产品，这是盲目投资的表现。接受过高等教育的大学生群体在理财投资的初级问题上反映出的不理性，我们认为这间接反映出了高等教育中理财部分的缺失。

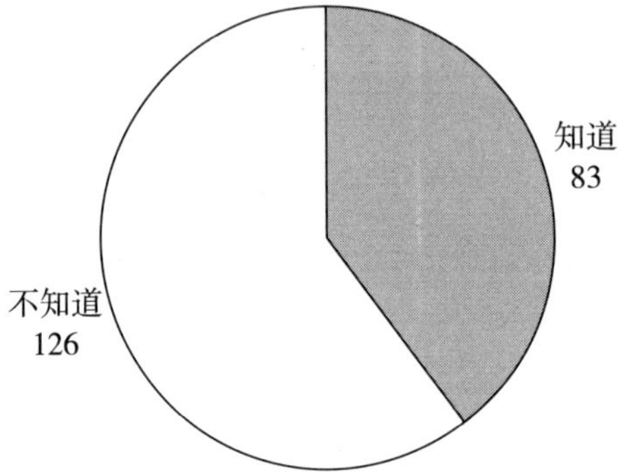

图 24 使用余额宝的同学是否了解其投资方向

当我们再看那些没有理财习惯的学生是否知道余额宝类的产品的投资方向时，有 79% 的学生（403 人）不知道余额宝类理财产品的投资方向（见图 25）。与上文进行对比，有理财习惯的大学生的情况较没有理财习惯的大学生高出了近 20%，提高程度很明显，但总体而言情况仍不容乐观。

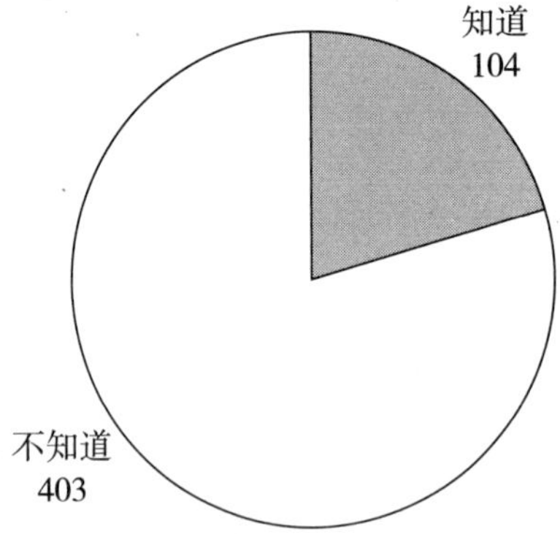

图 25 未使用余额宝的同学是否了解其投资方向

综上所述，以上资金问题，信息问题，习惯问题还是其他问题，其实都可以看出，大学生对于理财是不了解的。对比商科和非商科学生理财上的差异，我们认为高等教育中理财类课程的有无对于大学生理财习惯的培养和行为的指导上有着重要作用。而当下总体而言理财方面的各项问题也反映了高等教育中个人理财教育的缺位。

为了更好地说明大学生其实是可以做到个人理财的，结合调查问卷的分析结果，我们将在第四部分指出大学生理财的部分误区并给出一定建议，同时设计一份适合大学生群体的个人理财规划，为大学生如何进行理财提供一定的参考意义。

5. 实证分析总结及研究结论

大学生理财行为特点：

（1）投资方向以低风险、高流动性，投资门槛低的产品为主

由于绝大多数大学生收入有限，因此在选择投资方向时会更加注重风险性和流动性，同时也由于投资本金有限，投资门槛也成为影响大学生投资方向的一个重要因素。因此，大学生的理财的主要方向是存款和货币基金。

（2）投资目的主要是保值和小幅度增值

在投资目的上，绝大多数大学生能够保持理智，以投资而非投机的心态对待投资收益。对这一群体来说，“高收益即高风险”成为普遍的共识。

（3）主要依靠互联网投资，要求操作简便快捷

由于互联网在大学生群体中的普及，利用互联网进行投资成为大学生最主要的操作方式，随着近年来手机移动端的发展，越来越多的大学生投资端口开始从PC端转向手机端。此外，在操作方式上，大学生群体也要求发行方做到尽可能的简便快捷，在保证必要安全性的前提下，最大限度省去繁杂的程序。

（4）缺乏专业知识，信息渠道闭塞

大多数大学生在投资时，对自己所选择的理财方式缺乏了解，并不明确其选择产品的投资方向。此外，大部分大学生理财信息渠道闭塞，寻求信息主动性差，以被动接收为主。因此，极少投资于需要进行技术分析的领域。

综上所述，我们认为影响大学生理财习惯形成的最主要的原因是理

财教育的缺失，我们将在下边着重分析这个原因，并与发达国家的情况进行对比，以供我们借鉴吸收。

四、对大学生和互联网金融理财市场的建议

我们认为本次研究在培养大学生理财观念、帮助大学生制定自己的理财规划与推动互联网金融理财产品的改进和推广上具有一定的实际意义。

（一）对大学生的理财建议与理财规划

余额宝以其方便快捷且流动性强的特性，一经问世便吸引了一大批拥趸。并完成了一次对于大学生的理财意识的启蒙，使得大学生学会了去了解、关注理财，让理财拨开其神秘的面纱，走进了大学生这个群体之中。但即使如此我们也不难发现大学生作为我们社会上具有较高文化水平及对新事物具有敏锐触觉的一个群体，总体而言理财比例依然处于较低水平，即使是具备一定的专业知识的商科学生也未超过50%，可见理财习惯在大学生中仍然有着较大程度的缺失。在一定程度上也反映了当下学校、家庭、社会等在理财教育方面依然有较大的缺位，有待于进一步加强重视。

而对比国外，其早已将理财纳入通识教育之中，并在各专业授课中均有所侧重。正如前美联储主席格林斯潘认为的："所有学习都应该在早期开始，并贯穿于生命的整个过程，理财教育也不例外。"且其理财素质教育的展开也并非在大学生阶段才突然出现，而是一个循序渐进的过程：通过幼儿阶段、小学阶段、中学阶段再到大学阶段一系列的家庭教育、学校教育、社会教育等各种不同的途径，使得学生在踏入社会之前接受了较为系统的理财素质教育。

以美国为例，首先，其在家庭教育方面，父母从小注重对孩子理财能力的培养，在不同的年龄阶段设定认识货币、通过劳动挣钱、将钱存入账户、制订开销计划等目标；其次，在学校教育方面，将理财素质教育相关课程引入至中小学教育内，例如，美国经济学教育国家委员会

(NCEE) 建议将经济学、理财教育与学校的专业相结合。在实际操作中，美国48个州中，有31个州将个人理财纳入教育标准，17个州要求学校开设个人理财课程，有4个州要求学生完成个人理财课程后才能高中毕业；得克萨斯州在2005年还通过了《促进有效的个人理财素养》法案，要求高中毕业生必须至少学习一门个人理财课程；最后，在社会教育方面，国外会设立大量机构为理财素质教育提供实践平台。美国国会曾为了响应《贷款事务法案》中的提高理财能力和理财教育条款而特别设立了“理财素养和教育委员会”，由美国财政部、联邦银行代理处、联邦储备系统管理部、联邦保险机关、安全交流委员会等共同组成。国家信用贷款联盟专门为年轻学生提供理财服务、国家信用卡联盟委员会和理财教育捐赠组织联合向高中生赠送相关的理财教育材料，用多国语言传播理财教育理念，类似的机构在美国有近80家，主要分布于各州的200多所院校里，成为家庭理财教育与学校理财教育的有效实践平台。

1. 常见理财误区及建议

(1) 养成理财习惯，做好个人的风险管理和控制。

我们最不可忽视的是就总体而言有大约2/3的同学没有任何理财习惯。这部分未有任何理财习惯的同学不选择理财的原因主要是资金不足或没有理财习惯，但理财并非狭义的“钱生钱”，而是对个人风险的综合管理和控制，以保证如出现突发状况时，个人生活不致受严重影响。这也正是个人理财的核心所在。联系当前“月光族”、“卡奴”等的频繁出现，其中也不乏当下社会上的高收入群体。很大一部分原因就是其个人未形成良好的理财习惯和理财规划。而这正是由于理财知识的淡漠，理财习惯的缺失，从而未能对风险进行有效的管理和控制。

(2) 注重流动性风险，避免流动性危机

我们也通过问卷分析结果得出，大学生理财群体中有超过一半(58.72%)的同学对于理财的要求是随取随用，这也反映出大学生对于流动性的要求十分强烈；但同时我们也发现有30.96%的同学，他们在理财之后银行卡留存余额在1000元以内。对于此部分同学我们希望做出的提醒是虽然现在诸多互联网理财产品通过自身的运作相较于传统的理财产品流动性已大大提升，但仍然远远未达到我们真正意义上的无限额随取随用。且经过了解，余额宝推出后出现过有一部分大学生因将所有资金均置入理财产品而造成流动性不足，在临时需要资金的时候没有流动资金以应付，最后只能向同学或家长短期拆借方才解决。

因而提醒同学们在个人理财中除了对于理财产品的收益率、风险等因素着重考虑之外，还应当更加注意其流动性情况，虽然余额宝等理财产品强调其实现了 T+0 模式下的随取随用，但依然是有一定额度、一定时间差的，还需要同学们在平时着重做好理财规划，在银行卡活期余额中留存适当一部分资金以应付临时资金需求。

（3）全面了解理财产品，避免盲目投资

在本次调查中，选择余额宝理财的同学中，竟然有 60.3% 的同学对于余额宝的投资方向并不知情。作为当下最为大学生青睐的互联网理财产品，竟然有超过 60% 的使用者对于其投资方向一无所知，这也部分反映了部分同学在理财中理财基本知识缺失、盲目投资的问题。联系 2014 年度不断涌现出的 P2P 平台跑路事件，我们不难发现部分大学生与许多普通社会投资者一样，易受高额利息的吸引而在未对项目及其投资方向进行充分了解的情况下盲目投资，从而损失惨重。虽然余额宝作为货币基金主要投资国债、银行存款等安全性高、收益稳定的有价证券，不涉及股票等高风险投资，风险性较小，但理论上也依然存有亏损可能，并不像银行存款一样承诺保本保息。

而其他产品诸如股票、债券、其他非货币类基金、P2P 等，他们则相对而言风险更高，存在亏损可能。并且在我们的问卷中反映有一部分同学也选择了诸如股票、其他基金、债券、P2P 等产品。在此我们提醒同学们在理财中应当特别注重了解自己选择产品的投资方向和投资形式等，并在对投资产品进行全面的了解后，再对照个人的风险偏好选择出真正适合自身的理财产品，同时也能最大程度地避免风险。正如坊间所言：对于某些超高收益的理财产品，你看中的是他的高利息，他看中的是你的本金。

（4）学习一定的理财知识，养成日常开销记账习惯，对于理财进行分类投资。

通过对比调查中可见的商科和非商科的区别，我们可发现商科同学在理财的意识和理财产品的选择上较非商科同学有着更深的认识和思考。因此建议非商科同学适当了解和学习基础的理财知识，以助力于自身理财。

同时，日常记账也是一个较好的手段能够了解自身的日常开支情况。特别在当下随着智能手机的普及，诸如随手记等手机应用的出现已大大便利于个人日常消费情况的记录和分析。而掌握个人日常开支，即对个人财务情况的了解也将大大有利于理财规划的针对性；且通过定期回顾历史开支还可评估以往消费，明晰主要消费方向，从而更有针对性地优化个人消费，剔除部分不良消费。

另外通过问卷中“您选择的第一款互联网理财产品”和“您当前投资的互联网理财产品”回答分析，我们发现随着余额宝在2014年春节后七日年化收益的逐渐走低，部分同学还是有意识地会调整理财品种以求得更高收益。但是变动比例占比依然较低，显示大部分同学对于所投资理财产品的收益变动不敏感，甚至于可能一次投入，便不再关注。虽然货币基金总体收益的波动范围相较股票、其他基金等较小，但我们依然建议同学们在理财中及时跟进所投资产品，关注其变动趋势；并注意了解其他理财信息，特别是在互联网金融创新不断发展的今天，随着票据、众筹、商业保险等互联网新形式理财产品不断涌现，我们可以通过分类操作，分散投资的方式获取集合收益的扩大。

2. 理财规划范例

鉴于有相当一部分大学生对理财的了解甚少，我们可以设定一个普通大学生的经济和消费情况，模拟一个具体的理财规划样例，供大家参考。让大学生对理财有更为深入的认识。

学生A基本情况概述：

性别男，大学一年级，父母给予年生活费18000元，月均1500元（不含学费住宿费）；个人收入2000元（如奖学金、兼职收入等），无负债，身体健康无重大疾病历史。

该生每月支出情况表

餐费	550 元
日常生活用品	120 元
交通费	50 元
通讯费	50 元
衣服及附件	200 元
个人护理	50 元
娱乐休闲	100 元
医疗费	10 元
人情开支	80 元
学习支出（文具、书籍等）	50 元
总　计	1260 元

＊注：该支出情况表仅代表一般情况，具体支出情况与实际情况或有一定差别。按照以上情况，该同学年末可留存：18000 + 2000 − （1260 × 11） = 6140 元

＊＊由于放假等因素的存在，我们每年按照 11 个月进行计算

首先，考虑到为应付部分紧急情况，其每年在银行活期账户保持 2000 元，以备不时之需。假设每年末该应急资金剩余 1000 元，则需在下一年年初补进 1000 元，以保证应急账户资金的充沛。则四年之后，以目前 0.35% 的利率计算，该同学银行活期账户的本金收益合计为：

$$2000 \times (1 + 0.35\%)^4 = 2018.1 \text{ 元}$$

第一年有 4140 元可以作为理财资金进行投资理财，其余三年每年有 5140 元进行理财：

1. 应大学生对高流动性和低风险的需求，我们需要将多数资金投入到货币基金中，第一年投入 1500 元，其余三年每年投入 2500 元，如百度百赚与微信理财通中的货币基金目前年收益可达到 5.4%，则四年之后本金收益合计为：

$$1500 \times (1 + 5.4\%)^4 + 2500 \times (1 + 5.4\%)^3 + 2500 \times (1 + 5.4\%)^2 + 2500 \times (1 + 5.4\%) = 10190.8 \text{ 元}$$

2. 在其风险承受范围内，略微降低流动性以换取较高收益。则拿出 1500 元进行一年期以下的短期投资理财，如支付宝招财宝与百度钱包中

的一年期理财产品收益率为6.5%，则四年之后本金收益合计为：

$1500\times(1+6.5\%)^4+1500\times(1+6.5\%)^3+1500\times(1+6.5\%)^2+1500\times(1+6.5\%)=7040.5$ 元

3. 余下1140元可适当投资收益更高的众筹、承兑汇票等质押物做担保融资项目，期限为一年以内。如金银猫银企众盈或商融保盈上的项目，收益率约为8%，四年后本金收益合计为：

$1140\times(1+8\%)^4+1140\times(1+8\%)^3+1140\times(1+8\%)^2+1140\times(1+8\%)=5547.9$ 元

四年后，按以上理财规划，学生A到大学毕业可获得：

$2018.1+10190.8+7040.5+5547.9=24797.3$ 元

＊注：以上利率及收益率仅代表本论文完成时的市场情况，未来或有变动

相对于不理财，A同学可多获得 $24797.3-5140\times4=4237.3$ 元的收益，其年均收益率约为5%。显然，A同学以相对简便快捷的理财方式获得了超过通货膨胀率的收益率，实现了个人资产的保值和一定程度上的增值。

以上的理财规划范例中仅仅使用了常见而且方便快捷的互联网理财工具就取得了不小的成果。甚至，一些有能力的大学生还可以尝试如P2P、股票、贵金属、其他基金等投资，在更大的风险下博取更大的收益。我们相信这些理财方式的使用对于年轻的大学生而言，会帮助他们树立理财意识，培养理财习惯，并对他们今后的发展产生深远的影响。在这个互联网金融蓬勃发展的时代，大学生有能力利用其优势把个人理财作为自己一项熟练掌握的技能。毕竟，理财是一生的行为。

（二）目前互联网金融理财产品及营销状况分析及相关建议

1. 市场分析

自2013年6月余额宝诞生至今，不到两年的时间中，互联网金融以迅雷不及掩耳之势快速发展。从市场份额来看，当下互联网金融市场余额宝仍一家独大，但微信理财通、百度百赚等产品也在逐渐崛起，京东、苏宁等电商也加入搅局。可以预见，未来的互联网金融市场必定将进入

多国混战的“战国时代”。大学生作为一个拥有一定知识背景，对新鲜事物有极高好奇心且未来收入极具增长潜力的特殊群体，必将成为未来互联网金融市场开拓中各大公司争夺的焦点。然而，在互联网金融刚刚起步的当下，市场面对这一群体时还存在许多不足，亟待改进。

根据2014年国家统计局的统计数据，2014年，全国在校本专科大学生人数2468.1万人，研究生人数179.4万人，共计2647.5万人。根据我们的调查结果，有近60%的大学生每月生活费在1000至2000元，25.6%的大学生每月生活费超过2000元，考虑到样本来源主要是大城市，消费水平较高，我们估计全国大学生每月平均生活费用应略低于1500元。在之前的理财规划中，我们不难看出，在正常消费的情况下，每个大学生每月余钱应能超过200元。根据上面的数据，全国大学生理财的市场规模粗略估计在500亿元左右，而当下最热也是发展规模最大的天弘基金增利宝（即余额宝），其基金规模也不过5000多亿元。通过比较，我们可以直观地看出，大学生理财市场规模不容小觑，另外，随着经济水平的提高，这一市场规模只会扩大不会缩小，所以大学生理财市场前景光明、潜力巨大。

然而，这一市场的特有特点，也让开发市场的难度加大。大学生的理财观念尚在形成且不太成熟、个体资金量少、风险承受能力很低、同时又要求很高的流动性……种种特点都会阻碍大学生理财市场的发展。但同样，大学生资金来源稳定，接受新鲜事物速度快，学习能力强，对互联网的依赖程度高，这些特点又可为开拓市场提供很好的突破口。将上述大学生理财特点与互联网金融的优势结合起来，我们可以找到新的契合点。

另外除大学生群体本身的特性局限外，目前互联网金融市场也存在以下几点突出问题：

（1）产品同质化问题严重

目前互联网金融市场上，不论是余额宝、理财通还是其他包装精美的“宝宝”类理财产品，其本质大多仍是货币基金，其共性为：低风险、高流动性、收益稳定。从问卷调查的结果也可以看出，大学生最看重的理财产品特点中：收益率、流动性、风险占到了前三位。

尽管收益率是最能吸引客户关注度的因素。但其本身具有波动性，不可控性。从长期来看，目前市场上的货币基金年化收益率基本维持在4%—6%，各家公司你高我低，并未产生明显差异。而风险性上，货币型基金主要投资于债券、央行票据、回购等安全性极高的短期金融品种，又被称为“准储蓄产品”，自身风险已很低，要想在此环节上大做文章，实属不易。因此，流动性一度成了各大互联网金融公司的竞争焦点。传统的货币基金通常采取T+1、T+2的赎回模式，实际体验效果不佳；为抢占市场，余额宝率先推出T+0的24小时赎回模式，随后为各家互联网公司所效仿。

产品名称	赎回时间
余额宝	3次限额，总额5万元以内：当日到账； 5万元以上：T+1到账； 实时到账：仅支持中信、光大、平安、招商四家银行的卡通以及提取到支付宝余额。
微信理财通	3次限额，总额2万元以内：当日24：00前到账； 其余部分：T+1到账；取出至账户余额：实时到账。
百度百赚	5次限额，总额5万元以内：20分钟内到账； 其余部分：T+1到账。

从上表中可以看出，目前几款主流理财产品在赎回模式也逐渐趋于相同。要想在未来的互联网金融市场上占得头筹，推出具有差异化的特色功能势在必行。

（2）宣传渠道有限，潜在客户群体信息渠道不畅通

从受访数据看出，大学生未参与理财的原因中，“没有理财习惯”、“资金不足”、“没有相关信息”排在了前三位。鉴于目前众多理财产品已经将投资门槛降低至1元，我们也可将“资金不足”归结为一定程度上的“没有相关信息”。

此外，从专业与理财习惯的独立性实验可以看出，商科与非商科的专业区别对是否有理财习惯具有明显影响。也从另一个侧面反映出，信

息渠道的缺失，是阻碍大学生理财的一个重要因素。

目前，各家理财产品仍主要以在自身平台上进行宣传推广为主。如余额宝在淘宝网平台，理财通在微信平台，百度百赚在百度平台，在未来的互联网金融市场，跨越自身平台限制，或将成为各大产品开拓新市场新客户的主要因素。

（3）与银行关系恶化，“宝”类产品发展受阻

自余额宝开始，互联网金融市场的极速发展，造成传统银行业务流失大量客户。为挽回颓势，银行方面开始大力反击。首先，各大银行采取“限购”措施，以工商银行为例，转入余额宝的单笔上限为5000元，单月上限为50000元。而在微信理财通方面也面临同样困境，多家银行对其每日转入也限制在10000元以下。当然，对于当下大学生群体来说，“限购”不会产生太大影响，毕竟从问卷结果来看，目前已有理财经验的群体中，理财金额达到5000元以上的仅占不到25%。

然而，除“限购”外，银行还开始拒绝“宝宝”类基金的协议存款。众所周知，银行协议存款是货币基金的主要投资方向之一。多家银行联手出击，拒绝“宝宝”类基金的协议存款，是造成其收益率明显走低的一个重要原因。而在问卷调查中，大学生群体对理财产品最为关注的特点中，收益率排在了第一名。因此，收益率下降必然影响大学生互联网理财投资热情。

2. 对互联网金融理财市场的建议

（1）针对大学生改进申购赎回模式

从问卷调查的情况来看，在开始互联网理财的原因中，“方便快捷”这一选项排名第一。因此，若能够进一步提高理财产品的申购赎回效率，简化申购赎回流程，对大学生而言将更加具有吸引力。

以申购为例，尽管现在大多数产品已经实现T+0赎回到账，但是目前大多数产品的申购依然延续T+1模式，仅有少许如新近出现的银行承兑票据等可在申购当日即开始计息。此外，在申购模式上，部分公司也开始尝试推出自动申购模式，即在征得客户同意后，一旦客户账户余额达到设定申购起始金额，便可以发起自动申购。目前，此模式在余额宝

和中信银行与嘉实、华夏、信诚、南方四大基金公司合作推出的薪金煲产品上已经开始尝试，并广受好评。但此模式目前覆盖面依然有限。

其次在赎回方式上，不断缩短赎回到账时间必然是未来互联网理财产品的一大趋势。但目前除线下的中信银行薪金煲产品上已实现了当日50万限额下基金账户余额实时转入银行卡余额外，少有互联网理财产品可以做到真正的实时到账。即使号称快速到账，资金到达银行卡也需要一定时间，且赎回程序较烦琐。若能实现余额不足时自动赎回且实时到账，使理财的同时支付完全不受影响，相信定会大受欢迎。

因此，尽管目前互联网公司在实时申购赎回上仍存在一定困难，但是我们建议可以先在大学生群体中进行试点。因为大学生群体个体资金量有限，因此极少可能发生大规模赎回，从而影响公司流动性。并且此举不但能够吸引目前对互联网金融产品仍处于观望期的潜在大学生客户，使其免于资金流动性和操作复杂的困扰。同时也可以测试公司在实现实时申购赎回上资金和技术方面的能力，为将来大规模推行此战略奠定基础。

（2）配合大学生理财习惯培养，提供专业理财顾问服务。

根据调查结果，在所有不理财的群体中，超过50%将“没有理财习惯”作为了不理财的原因之一。因此，要发展大学生理财市场，首先要培养大学生理财习惯。

缺乏理财教育是大学生缺失理财习惯的重要原因之一。互联网金融理财平台应与高校加强合作。以公开课的方式教授给大学生理财知识，与学校一起帮助大学生树立系统完整的理财观念，培养理财习惯。

此外，随着智能手机的普及，部分App（如随手记等）已开始尝试将记账与投资理财相结合，但仍然缺乏更加专业的软件。对照本文提供的个人理财步骤，培养大学牛的理财习惯，并根据其当前财务状况为其提供专业的理财建议。相信在未来竞争日趋激烈的互联网金融下，专业的理财顾问服务和理财习惯的培养，不但能够吸引到大量以大学生为代表的未曾接触过理财产品的小白客户，还可建立起较高的客户忠诚度。

（3）以合作代替竞争，改善与银行的关系

互联网金融打破了传统银行业的既得利益，因此遭到银行界的大力压制。事实上，银行与基金公司之间此前一直存在着良好的合作的关系，但是由于互联网公司的介入，银行在客户与基金公司之间的中介功能正逐步式微。尽管目前已经有互联网金融公司取得银行牌照，但想完全取代传统银行仍遥遥无期。因此，为实现互联网金融的长远良性发展，妥善处理与银行间的对立关系势在必行。建议互联网公司与银行将竞争变为合作，利用互联网公司的网络金融平台和传统银行的现金流，共同探索金融服务在互联网上发展的可能性。

在争取大学生客户群方面，银行通过掌握大学生手中的银行卡而相对于其他机构拥有优先性，基金公司可以提供大学生需要的高流动性，低风险，高收益的理财产品，而互联网公司拥有平台和技术从而可以提供高效便捷的服务。若三者结合，在向大学生集体发放银行卡时事先内置互联网金融理财账户，自动将资金转入，在互联网上实时申购赎回，实现操作零障碍，将争取到大量大学生客户。

（4）扩大互联网支付的覆盖面

互联网金融的最终目的是在互联网上利用其便捷、高效的优势实现对传统金融的替代。要实现此目的，互联网支付的覆盖将会是重要的一环。以支付宝为例，其在互联网上的覆盖面已经相当惊人，但是在线下实体经济中的覆盖面却并不乐观。因此，互联网金融公司应大力推进互联网理财资金与线下支付相结合。线下扫码支付，NFC 近场通讯支付，这些支付方式将是互联网金融公司与实体店铺新的合作方向。并且大学生接受此类事物的速度快，也愿意尝试。如果互联网金融理财平台能够加快与线下实体店铺的合作对接，在大学生群体中加强宣传，并给予一定的支付优惠政策，相信能更好地拓展市场。此外，若能够与学校展开合作，为学校校园一卡通开设网上缴费通道，支持理财账户资金转出到一卡通，既方便了学生免除排队烦恼，又有利于互联网金融的推广。

（5）网购平台与理财平台无障碍对接

大学生偏爱网购，这一特点可以从每所学校的快递点情况略知一二。

打通网上支付与理财资金的屏障，这是现在各个网购平台与支付平台正在做的，但现在只有余额宝与淘宝天猫的合作达到了完全无障碍的情形，其余网购平台与互联网理财平台应寻求利益共同点，积极合作，以联合对抗行业巨头，促进市场竞争与良性发展。

京沪地区特殊教育专业就业现状调查*

摘　要：本报告主要包括两个部分。一是对特殊教育专业及特殊教育事业发展历程的文献综述；二是针对京沪两地，尤其是北京，特殊教育专业学生及特殊教育从业者的问卷调查。结果显示：一、京沪两地特殊教育发展水平明显高于全国平均水平，对于解决特教专业固有问题有很好的启示作用；二、由于北京特殊的人文基础与环境，所以其特殊教育事业面临着新的问题。最后着重分析了社会认可对于特殊教育专业学生的影响与特殊教育事业中工作难度加大、工资福利不够等问题，并提出了相应建议与解决办法。

关键词：特殊教育；就业现状；社会认可

一、特殊教育

（一）特殊教育发展概述

根据《说文解字》的释义，“教”指上所施下所效，“育”指养子使

---

* 作者：韩凤婷、廖子叶、卢紫祎；
指导老师：郭之恩。

作善也，这是中国传统教育自奠基以来逐渐形成的发展方向。特殊教育作为教育学的分支，在传统教育的方向引导下，用特殊的教学手段满足特殊教育的需求，体现了教育实践中的人文主义和人文关怀，契合文明社会的发展脉络。

纵观世界教育发展史，早在古代祖先们就有相关特殊教育活动的实践，但由于特殊教育开始作为一门独立学科来发展的历史不长，故其在制度和理论层面的建设并不完善。追根溯源，特殊教育诞生于经济、政治、文化相对稳定发展的大背景下，从某种意义上说，特殊教育是衡量一个国家教育水平乃至文明程度的天然标尺。在一定科学技术支持的基础上，人类开始将目光投向自身的认知和发展，关注到不同群体对教育的特殊需求，不断推动着特殊教育学科的建设和发展。

在拥有初步的理论研究成果和社会基础的前提下，20 世纪 80 年代开始，世界特殊教育逐步朝着三个“一体化”的方向推进。

第一，特殊教育与普通教育的一体化。众所周知，发展特殊教育需要“三心”——爱心、耐心、责任心，这与普通教育在本质上并无区别。在经历了“反标签化运动”、“残疾人权利运动”、“回归主流运动”三个发展阶段之后①，许多国家逐渐意识到发展特殊教育的目的之一是让那些与普通受教育对象存在部分差异的受教育群体在社会中享有同等的待遇。特殊教育对象不应该被贴上标签，不应该被固化为某一单独的社会群体。特殊教育与普通教育的一体化体现了现代社会对自由与平等的理解和阐释，“回归主流”成为了世界特殊教育发展的主旋律。但是各国的文明发展的阶段不同，具体的教学理念也存在一定差异，在涉及细节操作问题时的分歧颇大，因此如何实现特殊教育与普通教育一体化的最优效果，仍需要世界各国教育领域的共同努力，来进行更深入的探索和研究。

第二，学校教育、家庭教育与社会教育的一体化。特殊教育是一个涉及三个主体单位（学校、家庭和社会）的系统性工程，在其中任何

① 江枫，特殊教育术语英译汉初探［J］，吉林省教育学院学报（下旬），2015 年 2 期，P123—P125.

一个主体的单一作用中都很难发挥特殊教育的最优作用。20 世纪 80 年代世界特殊教育事业先驱者们大力倡导学校教育、家庭教育与社会教育的一体化，充分地体现出特殊教育中的早期教育原则和协同教育原则。其重大意义在于将特殊教育的内容和责任进行重新分配和分割，认识到了教育实践的层次性和复杂性，对进一步推动特殊教育的发展提供了指导性方向。

第三，医疗养护、教育训练、劳动就业的一体化。在特殊教育的过程，不仅仅限于技能的培训。作为带有慈善色彩的教育分支，特殊教育需要充分关注受教育对象在社会的生存能力和生活质量。医疗养护、教育训练、劳动就业的一体化旨在把医疗养护、教育训练、劳动就业三者密切地结合起来，保护残疾儿童的身心健康，使他们拥有一定的知识水平，具备从事某一适合他们身心特点的职业能力，能够在未来实现自我价值与社会价值的有机统一。

当代社会，自由和民主是国际范围内探讨的热点话题。特殊教育在这种时代背景中已经不再是正常人站在道德高点对残疾人的一种施舍和福利，而是生而为人的一种平等权利。特殊教育将从“隔离”走向“融合”，从慈善型向权益型转移。当代国际社会也达成一定程度上的默契和共识，在联合国教科文组织的协助下，对发展中国家提供一定的援助，帮助这些国家逐步建立特殊教育机构，开设特教专业人员的职业培训课程，开展重点项目的跨文化、跨地区的合作研究。特殊教育的普及运动方兴未艾，终将成燎原之势，这会带来真正的社会福音。

（二）特殊教育专业的建设

特殊教育教师是指工作在特殊教育一线领域，对特殊教育的发展速度和水平起重要作用的特殊群体。“到 2015 年，初步形成一支师德高尚、业务精湛、结构合理、充满活力的高素质专业化教师队伍，造就一批教学名师和学科领军人才”①，这是我国《国家教育事业发展第十二个五年规划》中的重要内容。由此可见，我国当代特殊教育事业发展的重点任

① 《国家教育事业发展第十二个五年规划》。

务就是建设一支高质量的特殊教育教师队伍。深入细致地研究和发展特殊教育教师专业也因此成为我国特殊教育研究的重要内容。

由于切入视角的差异性和特殊性，特殊教育教师发展这一概念常常会引出专业化、专业成长、专业化发展等名词。这一概念可以从群体和个体两个不同的层面入手分门别类地研究和讨论：从群体层面看，这一概念常被理解为特殊教育教师的专业化及其专业化发展。“专业化”是一个静态化概念，主要是指教师在专业发展过程中达到的专业标准和资格要求，并获得相应专业地位；“专业划发展”则是一个动态化概念，强调教师整体专业性的发展变化。从个体层面看，这一概念常被理解为特殊教育教师专业成长和专业发展，主要着眼点在教师内在专业性的提高过程。

截至 2015 年，我国开设特殊教育专业的本科高校有北京师范大学、华东师范大学、西南大学、长春大学、北京联合大学等 40 余所。一些开设专业较早的高校已经在特殊教育专业领域逐渐形成自己的特点。还有一些部属院校把特殊教育专业重点放在了研究生的培养上。

北京师范大学在特殊教育专业领域一直是领军院校。北师大特殊教育系的前身是成立于 1980 年的特殊教育研究室（后为特殊教育教研室），1986 年开始招收本科生，1993 年和 2005 年相继建立特殊教育硕士点、博士点，并于 2008 年被教育部定为以培养高学历的特殊教育专业教师和高层次的学术研究人才为教学目标的“首批建设的国家特色专业”。迄今为止，全系共有 8 个专业，涉及盲、聋、智力落后、自闭症等多个特殊教育领域。

华东师范大学于 1988 年创建特殊教育学专业，为适应上海市师范院校结构调整与特殊教育发展需要，于 1997 年在“学前教育与特殊教育学院”建立我国第一个特殊教育学系；2001 年，特殊教育学系获批大陆地区第一个特殊教育学博士学位点。该校特殊教育学系设有 3 个专业，包括特殊教育专业、心理学（特殊教育方向）专业和教育康复学专业。

由此可见，特殊教育专业在我国高校的专业发展中有一条明晰的历史主线。随着社会时代旋律的变化和发展，特殊教育专业经历了从无到有，从不完善到相对完善这一过程，专业建设中也不断加强校际间的交流与合作，政府的支持力度也在不断提升。

（三）我国特殊教育事业的发展

从以上事实的取证分析来看，中国特殊教育发展至今确实取得了令人瞩目的成就。从数据上来说，接受义务教育的残疾儿童数量明显逐年增加；从质量上来说，残疾学生学前教育、高中教育、高等教育乃至职业教育也都有了很大的发展。面对日益蓬勃的社会经济、稳步提升的国际地位，结合国际特殊教育发展的新趋势走向和国内残疾人群多样化的需求情况，如何推动我国特殊教育事业迈上新台阶是眼下的一大关键问题。以史为鉴可明耳目，通过回溯我国特殊教育事业的发展历程可以为现阶段成果的巩固和发展提供新的灵感和思路。

1. 特殊教育的准备阶段：古代特殊教育思想及机构的萌芽

我国古代就有较为开明的残疾人政策，夏商周时期有减免残疾人税收的规定，从秦汉到明清，开明统治者都设置了专门机构去关注残疾人的生存状况，如对残疾人赐谷，等等。这样先进的思想为后世特殊教育的进一步发展奠定了良好的群众基础。

我国特殊教育学校的办立有其深厚的文化渊源。据陆得样和福森信昭考证，我国在周代已经出现了公有性质的残疾人教育，那时的盲人乐师能得到专门的职业技能教育，聋哑、盲及肢体残疾者皆有机会被培养为有用之人。

我国自古便保持着不歧视残疾人的优良传统，如周代就有担任乐师和相应官职的盲人，孙膑和司马迁受刑后成了一定程度的残疾者，却仍然被重用，这些鲜活的明证清晰再现了当时社会群体对于残疾者的普遍态度和看法。

2. 特殊教育的早期阶段：近代特殊教育学校的产生

受中国特殊客观背景的阻碍，如漫长的封建社会，森严的等级压迫等，我国特殊教育的发展异常艰难和缓慢。我国近代特殊教育源于明末清初，一般由外国教会带入发起、国内一些进步人士介入兴办会馆。换而言之，中国近代特殊教育的兴起与西方传教士的传教有着紧密的联系。

据《教育年鉴》记载，1874 年，英国英格兰长老会传教士威廉·穆（William Moore）在北京东城甘雨胡同创建了中国近代第一间盲校——瞽叟通文馆。这是教会办的慈善机构，现在成了北京市盲人学校。学校创立之初，学生人数不超过十个，到 1919 年学生人数已增加到 200 人。一年之后学校改名为明瞽目院，改迁到了北京西郊，旨在帮助盲人儿童学习汉字，进而掌握一些简单的劳动技能。值得一提的是，学校在教学活动中坚持中西结合、融会贯通的原则，在学习法国布莱尔点字的基础上创立了中国点字，也称之为康熙盲文。由于连年征战、经费短缺等问题，学校停止办学好几次后来又恢复。1887 年，美国传教士梅尔斯夫妇在山东登州创建“启喑学馆”，意在发展聋哑儿童的教育。起初的发展态势堪忧，第一年只接受了一名聋哑学生且由学校提供其衣食、住宿。在这种情况下，学校财务入不敷出，仅靠部分社会捐助来维持运营，在校学生数量增长极为缓慢。后于 1898 年迁至烟台，改名为烟台瘖学校。新中国成立之后，人民政府出面接管了这所学校。1915 年，民国政府也将目光投向了特殊教育这一领域，在《国民学校令》正式提出了残疾儿童的义务教育问题。1916 年，中国人自办的第一所盲哑学校——南通盲哑学校（如今的南通特殊教育中心）诞生，晚清著名实业家张謇功不可没。随后，江苏省立第三师范附小为弱智儿童开设了“特殊学级”，进一步发展了近代中国的特殊教育事业。在国民党政府早前公布的《教育系统改革令》中，对特殊教育的意义、目的和对象有比较明确的划分，有了“对精神上或身体上有缺陷者，应施以相当之特种教育”① 的初步认知。近代有识之士纷纷成文上书，呼吁政府和社会将目光转向特殊教育的发展。据相关资料记载，儿童教育专家陈鹤琴于 1934 年 7 月至 1935 年 3 月间出席了国际幼儿教育会议，并到英国、法国、比利时、荷兰、德国和瑞士等 11 国进行了教育考察后，在《对于儿童年实施后的宏愿》中提出：“愿全国盲哑及其他残废儿童，都能享受到特殊教育，尽量地发展他天赋

① 仝晓绯．《湖南省特殊教育历史回顾与发展对策思考》湖南师范大学 G760（264）2005.

的才能，成为社会上有用的分子，同时使他们本身能够享受到人类应有的幸福”。[①] 这一事件展现了人类文明中教育领域的巨大进步，对于我国教育研究对象的转移（从健康儿童到特殊儿童）具有里程碑式的意义。在中国此阶段较低的经济水平和略微动荡的社会环境中，现代意义上的特殊教育学校艰难求生。

据统计，至新中国成立前，全国共有 42 所盲聋学校，在校生约 2380 名。然而，当时残疾儿童入学率极低，范围局限性较大（多为聋哑两类教育），私立学校居多，尚未形成特教发展中义务教育的概念。

3. 特殊教育的发展阶段：现代特殊教育体系的形成

新中国成立后的初期，周恩来总理曾签发决议《关于改革学制的决定》。文件中指出，各级人民政府应设立聋哑、瞽目等特种学校，对有生理缺陷的儿童、青年和成年，施以教育。[②] 建国初期，尽管各项建设事业百废待兴，但国家依旧没有放松对特殊教育事业的建设，重视程度可见一斑。

从 1954 年到 1982 年，先后制定了四部《中华人民共和国宪法》。在 1982 年 12 月第五届全国人民代表大会第五次会议通过的第四部宪法的第二章第四十五条指出：国家和社会需帮助安排盲、聋、哑和其他有残疾的公民的劳动、生活与教育。[③] 中国共产党首次在国家的根本大法中对特殊教育以及特殊群体生活和劳动问题所作出的明确规定。

为指导中国教育改革，1985 年 5 月中共中央颁布《中共中央关于教育体制改革的决定》。这一文件的第二部分指出：在实现九年义务教育的同时，还要努力发展幼儿教育，盲、聋、哑、残人和弱智儿童的特殊教育。[④] 为了发展普及全民的义务教育，1986 年 4 月，第六届全国人民代表

① 牟映雪．《中国特殊教育演进历程及启示》重庆师范大学学前教育学院 G760 2005（5）．

② 谢九英．《残疾人教育公平问题探究》湖南师范大学 G760 2007.

③ 顾伟、卞问．《国际规约与国内立法：试论残疾人权利的专门法保护》扬州大学法学院 D922. 7 2013（2）．

④《中共中央关于教育体制改革的决定》（1985）．

大会第四次会议通过了《中华人民共和国义务教育法》，其中第九条明确指出：地方各级人民政府应当合理设置小学、初级中等学校，使儿童、少年就近入学。地方各级人民政府为盲、聋、哑、弱智儿童、少年举办特殊教育学校（班）。[①] 4个月后，国务院办公厅转发了国家教委、国家计委、财政部、劳动人事部《〈转发实施义务教育法〉若干问题意见》，为如何实施残疾儿童义务教育等问题提供了相关依据。1990年12月经第七届人民代表大会常务委员会通过的《中华人民共和国身心障碍保障法》是中国保护残疾人的第一部专门法律。全文分总则、康复、教育、劳动就业、文化生活、福利、环境、法律责任和附则九章，共九十四条。[②] 谈到有关身心障碍受教育的权利时明确指出，国家保障身心障碍受教育的权利。各级人民政府应当将身心障碍教育作为国家教育事业的组成部分，统一规划统一领导。国家、社会、学校和家庭对残疾儿童，少年实施义务教育。1991年5月，中共中央、国务院颁布了《关于贯彻〈中华人民共和国身心障碍保障法〉》的通知，针对如何执行身心障碍保障法作了具体部署，要求各级教育部门把残疾儿童、少年的教育纳入义务教育的工作轨道，统一规划，统一领导，统一部署，统一检查。1991年年底，国务院公布了《中国身心障碍事业1985年间计划纲要》，提出1985年期间中国特殊教育发展的任务指针和实施的具体措施，要求各级政府和教育主管部门要切实把残疾儿童青少年的教育纳入义务教育的轨道。已普及初等教育并有一定生源的县，力争在1985年期间做到具有特殊教育学校，乡（镇）有特殊教育班，普遍发展随班就读；建立和完善三十所身心障碍听哑技术教育中心；试立盲、聋人普通高中班；创立长春大学特殊教育学院；增加特殊教育的投资，加强师资培训基地建设。[③] 1992年5月国家教委和中国身心障碍联合会又联合发布印发了《残疾儿童少年义务制教育1985年间实施方案》，制定了九年义务教育评估验收和各项检查等工作制度。

---

① 《中华人民共和国义务教育法》(1986).

② 《我国特殊教育发展的历史及走向》http://www.docin.com/p-737589515.html.

③ 《中国特殊教育事业发展史》http://www.docin.com/p-576935968.html.

二、特殊教育学校及机构

（一）现代特殊教育事业发展概况

为了促进残疾儿童少年九年义务教育的发展，中国身心障碍联合会与国家教委于1995年5月推出了《残疾儿童少年九年义务制教育实施方案》。《方案》提出的目标为：到公元2000年，全国视力、听力、语言和智力残疾儿童少年的入学率平均达到80%左右。① 除此之外，残疾儿童少年的九年义务制教育也有了明确的质量要求，不同类型地区也根据分类指导的原则分有具体的任务目标。

新中国成立后，特殊教育的形式也在不断发展。20世纪50年代至80年代间，特殊教育学校是大陆地区进行特殊教育的主要形式。1979年，北京开办了弱智儿童特殊教育班；从1983年起，全国开始建立首批培智学校；1985年，为提高残疾儿童入学率，很多地区在普通学校中开设特殊教育班，这种形式在后来演变成“随班就读”。从此以后，随班就读和特教班为主体，特殊教育学校为主干加上多种形式为补充逐渐成为中国特殊教育的稳定模式。②

（二）北京市特殊教育事业发展概况

改革开放三十多年来，北京市形成了公办特殊教育与民办教育相辅相成的局面，并建立了学前教育到高等教育的特殊教育体系，在普通学校中随班就读成为当前特殊教育的主要形式。截至2006年，北京市共有公办特殊教育学校23所，其中培智学校15所，综合性特殊教育学校2所，盲校1所，聋校5所。③

1. 随班就读

一项关于特殊教育随班就读情况的调查显示：2005年，北京市18个

---

① 残疾儿童少年义务教育“九五”实施方案.

② 牟映雪.中国特殊教育演进历程及启示［J］.中国特殊教育2006年5期37—41.

③ 刘艳虹，顾定倩，焦青.改革开放30年北京市特殊教育发展及现状研究［J］.中国特殊教育.2008 10：42—49.

区县的所有普通中小学中，开展随班就读的学校共918所，占全市2264所普通中小学数量的40.5%，其中中学305所，小学613所。随班就读班级3378个，其中中学1048个，小学2330个。随班就读学生共4439名，中学1450名，小学2989名，占全部入学特殊学生（7167名）的61.9%。其中，智力残疾学生最多，有3414名，占随班就读学生总人数的79.6%，其次是综合残疾学生，448名，占总数的10.1%，接下来是听力残疾学生，329名，占7.4%；第四位的是视力残疾学生，有248名，占2.9%。[①] 2001年到2005年的五年间，北京市平均每学期参加随班就读培训的教师达3300人次，近一万名教师教授过随班就读的特殊学生。除大兴、怀柔、门头沟外，全市其他15个区县建立了特殊教育资源教室共40个，其中中学9个，小学31个。教室配备有相应的资源教师，对随班就读的学生有针对性地开展康复训练和教育教学。

2. 民办特殊教育

1980年以来，北京市逐渐出现了一些针对儿童的民办特殊教育和康复训练机构，如：北京星星雨教育研究所、博森特殊教育研究中心（自闭症儿童教育康复机构）、新运弱智儿童养育院（智力残疾与脑瘫儿童的养育、教育、康复机构）、丰台利智康复中心、朝阳安华特殊教育学校（智力残疾和脑瘫儿童教育康复机构）、北京智光特殊教育培训学校（智力残疾儿童教育康复机构）等。残疾程度严重的儿童（他们被公办特殊教育学校认为缺少“就学能力”）鲜有被公办幼儿园和小学接收是这些民办机构产生和发展的重要原因。客观上说，是它们最早开展了对脑瘫儿童、自闭症儿童以及多重残疾和重度残疾儿童等的教育和康复训练的尝试。民办特殊教育机构把残疾儿童的托养、教育、康复相结合，是无法接受公办教育的特殊儿童的福音。

3. 北京联合大学特殊教育学院

北京特殊教育中等师范学校于2000年9月更名为北京联合大学特殊教育学院，简称北京联大特教学院，隶属于北京联合大学，不仅是我国

---

① 北京市残联教就部：北京市普通中小学随班就读情况的调研报告．调查研究成果和理论文章汇编（2004－2005），2006.10，163－164.

第一所相对独立的综合性特殊教育学院，也是北京唯一一个专门为残疾人开设的高等教育机构。北京联大特教学院承担了残疾人高等教育、特殊教育师资培养培训和指导北京市特殊教育学校教研科研等多项任务。目前，学院不仅专门面向北京招收以特殊教育专业为主的普通大学生，为本市培养高素质的特殊教育教师，也面向全国招收视力、听力、肢体残疾的学生。招收特殊学生的 7 个本专科专业分别为：视觉传达艺术设计专业（听障）、艺术设计专业（听障）、园林技术专业（听障）、计算机科学与技术专业（听障）、计算机应用技术专业（听障视障）、针灸推拿学专业（视障）、音乐表演专业（视障），它们的开设均依据市场需求，类似于高等职业教育。一般聋生班级为 15 人左右，盲生班级 10 人左右，实行小班教学；少数特长残疾学生，如残奥会运动员、艺术特长生在学分制的前提下实施个别教学。另外，北京地区有十几所高等学校也招有少量残疾学生，残疾类型主要为肢体残疾，偶有听力残疾。

（三）特殊教育职业认同感及就业感受调查报告

本次研究采用网络调查问卷，主要调查了北京市部分特殊教育学校的教师，样本容量为 21。调查包括以下四个部分：

基本信息调查；职业发展调查；工资福利调查；关于特教职业的拓展调查。下文将对每个部分的结果做出图标与相应分析。

第一部分：基本信息

1. 性别（图 2－1）：女性占比 61.9%，男性占比 38.1%。

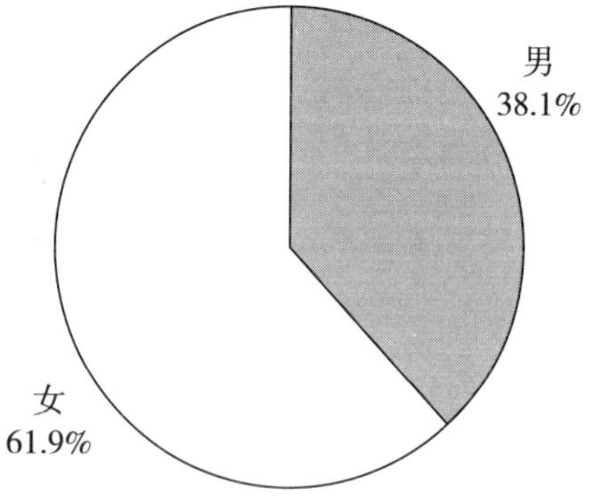

图 2－1　性别

2. 年龄（图 2 –2）：25 岁以下（不含 25 岁）占比 33. 33%，25 ~30 岁占比 14. 29%，30 岁以上（不含 30 岁）占比 52. 38%。

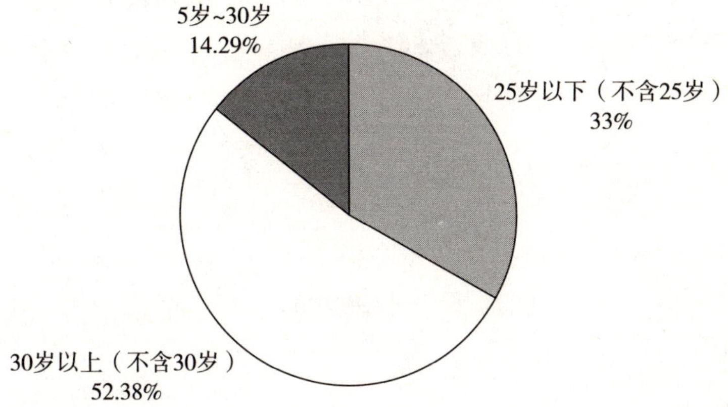

图 2 –2　年龄

3. 婚姻状况（图 2 –3）：已婚占比 52. 38%，未婚占比 42. 86%，其他占比 4. 76%。

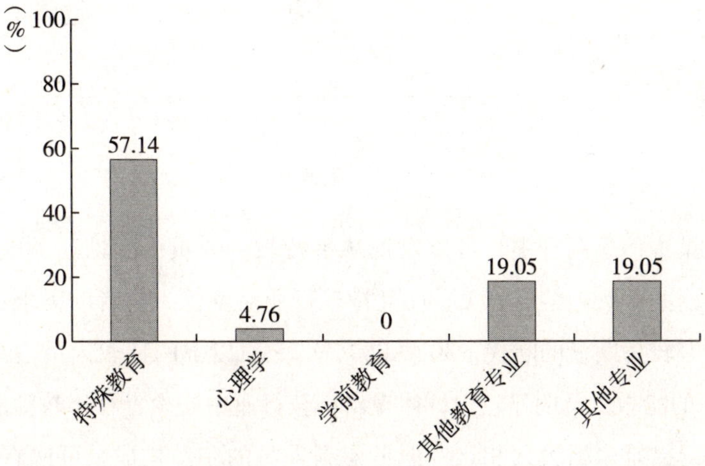

图 2 –3　婚姻状况

4. 学历情况（图 2 –4）：本科占比 80. 95%，高中及以下占比 9. 52%，研究生及以上占比 9. 52%。

5. 教育背景（图 2 –5）：特殊教育占比 57. 14%，心理学占比 4. 76%，其他教育专业占比 19. 05%，其他专业占比 19. 05%。

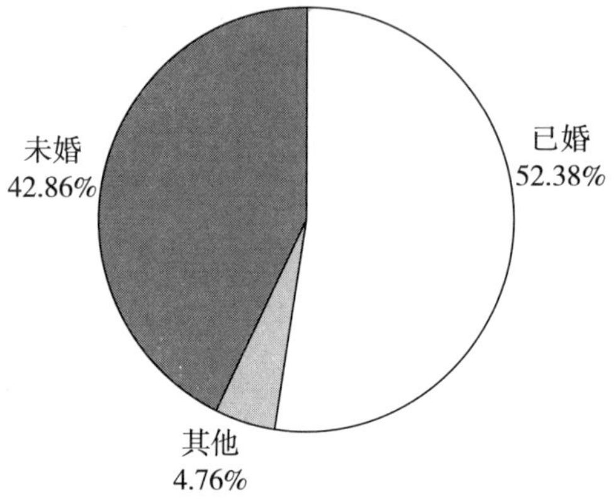

图 2－4　学历情况

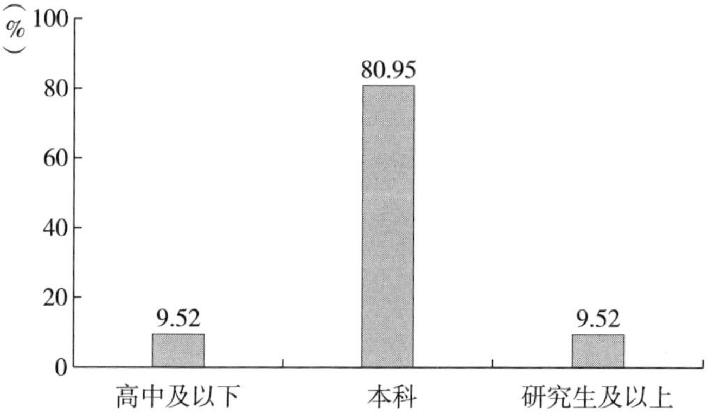

图 2－5　教育背景

在基本信息调查中，可以发现从事特教的人员中女性比例较大，这与女性耐心细致的特点有关，而且特教行业对女性工作者的需求也较大；年龄上有较为明显的断代，30 岁以上及 25 岁以下的特教人员占比较大，25 ~ 30 的特教人员明显较少，体现出特教行业中缺少青壮年教师的现状；婚姻情况已婚未婚大致相当，但考虑到人员的年龄构成，可以看出从事特教行业对结婚存在一定阻力；学历及教育背景的调查体现出如今特教人员与旧时不同的高素质，高学历，专业对口性增强。

第二部分：职业发展

6. 就业前后是否参加过相应培训（图 2－6）

近半数特教人员没有参加过相应的职前培训，反映出特教人员虽然具有高学历但缺乏经验的现况，这说明特教单位没有对特教人员的职业培训给予足够重视。

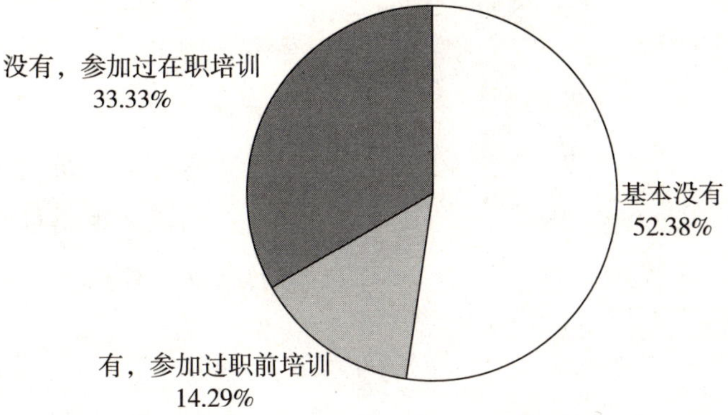

图 2－6

7. 从事特教工作的年限（图 2－7）

与之前的年龄调查相对应的，从事特教工作年限也出现了明显的断代，体现出特教行业缺少青壮教师的现状，不过这也体现出随着社会发展越来越多的年轻人开始投入特教行业。

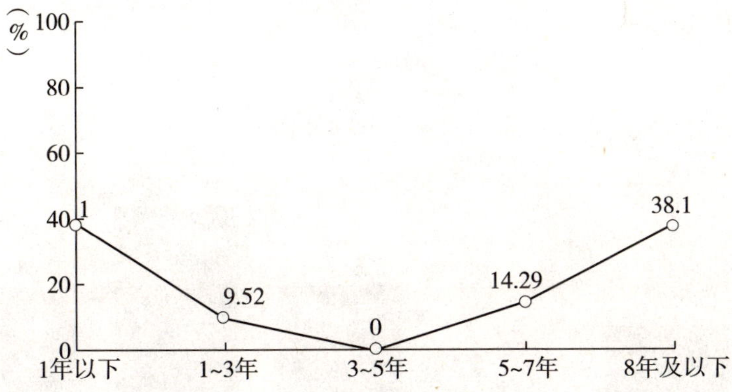

图 2－7

8. 觉得现有的知识和技能是否能够满足日常的教学要求（图 2－8）

即使如今的特教人员学历较高，仍有过半数人觉得目前的知识技能满足不了日常教学要求，这说明特教教师毕业的院校，工作的学校，需要给特教人员提供更多的信息、知识、培训等以满足其日常的教学。

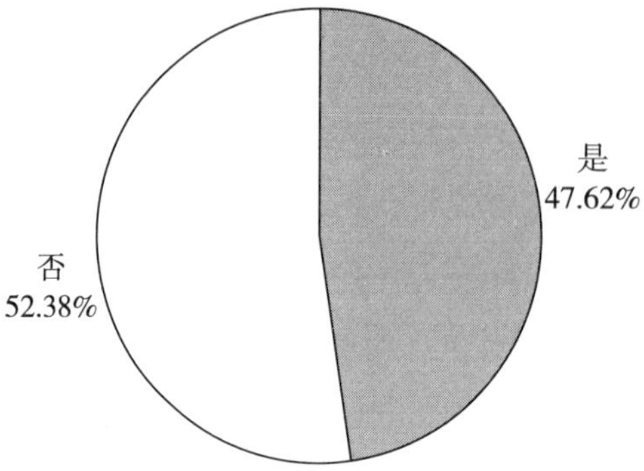

图2－8

9. 面临的职业压力（图2－9）

特教人员面临的职业压力是多方面的，最主要的两个原因一是专业知识不足，这与上一点相对应；二是社会地位低被歧视，这体现出社会目前对特教行业的不了解以及误解。

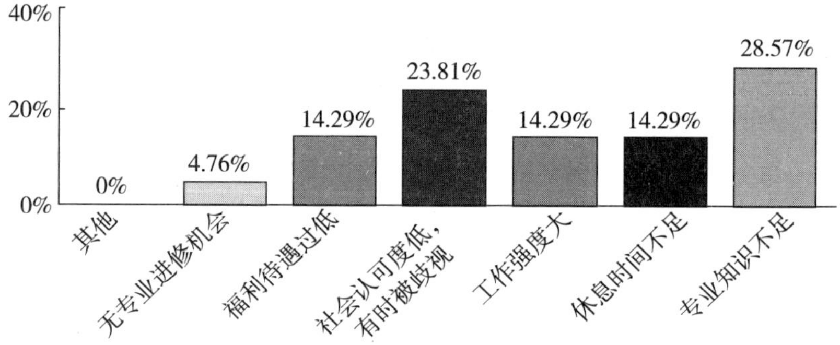

图2－9

10. 个人社会地位，价值感受（图2－10）

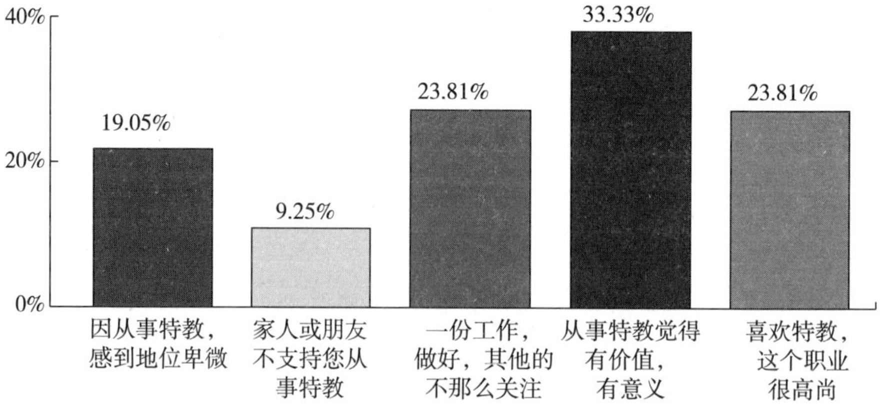

图2－10

11. 未来 3 –5 年是否会继续从事特教工作（图 2 –11）

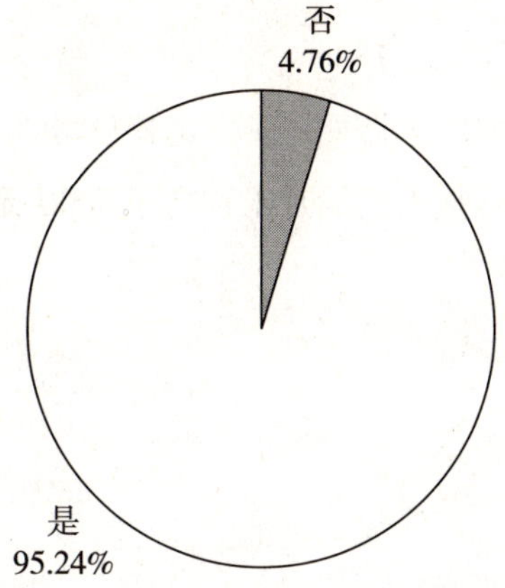

图 2 –11

将以上两点综合考量，可以看出对特教职业本身，特教人员的价值感受悲观和乐观基本五五持平。

但是几乎 100% 的特教人员都表示未来 3 ~5 年会继续从事特教工作，这表明特教人员对于特教职业的职业忠诚度比较高。

12. 如果不得不离开特教行业，原因是什么（图 2 –12）

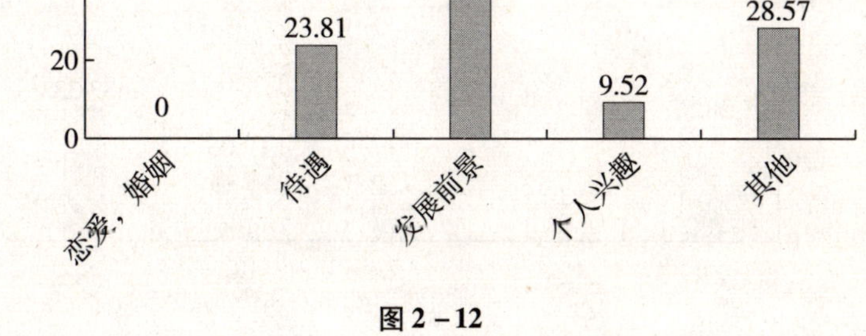

图 2 –12

四成特教人员表示可能会因为工作发展前景问题离开特教行业，二成特教人员则会因为待遇问题考虑离开特教行业，特教行业的职业未来和职业待遇问题不容忽视。

第三部分：工资福利

13. 月工资情况（图2－13）

可以看特教人员的工资水平呈现一定程度的两极分化，三成人员的月工资不足3000元，三成人员的月工资高于5000元，不同特教学校的待遇有着明显不同。

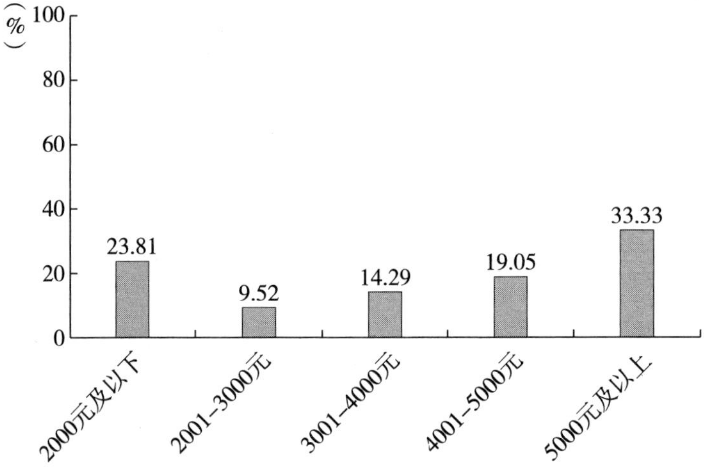

图2－13

14. 家庭的人均月收入（图2－14）

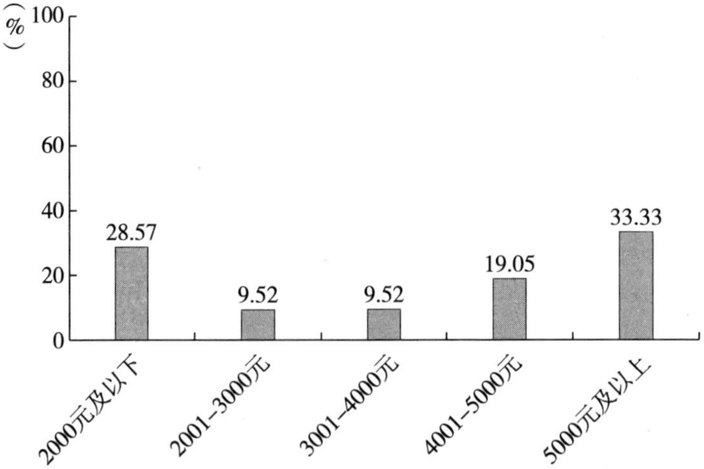

图2－14

家庭人均收入与月工资情况基本相同，在此不再过多赘述。

15. 现收入能否满足支出的需要（图 2－15）

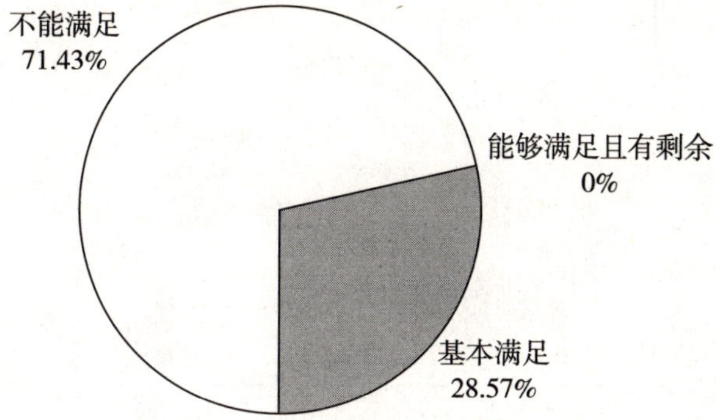

图 2－15

此项调查体现出了目前人员面临的严重生存问题，七成特教人员表示现收入不能满足支出要求，待遇问题是目前特教行业所要注重解决的问题。

16. 是否已经购买五险一金（图 2－16）

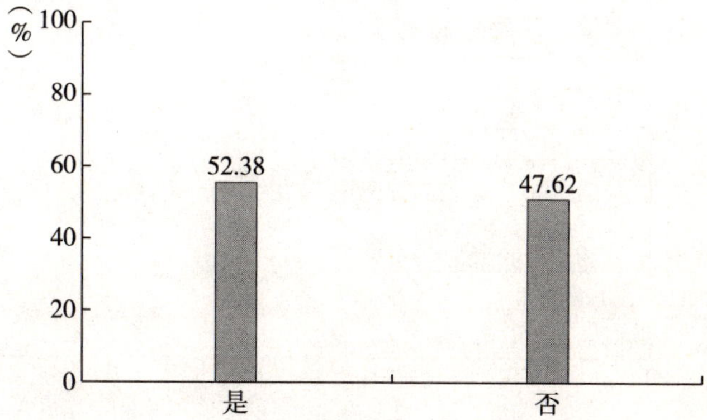

图 2－16

17. 您是否签订劳动合同（图 2－17）

18. 享受的社会保障情况（图 2－18）

综合以上三点可以看出特教人员的整体福利待遇不高，社会保障覆盖率低，二成特教人员没有签订劳动合同。福利待遇问题也是特教人员选择离开特教行业的原因之一，保障特教人员的福利待遇是需要特教单位注意的问题之一。

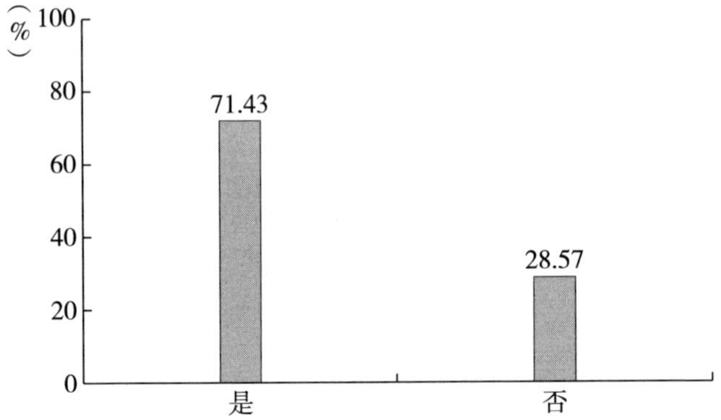

图 2－17

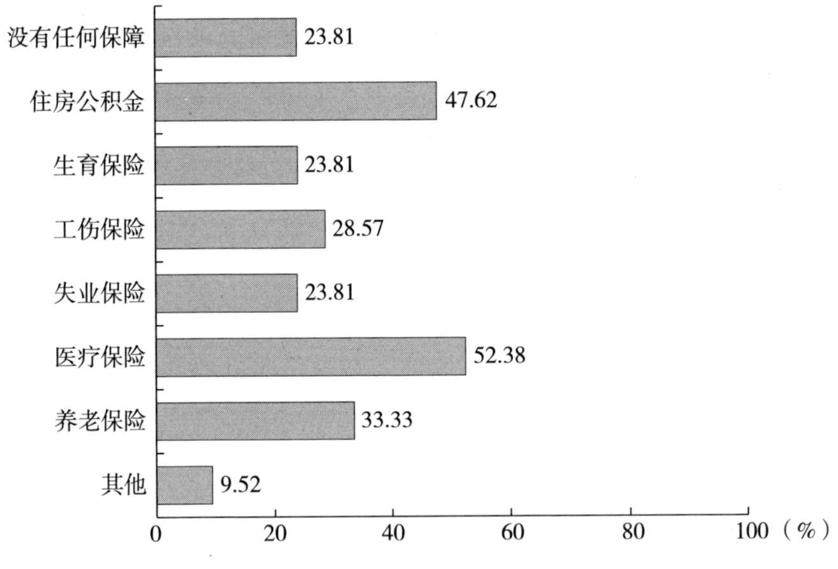

图 2－18

19. 您最期待改善的地方（图 2－19）

工资待遇依然是特教人员所关注的，有七成特教人员觉得工资待遇最需要改善，只有少数认为专业技能以及工作环境需要改善。

20. 您对所在机构管理情况的满意度（图 2－20）

很满意与满意的比重总和接近三成，这说明目前特教人员对所在机

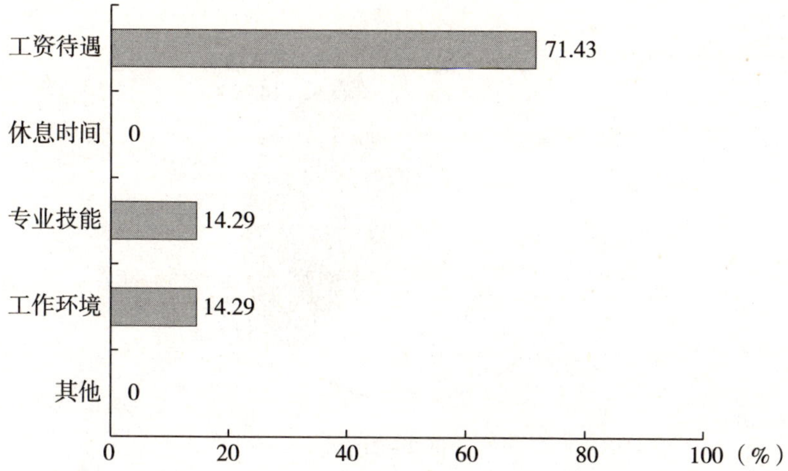

图 2－19

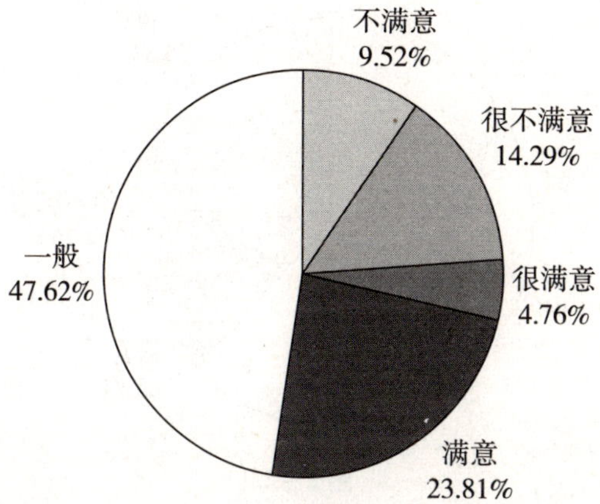

图 2－20

构的管理较为不满意，特教机构应该对自己的管理进行反思，特教人员与特教机构的沟通存在一定障碍。

21. 您对所在的机构晋升或专业发展机会的满意度（图 2－21）

与上一点类似，不过体现出的问题更为严重，满意与很满意总和所占比不足 20%，特教人员对自身在机构中的晋升和发展持悲观态度，特教行业本身在社会中的地位与处境是造成此次现象的一点原因，另一点原因是特教机构本身的管理存在问题，应该注意。

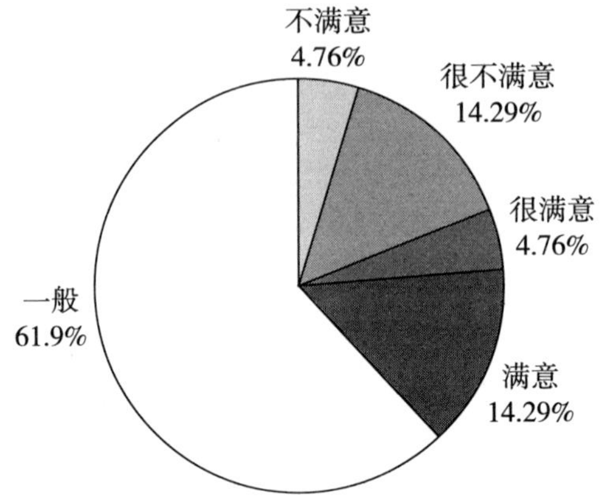

图 2－21

22. 您对所在的机构薪酬待遇的满意度（图 2－22）

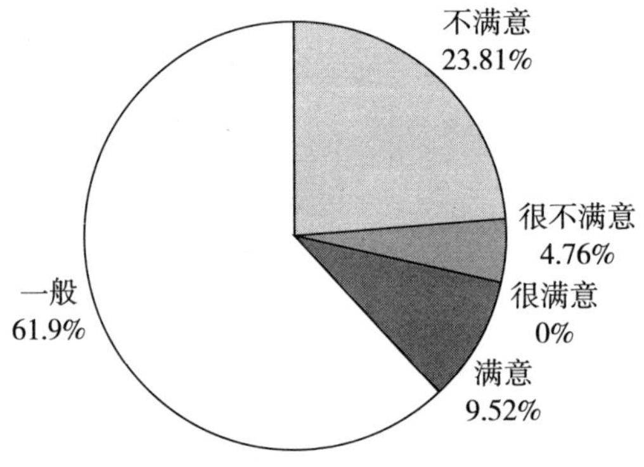

图 2－22

满意所占比重不足一成，薪资待遇是目前影响特教人员工作热情的一个主要问题。

就第三部分的调查我们可以发现，目前特教人员的生存状况整体不佳，存在着工资待遇低，福利覆盖率低，特教机构管理混乱等一系列问题。这直接导致了特教人员对职业未来的悲观态度。

第四部分：拓展问题

（第四部分的调查以三个问题为中心，以简答的形式进行，下面挑选了比较有代表性的回答以表格形式呈现）

23. 您觉得目前个人在从事特教工作过程中存在的困难和挑战

支持，理解
听障学生青春期问题
机构场地环境需要改善，服务收费基本用在租房上，场租压力大
经验不足
前景不明朗

24. 您对机构发展的意见和建议

希望非学校的一些康复机构能够专业一些
有一个好的环境，政府支持扶持场地
能够增加更多的设备

25. 如果有外在条件（政策，机构管理，工作环境，福利待遇）支持您从事特教行业，您觉得哪些重要，有什么需求

机构管理问题，比如负责特教老师要和教特教的老师在一个办公室共事较好
福利待遇更高一些
政策，工作环境
机构管理，工作环境
多一些福利待遇和人文管理都很重要

可以看出，特教人员的建议与意见主要集中在政府支持，机构管理，薪资保障等方面。特教人员尤其需要外界支持与肯定以提高其积极乐观的工作态度。

三、高校特殊教育专业

（一）特殊教育专业认同感及就业期待调查问卷分析报告

本次研究采用网络调查问卷，来自北京联合大学、浙江师范学院的86名同学参与了问卷调查。调查包括以下四个部分：基本信息调查；专

业认同感调查；就业期待调查；职业认同感及影响因素调查。下文将对每个部分的结果做出图标与相应分析。

第一部分：基本信息调查

1. 年级（图 3－1）：2015 级 25 人（占 29.07%），2014 级 32 人（占 37.21%），2013 级 28 人（占 32.56%），2012 级 1 人（占 1.16%）。

2. 性别（图 3－2）：女生 79 人（占 91.86%），男生 7 人（占 8.14%）。

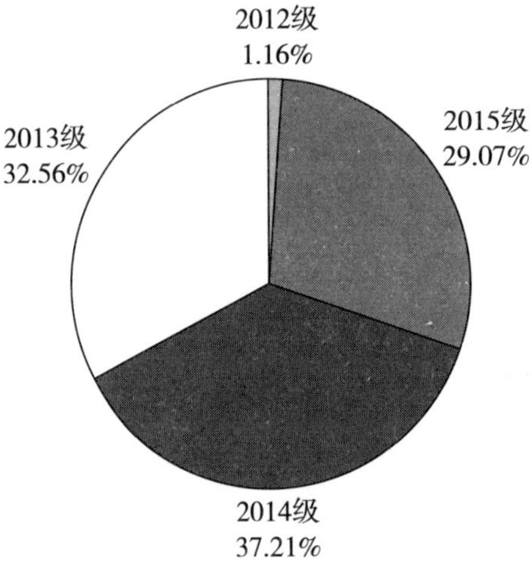

图 3－1　年级

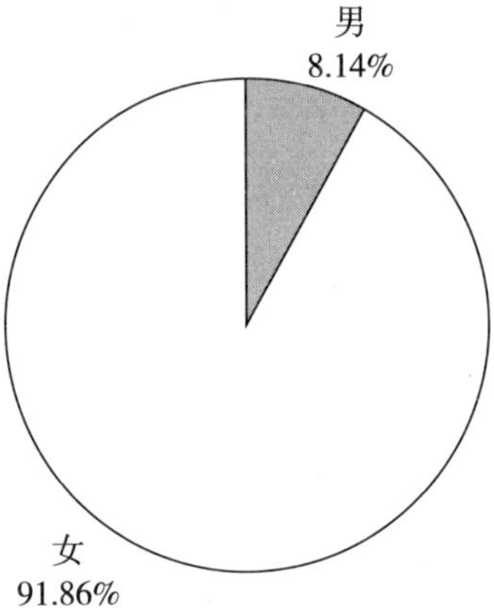

图 3－2　性别

3. 是否为独生子女（图 3－3）：独生子女 47 人（占 54.65%），非独生子女 39 人（占 45.35%）。

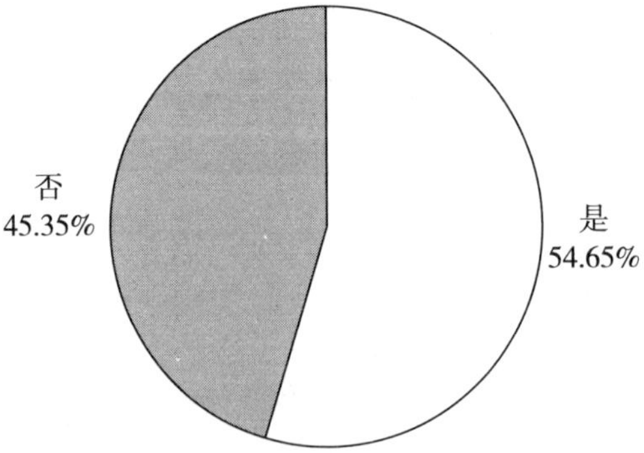

图 3－3　是否为独生子女

4. 家庭所在地（图3－4）：家庭所在地为城市29人（占33.72%），城镇和县城为24人（占27.91%），农村为33人（占38.37%）。

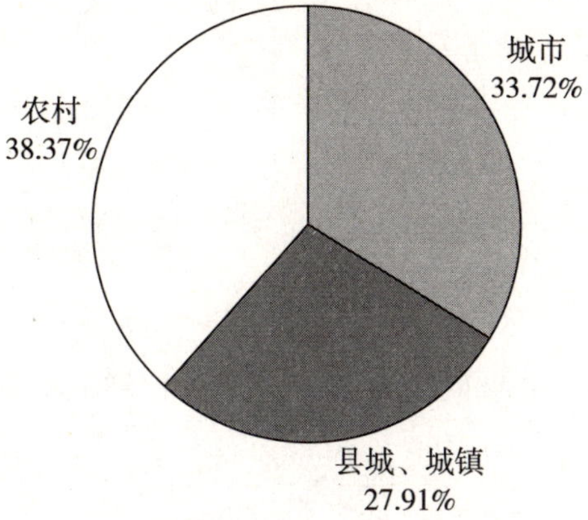

图3－4　家庭所在地

5. 高考志愿（图3－5）：特殊教育专业为高考第一志愿的有41人（占57.58%），为第二志愿的有17人（占23.88%），为第三志愿及以后的有12人（占16.85%），被调剂的有16人（占1.69%）。

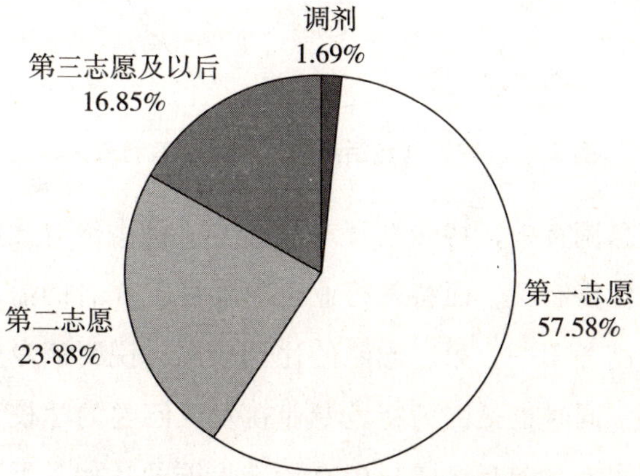

图3－5　特教为高考志愿中第几志愿

6.（图3－6）家人（包括亲属）中有从事特教行业相关工作的有8人（占9.3%），无从事特教行业相关工作的有78人（占90.7%）。

7.（图3－7）家人（包括亲属）中有特殊人群的有20人（占23.26%），无特殊人群有66人（占76.74%）。

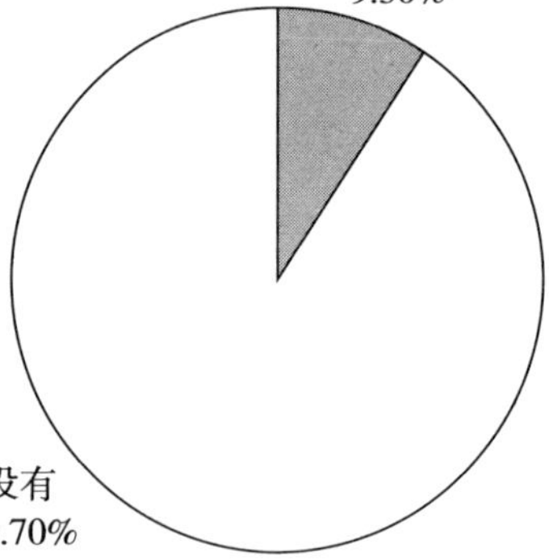

图3-6　家人（包括亲属）中有无从事特教行业相关工作

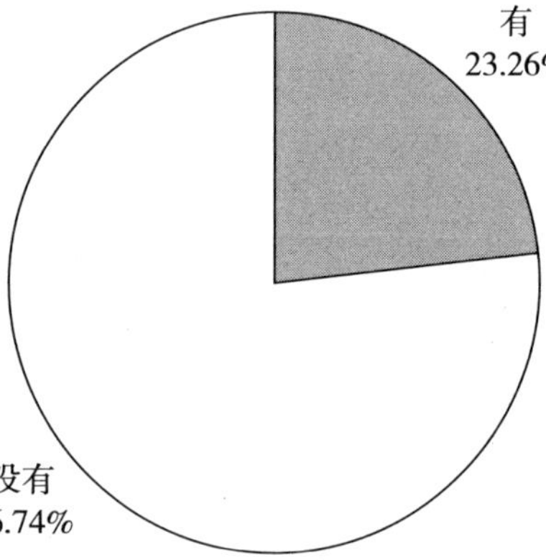

图3-7　家人（包括亲属）中是否有特殊人群

在基本信息调查中，特殊教育专业女生比例占绝对优势，这与女生耐心、细致的性格有关，而特教行业也对女性工作者的需求也较大；特殊教育专业为高考第一、第二志愿的比例较高，说明该专业同学对本专业认同感较强，同时也是因为特教专业在发放问卷的学校为具有吸引力的热门专业；家人（包括亲属）中有特殊人群的比例几近四分之一，远高于特殊人群在普通人群中的比例，说明家人和亲属中的特殊人群对同学们的专业选择有一定影响。

第二部分：专业认同感调查

8. 教学情况（图3-8）

超过六成的同学都认为专业课设置与实际情况联系密切，能反映教育领域的先进研究成果，专业素质比较好；但不容忽视的是，也有五分之一以上的同学认为专业课设置和对教育领域的先进成果还有待加强。

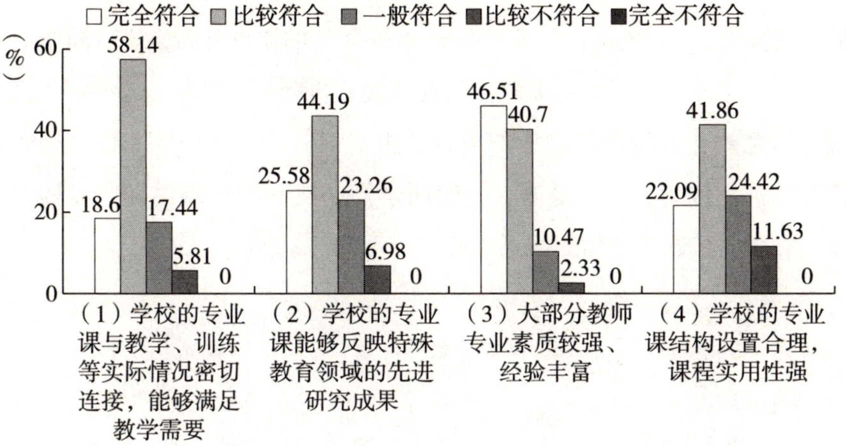

图 3 - 8

9. 课程设置比重（图 3 - 9）

课程设计比重调查为多选题，多数同学多项选择了需要增加的课程，体现了他们对于专业的期望。总体趋势为实践操作课最需增加，理论学习最需减少，其他被希望增加的课程还有医学、心理学和评估课程。

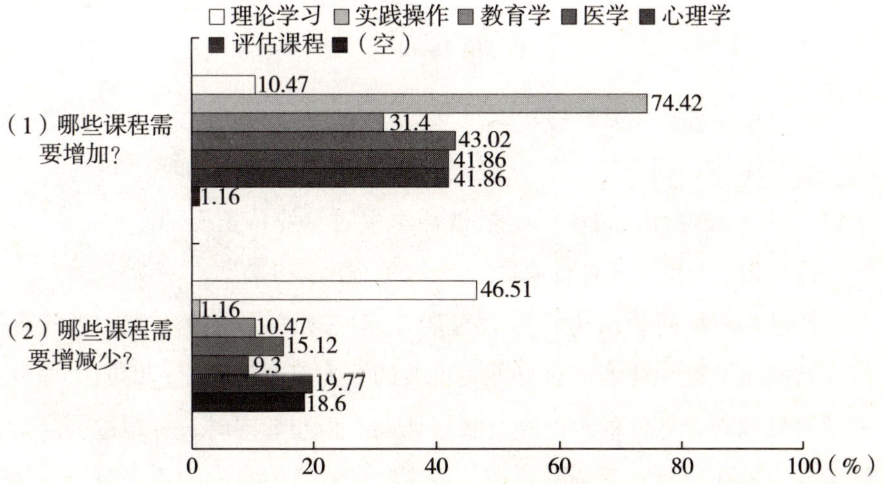

图 3 - 9

10. 个人投入（图3－10）

在个人投入调查中，第一题结果乐观，绝大多数同学对专业学习态度认真，成绩优良，而在第二、第三题中，“完全符合”和“比较符合”的比例降低，“一般符合”和“比较不符合”的比例升高，说明同学们在专业学习之外，对特教的了解意愿和热情程度降低。在第四题中，“完全符合”和“比较符合”的比例为五题中最低，“一般符合”和“比较不符合”的比例为五题中最高，说明同学们实践水平仍需提高，与教学情况调查中实践课应增加的结果相符。

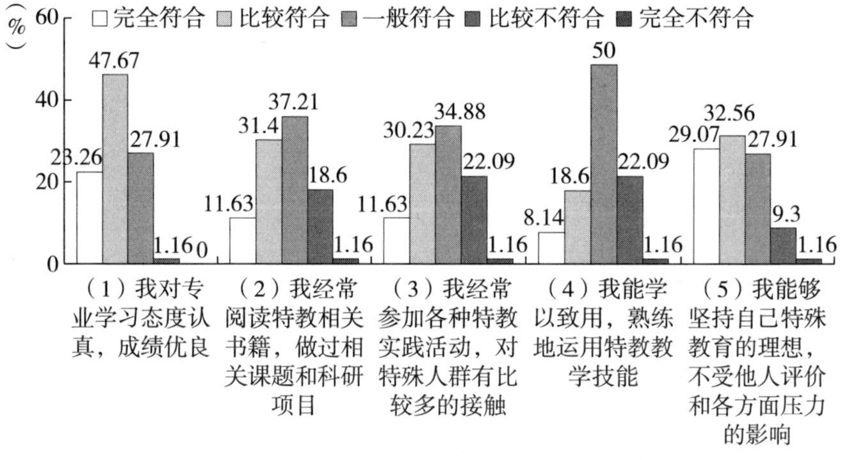

图3－10

11. 专业情感（图3－11）

在专业情感调查中，超过七成的被访对象在四个选项中均选择完全符合和比较符合，说明大多数被访学生对专业持正面的态度。

12. 我认为特殊教育行业是怎么样的（图3－12）

超过八成的同学认为特殊教育职业是一项工作内容丰富、形式多样、富有挑战性、能实现自身人生价值的令人尊敬的职业，说明大部分同学对特殊教育专业的价值观有很好认同；但与此同时，有超过一半的同学认为就业前景和薪资不乐观，说明特殊教育专业的物质报酬还有待提高。

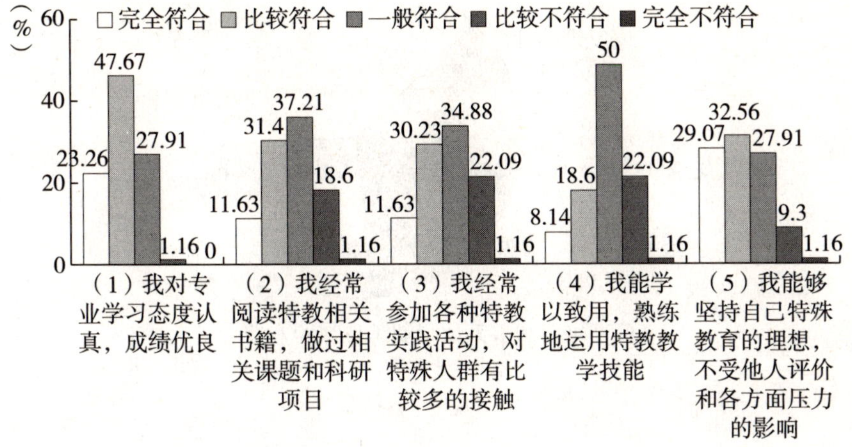

图 3－11

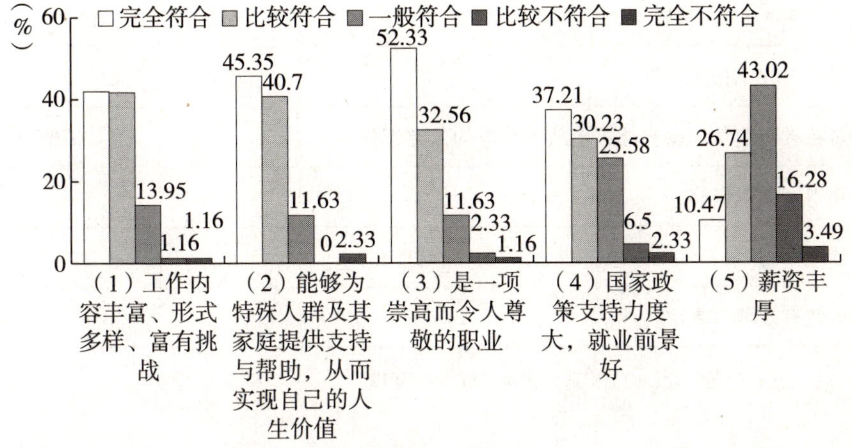

图 3－12

第三部分：就业期待调查

13．毕业后你的方向（图 3－13）

三分之一的同学认为毕业后会选择特殊教育老师作为职业，也有　成多的人选择与专业相近的康复训练师，表明一半同学希望选择与这一职业相关领域的工作；同时，选择继续深造的同学仅有不到两成，占比较低；另外还未确定方向的同学超过四分之一，不容忽视。

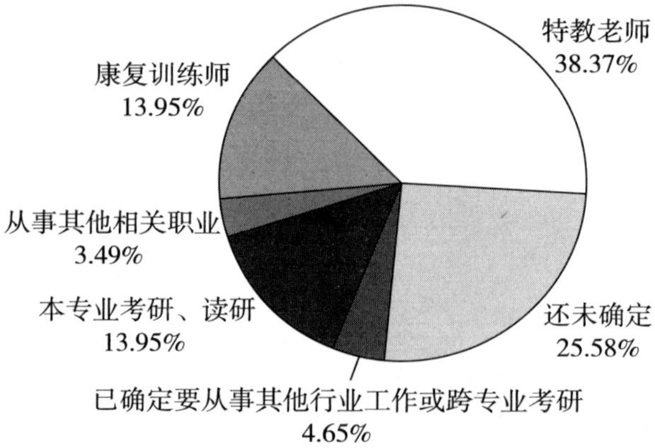

图 3 – 13

14. 你选择考研或读研的原因是（表 3 – 14）

选　　项	小计	比例
读研对找工作有帮助	7	58.33%
对特教专业知识感兴趣，想从事特教的研究工作	5	41.67%
获得了保研资格	0	0%
其他原因：	0	0%
本题有效填写人次	12	

（注：此题因题目的前提假定限制，样本数为 12）

此题仅有 12 个被访对象选择继续进行研究生教育的学习，占总被访人数不足百分之二十，说明大部分同学并不希望继续深造；选择继续深造的同学中，以就业为目的和以研究为目的的相差不大。

15. 你如何获得就业信息（图 3 – 15）

从学校和相关亲友推荐中获取信息的占六成左右，为最主要的渠道，但从网络上获取信息的也超过半数，从招聘会获取信息的也接近半数。说明以上四个渠道已经是相关专业学生获取就业信息的主要渠道。

16. 你是否有去特教机构实习的志愿（图 3 – 16）

超过八成的同学有实习意愿或者已有实习经历，可见受访同学对实习机会的重视；但仅有两成同学有实习经历，其中2014级、2015级有实习经历的同学比例较低，可能的原因是他们未到实习期或实习机会较少。

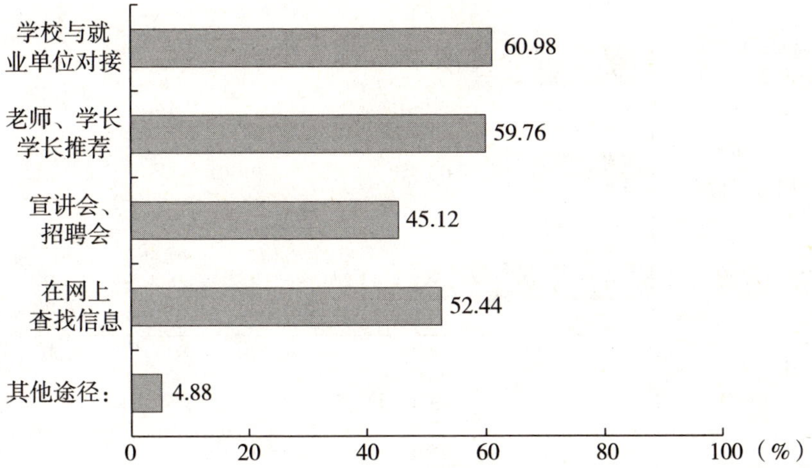

图3－15

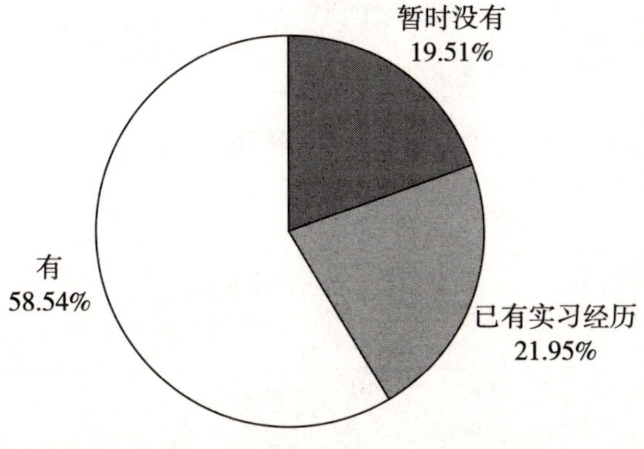

图3－16

17．你对实习经历感受是（图3－17）

仅有百分之五的同学认为专业学习和实践工作结合度高，绝大部分同学认为实践经验更重要，专业学习与实践还要更好的结合。

18．你毕业后首选的工作地点是（图3－18）

在就业首选的工作地点志向中，中小城市与一线城市选择占比完全一样，并无明显差距，对一线城市并无明显偏好。

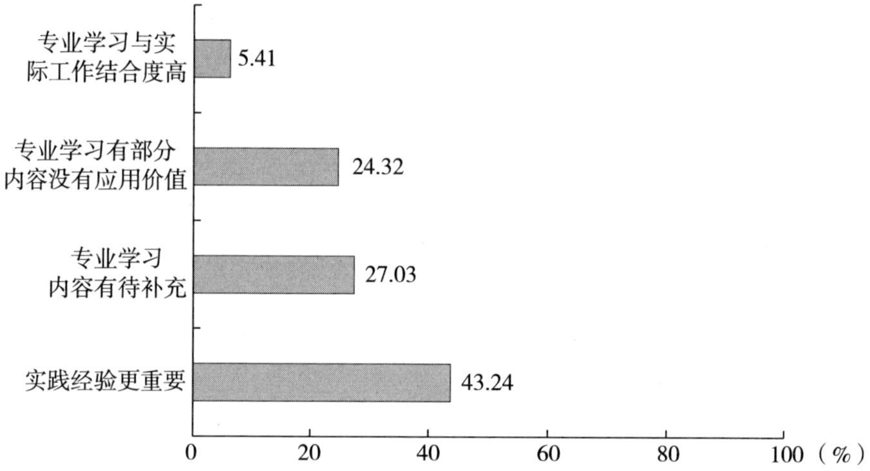

图 3－17

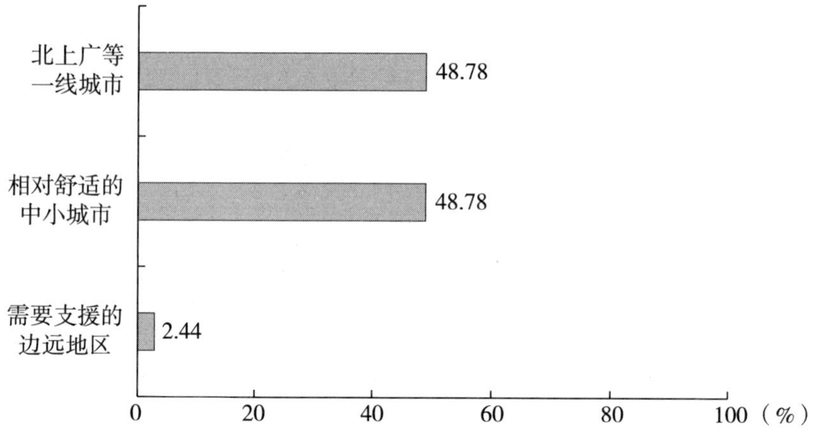

图 3－18

19．你的理想起薪是（图 3－19）

理想起薪以三千至四千元为主，四千元以上也有三分之一同学选择，与社会期望薪酬较一致。

20．你今后是否希望在就业单位有较长的发展（图 3－20）

一半同学希望长久工作于本行业，近四成认为视具体情况而定，说明大部分同学还是希望在特殊教育行业有长远发展的空间和机会。

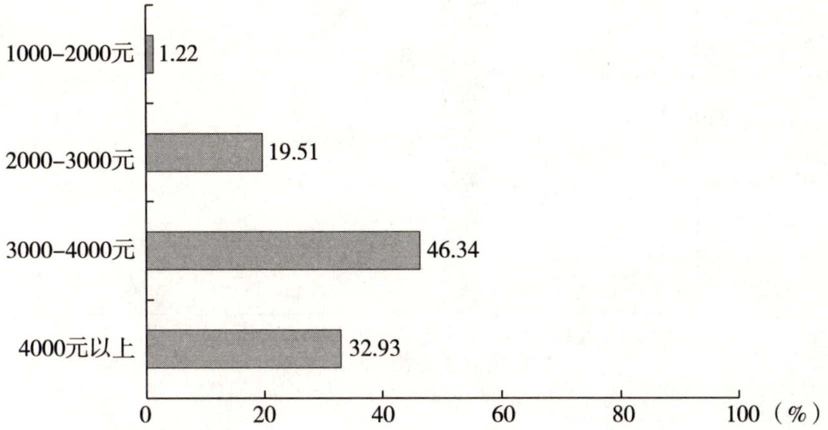

图 3 - 19

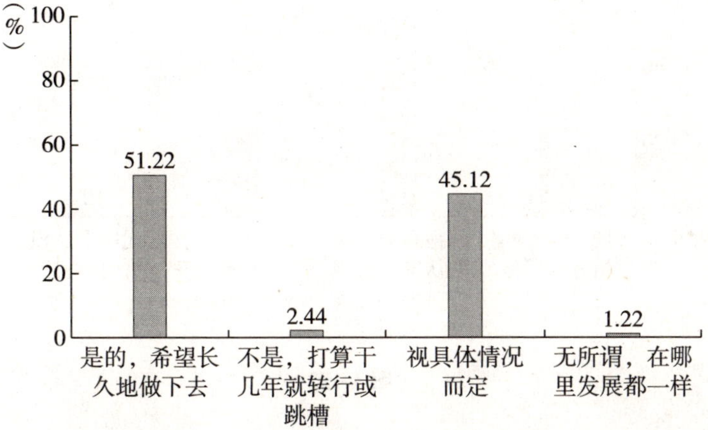

图 3 - 20

21. 你对工作负荷方面有什么要求（图 3 - 21）

九成以上的同学都能承受正常水平范围之内的压力，表现出特教专业同学较好的抗压能力。

22. 你对工作的付出和回报怎么看（图 3 - 22）

七成以上同学希望从工作中得到相应回报，特教行业是一个需要付出的行业，一定的回报能给予工作者成就感与满足感；同时也有四分之一的同学不求回报，无私奉献。

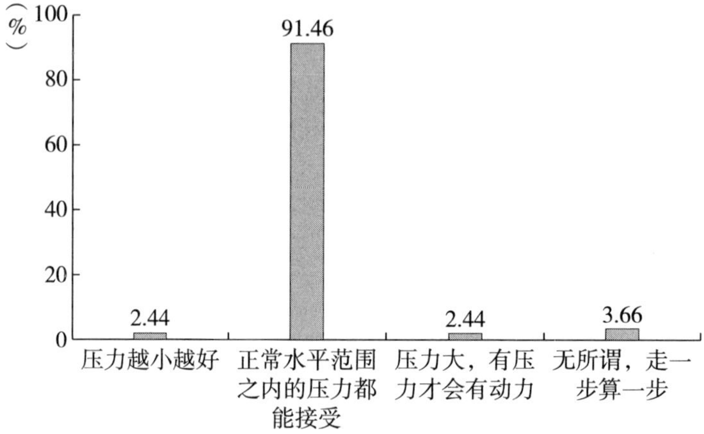

图 3－21

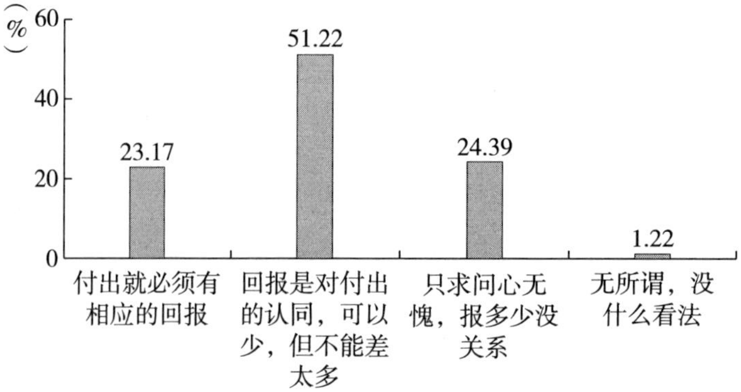

图 3－22

23．你对工作稳定性有什么期待（图 3－23）

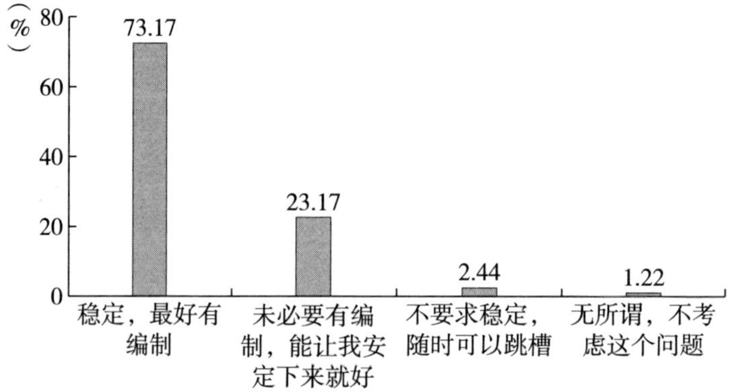

图 3－23

超过七成的被访对象希望有编制，只有不到三成的同学认为安定就好，说明同学对编制问题很重视。

24. 你希望在工作中取得多大程度的成就感（图 3－24）

结果表明，绝大部分同学对工作成就感都有要求，四分之一的同学希望获得很高的成就感，七成的同学认为获得一定成就感就可以了。

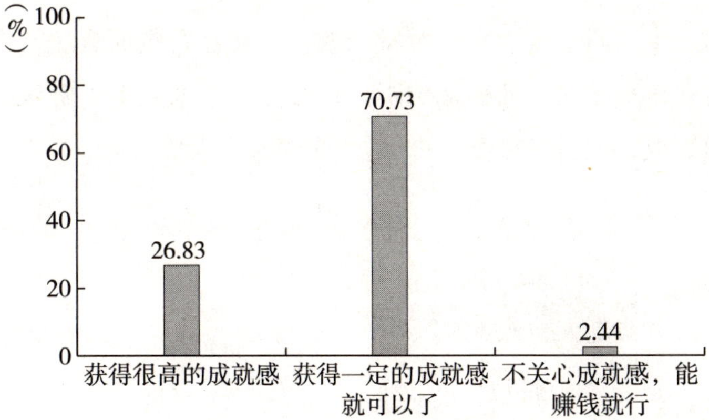

图 3－24

第四部分：职业认同感及影响因素调查

25. 影响职业认同感的个人因素（图 3－25）

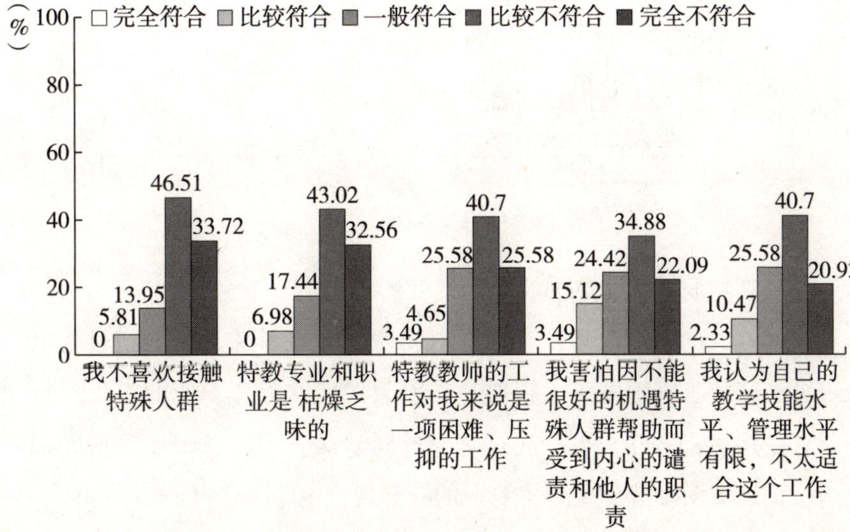

图 3－25

超过六成的被访对象在五个问题中均选择比较不符合和完全不符合，说明大部分被访同学对特殊教育专业持有正面和认可的态度；选择一般符合和比较符合的同学中，大多集中在后三题，说明不太认可的原因在自身的偏好与能力，如工作困难压抑、容易受他人或自己谴责以及能力有限，并非对特殊人群和专业有偏见。

26. 影响职业认同感的家庭因素（图 3－26）

超过一半的同学认为家人对特殊教育专业存在负面看法，主要集中于该项专业薪资不高、社会地位不高；另外认为家人不了解该行业的占比也超过五成，说明特殊教育的社会认知度还有待提高。

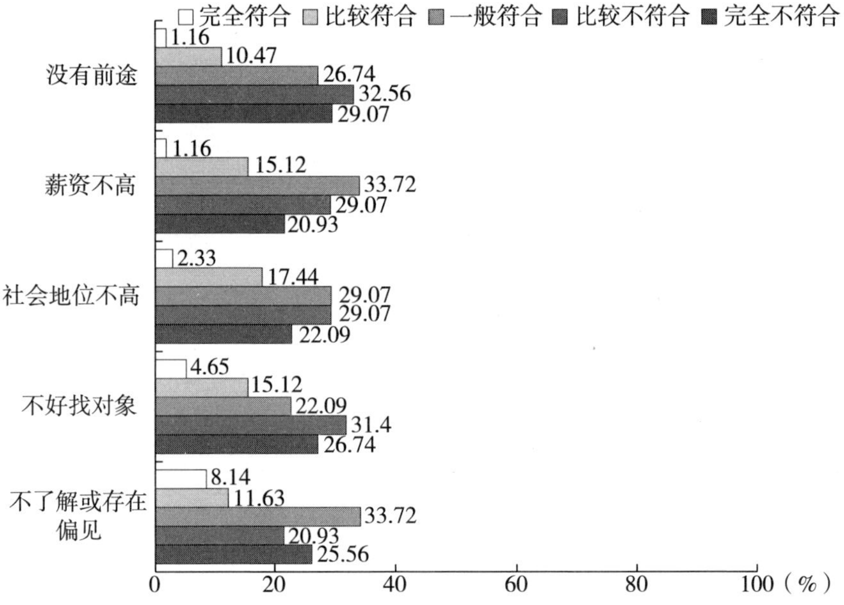

图 3－26

27. 影响职业认同感的社会因素（图 3－27）

超过六成的同学认为社会大众对特殊教育人群关注少，超过七成的大部分地区特教资源缺乏，说明被访对象即特殊教育专业的学生对行业现状存在担忧；另外，也有超过六成的同学认为特教教师比普通教师社会地位低，说明专业学生对本专业的社会地位也不太认可。

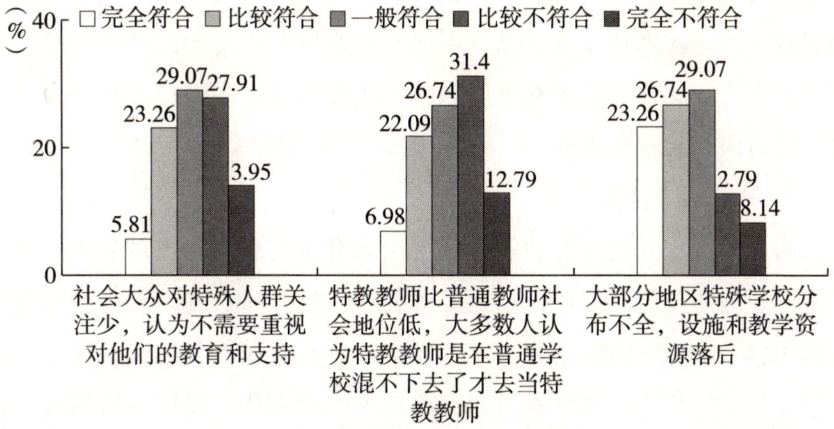

图3－27

四、特殊教育事业发展中的问题

（一）特殊教育专业角度

1. 社会认可度不高

在“特殊教育专业认同感及就业期待调查问卷分析报告”（以下简称专业调查）中，家人（包括亲属）中有特殊人群的有20人（占23.26%），无特殊人群有66人（占76.74%），家人（包括亲属）中有特殊人群的比例几近四分之一，远高于特殊人群在普通人群中的比例，说明家人和亲属中有特殊人群对于同学们在选择专业的时候，有积极的引导作用。在主观志向和家庭接受度上比其他人群要高。然而，在更为广泛的社会环境中，大众对于特殊教育专业有着很深的偏见。如“专业调查”第26题，超过一半的同学认为家人对特殊教育专业存在负面看法，主要集中于该项专业薪资不高、社会地位不高等问题上。诚然，薪资不高、福利不高一直是困扰私立特教机构的问题。但一些公立机构，如特教学校，区级特殊教育中心，都已经很好地解决了这个问题。但是在社会地位不高这个问题上，却是一直以来主流价值观的引导缺失，在“专业调查”第27题中，超过六成的同学认为社会大众对特殊教育人群关注少，超过七成的大部分地区特教资源缺乏，说明被访的特殊教育专业学生对本专业就业情况存在担忧；另外，也有超过六成的同学认为特教教师比普通教师社会地位低，说明专业学生对本专业的社会地位也持有消极态度，此种状态极有可能影响学生在毕业后的选择及从业时的心态，所以因引起相当重视。

2. 专业科普力度不够

与此同时，五成以上的同学认为家人并没有理解自己的专业。特殊教育专业的涉及范围极广，涵盖了教育学、医学、心理学、社会学等多方面内容，是一个内容丰富、专业性突出、具有极高实用价值和意义的学科，而不是某些人认为的“照顾残疾人”的工作。我国对特殊教育专业发展的研究才只有十年的时间，针对学生群体的特殊性，特殊教育教师应该更注重培养学生发展而不仅仅是教授知识。如申仁洪教授所说“由重结果向重过程转变、由统一规格教育向差异性教育转变”，这就为我们了解、宣传、推广特殊教育事业提供了一个发展动态的视角。消除误解、为特教专业学生营造一个理解度、支持度更好的学习和择业氛围十分必要。

总体来说，大部分学生对所学专业有一定了解，专业认同感较强。课程设置方面，普遍认为与实际结合程度较高，也基本做到了课堂与实践相结合。虽有一部分人出于社会认同及未来发展、薪资福利等原因选择继续学习深造或者转为其他专业，仍不影响该专业整理向更加壮大完善的方向发展。

（二）特殊教育学校及机构角度

由于教育群体的特殊性和教育对象的差异性比较大，相比普通教师而言，特殊教育教师需要设立更高的标准。在理论知识和应用知识之外，还需要教师了解教育对象的特点，培养更符合现代教育的沟通技能。心理素质、职业道德、知识技能和教育观念这四点共同构成了专业发展目标。

1. 公办学校面临的问题

调查过程中，北京某特殊教育学校的老师表示，现在的特殊教育行业分为公立学校及民办机构，二者福利待遇及面临的问题有很大不同，应分别讨论，公立学校内存在两大问题。

一是学生生源越来越少，特殊学校普遍面临学生荒。这方面原因是一线发达城市对外地来京人员子女入学加以控制，尤其以北京为甚。外地学生被要求除非家长连续五年在北京上社保，这样外地生源由于学籍问题，人数越来越少。因此，特校教师未来的出路不明。

二是多重残疾、孤独症学生越来越多，导致教师工作压力大。国内的特殊教育专业课程，主要是针对听力障碍、视力障碍、智力障碍三类学生开设的模块课程，但随着社会的发展，自闭症、学习障碍、言语障碍、多重障碍等多种类型的特殊儿童问题也逐渐突出。“以上海市为例，2010 学年度，上海市在学前教育、义务教育阶段接受特殊教育的儿童共 10243 人，其中，视力障碍儿童 156 人，听力障碍儿童 329 人，智力障碍儿童 7774 人，自闭症儿童 668 人，脑瘫儿童 550 人，多重障碍等儿童 214 人。”① 这就给教师工作带来更高的难度与挑战，需要教师能够对特殊儿童的各项学习能力及情况进行综合考虑，然后设计出有针对性的教学方案，以达到因材施教的效果。

这与早些年公立学校拒绝录取一些残疾程度严重的儿童有关，随着社会发展，辅导教育过程中对于特教老师的要求越来越高，民办机构渐渐不能满足此类学生的需求，压力由此转移。水平不足，工作量及工作压力增加是目前公立学校面临的最大问题。

2. 民办机构面临的问题

民办机构主要面临两大问题，在“特殊教育职业认同感及就业感受调查报告”（以下简称职业调查）中表现得比较明显。

（1）整体从业人员平均学历水平不高，专业资格认证情况不规范。

在“职业调查”第五题“最高学历”中表明，本科占比 80.95%，高中及以下占比 9.52%，研究生及以上占比 9.52%。从职业特点来考虑，本科为主体的从业人员在面对孤独症、多重残疾等类型学生时，会出现

① 于素红．我国特殊教育专业（职前本科）的危机与出路［A］．北京师范大学特殊教育研究所（系）．特殊教育教师专业发展高级研讨会 2011 年．

能力不足等情况。

同时“职业调查”第六题表明，近半数特教人员没有参加过相应的职前培训。特殊教师资格和等级的认证以及实践、职前培训等问题一直没有一个科学明朗的规章典范，所以会导致从业人员水平不一致，教育需求无法被满足的情况。

（2）职业压力极大

社会认可度低、工作量大、薪资福利待遇低、没有晋升发展机会等问题在民办机构中更为严重，种种情况使得大部分从业人员对自身工作客观上不满意，这将给特教行业带来消极的就业信息。

（3）机构管理不规范

这是民办机构相对于公立学校独有的另一个问题，在“职业调查”中，对机构管理方式不满的比例过高，这也是民办机构人员流动性大的重要原因之一。

综上所述，特教行业存在的问题主要为两方面。一是对于教师的要求不断提高，这就对高校本科在校生施加了压力，对于课程的丰富程度和深度提出了要求，这也是导致更多的特殊教育学生选择读研深造的原因之一。另一方面，薪资福利待遇是从业者最大的顾虑，如不能尽快建立教师待遇和发展机制，学生对于就业前景也会有更多的负面感受。

五、特殊教育事业发展建议

（一）特教师资力量的发展

1. *在职培训*

目前一线特殊教育教师的在职培训主要有以下几种方式：特殊教育专家的专题讲座，特教学校组织的相关学科培训，课题研究培训，兄弟学校自发的经验交流会，海内外合作培训，等等。组织培训的单位和承担培训工作的培训人员，上至教育部特殊教育处等相关部门，下至校本部培训，层次繁多，形式多样。各级培训在内容上或有差异，但重复性很大。除此之外，培训后的资格认定还不规范，缺乏相关的法律依据和制度保证。各层次培训内容针对性不强，导致各培训主体在选择培训内容上随意性较大。根据多数培训课堂反馈，教师培训基本上以培训者唱“独角戏”为主，缺乏参与培训教师动手操作和反思的过程，缺乏双向的互动和交流。

2. 制度层面

在如今，很多场所对特殊教育教师的聘任并没有相关制度，很多学校聘请的都是没有经过特教提前教育的教师，而经过特殊教育师范院校培养的新教师又没有机会进入到特教行业，补充各学校场所的空缺。于是形成了一方面师资不足，一方面存在资源的浪费的尴尬局面。对于特殊教育这样需要极强专业知识的行业，暂时却又没有可以规范教师素质的制度，明确教师资格的制度和法规，这是现在所急需的。但是要想成为合格的特教教师，获得从教资格只是第一步。如今这个时代的资讯变化速度极快，这就要求教师们不断更新其技巧和知识，教师的发展并不应该止步于某处，应该是在不断的变化中进步。在这点上，国外的特教理念较为先进，可以给我们提供很多现实指导意义供我们借鉴学习，在此基础上，我们可以更快地与时代衔接，将具有我国特色的特教体系逐步完善。想要特教行业长久发展，必定需要健全的法律法规。特殊教育师资发展的必然趋势就是特教教师资格认定制度的完备与推广，此制度的推广也必定会提高整体特教教师的个人素质与教学质量。有了制度保障，特教师资才能有职业化、专业化的动力。在现实的强烈需求下，特殊教育专业资格证书制度必须尽快完备并推广。并借此，使获得任教资格的教师接受教师培训，定期进行进修，使其教学服务水平得到质变。这就要求我们必须要将特教教师的任职、进修、晋级统筹考虑，形成完善的制度。凭借此制度的建立和完善，不仅可以增强教师的职业化、服务化，增强教学质量，还可以促使基层教师队伍的补充，提高特教行业的整体满足感、认同感。

（二） 校际支持与合作

特殊教育一线教师的数量较少，分布不规律，想要推行特殊教育专业学历教育有很多阻碍。因此，校际间的联合就变得十分重要。

与开设特殊教育专业的大学进行双向互动是一个不错的选择："如定期组织特教教师参加大学内有关特殊教育知识和技能的培训来提高一线特教教师的专业素养；定期邀请大学内特殊教育专家到特殊学校进行讲学；特殊教育专业的学生也可以到特殊学校听课；普通师范学生补充特殊教育的知识和技能。"①

除此之外，还可以利用新兴科技，拓展特殊教育专业学历教育的网络形式，以提高教师的学习积极性，促进特殊教育事业的多元化发展。1998 年 11 月，日本曾举办过主题为"21 世纪特殊教育合作——社区网络"的亚太地区关于特殊教育研讨会。会议通过交流亚太地区各个国家特教事业发展的挫折和经验，研讨不同阶段本地区发展的重点问题，指导和促进亚太地区的特殊教育发展。

六、结语

（一）研究过程说明

此项调查在进行过程中主要进行了以下两个部分的调整：

一是将调查研究重点放在了北京地区的研究上，原因在于：首先，相较于北京，调查者对于上海地区高校及特殊教育机构采访有困难；其次，北京作为首都地区，特殊教育事业具有发展程度高、问题层次复杂等特点，具有代表性。

二是随着调查的深入，调查者发现，高校课程与实际工作需求契合度较高，并不存在预设的理论与实践相脱节的情况；同时，"特殊教育工作社会地位低"的想法虽然在一定程度上影响了该专业学生的择业观及家庭社会的支持力度，但并不是问题的决定性因素，故将研究重点放在了目前北京地区特殊教育事业在历史上、现实上、经济政治文化等多方面存在的问题、原因及解决办法。

① 冯建新，冯敏．陕西省特殊教育教师专业发展现状的调查研究［J］．中国特殊教育 2011 年 1 期 65—69.

（二）所得结论

1. 高校特殊教育专业学生的专业认可度较高

在“专业调查”报告中，我们可得出以下结论：

（1）在选择专业时，学生在相当程度上了解自己的专业，并且有应对社会主流价值观的心理准备。

（2）在学习过程中，大部分学生认为课程设置与实践契合程度高，并能在实践中积极运用所学知识，主动提高教学技能，增强对专业的理解。

（3）相较于薪资福利，学生对工作环境、个人价值及发展机会更为看重。

2. 工作环境对教师的工作感受影响大

从特殊教育工作潜在的公益性质来看，薪资福利并不是影响教师职业认同感的最主要因素，其他因素可分为以下两类：

（1）对于公立学校教师来说，传统生源减少，对应岗位减少是主要问题；同时，孤独症、多重残疾学生带来的工作压力让教师觉得力不从心，需要有科学有效的学习发展制度来提升自己。

（2）对于民办机构教师来说，薪资福利低、工作环境差、机构组织混乱等问题更加显著，以往覆盖种类多、经验全面丰富的优势也随着社会发展而不再存在。作为公立学校的重要补充，应得到更多的关怀与支持。

（三）整体感受

近二十年来，北京地区特殊教育事业发展稳定，基本建设逐步完善，但是在文化宣传，即社会观念引导上尚有不足，给学生和从业者带来心理压力；引入现今的教育方法和理念是当务之急，建立教师的鼓励和成长机制，这样有利于工作更加科学高效地开展；同时重视公立学校与民办机构，加大扶持力度，让特殊教育的覆盖受益面更广泛，这样也能为特殊教育专业学生提供更多的就业和发展机会。

参考文献

［1］刘艳虹、顾定倩、焦青，改革开放30年北京市特殊教育发展及现状研究［J］，

中国特殊教育，2008 年 10 期.
[2] 邢光，滨州市特殊教育资源整合研究 [D]，山东师范大学，2009.
[3] 牟映雪，中国特殊教育演进历程及启示 [J]，中国特殊教育，2006 年 5 期.
[4] 仝晓绯，湖南省特殊教育历史回顾与发展对策思考 [D]，湖南师范大学，2005.
[5] 王佃江，广西特殊教育学校体育现状与对策研究 [D]，广西师范大学，2007.
[6] 钟玲，美国 IDEA 的演进与我国特殊教育立法问题研究 [D]，辽宁师范大学，2007.
[7] 冯建新、冯敏，陕西省特殊教育教师专业发展现状的调查研究 [J]，中国特殊教育，2011 年 1 期.
[8] 庄迪，义务教育阶段特殊教育的公正问题研究——全纳教育的视角 [D]，东北师范大学 2011.
[9] 朴永馨，特殊教育的十个变化——庆祝新中国成立 60 周年 [A]，2009-10-22.
[10] 谢九英，残疾人教育公平问题探究 [D]，湖南师范大学，2007.
[11] 邬平川，残疾儿童随班就读问题与对策研究——以安徽省为个案 [D]，中央民族大学，2005.
[12] 傅志军，我国特殊教育立法回顾与发展建议 [J]，残疾人研究，2014 年 3 期.
[13] 赵小红、MENGWanjin，改革开放 30 年中国特殊教育的发展及政策建议 [J]，中国特殊教育，2008 年 10 期.
[14] 蒋欢，我国残疾人特殊教育立法的完善——基于美国 IDEA 法幕的启示 [J]，中国市场，2012 年 13 期.
[15] 于素红，我国特殊教育专业（职前本科）的危机与出路 [A]，2011-07-16.
[16] 李雅，中国残疾儿童教育保障制度研究 [D]，首都经济贸易大学，2013.
[17] 姚琛，江苏省特殊教育学校体育现状与发展对策研究 [D]，南京师范大学，2009.
[18] 陈美志，论我国特殊教育政策的教育公平价值取向 [J]，长江师范学院学报，2011 年 1 期.
[19] 赵翠芝，山东省智障教育发展之研究 [D]，浙江师范大学，2010.

经济欠发达地区
英语教学中遇到的典型问题及解决对策*

——以安徽省皖南山区东至县为例

摘　要： 由外国语学部英语学院学生代表组成的北京语言大学“经济欠发达地区英语教学中遇到的典型问题及对策调研”实践团队前往安徽省皖南山区东至县开展为期一周的实践调研活动。通过此次实践活动，安徽东至县调研团队希望对皖南山区东至县农村学校英语教学情况重点从当地文化传统（方言）、外部环境、教师教学与学生学习四个角度对当地英语教育造成的问题作较为深入的调查研究，以期了解经济欠发达地区英语教学实情，寻求可行解决对策，改善农村英语教育问题，最终提高当地英语教学质量。

关键字： 经济欠发达地区；中小学英语教育；典型问题；解决对策

一、项目简介

（一）项目研究背景及意义

安徽省东至县作为皖南地区经济欠发达地区，其农村学校英语教学

* 作者：王雪意、张子豪、李雪、周佳妮、叶子依、黄菁、王玺、张琪、钱梦娴、白沄鸽、刘鑫、蔡诗晨、王瑶、吕大永；
指导老师：任方宁。

中存在的问题在同类地区中应有一定的代表性。此次支教团队旨在与当地中小学老师、学生交流的过程开展调研活动，并将所学所获传授给他们，加强其英语知识技能，同时把北语同学的青春正能量传递给东至县村民。

（二）项目内容及研究方法

利用日常教学，分别从教与学两方面以问卷调查的形式深入了解当地中小学英语教师与学生在英语教学中遇到的问题，包括当地方言对其英语发音的影响，学校的教学设备、教室环境，教师的教学方式、素质水平，学生英语学习的心理和行为，家长对英语教育的态度等方面，在收集来的问题中分析提取有代表性的典型问题进行缜密的分析归纳。

了解到当地英语教育典型问题之后，有针对性地设计关于“解决对策”的调查问卷，并搭配学生老师的采访，对当地师生对英语教育的期望以及建议进行调查分析，结合发达城市的英语教学现状进行对比，寻找差距，最终有针对性地提出可行的解决对策，在实践中获得真理。

（三）项目应用价值

因此次调研活动参与成员均来自外国语学部英语学院，故了解经济欠发达地区英语教学中遇到的典型问题与解决对策，开展农村英语支教工作，有助于队员在日后的英语教育学习中更加有针对性与实践性，也为毕业后的职业生涯规划提供了投身农村英语教育的基础与方向。

对当地教师与学生来说，在调研过程中我们可以了解老师与学生在英语教育与学习时遇到的问题和面临的困难，并提出合理的对策，促进当地英语教育又好又快的发展。

二、调查对象

在此次调查中，我们以问卷调查方式收集了老师组与学生组两组数据。

（一）老师组

26 位来自安徽安庆各个区县的老师对于问题的看法，其中小学老师 16 名，中学老师 10 名，虽然调查样本不大，但是能反映出此次调查的基本方向。

1. 您的性别是　　[单选题]

选　　项	小　　计	比　　例
男	4	15.38%
女	22	84.62%
本题有效填写人次	26	

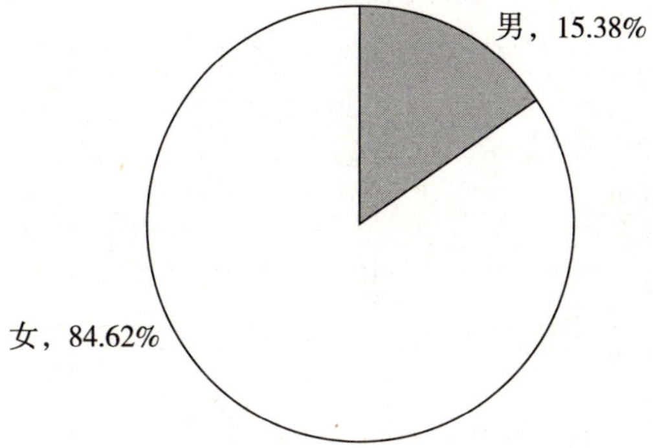

2. 您所教授的学生类型是　　[单选题]

选　　项	小　　计	比　　例
小学生	17	65.38%
初中生	9	34.62%
职高生	0	0%
高中生	0	0%
其他类型学生	0	0%
本题有效填写人次	26	

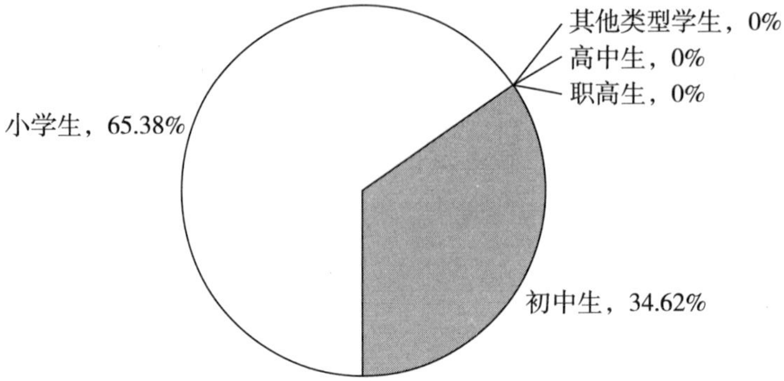

3. 您所教授的课程是【最少选择一项】　　［多选题］

选　　项	小　　计	比　　例
英语	24	92. 31%
政治	0	0%
语文	7	26. 92%
物理	0	0%
数学	7	26. 92%
化学	0	0%
历史	0	0%
生物	0	0%
地理	0	0%
其他课程	3	11. 54%
本题有效填写人次	26	

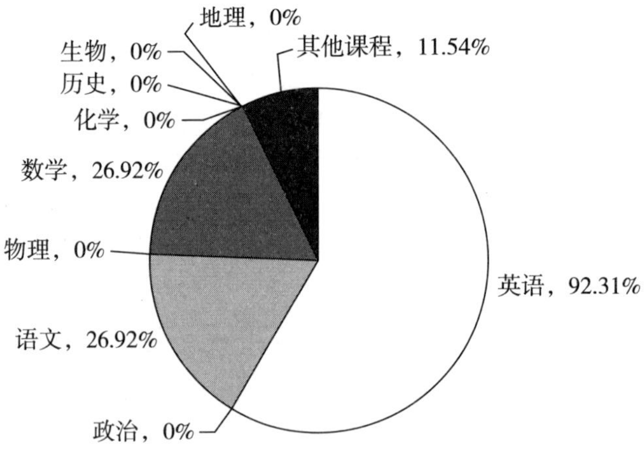

（二）学生组

我们总共调查了52名来自安徽东至县实验小学的小学生。东至县地处山区，经济发展相对缓慢。这52份数据都是有效数据。这些学生中有1名一年级学生，2名四年级学生，28名五年级学生，21名六年级学生。其中女生33人，男生19人。9岁的学生有1人，10岁的学生有4人，11岁的学生有35人，12岁的学生有12人。因为学生主要集中在五年级，所以11岁的学生居多。

样本基本信息用图表显示如下：

选项	小计	比例
女	33	63.46%
男	19	36.54%
本题有效填写人次	52	

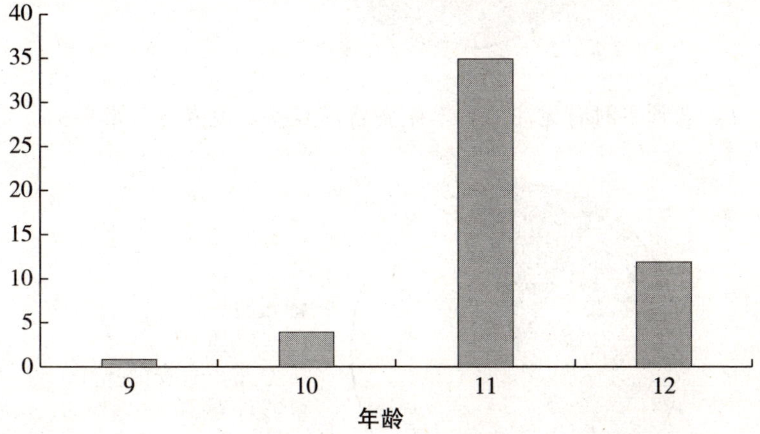

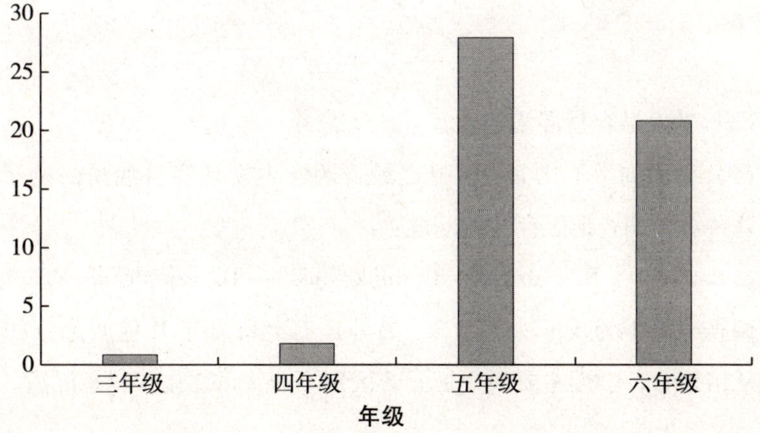

三、调查结果分析

（一）当地传统（方言）对英语教学带来的问题及解决对策

1. 数据分析

（1）老师上英语课使用普通话（英文）还是地方方言：

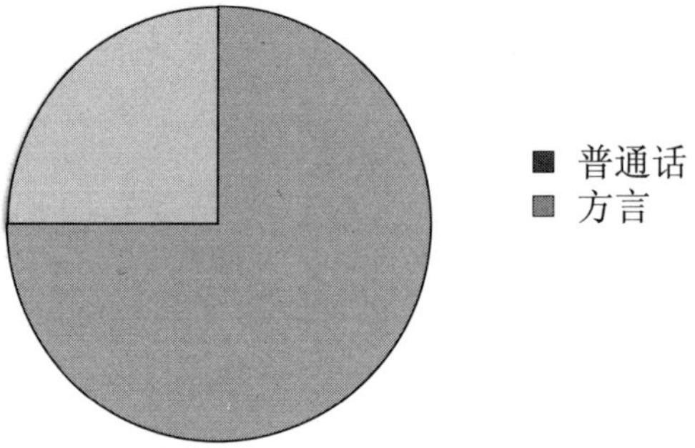

（2）老师平时有无注意到学生发音已经受到地方方言影响：

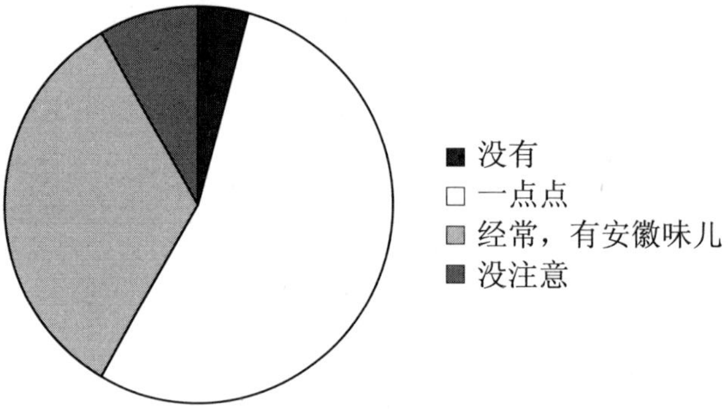

（3）学生最容易混淆的发音

（4）我们列举了几个最明显、最普遍学生发音容易混淆的例子，可以从这些看出调查地区存在的问题：

A. Bat/bite　B. goal/girl　C. think/sink　D. very/weary

调查结果中为 3、7、14、7，另外还有老师加了其他问题，如长短音。从结果看，学生主要问题是元音区别不清楚，儿化音容易混淆。

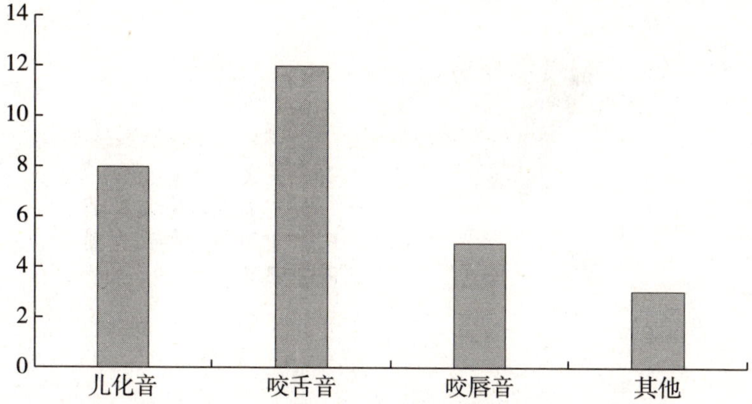

（5）您周围的人会因为交流问题慢慢改变本土语言吗？

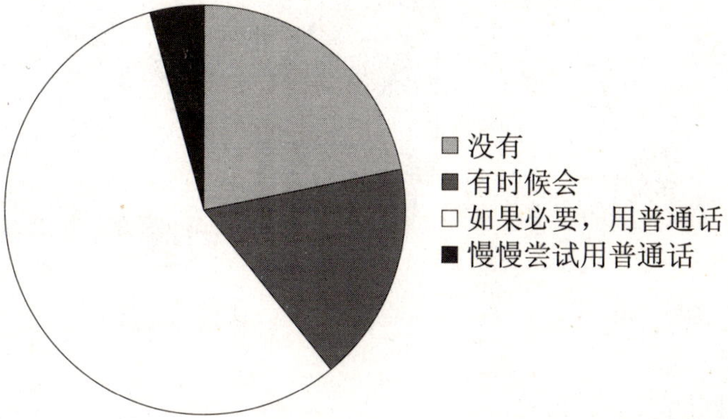

（6）您觉得普通话推广会影响方言发展吗？

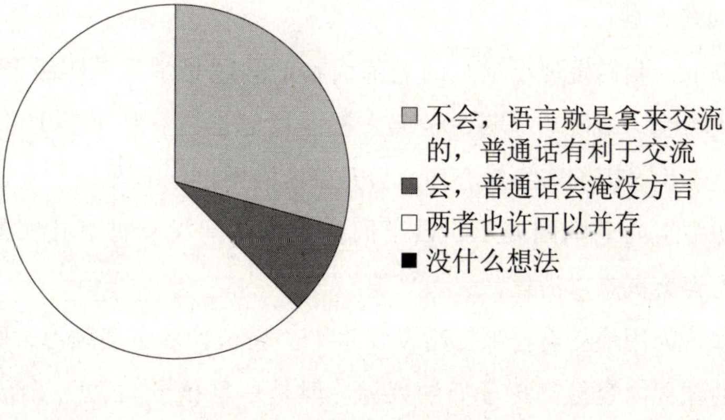

（7）您认为英语教学最好的环境是什么？

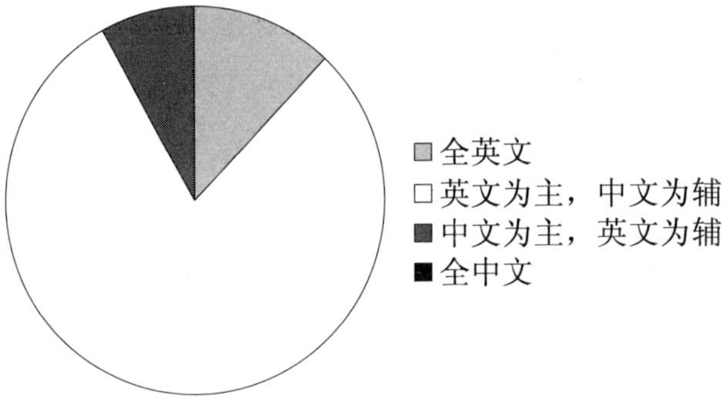

（8）您认为方言对您的英语发音影响表现在哪些问题上？

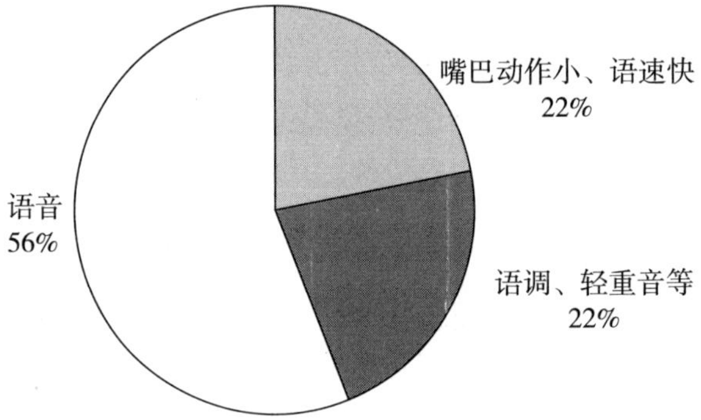

语音问题：

1）n/l 不分

2）s/z/th 不分

2. 问题归纳

调查中，我们发现小学组的老师面临的问题是学生三年级开始接触英语，比较晚，即便老师明白全英文授课肯定是更有利于学生学习，但是实际上学生会因为有抵触心理，会开始慢慢不再仔细听。

而初中组的老师则表示，孩子们在小学期间没有打下扎实的基础，初中的内容会更难以消化，失去兴趣。

老师认为用最佳途径来提高发音水平。模仿，多听多练习，听磁带，用生动的课程内容提高孩子们的兴趣。但是一旦孩子们适应了游戏式的上课模式，迫于升学压力，老师们在传授实在内容时学生会失去学习动力。这对于老师们来说是一个尴尬的局面。还有，孩子们喜欢用中文来代替音标标注发音。用汉语中的某个音来代替英语的某个音可能产生以下两个结果：如果这两个音相差不远，听着自然可以分辨（如英语中的/t/，有些学生就用汉语中的“曲”来代替，这种代替一般不易引起歧义，只是带有明显的“外国腔”）如果两个音之间存在着明显的差异（当然这里指对母语而言），或者是替代的结果是混淆了两个完全不同的音位（如将英语音素/i/读成/i：/的短音，将/n/与/l/混为一谈等），就成了严重的失误。此时听者只能靠上下文进行猜测，很有可能造成误解。

3. 解决对策

调查发现，很多发音问题都是由于孩子在小学阶段接触英语时，所养成的不良的发音习惯。在老师的反馈中，我们发现小学的孩子存在的口音影响问题不是很明显，说明口音形成是在小学中一步步积累的。所以，我们认为小学老师在教授过程中最好不说方言，甚至应该自己检测是否有被方言影响，及时纠正自己的发音问题。

针对初中老师，我们发现老师们在上课时频繁使用中文或者方言，这对学生们的接收语言有很大的影响，会给学生一种懒惰的想法，老师可以说我也可以说。因此我们强烈建议老师们上课尽量使用英文，或者英文过后中文加以解释，让学生适应英文环境。多鼓励学生说英语，调动学生的自觉性和主动性。农村教师应给予学生更多的学习机会，应该具备耐心、细心、平易近人的特征。教师应真诚的和学生交朋友，让学生尽量对教师没有畏惧感。教师应多给予鼓励，奖励，让小学生有信心，有胆量去回答教师的提问。教师应深入了解学生的家庭情况，多和家长交流，促进教学的顺利完成。若教师能利用现代教学资源给学生呈现相关主题的大量、难易适度而又有趣的材料（ 如学生描写人物前，可提供大量描写外表、性格等习作。人物特征的表达形式并配有生动图形以供学生在写作中选择使用）能使此种现状大有改观，可以让学生在乐趣中学习，减轻学生的害羞和畏惧感。同时，调动学生学习的自觉性和主动性，在学习中经常帮助他们。教师要充分利用学生的成功愿望，在课堂教学中争取让每个学生都能得到成功的体验，使每个学生在不断获得成功的过程中，产生快感，这样也调动了他们学习英语的积极性，并使他们树立起学好英语的信心和决心。让他们成为“我要学习”的主体，不断提高学习英语的兴趣，从而也可以全面提高我们的教学质量。

建议老师对孩子容易混淆的发音多加纠正，类似的咬舌音，咬唇音，等等。经过多番纠正后，孩子们就能记住而不忽视这些细小但却是重要的地方了。如今网络资源非常丰富，上面有非常标准的美式发音和英式发音，学生可以通过网络来模仿发音，使得发音标准，而不会成为中文式的读音。网络资源非常丰富，学生要在父母的监督下进行网络学习，教师可以提供几个英语学习的网站，帮助学生，引导学生正确的使用网络。

（二）外部环境（家庭与学校设施）为英语教学带来的问题及解决对策

1. 数据分析

（1）您认为家庭对英语教学的影响所占的比重是（按比重大小从1－10打分）　［单选题］

选　项	小　计	比　例
1	4	15.38%
2	0	0%
3	1	3.85%
4	2	7.69%
5	8	30.77%
6	4	15.38%
7	3	11.54%
8	2	7.69%
9	1	3.85%
10	1	3.85%
本题有效填写人次	26	

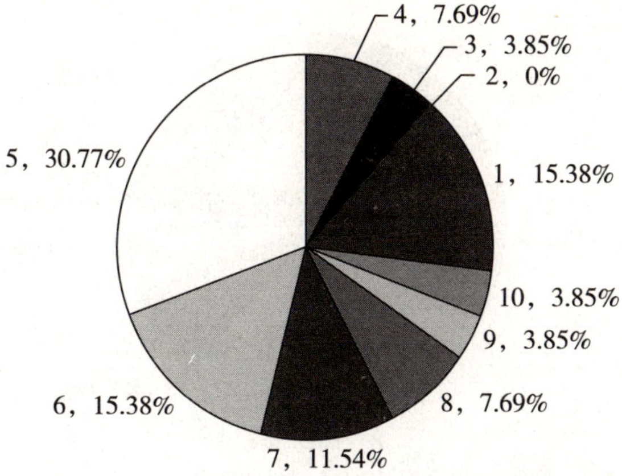

（2）您认为学校设施对您教学效果的影响 （按比重大小从 1 – 10 打分） ［单选题］

选　　项	小　　计	比　　例
1	2	7.69%
2	0	0%
3	0	0%
4	0	0%
5	6	23.08%
6	4	15.38%
7	5	19.23%
8	7	26.92%
9	0	0%
10	2	7.69%
本题有效填写人次	26	

（3）在家庭对英语教学的影响中，请您根据以下因素的重要性进行排序（请在前面方框处标注阿拉伯数字） ［排序题］

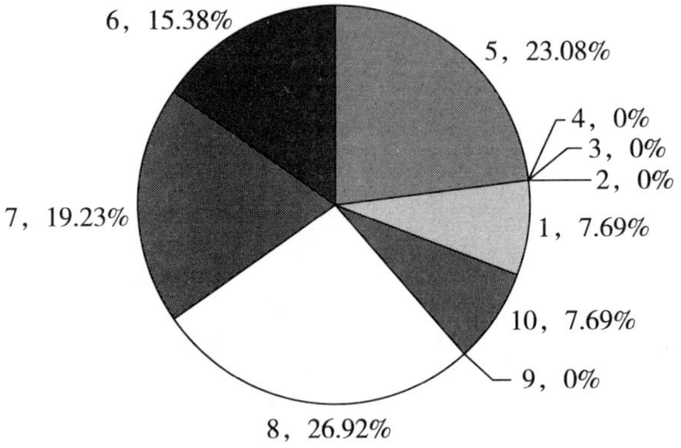

选　　项	平均综合得分
家长与学校、老师的沟通度和配合度	4
家长的受教育程度	3.73
家长对外国语言文化的态度	2.5
家庭的经济条件	2.38
家长对新事物、新观点的接受能力	2.38

（4）请您对学校设施对外语教学效果的影响程度排序（请在前面方框处标注阿拉伯数字）　　[排序题]

选　　项	平均综合得分
多媒体设备	3.5
听力教室、口语教室等专业教室的配置	2.77
外语类书籍及影像资料的提供（图书馆等）	1.88
外教的配置	1.85

（5）请您选择您认为家庭在外语教学中存在的问题并按重要程度排序（仅对您选择的选项进行排序）　　[排序题]

选　　项	平均综合得分
家长与学校缺少沟通	3.5
家长因相关知识缺乏对外语教学的重视度不够	3.35

续 表

选　　项	平均综合得分
家长因受教育程度有限无法为学生提供学习辅导	3.23
家长因传统观念对外语教学不支持、不理解	2.88
家庭经济条件无法为外语教学提供支持（课外辅导班，课外视听资源）	2.04

（6）请您选择您认为学校设施给外语教学带来的问题，并按重要程度排序（仅对您选择的选项进行排序）　　［排序题］

选　　项	平均综合得分
缺少多媒体设备	4.15
兴趣活动匮乏（英语角等）	3.77
外语学习资源的提供匮乏（图书馆里的外文书籍等）	3.62
专业教室（听力教室等）的匮乏	3.62
多媒体设备的过分依赖	3.27
外教资源缺失	2.58

2. 问题归纳

本次问卷调查的对象为26名东至县各乡镇的中小学教师，包括22名女老师和4名男老师，其中17人为小学教师，9人为初中教师，且多数老师要教两门或两门以上课程。

针对家庭与学校设施对英语教学的影响，问卷结果显示，15名中小学教师认为家庭在英语教学中所占的比重达到5、6和7，认为家庭对英语教学起决定性影响的只有一人。相比较而言，更多老师认为学校设施更能影响英语教学，有24名中小学教师认为学校设施在英语教学中的比重占5或5以上。

在家庭对英语教学的影响的方面，当地中小学生的家长对于孩子的外语学习重要性的认识不足。根据问卷结果显示，15名教师认为家庭对孩子的英语学习的重要程度达到7分及以上（10分最高）。在调查中，我们了解到，老师们认为之所以家长对孩子的外语学习不够重视跟他们自身的受教育程度以及对新观点的接受能力都有关。在调查中我们了解到大多数家长并不重视孩子的英语学习，在他们看来，英语就像美术、音乐一样是一门副科，并不重要。在学校设施对外语教学的影响中，当地中小学教师认为多媒体设备最为重要，其余的依次为听力教室、口语教室等专业教室的配置、外语类书籍及影像资料的提供（图书馆等）以及外教的配置。

当地中小学老师认为家庭因素导致外语教学中存在的问题主要集中在五个方面：家长与学校间的沟通度、家长对外语教学的重视度、家长对学生课外学习的辅导度、家长对外语教学的理解度及家庭对外语教学所能提供的经济支持度。

通过对调查问卷的数据整理，当地中小学老师认为家庭因素中导致外语教学存在问题的最重要的因素为家长与学校间的沟通度，其项目平均综合得分为3.5分（总分15分），约占23.3%。其次，家长对外语教学的重视度也是一个重要的因素，主要是家长因相关知识的缺乏导致的对外语教学的重视度不够，其平均综合得分为3.35分，占22.3%。家长对学生课外学习的辅导度有限，该因素平均综合得分为3.23分，占21.5%。最后，家长对外语教学的理解度及家庭对外语教学所能提供的经济支持度分别占19.2%和13.6%，这两类因素的得分与前三类相比相对较低。

当地中小学老师认为学校设施导致外语教学中存在的问题主要集中在六个方面：多媒体设备缺乏、相关兴趣活动缺乏、外语学习资源缺乏、专业学习教室缺乏、过分依赖多媒体设备以及外教资源缺乏。

通过对调查问卷的数据整理，当地中小学老师认为家庭因素中导致外语教学存在问题的最重要的因素为多媒体设备的缺乏，其项目平均综合得分为4.15分（总分21分），约占19.8%。然而值得注意的是15.6%的当地教师同时认为对多媒体设备的过分依赖也是导致外语教学中存在问题的一个诱因。其次，相关兴趣活动缺乏（18.0%）、外语学习资源缺乏（17.2%）、专业学习教室缺乏（17.2%）也是当地中小学老师认为学校设施在外语教学中存在的主要问题。最后，外教资源缺乏这一因素的得分最低，仅占12.3%。

通过前期的沟通交流、问卷问题设置及数据分析，在经济相对欠发达的地区，学校设施限制外语教育发展的最重要的因素是多媒体设备等相关硬件设备的缺乏。但同时，当地中小学老师对教学过程中过分依赖多媒体设备这一因素也有一定的认识。硬件设施在一定程度上可以提升教学的质量与教学效果，但其影响力是有限的。过度的强调硬件设施的配套与完善反而不利于外语教学的发展。因此，对软件设施的重视不够也是限制外语教学的重要因素。当地中小学老师认为相关兴趣活动的缺乏会降低学生的学习兴趣与学习热情，从根本上限制了外语教学的发展。

3. 解决对策

针对家庭环境对当地英语教育的影响，人们常说学校是学生的第二个家，同时家庭也是一所不同寻常的学校。家长与老师在孩子的英语学习中都起着十分重要的作用。可能有些家长没有接触过英语，但作为孩子们的坚强后盾，家长们必须全力支持和鼓励孩子们的英语学习，及时与学校方面沟通。同时学校也有很多需要做的。从课程上，要尽可能科学、平衡地安排语、数、英三科的课时。学校要积极主动地举办英语活动或比赛，鼓励学生学好英语，解决英语学习的兴趣问题。

针对学校各项设施对英语教育带来的问题，外语教育不仅仅需要学校与家长的交流，更需要学生自身的配合。而激发学生学习热情的关键在于学校能为学生提供一个充满活力的课堂环境，营造积极向上的学习氛围。但是，当地中小学老师对外教这一软件设施的重视程度不足。总而言之，学校设施在外语教学的发展中占有重要的地位，只有硬件设施与软件设施共同发展，才能为学生提供一个健康而又充满活力的学习课堂，才能促进外语教学在经济欠发达地区的进一步发展。

（三）教师教学环节对英语教学带来的问题及解决对策

1. 数据分析及问题归纳

在以安徽省池州东至县实验小学及东至职高教师为例的调查问卷中，

我们不难发现经济欠发达地区的中小学教师们普遍存在这样一个问题：教师自身的专业水平普遍欠达标。然而这在这个现象的背后，其最根本原因是教师自身的教育背景不够乐观。

人们常说“工欲善其事，必先利其器”。对于中小学英语教师来说，英语语言技能修养是最基本的教育前提，即需利之“器”。然而在此次支教行动中，我们发现目前的小学英语教师队伍中，无论是学历水平还是语言能力，都离中小学英语教师的基本语言要求有相当一段距离。教师们普遍存在严重的发音问题，且大多数甚至有多年教龄的老教师也无法完整流利地进行一段三分钟的全英文自我介绍。图 1 是来自调查问卷中的有关教师毕业院校的数据结果。

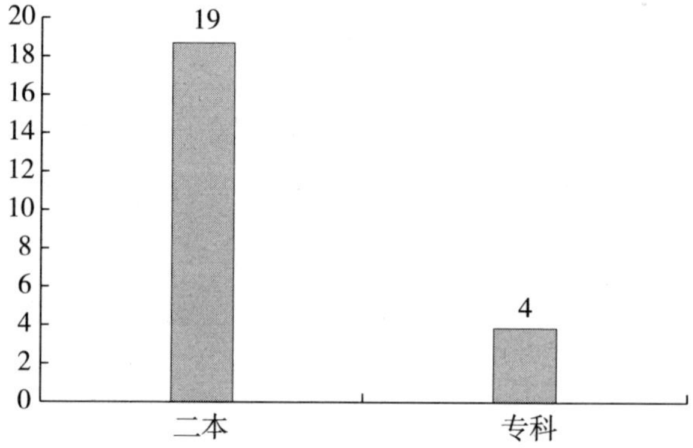

图 1　教师毕业院校

由图 1 可得，绝大多数教师毕业于二本院校，只有四人来自专科学校。在本次支教活动中，我们发现许多教师的语音是个教学问题，口语能力与写作水平也极需加强。这些教师自身的教学问题将严重影响刚接触英语的孩子，他们极有可能对错误的语音产生一定的先入为主的印象，从而导致更为困难的后期矫正。而这一切问题的根源恐怕来自不够乐观的学历。因此，英语教学水平与标准的差距不仅来自教学方法问题（即“不会教”），其根本原因在于教师自身知识积累较为匮乏（即“没啥可教”）。

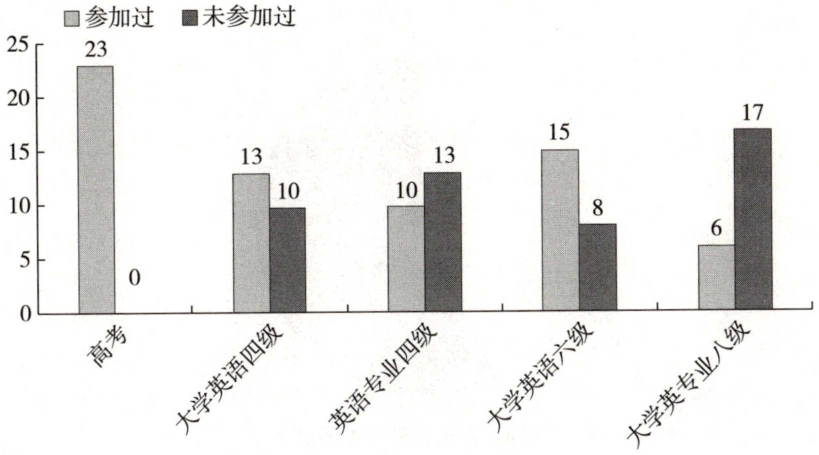

图 2　教师英语水平考试的参与情况

表 1　英语相关考试分数

	分　数
高考英语	103，103，106，113，119
大学英语四级	434，460，500，560 （满分 710，500 以上（含 500）可以考口语）
专业英语四级	65
大学英语六级	460，575（满分 710，425 以上（含 425）可以考口语）

由图 2 可得，所有老师均参加过高考，然而参加过大学英语四级的人数削减近一半。从图 3 可得，大部分教师毕业专业为英语，然而真正参加过英语专业四级（英语专业的必考项目）的教师人数则不到一半，仅为 10 人。英语专业八级的参与人数更是寥寥可数，仅为 6 人。从表 1 的分数数据中我们不难发现，无论是高考英语成绩，大学四级英语成绩还是专四及其他考试，达到

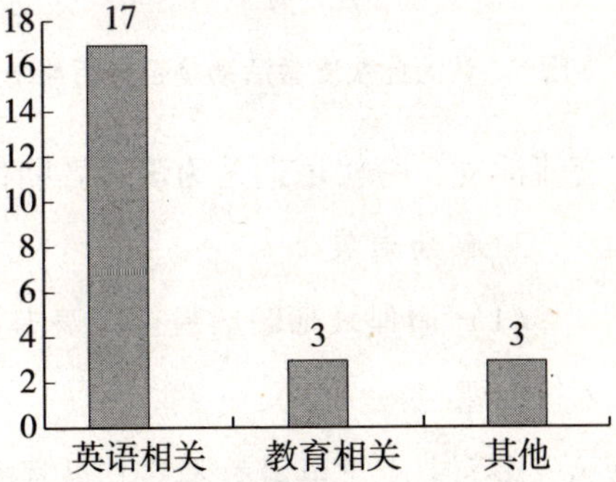

图 3　教师毕业专业

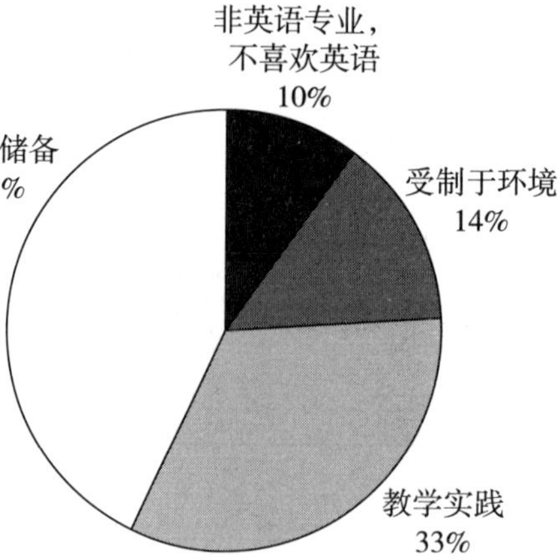

图 4　在英语教学中的劣势

基本英语标准的教师屈指可数。据图 4 数据显示，四成以上的教师认为其在教学中的劣势是自身的知识储备不足，占四项原因之首。

综上所述，经济欠发达地区的中小学教师的教学水平不够达标，其根本原因来自不容乐观的教师自身教育背景。

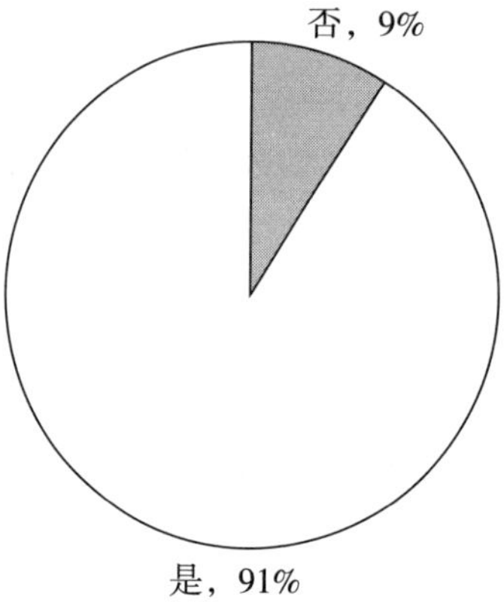

图 5　认为此次支教活动是否有所帮助

通过图 5 与图 6 数据，我们可以看到此次支教活动中超过九成教师肯定了此次活动的意义，并认为从中获得了来自四个方面的实际帮助，其中“知识和教学方法的更新”受到了最大的肯定。笔者认为，能为专业水平不达标的中小学教师注入全新知识活力，提升语言修养的交流活动、跨校培训是为该地教师带来全新提升的重要途径。

2. 解决对策

（1）加强教师职前教育，努力提高中小学教师专业水平要求标准及入行门槛

作为中小学英语教师，其最基本专业水平应达到以下几点：

①掌握英语基础语音知识，正确朗读字母和国际音标，正确朗读单

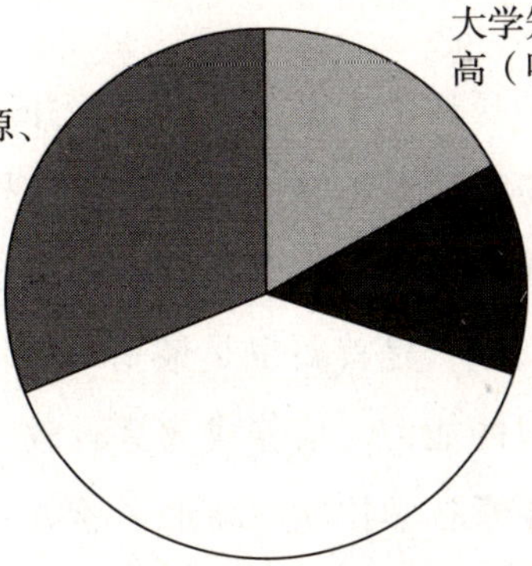

图6 帮助体现在

词和所教的语言材料。

②能听懂、看懂与教材难度相当和较高的英语材料。

③能用英语就日常生活和工作进行交流。

④能掌握阅读的基本技巧，能较好地掌握阅读技能。

⑤具有较好的英语书面表达能力。

⑥具有用英语进行教学的能力。

⑦能熟练有效地使用几种常规词典解决教学中的问题。

⑧掌握基础语法，能就教材中的语言进行语法分析。

⑨掌握英语三千到五千词，并掌握英语词汇的特点。

江西九江学院外国语学院对九江地区小学英语教师水平做了调查，参加受训的农村小学英语教师 171 名合格率仅为 19.88%，最高为 87 分，最低仅有 5 分。如此不达标的英语水平去教刚接触英语的孩子，势必会让孩子在一开始就打上错误的烙印，导致日后的英语学习道路更为坎坷。

因此，为教育薄弱的经济欠发达地区中小学教师设置更标准的入行门槛，或为不达标的教师进行职前教育是极为必要的。只有严格对教师进行入职专业考察，进行职前英语培训，把控标准的入职条件才能一步一步提高该地平均师资水平。

（2）鼓励并提供教师继续专业进修机会，促进培养自身可持续发展能力

绝大多数教师对于自身教学水平并不满意，并愿意继续进行专业进修。因此，为学历不足的教师提供继续专业进修的机会有着十分重大的意义。定期组织各种形式的培训、讲座，力图将中小学英语教师的英语语言水平提高到起码的底线，是首要也是最基本的任务。不仅如此，教师还应提升自身自主学习的能力，培养成为具有教育创新能力、持续的自主发展能力、熟练的课堂教学技能、高水平的英语专业学识以及基层教育指导能力的骨干教师队伍。通过“请进来，派出去”的培训与各种活动，教师们能够有效提高与其他优秀教师的交流。同时，九成以上教师有关教育中最希望提高的方面选择了与其他优秀教师进行教学交流——这正是中小学教师形成终身学习，培养自身可持续发展能力的重要途径之一。

（四）学生学习环节对英语教学带来的问题及解决对策

1. 数据分析

从下面的图表可以看出，东至县实验小学的小学生主要是从三年级开始接触英语这门课程。和大城市的学生从一年级甚至幼儿园就开始学习比较，这些学生在教育资源上处于弱势地位。

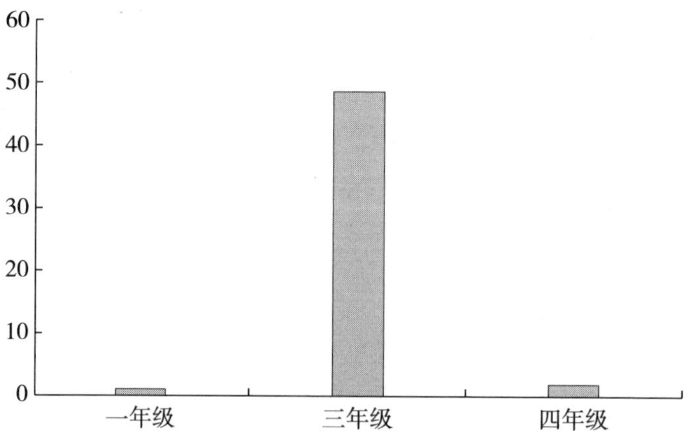

开始学习英语的年级

此次问卷还调查了学生对于英语学习的感兴趣程度。一半以上的人表示感兴趣，占55.77%。不感兴趣的人占5.77%。

选项	小计	比例
很感兴趣	29	55.77%
有点感兴趣	20	38.46%
不感兴趣	3	5.77%
本题有效填写人次	52	

小学的英语学习难度相对简单，因此大多数学生都可以取得较好成绩。很好程度的学生占65.38%。英语学习程度不好的只占3.84%。

选项	小计	比例
很好（85分~100分）	34	65.38%
一般（75分~84分）	16	30.77%
比较差（60分~74分）	1	1.92%
非常差（60分以下）	1	1.92%
本题有效填写人次	52	

另外，大多数学生认为英语学习非常有用，占55.77%。这和对于英语学习的热情还有学习成绩，都是呈正相关的。

选项	小计	比例
没有用 点击按选项顺序排序	1	1.92%
有点用	5	9.62%
有用	17	32.69%
非常有用	29	55.77%
本题有效填写人次	52	

我们还调查了学生心中对于英语、语文和数学的重要程度。在当地小学生眼中，大多数人认为语文是最重要的。英语的排序主要在第二和第三。

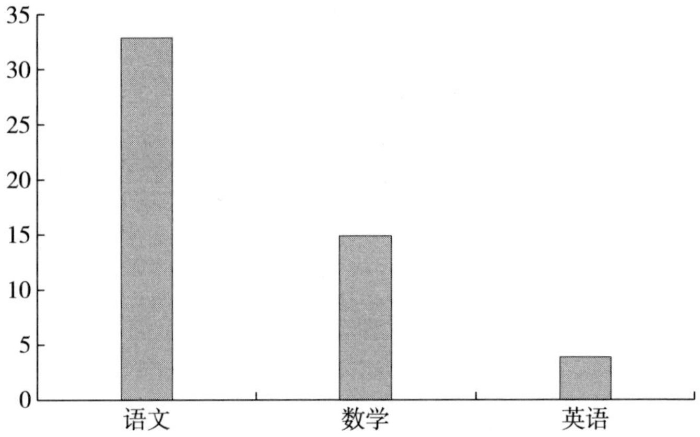

第一重要

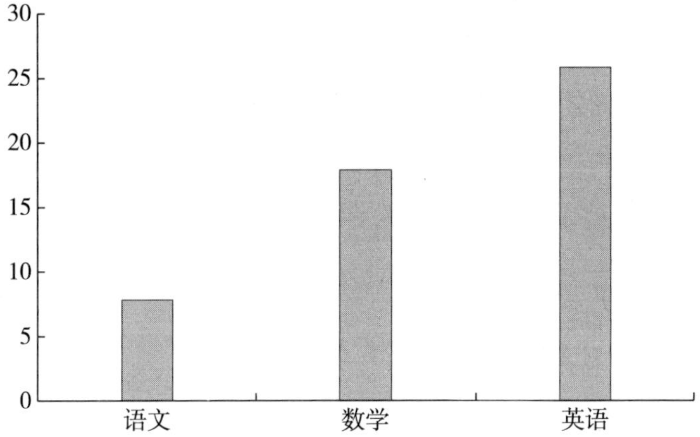

第二重要

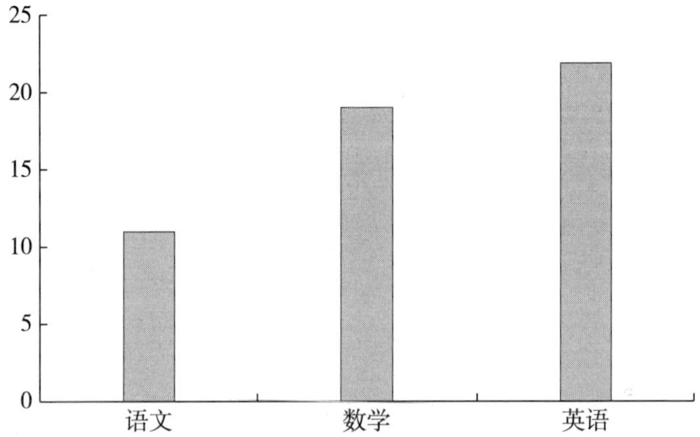

第三重要

最后，我们调查了当地学生是否参加过英语课外补习。其中 71.15% 的人没有参加过。这也在一定程度上反映了学生学习英语的热情和对英语的重视程度不够。

选项	小计	比例
参加过	15	28.85%
没有参加过	37	71.15%
本题有效填写人次	52	

2. 问题归纳

通过这一周的问卷调查和与实小孩子们的近距离接触，我们总结出孩子们在学习英语方面的一些问题如下：

（1）孩子们对英语的学习兴趣还有待提高。

在我们调查的四年级到六年级的孩子们中，表示对英语很感兴趣的人数刚刚超过一半，仍存在一小部分孩子对英语毫无兴趣。孩子们对英语学习兴趣不够，当然不利于英语学习。当我们询问他们为什么喜欢英语时，他们大多说不出理由。让同学们评价一下他们平时上的英语课时，他们纷纷表示“很无聊”。不能很好地激发和保持同学们的兴趣点，这对英语的启蒙学习十分不利。

（2）孩子们对英语学习不够重视。

在 52 位同学中，认为自己英语成绩较差的同学只有两位。在小学英语学习中，获得一个面子上过得去的分数并不是难事。这也许是孩子们对于英语学习不够重视的一个原因。另外，传统观念仍然影响着英语在孩子们心目中的分量。仅有少数同学认为语文、数学、英语三科同等重要，大部分同学则把英语摆在第二重要或第三重要的位子上。在英语课外兴趣班盛行的现在，也只有近 30% 的同学参加过。在这里我们并不认为参加英语课外兴趣班是必要的，只把它作为衡量孩子们对英语学习的重视程度的一项参考。

（3）孩子们的英语学习过于功利化。

他们只把英语作为一项课业来完成，而忽略了它的实用性。这是在应试体制下普遍存在的问题。东至县作为一个发展相对滞后的山城，苛求这里的英语教学讲究实用性或许还为时尚早，但我们提出这个问题，是希望他们的英语教育能加快发展步伐，缩小与发达地区的差距。毕竟，使用英语教学是大势所趋。

3. 解决对策

从学生的角度来说，学生们对英语学习的兴趣还有一定程度的欠缺。学生们要从自身发展的长远利益出发，意识到英语学习的重要性。英语是世界上使用最广泛的语言。能熟练运用英语，就可能在将来的人生中获得更好的发展。其次，学生们还要转变固有、陈旧观念——语文、数学比英语重要。从思想上，树立正确的观念，不能只注重单一学科的学习，要全面发展，成为社会需要的“全才”。现在社会需要的是综合型人才，学生们要从小树立正确的人生观与世界观，不要以考试作为学习的最终奋斗目标，要全面发展自己的能力。

四、结束语

近几十年来我国的英语教学得到长足发展，取得了喜人的成绩，为我国经济的发展和社会主义事业的建设作出了突出的贡献。近年来，随着新课程教学的改革和全面实施，为提高英语教学质量和水平带来了动力与活力。然而，我们应该清醒地看到，在一些地区的农村，特别是经济欠发达地区的农村，受经济和教育条件等因素的影响，与相对经济发达及教育条件优越的城市相比，经济欠发达地区的农村中小学教学尚存在很多问题，严重制约其教学质量的提高。

安徽省东至县作为皖南地区经济欠发达地区，其农村学校英语教学中存在的问题在同类地区中应有一定的代表性。对当地的英语教学中遇到的典型问题进行调查，并有针对性地提出解决对策，将帮助经济欠发达地区的英语教学取得长足进步。孩子们的教育问题是大事，是影响着我国社会主义建设进程的大事。我们呼吁国家有关部门要重视提高偏远地区的教育水平，努力平衡教育资源，鼓励更多的大学生人才前往教育滞后的地区支教，改变偏远地区学生的命运，也改变目前中国教育水平参差不平的局面。

五、谢词

我谨代表“经济欠发达地区英语教学中遇到的典型问题及解决对策”调研团队，感谢指导老师任方宁老师、童远鹏老师的悉心指导，感谢北京语言大学团委、东至县教委、县教师进修学院、县实验小学对本次调研的大力支持，是你们给予我们与东至县教师与学生共同放飞“北语梦、青年梦、中国梦”的机会，更祝愿每个老师和孩子都能继续勇敢、继续热爱、继续前行。此去不经年，后会终有期！

参考文献

[1] 刘道义：《试论中小学英语教师的专业发展》，人民教育出版社，2010 年 .

[2] 贺林茂、何智：《贫困地区农村小学英语教师本地化问题的思考》，英语教师，2009 年 12 月 .

[3] 孙香莲：《经济欠发达地区农村学校英语教学中存在的问题与对策——基于对安徽省凤阳县农村学校的调研》，《淮北技术学院学报》，2012 年 4 月 .

[4] 王淑敏、贺琨：《经济欠发达地区农村中学英语教学的问题分析》，《新教育时代》2014 年第 01 期 .

闽南语逆序词探究*

摘　要：闽南语作为闽方言地区的一支，具有悠久的历史及文化，同时保留了古代汉语的许多特点，如入声，定语后置等。为了更好地传播、传承以及发展闽文化，保护闽南语不容小觑。在此探讨闽南语的逆序词（以双音节为例），分析其与普通话的异同，由此更好地促进闽南语的研究，以此推广发展闽南语，降低闽南语的学习难度。

关键词：闽南语；逆序词；词汇；普通话

一、语料分析

和普通话相比，闽南语倒序词的类型可以先分为 3 类：

1. 联合词语的语序不同，如“脚手—手脚”

2. 偏正词语的语序不同，如“面汤—汤面”

3. 动物 + 性别组合的语序，如“鸡母—母鸡”（由于这点在几乎每篇论文中都有提到，将在附录中直接引用）

---

* 作者：陈茜、卢智琳、罗庆祥；
指导老师：程娟。

二、具体分析

1. 联合词中

形容词

同　厚薄—薄厚

同　臭腥—腥臭

同　生脆—脆生

同　弃嫌—嫌弃

同　和协—协和

同　横蛮—蛮横

同　软酸—酸软

近　闇贪—贪婪

近　阔旷—开阔

名词

同　浮沉—沉浮/浮沉

同　脚手—手脚

同　头额—额头

同　石岩—岩石

同　地土—土地

同　菜蔬—蔬菜

同　瓷搪—搪瓷

同　业产—产业

同　气力—力气

同　钩挂—挂钩

同　屉抽—抽屉

同　主顾—顾主

同　人客—客人

同　下底—底下

同　垢秽—污垢

动词

同　对答—答对/对答

同　开拆/分拆—拆开/拆分

同　开叉—叉开

同　建置—置办

同　养饲—饲养

同　补添—添补

同　觅寻—寻觅

同　解劝—劝解

同　洗荡—荡涤

近　顾爱—爱护

近　瞒劝—隐瞒

我们可以看出，形容词要相对少，可能是因为联合的形容词本身就少，也可能是联合的倒序词少。并且绝大多数都是同义词，近义词少数，没有语义不同的词。

从形式上看，每类词中也有 AB－AB/BA，即在普通话中有两种形式的倒序词（标＊号）。一般在普通话中有其中一类用得较多，而另一种形式则较为少见。此类倒序词和普通话中用得较多的那类一致。

从语义上看，多数词语是在生活中的常用词，贴近衣食住行和情感。几乎没有涉及社会科学或者其他类别的词。形容词分为形容人或者物，在形容人方面多为内心情感、性格。形容物主要描写物品的性质，如厚薄，脆生等。名词有，与身体部位有关，自然生物，人的社会地位，和杂类。动词几乎为正面积极的动词。从语义上对比，和普通话的情感色彩较为一致。且多为积极正面词语。

2. 偏正词中

形容词

同　怪奇—奇怪；跷蹊（欹）—蹊跷

同　背耳—耳背

同　生耳/熟耳—耳生/耳熟；

同　西归—归西

同　酒醉—醉酒

同　软手—手软

同　小胆—胆小

同　面线—线面

同　笔排—排笔/排列

同　醉心—心醉；清心—心寒；失心—心乱

同　记总—总计

近　失气—气短/短气

近　抛荒/放荒—荒芜/撂荒

近　垂气—气馁

近　欠血—血亏

近　钝目—眼拙；赤目—眼馋；红目—眼馋/眼红

近　横恶—强横/凶横/豪横

不　够极—极端

不　实殲—密实

不　热狂—狂热

名词

同　羊羔—羔羊/羊羔

同　熊猫—猫熊

同　联对—对联

同　墙围—围墙

同　历日—日历

同　机司—司机

同　风台—台风

同　记总—总计

同　点钟—钟点

同　舱房—房舱

同　鞋拖—拖鞋

菜花—花菜

近　来去—来往/往来

近　拍（打）武—武打

近　字目—文字/字眼

不　法度—办法/法子

不　时季—季节

不　气草—力气

不　底置—家底

不　目眉—眉心

不　糖霜—冰糖

不　挑灯—灯笼

不　拉闲/手闲—闲适/闲暇

不　路用—用处/用途

动词

同　建置—置办

同　短理—理短

同　酒醉—醉酒

同　张声—声张

同　弯斡—拐弯

同　转斡—扭转

近　坐落去—落座

近　挨（委）推—推托

不　咒誓—诅咒

介词

近　头前—前头/前面/之前

我们可以看出，名词和形容词远比动词多，同时在语义上，不同语义的词远多于联合词。可能因为动词本身在倒序词中就占少数，且动词多为单音节词，双音节的词不好找，或都直接由单音节组合而成，无法和普通话做词序的对比。在语义上，由于偏正结构的词本身具有“修饰—被修饰”的状态，所以出现语义不同的词也很好理解。

从形式上看，偏正词也有 AB—AB/BA 的形式之分。但和联合词不同的是，这类的 AB/BA 的使用频率都很高，而且在语义上 AB/BA 也不太相同。比如“失气—气短/短气”，在闽南语中有气短的意思，但也有怒火攻心导致一口气上不来，这和气短，或者短气相比，就多了一层语素义。但像“羊羔—羔羊/羊羔”这类词，和联合词不同的是，在普通话中两种说法并行不悖，并且使用频率相当。可能在语法色彩上有些许不同，但差异不会太明显。再比如说“来去—来往/往来”，这个更大程度上要靠语境区别。来往和往来在普通话中都很常用，但语法色彩却要由语境来分辨。可以说“他们来往很频繁”“两国之间往来密切”，可以相互转换。可闽南语中只有一个“来去”，并且如同“失气”，来去不止一个语素义。比如在告别时说“我们来去了”，这个“来去”其实是“回去”的意思，所以在这个层面也无法和普通话作出对比。只能说在相同语义下，偏正词的 AB/BA 形式在普通话中的使用率都很高。

从语义上看，同联合词相似，都是接近衣食住行等生活类别用词，几乎不涉及科学技术等词汇。不同语义的词语增多，同义近义词语比例减少。形容词中，很多关于人体器官的词，比如“小胆”，大部分形容人的性格个性、身体健康状态等。可以说只有“抛荒”“实殲”这两个词是形容物或者事物、事件的状态。名词则在衣食住行这个住的方面占多，大多是和生活有关的物品，如“历日”、“菜花”等。动词的数量整体较少，但也很明显可以看出是生活相关的词语多。

附件：

海峡两岸闽南方言语法比较研究

逆序词：用特殊的排列方式构词

在闽南方言中，语素顺序与普通话相反的名词，通常称之为“逆序词”，或称“倒序词”。通常说来，普通话的偏正结构的语素顺序是“修饰成分＋被修饰成分”。但在闽南方言中，一些词的语素顺序恰恰与此相反。

大名套小名的特殊偏正式复合词

这类词主要是用以表示有性别之分的动物名称。表示这类事物大类别的语素在前，表示这类事物大类别中的分属小类的语素在后，这种顺序与普通话是相反的。如：

台湾话：鸡翁（公鸡）、鸡母（母鸡）、猪哥（公猪、种猗）、猪母（母猪）。

漳州话：马母（母马）、牛母（母牛）、牛公（公牛）、请哥（公猜）、猫公（雄猫）。

泉州话：鸡母（母鸡）、鸭角（公鸭）、兔角（公兔）、猪公（公旗）、猪哥（公播）。

厦门话：鸡母（母鸡）、鸭角（公编）、鷊哥（公鸭）、鸭母（母转）、牛母（母牛）。

津平话：鸡翁（大公鸡）、鸡母（母鸩）、鸡徕（小母鸡）、鸭公（公鸭）、狗公（公狗）。

龙岩话：鸡蜂（母鸡）、猪牯（公猪）、褚哥（种猪）、猗蜂（母猪）、牛牯仔（小公牛）。

潮汕话：鸡翁（公鸡）、鸡母（母鸡）、牛牯（公牛）、马母（母马）、驴牯（公斯）。

从所列的情况来看，用“公”“母”放在动物名称之后表示雌雄之别在闽南方言中是很常见的，如鸡母、猪母、马母、牛母、狗母、鸭母、牛公、猪公、狗公、猶公等。表示阴阳性的后缀成分在闽南方言中是相当丰富多彩的。

逆序词特征

闽南语历史悠久，闽南语词汇，有很多属于古汉语的成分，最古老的可以追溯到春秋战国时代，甚至是上古时代。闽南语一些构词方式和现代汉语相反，但是和古汉语相同，例如“鸭母”“风台”“人客”“亲堂”“骹手”等。因此，闽南语与普通话词汇之间的逆序关系，在某种程度上也是现代汉语与古汉语的关系。此外，中华大地幅员辽阔，山川阻隔，直接导致方言的产生，先民在选择语素创造方言的时候，在描述同一件事物的时候，可能选择相同的语素，也可能选择不同的语素，当选择相同的语素时，组合形式有可能是AB形式也可能是BA形式的，不难理解，这时候就产生了逆序词词义的相同或相近；当然也会出现在描述不同的事物的时候，选择了相同的语素的词汇，此时便是逆序词词义的不同。

闽南语逆序词源远流长，富有生趣，流传广泛，是中国方言中浓墨重彩的一笔。闽南语作为地球的六十种语言代表之一，研究其逆序词现象的特征，不仅是对中华传统的传承与尊重，更是对文化发展的有力支撑。

在闽南方言中，语素顺序与普通话相反的名词，通常称之为“逆序词”，或称“倒序词”。通常说来，普通话的偏正结构的语素顺序是“修饰成分+被修饰成分”。但在闽南方言中，一些词的语素顺序恰恰与此相反。作为闽南语合成词的一种独特有趣的构词方式，“逆序词”的研究对于闽南语的词汇研究有重要的意义。通过对闽南语逆序词的研究，我们不仅可以借此把握这类词的使用特点及其系统性，而且可以有效地发挥其在学习普通话词汇时的心理认知，更快、更好地学好普通话，减少闽南地区人民在学习普通话时的难度。

和普通话相比，闽南语倒序词的类型可以先分为3类：

1. 联合词语的语序不同，如“脚手—手脚”。

2. 偏正词语的语序不同，如“面汤—汤面”。

3. 动物 + 性别组合的语序，如“鸡母—母鸡”。

在这三类中，从词语的词性来看，以名词，动词，形容词为主，还有少量的介词。能与普通话构成逆序词关系的闽南语词汇，虽语素相同，然词义却不一定对等。有些词汇的词义与普通话是相同或相近的，有些却是不同。比如“气力—力气”“地土—土地”这两组词，闽南语的逆序说法并没有改变它们的词义；再如“目眉—眉目”这组词，前者的意思是眉毛，后者的意思却是眉毛跟眼睛，两者的词义范围不同。“百八—八百”这组词，前者是一百八十的意思，而后者却是八百。但总体来说，词义相同或相近的逆序词仍占大多数，其中逆序词动词中词义相同或相近的比例最大；词义不同的逆序词偏少，且以偏正结构的词汇为主。笔者在进行闽南语逆序词的研究时，曾参照基础《普通话闽南语字典》台湾版，找出了字典中的逆序词进行了统计，得出了以下结论，供参考。

逆序词原因

在前面三篇论文中，我们讨论了闽南语逆序词的对比和特征。将在这篇论文中推测一下闽南语逆序词的起源。

在特征中我们发现，几乎所有的逆序词都是基本词汇，是一些必要的、生活中常见的词。衣食住行成为主要的逆序词的来源。据此我们可以推测，逆序词是在很久之前就存在了。并且我们知道，唐朝的官话跟闽南语类似，我们甚至可以大胆猜测，从当时就能传下来一些词，比如“脚手”，两个必须用到的词，很可能从当时就有了。但是逆序词是相对于普通话而言的，所以这个推论也并不是很可靠。因为普通话的语音也改变了，语义也可能放大或者缩小甚至迁移或者直接消失。再用闽南语与其对比，那么就和古时候的关系不太明显。

第二个推测是大概有受到闽南本土文化的影响，从而形成了逆序词。文化是一个很广泛的话题，所以可以详细的从饮食文化、社会文化、关系文化等进行探究。在本次探究中，明显可以看出逆序词很少受到本土文化的影响。在闽方言地区，还有粤方言地区，都有“动物—性别”的逆序现象出现。由此可以推断出在逆序词的层面，受到历史文化的影响较大。至于“脚手”之类的联合词以及其他的偏正词汇，则找不到明显的原因。但大致可以推断出，受到古代汉语的影响，还有词义的转移，扩大和缩小，使得一些词在普通话中的意思改变，但在闽南语中的意思有的不变，有的却消失了。这样复杂的原因难以在短时间内找出。

附录引用：

《海峡两岸闽南方言比较研究》

《广东闽方言语法特点的比较研究》林伦伦　汕头大学学报（人文科学版）

《闽南语“逆序词”探析》林晓珊 No. 2. 2011 Sum 104 佳木斯教育学院学报

《琼北闽语词汇研究》　符其武　厦门大学　博士学位论文

《试谈广东诸方言倒序词产生的原因》林伦伦　汕头大学学报人文科学版（198 了年第一期）

基于《现代汉语存词典》的同素逆序异义词研究　赵艳　华中师范大学　硕士学位论文

附录语料：

基础《普通话闽南语字典》台湾版—方言词语索引

论文中的语料

形容词

同　怪奇—奇怪；跷蹊（攲）—蹊跷

同　背耳—耳背

同　生耳/熟耳—耳生/耳熟；

同　臭腥—腥臭

同　西归—归西

同　酒醉—醉酒

同　软手—手软

同　小胆—胆小

同　面线—线面

同　厚薄—薄厚

同　生脆—脆生

同　笔排—排笔/排列

同　心横—横心

同　醉心—心醉；清心—心寒；失心—心乱

同　弃嫌—嫌弃

同　和协—协和

同　横蛮—蛮横

同　软酸—酸软

同　记总—总计

同　康健—健康

同　闹热—热闹

同　久长—长久

近　失气—气短/短气

近　抛荒/放荒—荒芜/撂荒

近　垂气—气馁

近　欠血—血亏

近　闇贪—贪婪

近　阔旷—开阔

近　钝目—眼拙；赤目—眼馋；红目—眼馋/眼红

近　横恶—强横/凶横/豪横

不　够极—极端

不　实孅—密实

不　热狂—狂热

名词

同　羊羔—羔羊/羊羔

同　熊猫—猫熊（这个普通话中也称为熊猫，但正确叫法应该是猫熊）

同　浮沉—沉浮/浮沉

同　联对—对联

同　墙围—围墙

同　脚手—手脚

同　历日—日历

同　机司—司机

同　风台—台风

同　记总—总计

同　点钟—钟点

同　舱房—房舱

同　头额—额头

同　石岩—岩石

同　业产—产业

同　气力—力气

同　屜抽—抽屜

同　鞋拖—拖鞋；钩挂—挂钩

同　地土—土地

同　主顾—顾主

同　人客—客人

同　下底—底下

同　垢秽—污垢；菜花—花菜

同　菜蔬—蔬菜

同　米碾—碾米（机）

同　瓷搪—搪瓷

同　面汤—汤面

近　来去—来往/往来

近　拍（打）武—武打

近　字目—文字/字眼

不　公母—雌雄（这类将性别的置于动物后的构词法已有研究不多做赘述）

不　法度—办法/法子

不　时季—季节

不　气草—力气

不　底置—家底

不　目眉—眉心

不　糖霜—冰糖

不　挑灯—灯笼

不　拉闲/手闲—闲适/闲暇

不　路用—用处/用途

动词

同　对答—答对/对答

同　开拆/分拆—拆开/拆分

同　开叉—叉开

同　建置—置办

同　短理—理短

同　养饲—饲养

同　补添—添补

同　酒醉—醉酒

同　缴收—收缴

同　米碾—碾米（机）

同　张声—声张

同　觅寻—寻觅

同　解劝—劝解

同　记总—总计

同　弯斡—拐弯

同　转斡—扭转

同　洗荡—荡涤

近　坐落去—落座

近　挨（委）推—推托

近　顾爱—爱护

近　瞒劝—隐瞒

不　咒誓—诅咒

介词

近　头前—前头/前面/之前

近　准定——准/一定/定然

以下为上方词汇的分配比例：

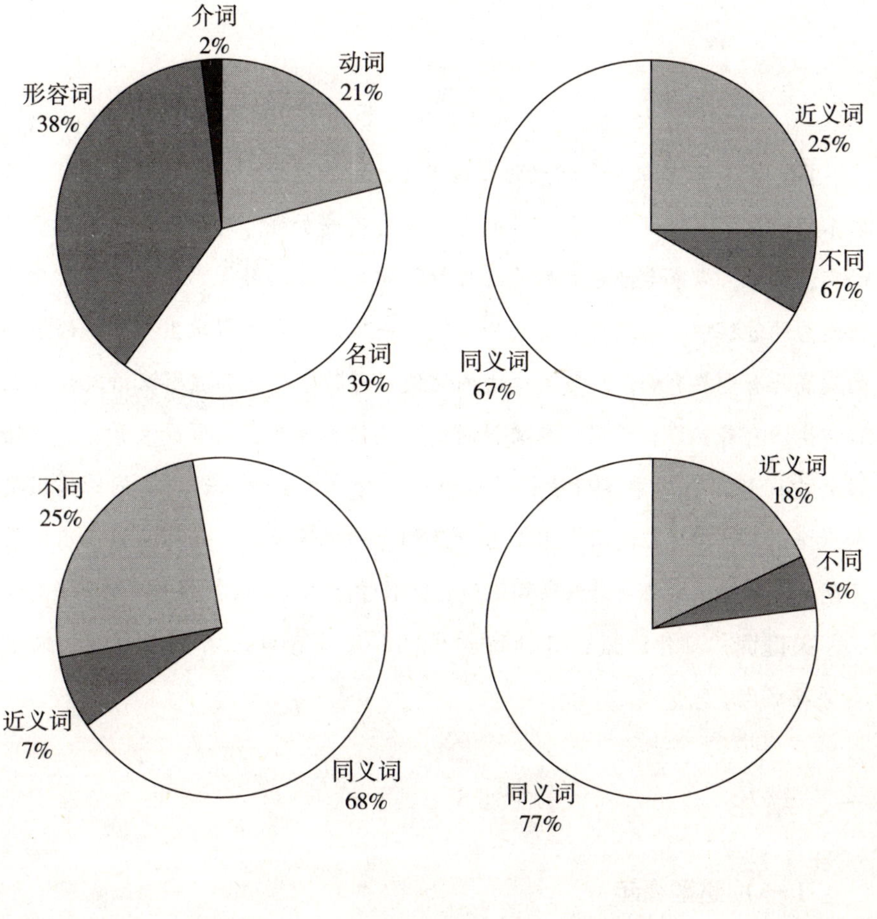

日韩 L2 学习者汉语常用三音节口语词偏误研究*

摘　要：随着来华留学生的日益增多，对不同文化背景的汉语学习者采取不同的教学方法以及教学内容的重要性也逐渐加强。近年来，中国与日韩的交流频繁，专家学者也更加关注日韩留学生的汉语习得。在提升留学生汉语能力的过程中，词汇教学是十分关键的一项，这对于留学生整体汉语水平的提高具有重要影响，而常用口语词的使用对留学生全面理解汉语文化以及日常生活有着显著的作用。本文针对日韩国家留学生，从暨南大学、北京语言大学 HSK 语料库中获得语料，拟分析总结关于常用三音口语词的偏误类型，探究日韩学生在使用常用三音口语词上的偏误表现，并对其偏误原因展开阐述，希望以此给对外汉语词汇语别化教学及词典编纂提供一定的借鉴。

关键词：对外汉语；日韩留学生；常用三音口语词偏误分析；偏误类型及成因

一、绪论

（一）选题缘起

随着中国经济与综合国力的迅猛发展与提高，越来越多的外国留学

* 作者：杨丹、刘天会、刘梦悦、李方方、张莉；
指导老师：程娟。

生选择漂洋过海来中国学习汉语，全球范围内也掀起了一股汉语热。在与留学生的接触中，我们发现，留学生的很多表述可以让人意会，但很多词汇的运用并不符合汉语的常用语法，所以会听起来很别扭甚至有不太舒服的感觉。比如动词“巴不得”的误用，留学生说：“我还有四年的时间在北京学习，巴不得继续努力学习。”这就是错用词，正确用词应该为“一定要”。而且在对外汉语口语教学中，也会经常遇到这样的情况。这种现象一方面是由于留学生没有很好的掌握语法规则，导致了口语词运用的错误，另一方面也是由于留学生对中国的交际习惯与文化背景的了解不够深而出现了偏误。现在的很多电视娱乐节目上（比如汉语桥等），选手口语词的正确使用是一大加分点，如果他可以流利的使用常用口语词，我们就会觉得这个老外是个“中国通”。

为了使留学生更好地融入中国的日常生活，学到更地道更标准的汉语，让老师们在对外汉语教学中重视口语词的教学，我们以日韩国家的第二语言习得者为调查对象，把他们在使用常用三音节口语词时出现的偏误作为研究内容，希望能为对外汉语教学做一些贡献，完善对外汉语实际教学经验，推动中国留学生教育的发展。

（二）选题意义

当下，汉语的全球化发展对我国的第二语言教学提出了很高的要求，如何使留学生快速学会说汉语从而真正融入中国的日常生活，如何使中外学生在更高层面上交流从而使汉语文化得到更好的发展，这些都是极具挑战性的命题。在学校的学习生活中，我们发现，很多留学生在口语词汇的使用上有许多误区或者错误的地方。本篇文章对此问题进行了系统的研究和论述，可以促进留学生对汉语口语词汇的掌握。也将对汉语熟语理论、中日韩三语的发展起到积极作用。

1. 有助于留学生的汉语学习

近些年来，中国与日韩两国的文化交流日益增多，不断发展的中国经济也催生出了赴日韩购物旅游热，由此，日韩两国逐渐兴起了汉语热潮，来中国学习的外国人数量不断增加。虽然中国与日韩的文化有相似之处，但是在词汇的使用上仍有很大的区别。母语背景的不同导致日韩留学生在词汇使用方面存在较多偏误，口语的学习又趋于生活化，与课堂教学有较大出入。虽然针对汉语习得者汉语学习的词汇研究十分丰富，但是针对三音节的口语词汇研究则亟待更深入的研究与讨论。对于日韩 L2 学习者汉语常用三音口语词的偏误研究可以帮助日韩留学生更高效准确地学习汉语，适应在华的学习生活。

2. 有助于丰富深化汉语熟语理论

本文在口语研究方面，着重于日韩留学生常用三音节字词的偏误分析，这在以往的研究中较少被涉及，本文采用多种研究方法对日韩留学生在三音节口语词的学习过程中的偏误进行原因分析比较，并提出涵盖教学、教材等各个方面的改进建议。本文的研究会拓展三音节口语词的研究内容，丰富偏误分析法和语块分析法等研究方法。这些研究会深化汉语熟语研究理论，推动汉语熟语理论的研究。

3. 促进语言类推机制、日韩与中国词汇对比以及母语迁移规律的研究

日韩留学生误用口语词汇，是由多种原因造成的，其中之一便是母语规则迁移的偏误。对母语迁移的表现、规律进行研究分析，对于语言类推机制具有十分重要的意义。同时，对于日韩和中国的母语口语词汇使用情况的对比分析，又会为日韩文化中的口语词汇研究提供部分参考。

4. 有助于日韩教学以及教材的改进

本研究对日韩留学生在汉语常用三音节的口语词汇的使用过程中出现的错误进行分析研究，争取体现日韩留学生在学习过程中经常出现的问题，在此基础上分析其错误的原因、类型以及改进方法，为汉语教学教师针对性地纠正日韩学生在学习中出现的错误，解决日韩留学生在口语运用中遇到的难题，提供了部分建议和参考。

在日常与留学生的接触中，我们也发现部分教材在编写上有许多有待商榷之处，学习词典和教材编写的缺陷也是日韩留学生在汉语学习中出现错误的原因之一。本研究中找出部分易错的三音节的口语词汇，加以分析，有助于对汉语教材编写进行改进与提高。

二、相关问题研究综述

语言的研究从来都是各方面相联系而不能孤立来看的，本文研究内容为日韩 L2 学习者汉语常用三音口语词偏误，研究过程中会涉及第二语言教学领域中诸多已经探讨过的问题，下面主要对对外汉语词汇教学研究、常用口语词本体研究、日韩 L2 学习者汉语常用口语词偏误整体情况进行综述。

（一）对外汉语词汇教学研究综述

在中国近些年的对外汉语教学中，词汇教学不断得到重视。正像 Michael Lewis 在其出版的《The Lexical Approach》中所论述的那样：词汇习得是第二语言习得的中心任务，听说读写没有哪一项语言技能能脱离对词汇的依赖。[①] 人们分别从表面和深层次分析词汇教学在对外汉语教学中的重要作用，探讨有效的教学方法。

1. 教学原则

教学原则角度是目前已发表的文章谈词汇学的基本方面，主要依据汉语词汇的特点和对外汉语词汇教学的特点进行总结，如孙新爱的《对外汉语词汇教学应把握的几个原则》中提到的要把握语素、字、词结合的教学原则、把握在语境、句子中教学的原则、结合词的组合关系和聚合关系进行教学的原则以及在词语释义上要把握准确、适度的原则。[②] 除此之外，其他学者也进行了细致的研究，这些研究成果为提出解决词汇偏误的教学策略提供了理论依据。在当今汉语词汇教学研究中，要想使教学更具准确性和针对性，我们需要对汉语词汇教学的不同课型、不同教学阶段和不同国别进行研究。

2. 教学内容

在教学内容方面，词汇的教学主要包括：词语语音表达形式、词语

① Michael Lewis：《The Lexical Approach》，北京理工大学出版社，2002 年 1 月 .

② 孙新爱：《对外汉语词汇教学应把握的几个原则》，《云南师范大学学报：对外汉语教学与研究版》，2004 年第 02 期 .

的理性义、文化义及色彩义以及词语的组配范围。周一农在《词汇的文化蕴涵》一书中也提到应从文化的视角进行词汇教学和词汇研究工作，应在规范词汇用法的同时进行创新，体现词语作为教学重要内容的创新和辩证关系。[①]

3. 教学方法

在教学方法方面，传统的语素教学法、情景教学法、对比翻译法、演示描述法、联系扩展法是专家学者主要探讨的方面，但又不仅限于此，他们想拓展出一些新的方法，比如集中强化教学法。吕必松曾谈道：文化背景知识的教学在语言教学中的重要性已经引起了各国语言教学工作者的普遍重视。[②] 由此可见，近年来针对加强文化背景知识教学的问题上，人们已经达成了一致的共性。

（二）常用口语词本体研究综述

在20世纪90年代，词汇的研究独辟蹊径。在《汉语描写词汇学》一书中，刘叔新明确提出了现代汉语词汇的范围的理论思想。刘叔新的著作肯定了汉语词汇的重要性，并且提出了具体这一范围的原则。刘认为现代汉语词汇范围是现代汉语词汇进行科学研究的前提。“只有现代汉语词汇范围明确的，解释这些词汇的内部组织情况以及其他规律的分门别类的现象等，才有十分可靠的落脚点和牢靠的基础。”也就是说在词汇的研究历程中，确定研究词汇的范围十分重要。[③]

汉语常用口语词汇是对外汉语教学中十分重要的组成部分，也是第二语言学习者在日常口语使用频率较高的特定词汇。既称为口语，其具有表义语用性及用法灵活性等特点，也是对外汉语教学中的重点和难点。对外汉语教学中，学术界早就开始关注常用口语词汇，直到20世纪80年代，口语词汇才从固定语中分离出来。如在《口语习用语略析》一文中，常玉钟分析了其性质和特点，又比较详细地介绍了

---

① 周一农：《词汇的文化蕴涵》，上海三联书店出版社，2005年8月.

② 沙平：《论第二语言的教学的文化导入》，载《福建师范大学学报：哲学社会科学版》，1999年第1期.

③ 刘叔新：《汉语描写词汇学》，商务印书馆，2005年10月.

其语法、词义、修辞特征，为口语词汇的研究开辟了新的局面。同时也告诉我们在对外汉语教学中，对常用口语词汇进行搜集研究这一项工作具有实用意义和实用价值。并且在1993年，常玉钟又主编了《口语习用与功能词典》，众多学者对此书的使用价值、理论价值给予了高度的评价。此后的一段时间，学术界主要为对单个口语词汇的分析和研究。

21世纪以来，对常用口语词汇的研究又蓬勃发展起来，2005年张风格在《口语习用语研究的两个问题》中，从七个方面详细地讨论了口语习用语与熟语的其他类别相比的独有的特点。[①] 近年来，也不断有优秀的关于常用口语词汇研究的论文，分别从不同的侧重点对常用口语的教学和教材提出了建议与意见，如《留学生汉语口语习用语块习得研究》[②] 和《对外汉语教学中的口语习用语的注释问题研究》。[③]

由此可看出，在对外汉语教学研究中，虽然较多论文提出了关于常用口语词汇教学的意见和意义，但教学方法的研究还有待于进一步拓展。本文希望在前人研究的基础上，立足越来越多的留学生学习汉语的大背景，把口语词汇同对外汉语教学结合起来进行探讨，分析日韩L2学习者在常用口语词汇学习中产生的偏误及原因，从而推动口语词汇教学的研究和发展。

（三）我国现阶段对日韩常用口语词偏误的研究

汉语常用口语词偏误研究是以汉语整体的偏误研究为基础的。在国外，偏误分析和第二语言习得研究是以1967年英国语言学家科德的论文《The significance of learner's errors》的发表为标志的。1972年，美国语言学家塞林克提出中介语理论，为深化研究偏误奠定了理论基础。在国内，1984年鲁健骥《中介语理论与外国人学习汉语的语音偏误分析》的发表，标志着对外汉语教学界研究这一领域的开始。[④] 从中介语理论引进的20

---

① 张风格：《口语习用语研究的两个问题》，载《语言文字应用》，2005年第02期.

② 丁洁：《留学生汉语口语习用语块习得研究》，暨南大学硕士学位论文，2006年.

③ 陈赫婷：《对外汉语教学中的口语习用语的注释问题研究》，华东师范大学硕士学位论文，2009年.

④ 周正红：《韩国学生使用汉语介词偏误分析》，辽宁师范大学硕士学位论文，2007年.

年里，关于偏误分析的课题在第二语言教学中越来越受到关注。偏误分析涵盖诸多内容，如语音、语调、笔顺、语法以及词汇等等。《世界汉语教学》、《语言文字应用》、《语言教学与研究》及《汉语学习》代表了对外汉语教学研究的较高水平，通过研究这四种刊物上有关偏误分析的文章，经统计发现，在这些偏误分析中，语法偏误所占比例高达一半以上。而实际上，语法只是留学生学习汉语的部分内容，真正与其生活联系最紧密的应该是口语词汇。

我们发现，已有汉语语音、词汇、语法等方面的研究偏误对象以东亚和东南亚留学生为主。而对日韩留学生汉语口语词的偏误分析则着重从细处着手，力求细致入微。有从单字分析入手的，如安珠英的《韩国学生使用“了”的偏误问题研究》①，解燕勤的《韩国留学生汉语副词“也”的偏误考察》② 等。有针对汉语整体词汇的偏误进行分析归纳，提出新的教学策略的，如刘红英的《韩国学生汉语词汇使用偏误分析》③ 以及杜艳青的《韩国学生汉语词语偏误分析》④ 等。现阶段，我国对日韩留学生汉语词汇偏误分析已涉猎到词汇习得的各个方面，教师可以预先了解学习者可能产生的偏误来源，提前了解教学难点和重点所在，从而在课堂上进行针对性教学，帮助学生准确地理解运用汉语词汇，从而提高汉语整体水平和交际能力。但这些还不足够，丰硕的成果后还存在着一些不足。

日韩第二语言学习者在学习汉语的过程中，总会出现理解错误或是表达错误。这些错误部分源于不同国家文化的差异，也有部分源于汉语学习教材中的解释偏误。目前已发表的论文针对日韩汉语习得偏误的研究尚存在一些疏漏和不足，对词汇偏误的分析主要存在于书面用语，如形容词，

---

① 安珠英：《韩国学生使用“了”的偏误问题研究》，东北师范大学硕士学位论文，2009 年.

② 解燕勤：《韩国留学生汉语副词“也”的偏误考察》，北京语言大学硕士学位论文，2005 年.

③ 刘红英：《韩国学生汉语词汇使用偏误分析》，载《沈阳师范大学学报：社会科学版》，2004 年.

④ 杜艳青：《韩国学生汉语词语偏误分析》，载《安阳师范学院学报》，2006 年.

副词的研究，等等。而本文将对词汇偏误研究较少的常用三字口语词进行研究，在借鉴前人的基础上有所拓展，采用调查的方法对日韩留学生的三字口语词进行较为系统的阐述，对留学生汉语习得者词汇偏误研究的内容更为完善，从而帮助对外汉语教学者寻求有序的教学对策。

三、研究范围、研究方法与理论基础

（一）研究范围

我们从中华人民共和国教育部国家语言文字工作委员会在2010年发布，2011年实施的《汉语国际教育用音节汉字词汇等级划分》一书中进行选词，其中主要涉及汉语国际教育用一级（初级）、二级（中级）词汇中的三音节词汇，个数为12个。我们的参考辞典为《汉语口语词词典》。

根据相关数据，在来华留学生中，来自亚洲的留学生比例占总人数的59.80%，总人数为225，490人。而在亚洲众多国家中，韩国留学生人数为62，923人，日本为15，057人，分别位于所有来华留学生总数排名的第一名和第五名。由于日韩的来华留学生人数较多，而且日韩与中国在语言文化上有许多相似之处，因此，我们把留学生研究对象界定为日韩留学生。

（二）研究方法

T. McEnery & A. Wilson对语料库语言学的定义是“基于现实生活中语言运用的实例进行的语言研究称为语料库语言学”。[①] 我们从留学生的汉语语料库中选词，这些语料本即源于生活，真实自然。在此基础上，我们运用相关语言学理论知识进行研究，发现第二语言学习者学习汉语时产生的普遍问题，并对他们的错误规律进行总结，使研究结论尽可能确切地反映现实。

以“汉语口语词词典”为研究对象，筛选出12个三音节常用口语词构建子语料库，以子语料库为封闭区域进行词汇偏误数据统计，在分析

① T. McEnery & A. Wilson.（1996），Corpus Linguistics，Edinburgh University Press.

数据的基础上对日韩留学生的词汇偏误情况进行归类总结（见附录）。以定量分析为手段，以定性分析为目的，在定性的基础上，用定量分析的结果核实初步的定性结论，在此基础上不断修改，推进定性结论。

（三）理论基础

1. 中介语理论

在第二语言习得过程中，学习者会依据其母语习得情况，自行归纳推导而出的一个语言系统，这既不同于其第一语言，也不同于其目的语，而是介于两者之间。而且这套语言系统在不同的阶段会发生相应的变动，会随着学习者目的语学习的进展而逐渐丰富，与目的语的系统规律尽可能地接近。中介语在语音、词汇、语法以及文化上都有体现，它是独立的，有章法的，对第二语言学习者具有重要意义；中介语也是动态的，伴随着学习者语言水平的提高而不断变化，最终使学习者离开中介语向目的语靠近。中介语的动态变化导致了它的不完备性，使学习者在靠近目的语的过程中总是会产生各种各样的偏误。这些偏误也是反复和顽固的，会对学习者产生持续长久的影响。所以，基于中介语理论的研究能够正确地认识日韩留学生汉语常用口语词的错误，发现错误背后的原因和规律，从而更好地指导对外汉语教学，帮助日韩语言学习者克服障碍，提高汉语水平。

2. 语块理论

在词汇教学法范围内的各种教学理论中，语块理论是其中具有关键意义的一项，这个理论由 Nattinger 和 DeCarrico 在 20 世纪 90 年代初期提出。其主要内容是，在计算机技术飞快发展和语料库语言学、语言习得研究持续深入的过程中，人们逐渐意识到，在我们日常输出的语言中有很多成分并不是由那些最小的语言要素临时组合生成的，而是能够直接来自于那些语言中客观存在的预制语块。[①] 通过对日韩留学生所使用口语词中的语块进行各个角度的描述、分析和统计，势必对本次偏误研究起到非常大的帮助作用。

---

① 马晓伟：《语块理论与对外汉语教学》，辽宁师范大学硕士学位论文，2010 年 6 月 .

四、日韩 L2 学习者汉语常用三音节口语词偏误类型描写及原因分析

（一）日韩 L2 学习者汉语常用三音口语词偏误类型描写

根据对北京语言大学 hsk 语料库以及暨南大学语料库语料的搜集以及分析，将日韩留学生常用三音节口语词偏误类型分为语义偏误、词语缺失和赘余以及其他三大类，每一大类中又可细分为若干小类，具体如下。

1. 口语词混淆偏误

口语词混淆是指由于作者不能正确理解所用三音节口语词的正确含义，使其不能正确使用三音节口语词从而出现语义偏误，出现“词不达意”的情况。并且汉语的词义具有多层次的特点，包括理性意义和附加意义。理性意义是词义中的主要部分，表达人在特定场合下的特定感受。加之日韩语言与汉语在一定程度上有渊源，使日韩学生在学习汉语的过程中会和母语进行对比，造成对词义理解的不完整或者是不正确，从而导致了用词偏误的产生。

（1）理性意义偏误

所谓理性意义，就是词义的核心词。在词典中，对词的定义就是词语的理性意义。词语在使用上的偏误是由于对词语的理性意义掌握不全面，或者是理解有偏差造成的。

<table>
<tr><th>偏误类型</th><th colspan="2">次类偏误</th></tr>
<tr><td rowspan="3">理性意义偏误</td><td colspan="2">理性意义相同或相近的词的偏误</td></tr>
<tr><td rowspan="2">理性意义不同的词的偏误</td><td>非同语素词</td></tr>
<tr><td>同语素词</td></tr>
<tr><td rowspan="2">附加意义偏误</td><td colspan="2">感情色彩偏误</td></tr>
<tr><td colspan="2">语体色彩偏误</td></tr>
</table>

①理性意义相同或相近的词的偏误

我还有四年的时间在北京学习。巴不得继续努力学习。—— 一定要

买东西的时候我的心里不得了高兴。——很

女儿被柜台里的玩具所吸引，对自己的前面完全不在乎。—— 没注意

从那时起，我就告诉自己，要面对事实，应该让自己去适应环境，可不是让环境适应我。——而不是

理性意义相同或是相近是指意义基本相同或意义之间存在某种联系，但词义的使用方法上和词义上有细微的差别。例①中“巴不得”表示热切盼望某事发生或者去做某事，某种层面上有“一定要”意思，但并不能完全等同。当留学生忽略其差别时，就容易形成偏误，混用同义词或是近义词。

②理性意义不同的词的偏误

他们知道有不好的影响，还是要吸烟，那我对他们无所谓。——无可奈何

人们都知道吸烟的危害，但很多人在吸烟，而且在公共场所，无所谓地吸烟。—— 无所顾忌

尤拉菲听了，格格地笑了起来，随便地说：“她能被咬两下子，就好了！”—— 两下

我不像话去打他，他没有说什么。——不应该

对于第二语言习得者来说，即使意义差别较大的词汇也容易用错。在这些理性意义不同的词中，有的外形上较为接近，如“无所谓”和“无所顾忌”，有的存在相同语素如“两下子”和“两下”等都有可能导致留学生在使用过程中出现错误。

（2）附加意义偏误

词汇的附加意义表达了说话者的情感态度等其他方面的特点和语用风格。通常附加意义有两种色彩，即感情色彩与语体色彩。由于汉语的附加意义多包含着特定民族的文化与习俗，使得留学生容易对两种附加色彩意义理解不当，在运用词汇中出现偏误。

①感情色彩错误

这些看似无谓的小动作却在无形中对孩子大脑良好的发育有一定的帮助。

吃饭的时候，奶奶经常弄一些小动作，使我们大家哈哈大笑。

感情色彩是指说话者持有对有关事物的情感，一般可分为褒义色彩、贬义色彩以及中性色彩。在对汇总语料的分析中，日韩留学生的偏误主要来自对褒贬色彩的混淆，从而使得常用口语词汇出现了偏误情况，如将具有贬义的“小动作”误用为中性词。

②语体色彩偏误

我个人不怎么爱去旅行。我知道历史的重要性，历史不是冰冻三尺非一日之寒造出来的。

语体色彩又叫文体色彩，是其经常用于特定的语体中，带入了特有的色彩。留学生在日常生活交流中，突然使用了书面色彩较强的词汇“冰冻三尺非一日之寒”来表示“一下子”，就会不符合整个交谈中随意的氛围了。

2. 口语词的缺失和赘余

口语词缺失和赘余是常用口语词偏误中比重较为大的一部分。使得第二语言学习者在常用口语词的使用中表达错误，影响句子的整体结构和含义。

（1）口语词缺失

①农药和化肥的危害不少，但是一口气就死了吗？

②果然我父亲找我了，我看到爸爸放心地(出了）一口气，又哭了。

③果然效果一下子（就）出来了，身体也越来越灵活。

④对我来说漂亮不是什么了不起（的事）。

口语词缺失是指缺少应有的词汇而出现的偏误，留学生在常用口语词汇的使用与表达中，经常缺少的词汇可分为主语名词缺失如①，谓语动词缺失如②，状语副词缺失如③以及宾语补足语缺失如④等情况，缺失导致整个话语表达不完整。

（2）口语词词语赘余

①今年夏天比较热得不得了。

②我了不起地觉得自己很棒！

口语词赘余大多是指因无故添加词语使其在语句中表达了与已有词相同或相近的意义，从而造成了语义的重复。例①和②中出现的都是副词冗余，“比较”和“不得了”重复，“了不起”和“很棒”重复，可以看出留学生对这些词的使用限定条件还没有完全掌握。

3. 其他

（1）生造词

①有的人是需要“绿色产品”，但有的人毫无在乎。—— 毫不在乎

留学生另造“毫无在乎”来替代“毫不在乎”，因为“无”和“不”的相似性而造词，却忽略了汉语的用词习惯。在对外汉语教学中，留学生自己造出完全不符合汉语构词习惯、词义不明确的口语词。由于第二语言学习者词汇量有限，留学生还倾向于借助母语的构词方式，自己构造汉语词。然而这些语义含糊不具有实用性的词汇，造成了口语词汇使用的偏误。

（2）错序

①朋友们根本无所谓对我的父亲怎么样，只不过是随便问问而已。

②本来很怕，低着头走路，可是一有了朋友，一下子我的世界广阔了。

错序是因为语序混乱而出现的用词偏误的情况，留学生在学习过程中，不可避免地会按照母语的用词顺序来迁移汉语的用词习惯，忽视了汉语本身的语序，如将“一下子”这个状语放在句首而不是放在主语之后，从而导致了偏误出现。

4. 表格

表1　偏误类型统计表

偏误类型	误例数	所占比重
口语词混淆	22	57.89%
口语词缺失或赘余	11	28.95%
错序	4	10.53%
生造词	1	2.63%
总计	38	100.00%

从上表可以看出，在各类偏误中，口语词混淆所占的比重最大，占总误例数的57.89%，可见口语词混淆是日韩学生在学习三字口语词时最易犯的错误，口语词的缺失或赘余在总误例中所占比重为28.95%，其中最少的是生造词偏误，占总误例的2.63%。错序所占比重不大，但也是日韩学生常见偏误类型。

（二）日韩L2学习者汉语常用三音节口语词偏误原因分析

造成日韩L2学习者汉语常用三音节口语词偏误的原因大致分为以下四类：母语影响、目的语影响、教材的影响、教学策略的影响。

1. 母语影响

母语为日语的汉语习得者与其他母语背景的习得者不同，虽然汉语与日语不属于同一个语系，有较大的差异，但是由于历史的原因，它们之间又有着千丝万缕的联系。在语言文字方面，最突出的就是日语中有大量的汉语字与汉语词，其中又有很大一部分在汉语中有同形词，这导致很多日本的汉语学习者对汉字词已经有心理积累。这一特点在日语背景学习者的学习过程中既有明显的积极作用，也有不少的消极作用。

借用母语中的汉字词，尤其是日汉同形词，是很多日本学生的学习策略，但这也是词语使用偏误的原因之一。L2学习者在使用常用口语词时因为缺乏语感，不免会受到词的母语知识背景与字面义影响，也就不可避免地在目的语的使用中产生偏误。

例如，韩国第二语言学习者在“汉字文化圈”中重要性凸显，而韩国语中存在大量的汉字词，这就会对学习者带来正负迁移。很多研究学者将重点放在了汉韩同形词偏误研究分析上，如奇化龙《中韩同形词正负迁移初探》，从类型和意义上将汉韩同形词划分为同义同形词和异义同形词；全香兰《汉韩同形词偏误分析》通过韩国学生的韩汉翻译译文的研究分析了来自词性、搭配、词义、同音干扰等偏误原因。

2. 目的语影响

汉语博大精深，很多词汇尤其是口语词，都会有字面义和引申义，甚至一词多义，在不同语境中，口语词有时会表达出不同的意义。

目的语的负迁移，又称为泛化，是日韩第二语言学习者广泛出现的偏误现象，主要是由于日韩第二语言学习者把习得的有限的目的语知识进行不适当的类推。现阶段我国对外汉语教学中，教学对象多为成年人，这些学生的理性逻辑思维很强，在得知不能运用母语规则来学习汉语后，他们就会运用抽象思维，举一反三，这的确有利于学习的一面，但是汉语口语词的使用大多缺乏规律性，如果只根据主观想象去运用，就会造成口语词的使用偏误。

例子：意思［1］这部电影没意思，一点都不好看。

［2］这些东西是我的一点意思，您收下吧。

3. 教材的影响

对外汉语工作始于20世纪50年代初至60年代初，清华大学于1950年最先开设“东欧班”，随后北京外国语学院非洲留学生办公室与北京大学中国语文专修班于1961年合并，创立了北京外国语学院外国留学生办公室。新中国从事对外汉语教学的专门教学机构由此成立，我国也初步拥有了专职对外汉语教师的团体。除此之外，20世纪50年代我国也开始了对外汉语教材的编写工作，历经60余年的发展，该项工作也取得了较大的成就。教材编写日渐国别化、多媒体化、多样化、系列化，可以基本满足多种广大师生的需求，开始走在了世界的前列。

然而，我国对外汉语教材的编纂与建设仍存在着诸多需要解决的问题。主要的问题有：（1）通用型教材的应用较为广泛，所占比例较大，有针对性、创新性教材所占比例较少：国内的教材基本注重留学生常用汉语知识以及商务英语的学习，针对日韩突出领域的专业化学习并不常见。（2）国别化教材较少：日韩留学生虽然占留学生总数的比例很大，但是市面上很少见到专门针对日韩留学生的教材。而且教材的通用语言基本上是英语，以英语为媒介，而非其母语，而且各个留学生英语能力的不同，这无疑增加了留学生在学习与教学时的难度。（3）中外合作不够。近两年，虽然世界各地的孔子学院和孔子学堂的数量在不断地增加，但是其普及程度仍然较低。北京语言大学成立分校之举无疑是迈出了巨大的一步，为今后的对外汉语教学树立了很好的典范。在对外汉语教学中，中外文化的沟通滞后，很多教材以汉语的角度来编写，在文化差异的基础上，可能会给留学生的学习带来一定的困扰。

例如，这是我国目前普遍常见的生字解释方式：汉字在先，注音在后。例如“属”字，

属　　V　　shǔ　　to be born in the year of　　属马

表2　常见汉字生字表①

生词 New Words

1.	今年	N	jīnnián	this year
	年	N	nián	year　2002年，2000年，1998年，一年，两年
2.	岁	M	suì	year (of age)　五岁，十八岁，二十岁，三十六岁
*3.	怎么样	QPr	zěnmeyàng	how is …　天气怎么样，你怎么样
*4.	今天	N	jīntiān	today　今天上午，今天下午
5.	课	N	kè	class; lesson　有课，汉语课，文化课，一课，两课
6.	星期	N	xīngqī	week　星期一，星期二，星期几，一个星期
7.	上午	N	shàngwǔ	morning　明天上午，一个上午
	上	N	shàng	above; last　上星期，上星期二，上个月
8.	下午	N	xiàwǔ	afternoon　明天下午，一个下午
	下	N	xià	below; next　下星期，下星期三，下个月
9.	星期日	N	xīngqīrì	Sunday　星期日上午，星期日下午
*10.	号	N	hào	day of the month　五月四号，十月一号
11.	生日	N	shēngri	birthday　他的生日，二十岁生日
	生	V	shēng	to be born
12.	多大	IE	duō dà	how old　今年多大
	多	Adv	duō	how
	大	A	dà	old
13.	出生	V	chūshēng	to be born　1982年出生
	出	V	chū	to go out; to come out
14.	属	V	shǔ	to be born in the year of　属狗，属马
15.	聚会	N	jùhuì	get-together; party　生日聚会，有一个聚会
	会	N	huì	meeting
16.	祝贺	V	zhùhè	to congratulate　祝贺生日
	祝	V	zhù	to wish

① 杨小彬：《我国对外汉语教材编写的成就与问题》，载湖北大学学报（哲学社会科学版）2011年7月，第38卷

上图是常见的汉字生字表，如果能够结合留学生母语语言来直接解释，效果可能会更好。

4. 教学策略的影响

对外汉语教学设立才60余年，因而十分年轻，在教学策略上也有许多不成熟的地方。对外汉语教学目前虽有一些常用的教学方法，但尚未形成详细成熟的教学理论。目前在汉语课堂常用的是生成性教学策略，生成性教学策略是一种倾向于建构主义学习的理论观点，强调以学生为中心，这种教学策略在具有很多优点的同时，也存在着教学时较多，效率较低，范围有限，对学生基础与素质要求较高等问题。

汉语常用口语词是对外汉语词汇教学中十分重要的部分，也是第二语言学习者在日常生活与交流中使用频率比较高的特定词汇。由于汉语常用口语词的特点是表义语用性和用法灵活性，所以汉语常用口语词进一步成为对外汉语教学中的重点和难点。但是，在对外汉语教学研究中，虽然较多论文提出了关于常用口语词汇教学的意见和意义，但教学方法的研究还有待于进一步拓展。在教学实践中，还有很多老师仍拘泥于课本，不注重理论与现实的联系，口语教学滞后于书本教学。

在目前大多数对外汉语教学中，一般一个学习单元中可能有来自世界各地的留学生，学校对其集体教学或者混编教学，而不是按照国别分类，按照留学生母语的文化体系分别授课学习。这样的做法会使教学的针对性较低，留学生的接受程度降低，从而影响教学的质量。

另外很多对外汉语教学中，有很多教学策略是借用母语中的汉字词，比如日汉同形词，是许多日本留学生学习的早期策略，甚至是贯穿其汉语学习生涯。这种教学策略在给学习者提供便利的同时，也带来了很多的困扰，导致许多词汇使用偏误，尤其以口语词汇居多。口语词汇注重语言的环境和使用者的情感，当学习者不能充分体会，只是从字面理解或者根据母语来迁移的话，很容易出现错误。

因而在对外汉语教学策略中，还有许多不足和改进之处，希望在今后的教学策略上，可以实现把口语词汇同对外汉语教学结合起来进行探讨，从而推动口语词汇教学的研究和发展。

五、汉语常用口语词分布条件考察

汉语口语本身具有复杂多样、灵活多变等特点，以汉语为母语的人在应用上也会出现一定问题，因此对于留学生来说更是难上加难。但汉语常用口语词分布条件还是有一定规律可循，现总结如下：

（一） 不同词性词语的用法 （以上文所列举的 4 种词性为例）

汉语常用口语词的词性几乎包含所有汉语词语词性，如名词、形容词、动词、副词、介词等。据现代汉语研究语料库查询系统显示，汉语中所占比例最大的词性类别为名词，数量为 26754，占总词数的比例为 53.36%，比例第二大的为动词，数量是 12623，所占比例为 25.18%，接下来依次是形容词、副词、数词等，在此不再一一赘述。由此可知，汉语口语中各类词性词的数量与比例大致与以上所列相同。不同词性的口语词对应本身特有的用法，如用错，很容易闹出笑话。

1. 名词性三音节词使用特点分析

名词属于实词的一种，是指代人、物、事、时、地、情感、概念等实体或抽象事物的词。名词也可以独立成句。在短语或句子中通常可以用代词来替代。[①]例句“他就问我们几个大学生：‘都吃得了三两米饭吗？’我们异口同声：‘ 小意思 。’”中，“小意思”一个名词即成句，这种情况需要留学生在学习过程中特别注意。

2. 动词性三音节词使用特点分析

动词，就是用来形容或表示各类动作的词汇。值得注意的是，几乎每个完整的句子都要有一个动词。[②] 在句子“他们不在乎别人的眼光，自己喜欢什么做什么”中，“不在乎”是谓语，表示“他们”的动作。在此类词上，留学生很容易将两个不同的动词重复使用来表达一个意思，这是不对的。

---

① 来源于 http：//baike. haosou. com/doc/2562481. html.

② 来源于 http：//baike. haosou. com/doc/2563740 – 2707510. html.

3. 形容词性三音节词使用特点分析

形容词，很多语言中均有的主要词类中的一种。主要用来修饰名词，表示事物的特征。形容词用来修饰名词或代词，表示人或事物的性质、状态和特征的程度好坏。在句中作定语，表语，宾语，补语。①在句子“老板也真是了不起，他设计的衣服都很合身，顾客都满意极了”中，“了不起”修饰“老板”，表示对老板的赞美和敬佩。形容词较容易辨别，但真正口语运用中可能会被误用为副词。

4. 副词性三音节词使用特点分析

副词是用来修饰动词、形容词或全句的词，是说明时间、地点、程度、方式等概念的词。副词还是一种半虚半实的词。② 在句子“他发现上课的时间马上就到了，一口气跑进了教室”中，“一口气”就修饰“跑进了教室”这个动作，表示这个动作进行快速而不间断。副词用法复杂多样，是留学生学习汉语口语的难点，也是错误的多发区。

（二） 汉语口语习惯用语

汉语口语是人们日常交流的必备工具，相比于书面语，口语使用较为灵活多变，同一词汇在不同情境下也会衍生出不同的意思，这就是造成许多留学生汉语书写水平很高，而汉语口语水平却无法满足日常生活需要的原因。

2009 年 3 月 1 日，《汉语口语习惯用语 365》由北京语言大学出版社出版发行。汉语口语习惯用语是汉语熟语的一种，通常是作为完整的意义单位来运用的词组，但是其整体意义不是各组成部分个体意义的简单相加，而常常是由它的比喻意义而产生的一种修辞意义。③ 例如，矮子里拔将军、爱面子、八竿子打不着、放长线钓大鱼、过了这村没这店儿等。这些惯用语均需要在合适的语境下运用，不然很容易运用不当。

---

① 来源于 http：//baike. haosou. com/doc/3862572 －4055178. html.

② 来源于 http：//baike. haosou. com/doc/873963 －924019. html.

③ 来源于 http：//baike. baidu. com/link？ url ＝3RNizWeDiBrM － OYheSC801_ u37NLA-EHAo59jbg6y_ rAPR8iSJEzOAgqarNbOQBqgzASVB_ aYTu5zdRJtwXM9wq.

日韩留学生缺少汉语文化背景，在学习汉语口语习惯用语时难免出现问题，文章中所提到的三音口语词大多属于习惯用语范围，如何将习惯用语的正确使用方法传授给留学生，仍然是一个挑战。

六、结语

（一）研究成果

本文在“日韩留学生汉语中介语语料库的基础上”，获取了日韩留学生汉语习得三音节常用口语词偏误语料，通过上文研究发现，常用口语词语料偏误可分为三大类：口语词混淆、口语词缺失或赘余以及其他三大类。口语词偏误主要表现为口语词混淆，占比重57.89%，口语词缺失或赘余，占28.95%，以错序和生造词为例的其他偏误类型占13.16%。在偏误类型方面，根据词义的层次性等特点，还将偏误类型分为若干小类。从而更为便捷的找出偏误原因。在偏误成瘾方面，主要讨论了四个方面：特异性、共性、教材以及教学策略的原因。

（二）研究不足

首先，因为偏误语料以及时间有限，本文并未针对日韩留学生进行实地考察，语料库中语料主要来源于日韩留学生作业以及试卷，所以对不同学生的智力以及学习动机、学习态度没有主观断定。其次，语料库中偏误语料来源于不同层次的日韩留学生，其汉语能力层次有所不同，本文并未对其进行细分，整体上进行研究而并未分段考察不同阶段的学生常用口语词偏误情况。除此之外，偏误类型分类较为粗略，仅仅从宏观角度进行了分类，没有具体深入探讨更为细节的偏误类型。

（三）后续研究

鉴于本课题研究不足之处，日后还可从以下几方面进行研究。首先，进行实地调查，于留学生分布较广的北京语言大学进行谈话调查以及问卷调查，实地获取最新语料，了解学习者的学习态度和学习动机等。其次，按学生层次分别调查常用口语词偏误，使数据更加有结构性，更加真实，从而可以进行对比研究，得出不同阶段汉语学习者对口语词教学重点及难点。再次，可以扩大音节研究范围，如二音节或者是常用语块以及固定格式口语词的研究，不仅仅拘泥于三音口语词的研究，使研究更加具有可信度。最后，进行不同国别汉语留学生的口语词偏误研究。本次选题主要针对东亚地区日韩留学生，后续可以选取不同的教学对象，例如东南亚，欧洲，美洲等，探索不同的教学模式，推动汉语教学国别化。

参考文献

学术专著

［1］常玉钟．口语习用语功能词典［M］．北京：北京语言学院出版社，1993.

［2］刘叔新．汉语描写词汇学［M］．北京：商务印书馆，1991.

［3］刘珣．对外汉语教育学引论［M］．北京：北京语言学院出版社，2014.

［4］施光亨．汉语口语词词典［M］．北京：商务印书馆，2012.

［5］叶蜚声、徐通锵．语言学纲要［M］．北京：北京语言学院出版社，2014.

［6］周一农．词汇的文化蕴涵［M］．上海：三联书店，2005.

［7］Michael Lewis. The Lexical Approach［M］. Heinle ELT , 1993.

［8］T. McEnery & A. Wilson.（1996）, Corpus Linguistics, Edinburgh University Press.

学位论文

［1］安珠英．韩国学生使用“了”的偏误问题研究［D］．东北师范大学硕士学位论文，2009.

［2］陈赫婷．对外汉语教学中的口语习用语的注释问题研究［D］．华东师范大学硕士学位论文，2009.

［3］丁洁．留学生汉语口语习用语块习得研究［D］．暨南大学硕士学位论文，2006.

［4］马晓伟．语块理论与对外汉语教学［D］．辽宁师范大学硕士学位论文，2010.

期刊文章

［1］常玉钟．口语习用语略析［J］．语言教学与研究，1989（02）.

［2］杜艳青．韩国学生汉语词语偏误分析［J］．安阳师范学院学报，2006.

［3］刘红英．韩国学生汉语词汇使用偏误分析［J］．沈阳师范大学学报（社会科学

版），2004.
[4] 奇化龙．中韩同形词正负迁移初探［J］．汉语学习，2000.
[5] 全香兰．汉韩同形词偏误分析［J］．汉语学习，2004.
[6] 孙新爱．对外汉语词汇教学应把握的几个原则［J］．云南师范大学学报，2004.
[7] 解燕勤．韩国留学生汉语副词“也”的偏误考察［J］．昆明师范高等专科学校学报，2007.
[8] 杨小彬．我国对外汉语教材编写的成就与问题［J］．湖北大学学报（哲学社会科学版），2011.
[9] 张风格．口语习用语研究的两个问题［J］．语言文字应用，2005（2）．
[10] 沙平：《论第二语言的教学的文化导入》，载《福建师范大学学报：哲学社会科学版》，1999 年第 1 期
[11] 杜艳青：《韩国学生汉语词语偏误分析》，载《安阳师范学院学报》，2006 年
[12] 杨小彬：《我国对外汉语教材编写的成就与问题》，载湖北大学学报（哲学社会科学版）2011 年 7 月，第 38 卷

参考网址

语料库语言学_ 百度文库

http：//wenku. baidu. com/link？url = Jc4Yox2zTUpHNcrZ6g - MC4uCCnIPN Rj-ecDZBOLzaZ5B5pRrg2UMOGgm - AQfD4MRE4UF0rcHOqXnAbVmTi0kxuT9EtbcC _ -W_ wWZMtAfVP3y

寺庙在当下西藏的功能和作用*

摘　要：西藏的寺庙是活的历史。一个物质载体，一种宗教信仰之所以还能成为今日文化中的传统是因为它还发生着功能，即能满足人们的需要。功能是它对人生活的作用，作用又被认为是这一事物对当地当时人需要的一种满足。寺庙作为藏传佛教传播与活动的物质基础，其经济活动统称为寺庙经济。寺庙得天独厚的自然环境与宗教震慑使得大量经书、壁画、唐卡、建筑大部分得以完整保存。藏传佛教信仰、寺庙文化将长期在藏区存在，并将持续产生巨大的积极占主导的功能和作用。

关键字：寺庙；藏传佛教；寺庙经济；功能

一、引言

寺庙作为藏传佛教文化的物质载体和宗教活动中心，在今天对中国西藏的政治、经济、文化和教育仍有很大影响力。一座寺庙就是一座博物馆，通过寺庙我们可以窥见上千年来西藏文化中的精品。如果抛开寺庙，我们对西藏历史、文化、社会的理解将会很浅薄。

---

* 作者：钱敏、李超然、蔡雨濛；
指导老师：张强。

20 世纪 80 年代以来，中国的改革开放和现代化步伐加快，藏区的政治经济宗教文化也进入了整体性变迁过程，在这一变迁过程中，藏传佛教这一传统的宗教信仰并没有发生断裂，反而持续发展了下来，这个事实说明藏传佛教寺院有它存在的合理性，更不会在短时间内消亡。西藏的寺庙是一座活的历史，“活历史是今日还发生着功能的传统，有别于前人在昔日的创造，而现在已失去功能的遗俗。传统是指从前辈继承下来的遗产，应当是属于昔日的东西，但是今日既然还为人们所使用，那是因为它还能满足人们今日的需要，发生着作用，所以它曾属于昔，已属于今，成了今中之昔。”① 一个物质载体，一种宗教信仰之所以还能成为今日文化中的传统是因为它还发生着功能，即能满足人们的需要。功能是它对人生活的作用，作用又被认为是这一事物对当地当时人需要的一种满足。“在功能的分析中，一件人文世界中的事物都可以存在时间框架上的多重性，即我们习以为常的过去、现在、未来结合在一起的情况。”② 要想正确分析寺庙在当下西藏的功能和作用，我们必须对社会制度和它们意欲满足的需要结合起来分析，也要同它们运转所依赖的其他制度联系起来，以达到对情况的适当阐述。

新中国诞生后，限定了宗教的活动范围，彻底革除了宗教干预政治的世俗权力，但这并不意味着宗教寺庙的功能和作用仅限于宗教方面，西藏共有 240 多万人口，却有 2000 座左右的寺庙，西藏为何会有数量如此庞大的寺庙群体？一方面确实是历史的积累、佛教在西藏的坚实基础，另一方面是因为寺庙的多少自古以来在各教派的心中都是实力的象征，各个教派通过建立寺庙来巩固发展自己的势力。格鲁派的僧人曾在卫藏地区大量修建寺庙，主属寺的大量涌现，形成了一个个集团，同时以彰显教派的实力。这么大的寺庙群体对当下西藏的功能和作用是多方面的。

① 费孝通：《江村经济——中国农民的生活》，商务印书馆，2014 年 .

② 费孝通：《江村经济——中国农民的生活》，商务印书馆，2014 年 .

二、寺庙的经济功能

（一）寺庙经济

亚当·斯密在《国富论》中提出：宗教是影响经济发展的一种重要社会力量。各宗教往往都有自己传播与活动的物化载体，寺庙作为藏传佛教传播与活动的物质基础，是经济领域的一种特殊现象，其经济活动统称为寺庙经济。在西藏的历史上寺庙经济的雄厚实力使西藏佛教各宗派的形成有了经济基础。“藏传佛教寺院作为建立在共同宗教信仰目标和行为体系基础上的社会经济共同体，这必然决定在土地等生产资料财产占有方面的公有性，不可出让性，不可分割和神圣性。”①

1. 寺庙的收入

寺庙的收入主要分为宗教收入和世俗收入。宗教收入主要依靠信徒的布施和捐赠，平时的布施虽然数目小，但布施的信徒多，藏族人民每天都去寺庙拜佛，每次拜佛都会有一定数量的捐赠。通过举行大法会、大型的宗教活动获得的捐赠往往数目很大，但这种大型活动一年中只举办几次。另外，寺庙的僧人也会提供一些宗教服务如诵经获取收入。在色拉寺中，我们就看到了一些喇嘛通过为当地人民或游客的已去世的亲人诵经而获得不菲的收入。世俗收入的来源很多，主要是：畜牧业和农副产品的开发；内部投资，获取收益，如很多寺庙开设很多商店、旅馆、出租商品房、汽车租赁，由于这些都是免税单位，所以收入相当可观；观光旅游业的发展也给当地的寺庙带来了大量收入。这些经济活动，一方面以养寺，另一方面成为地方经济的一个重要组成部分。需要说明的是，寺庙的收入只有极少一部分是依靠向当地藏民收取门票获得的，由于藏民几乎每天都要去寺庙朝拜，所以当地的大部分寺庙对藏民是免费的，只有极少部分会收取少量的门票费。

2. 寺庙的支出

寺庙的支出主要是建寺及修缮和一些佛事活动。通常情况下，佛事

① 丁莉霞：《核心—边缘—甘南藏传佛教寺院经济研究》，中央民族大学，2010.

活动的支出数额庞大惊人，西藏的僧人众多，所以用于僧人正常生活的开支也是巨大的。现在国家政府会专门拨款用于寺庙的修缮。

3. 募捐的消极功能

寺庙为造像举办宗教活动通常向群众化缘，募捐一定的钱财，客观上起着收入再分配的功能。“今天党和国家的宗教政策虽然禁止寺庙向群众强行摊派，但信教群众自觉或半自觉地向寺院缴纳一定的钱财。”① 这种行为从积极方面看减轻了国家对宗教事业的投入，但是其消极功能也不可忽视，如果这种情况发展严重的话，不少信教群众将自己一半的收入捐给寺庙，必然使一部分收入不能用于扩大再生产，阻碍经济的发展。“宗教对经济的最直接影响莫过于宗教性消费使大量财富从生产过程中游离出来转向非生产领域，在一些生产力落后的少数民族中宗教性消费几乎耗尽了所有的剩余产品，严重地妨碍了生产性积累，妨碍了再生产的扩大，乃至妨碍了生产力的发展。”②

4. 寺庙的作用

（1）促进商业发展

寺庙的地理位置通常位于交通、贸易的中心，吸引了大量商客和来往人员，游客云集，形成了市场。例如大昭寺周围就形成了古老而热闹的商业街—八廓街；寺庙利用大型的宗教活动来开展民间贸易，往往交易额惊人。

（2）促进旅游业的发展

西藏特色的宗教文化，寺庙文化吸引了大批的朝圣者和游客，产生了巨大的经济效益。早在 1996 年，旅游产业就被西藏列为支柱产业。据有关部门的统计，2005 年西藏的旅游接待人数达 180 万人次，旅游收入 19.3 亿元，相当于全区 GDP 的 8.0% 左右。“西藏旅游总收入每增加 1%，其地区生产总值就会增加约 0.45%；旅游外汇收入每增加 1%，其地区生产总值就会增加约 0.59%。这说明西藏旅游产业发展对经济增长

① 段继业：《宗教寺庙的社会潜功能》，《青海名族研究》1995 年第 3 期.

② 罗莉：《宗教与经济的关系》，西南民族大学学报，2006 年第 6 期.

具有显著带动作用，且入境旅游对经济增长的带动作用更强。”① 寺庙文化可以带动旅游业及相关产业链的发展，例如餐饮、特产、藏药、手工饰品进而形成自己的旅游品牌，也可以促进旅游业人才的培养，加深现代青年对西藏历史文化宗教的认同感，这对西藏文化的传承起到积极作用。

（3）促进文化产业的发展

通过发展旅游业有效地整合当地的各种文化资源，可以促进资源优势向经济优势转化，带动文化产业的迅速发展。旅游产业的发展又为文化产业提供了广阔的发展平台。文化与旅游共同发展互相促进，才能找到新的经济增长点。

（4）促进交通基础设施的建设和完善

西藏是我国的偏远地区、贫困地区，由于自然条件和历史方面等因素的影响，其交通的发展长期落后，但是旅游业的发展已经逐渐促进了西藏交通的发展和完善。拉萨市内，有大量的出租车，出租车数量之庞大，在一般的城市内是罕见的。尽管这样，在旅游旺季，出租车也是供不应求，因为市场的需要，拉萨的出租车司机有一大部分是内地人，而且拉萨形成了独特的拼车制，尽管这在内地是不允许的。这种拼车制和大量的游客所形成的巨大市场吸引了大量内地的司机。

（5）促进物流业的发展

交通基础设施的逐渐完善和经济的发展以及人们的需求必然促进西藏物流的发展，现在尽管西藏的物流发展还很落后、速度慢、价格贵，极不方便。但是人们特别是年轻人对这项需求很大、很迫切，又因交通系统的逐渐完善，物流业终将逐渐发展并走向成熟。

（二）寺庙下的僧侣制度对当下西藏的功能和作用

关于藏传佛教僧人数量，难以确切统计，从一些资料上来看，大致占名族人口的10%左右。

---

① 钟高峥、耿娇阳、麻学锋：《西藏旅游产业发展与经济增长的相关性研究》，《经济地理》，2012年11月第32卷第11期.

人数难以确切统计的原因：“僧人数量统计上的误差太大，盖因寺院不愿提供真实情况，譬如入寺儿童。政府不允许学龄儿童入寺，可实际上各寺院都有大量儿童在寺。寺院愿意提供有关部门提供的人数基本上是规定的编制人数，可编外人员往往比编内人员要多。”① 僧侣制度的存在积极的功能和作用是吸收大批男性出家，抑制了人口的大量增长，保护了藏区的生态环境和增强了可持续发展；客观吸收了剩余劳动力，减轻了家庭的负担。但是这种制度在全民信教的西藏也产生了消极作用：“人是社会经济活动的主体，人口递减的发展态势，直接威胁着社会的再生产，而不断减少的人口又要供养日益增加的僧侣，承担繁重的宗教支出，形成了藏区社会恶性循环。”② 当人口过度减少时就会出现劳动力不足的情况，阻碍生产发展。

在西藏的历史上黄教僧尼自宗喀巴以来一直严守戒律，僧尼不能结婚生子，不能从事生产劳动，在社会上如果有大量人口不结婚生育，不参加劳动，这就必然会对这个社会产生大量消极作用。当时的黄教上层凭借政治权利扩充寺庙僧尼，不事生产，大量消耗了社会财富，使西藏发展停滞不前。

那么为什么会有那么多人出家呢？

“平民愿入喇嘛多如猬集，一则有入官途希望，且一生生计以有寺院供给，可保天虞，故现在佛教已成做官解决生计之最捷途径。”③

“出家为喇嘛或父母遣送子弟当喇嘛，除藏民宗教动机、文化动机外，一个更为重要的原因还在于藏民出家为僧的确杂有复杂的经济动机在内。”④

追究其动机主要有三点：经济动机，表现在物质资料的匮乏，出家既可以温饱，也可以减轻家庭负担；宗教动机，表现在实现内心的宗教

① 严永存：《甘南藏区藏传佛教的寺院文化研究》，西北民族大学，2007.

② 梅进方：《中国当代藏族寺院经济发展战略研究》，甘肃人民出版社，2000.

③ 《黄慕松、吴忠信、赵守钰、戴传贤奉使办理藏事报告书》，中国藏学出版社，1993.

④ 马溶之、席连之：《甘青土壤调查记》，《边政公论》，1943 年第 2 卷.

信仰；文化动机，表现在提高自身和家庭的社会地位，受传统文化的影响。

（三）寺庙的政治功能

目前按照国家有关规定，寺院实行民主管理并成立寺院管理委员会。寺庙的政治功能已经绝大部分被取缔，“1996 年以来，西藏各大寺庙相继成立了寺庙管理委员会，成员由政府官员担任，寺庙民管会受寺庙管理委员会管理”。[①] 管理寺庙的是国家的相关机构，现在的寺庙只能帮助人民解决一些小纠纷。

在西藏历史上，13 世纪西藏实现了“政教合一”。当时的西藏僧俗并用，而僧高于俗，僧官也是任用黄教上层僧人，以巩固黄教对卫藏地区的控制。当时的贵族都把子孙送入寺庙学习，所以上层僧人都是贵族子弟，通过佛教关系联系更多贵族。后来，僧人又发展到成为掌握内外军政大权的人物，终于造成唐蕃长庆合盟的局面。

“一是信奉佛教的藏民人数众多，几乎全民信教。……二是藏民对佛教信奉虔诚度高，可谓五体投地。”[②] 西藏地区人民普遍信奉藏传佛教，因此，寺庙与社会秩序、人民关系密切相关，我们将从积极与消极两方面分析其对社会稳定的作用。

1. 积极作用

藏族人民普遍信仰虔诚，生活习惯、思想观念与宗教寺庙密不可分，宗教作为精神纽带，对提高藏族民族凝聚力、认同感与归属感具有巨大影响力。信仰的力量使其拥有心灵的寄托与精神的慰藉，大家互相友爱，和谐生活。寺庙是藏族人民供奉神像、定期朝拜的地方，为他们的信仰提供了场所，也成了他们心灵和精神的归属地。

其次，藏传佛教有一套极为严密的教义理论体系，其中所含有的因果轮回、极乐世界、世事无常、众生平等理念使藏族人民对未来充满希望，积善行德，不断诵经祈愿，净化心灵。因而藏民大都淳朴、宽厚、

---

① 鲁媛媛：《西藏地方政府寺庙管理问题研究》，吉林大学，2009.

② 张亮：《藏传佛教影响西藏社会稳定的田野调查与理论分析》，《贵州民族研究》，2010.

热情善良，使藏区治安更良好，社会秩序更加稳定。在拉萨街头，经常可以看到从各地方来的朝圣者，他们往往将全身匍匐在地上磕着长头，一步一拜，手上要不戴着手套，要么戴着光滑的木板，以便于快速地将全身匍匐在地上。不管是他们自身，即使是注视着他们的人也能从心里升腾起由衷的敬意，这样的人是不会起作恶的念头的，信仰的教化比任何一种规劝都来得有效。

2. 消极作用

由于信众数量过于庞大，极为虔诚者占大多数，而信仰是敏感而极易发生冲突的问题，宗教仍是藏区社会稳定的潜在危险因素。加之布达拉宫、大昭寺等朝拜圣地的存在，外地信徒数量颇丰，宗教也极易成为不法分子利用信仰煽动民众，操控政治的工具。所以，如何调和因信仰差异而产生的矛盾，教化人民理性信教，仍是今日我们不得不关注的问题。

（四）寺庙的教化功能

1. 精神指引

“教育文化的基本价值取向就是反映人类对真善美的向往与追求，由于受当时历史条件的限制，人们对教育文化的这一功能难以把握，这就为佛教文化的发展留下了广阔的空间。佛教为人们未来世界编织着美好的花环，这一切都反映了藏族对真善美的向往与追求，然而藏传佛教教义却把这美好的世界安排在可望而不可即的天堂，只有藏传佛教寺院为人们理想的实现提供了现实的可能。”①

每个民族的伦理思想、道德实践都与其文化的核心息息相关。民主革命后，西藏几乎全民信教的情况发生改变，然而时至今日，绝大多数的藏族群众仍然信仰藏传佛教，其信仰的具体内容因所属教派不同而有所差异，但作为宗教文化的接受者和信赖者，他们的世界观、价值观和方法论都在不同程度上受到佛教文化的影响。寺庙作为宗教行为最主要

---

① 王建民、何波：《论藏传佛教寺院的教育文化功能》，《民族教育研究》，1998 年第 2 期.

和正式的发生场所，为藏民提供精神上的指引，使得佛教对于信徒的要求成为人们心中重要的行为规范与人生指南。

2. 对人们行为的控制

佛教思想曾以佛教戒律的形式贯彻实施于世俗社会的统治中，《犍陀国王经》中记述了佛授阿育王“五戒十善”的事。阿育王以“十善法”作为其治国的根本方法，不仅自己受持十善戒，行布施，而且也要求其人民守戒。并在石敕中一再嘱咐其人民不要杀生，不要饮酒作乐，不要批评和破坏别的宗教派别，要供养父母、婆罗门、修行者，甚至奴婢。到了近代，十三世达赖喇嘛曾亲撰《佛法十善及善净人道十六法》一书，仍把“十善”作为“一切僧俗人等所应实践的根本准则。”

十善法对于信徒个人从内在的意识活动到外在的行为举止皆有详细的要求，如：注重行德，不杀生、不予取、不邪行；重视口德，不妄语、不离间语、不恶语、不绮语（说无意义的话）等。

在今天，寺庙则成为这些准则的主要传播场所，对藏人精神世界的建立和人格的塑造起到了支撑和指引的作用，当人们违反戒律时，喇嘛会对其进行教育和惩罚。寺庙对人世的“监管”亦十分细致，我们同行的藏族女孩就曾讲述她和朋友在色拉寺中祈福（一种请喇嘛在脸上涂抹灯油的仪式）时，因为染发被喇嘛涂了一长道黑色以示惩戒的事情。（当然，这也体现了现代社会中寺庙文化仍存在极大保守性这一特点。）

除此之外，其他一些寺庙中的禁忌守则如：崇尚节俭；在塔前诵经或磕长头、绕塔，禁忌拥挤和争抢先行，应循序而进；寺庙以内，禁忌吸烟等不净活动，禁止随地大小便等也对当今西藏文明社会的建设起到了积极作用，寺院中的规章制度对于僧俗都具有道德化的约束和鞭策意义。

例：麦扎仓的规章制度

(1) 每月在“曲热”念经时检查纪律，责骂违法喇嘛 3 次。这是以前也有的规矩。各活佛和执事人员要切实负责。责骂的目的，是要新喇嘛好好念经。除特殊情况，责骂不应有偏、厚。

（2）削发时，要向堪布请求，并要拜师，遵守扎仓制度。

（3）喇嘛不准务农、经商，做俗人的事，也不准与俗人合伙、帮忙。

（4）不准贪睡，不准胡作非为。

（5）要刻苦钻研经典，如流水一样地不间断。

（6）在寺庙中，走路要轻步，不要妨碍别人诵经。

（7）诵经及拜佛时，要严守纪律。

（8）袈裟、僧帽等要穿戴整齐。

（9）所谓假期是给喇嘛自己钻研经书的时间，因此，早晚应在自己房里诵经，不得串门游玩，喧哗，不卖东西，不乱逛市场。

（10）执事人员应按规章制度行事，不得违反制度，胡乱施法。

（11）翁则要按规章制度领经，吹号，不能乱领乱吹。

（12）俗人不得随便进寺庙喧哗、打架。

（13）喇嘛不准吸烟、喝酒、打架不准放高利贷。

（14）要有公心、勿藏奸诈……

——宋赞良《色拉寺调查》

（五）寺庙的教育功能

青藏高原藏传佛教寺院林立，凡有藏族群众聚居的地方便会有或大或小的寺院，而寺院一旦形成了规模，便显现出其文化教育的功能。藏传佛教的寺院教育，从古至今都有其不可忽视的现实意义。

“在过往历史的绝大部分时间里，西藏的寺院控制了教育……寺院成了最为集中的文化据点。从这个意义上讲，一座较大的寺院就是一所大学，或者一所专门的学校。”① 哲蚌寺、甘丹寺、色拉寺、札什伦布寺、塔尔寺和拉卜楞寺是藏区的六大著名寺院，也是藏族古代名副其实的大学府。藏传佛教寺庙教育在长期发展中逐渐形成了一套完善严谨的教学体系。具有一整套完整的教育制度、教育内容和教学方法。

① 张虎生：《试论西藏的寺院教育》，中国佛教网．

1. 知识传播与人才培养

藏传佛教僧人的学习方法主要有老师传授、辩论和自行研修三种，学生从初学到学成的学习过程被分为若干次第，由浅入深、循序渐进，这与现代教育制度中重视学生思辨能力、自主学习能力的培养以及学级的划分有着异曲同工之处。其严谨的教学体制、严格的考试制度和健全的学位制度曾为藏区培养出了一批杰出的人才。

寺院教育还具有传承藏族传统文化的功能，由于寺院教育的需要，历代藏族学者都致力于对典籍的搜集、整理、翻译和撰写，使得大量藏学、佛学经典得以保存。寺庙教育传播了社会科学和自然科学方面的知识，许多寺庙都建有时轮扎仓（主管天文历算教育的组织）、曼巴扎仓（从事医药教育与研究的机构）和欠巴扎仓（戏剧和歌舞教育机构），除此之外，每个寺院都有具有高超技艺的僧人从事工艺美术教育。寺院学习贯穿僧人的一生，僧人不仅要学习显密佛学、大小五明，还要从初期便开始学习绘画、雕塑、历算、医药等传统文化技艺，其中很大一部分在今天藏族人民生活中仍具有较强的实用性。

2. 与现代社会相适应

我们今天能够见到丰富多彩的藏传佛教文化，寺院教育功不可没。但是，由于其教育内容与形式上过于浓厚的宗教色彩，随着社会历史的发展，传统寺院教育也凸显出其落后与消极的一面，对现代社会的直接影响也日渐式微，但同时藏传佛教寺庙也在进行探索与尝试，努力适应时代变化和社会主义社会的发展，以“造就一支政治上热爱祖国，拥护党的领导和社会主义制度，又有相当宗教学识的年轻宗教职业人员队伍”。

改革开放以来，在党和政府的关怀支持下，北京藏语系高级佛学院、甘肃佛学院、青海佛学院等宗教院校逐步建立，其教育管理、课程设置、学习方法等方面在保留原有寺庙教育优点的同时，与现代学校教育更加接近，许多寺院也都办起了五明佛学院，引进现代教育理念和机制，现代电器、网络、多媒体技术的应用也更好地发挥了寺庙教育的现实功能。

3. 寺庙对现代教育的推动作用

随着西藏对教育事业的大力投入，藏族农牧民对子女入学的态度更为积极，但由于长期受到宗教影响，藏民中仍存在“宁愿把孩子送到寺庙去当喇嘛也不愿把孩子送到学校读书”的现象。

在这种情况下，寺院中出现了一些具有较高地位和威望的开明活佛与高僧，他们关心、支持当代藏族的教育事业，并主动出面引导信众，宣传和动员群众将适龄儿童和青少年送入学校读书。有些地方还出现了以寺院活佛为主的“藏族教育促进会”，宣传学习现代科学文化知识，成功促进了学校入学率的增长。还有一些宗教上层人士积极捐资助学，为发展藏族教育事业出力献策。吉仓寺、拉卜楞寺、西仓寺等寺院还分别与附近的县、乡等签订“责任书”，负责承包附近村落的扫盲任务，使得藏区原本文盲、半文盲充斥的情况得到了快速改善，为本地教育事业的发展作出了重大贡献。

（六）寺庙的文化功能

1. 宗教活动

（1）节庆

藏族节日众多，不同地区、不同教派有不同的节日，而这些节日大都在寺庙庆祝。以藏历七月雪顿节为例：雪顿节起源于公元 11 世纪中叶，那时雪顿节是一种纯宗教活动。发展到今天，雪顿节仍由传统的哲蚌寺展佛活动开始，继而进行长达数天的藏戏表演，大型的商贸洽谈、物资交流活动也在其间举行。

（2）祭祀

“从祭祀的功能可分为三种类型：其一为消灾酬补类的祭祀；其二属于祈祷供奉类。祭祀，是为了加强与祭祀对象的关系，以期能更有效的帮助自己；其三属于防范性的祭祀。”① 而这三种类型的祭祀场所都是寺庙。以当下部分藏族人祭祀先人为例：部分藏族人将先人的骨灰撒于神庙附近的山上，祭祀时以经过转山、参拜神庙、悬挂经幡等纪念先人。

---

① 张亮：《藏传佛教影响西藏社会稳定的田野调查与理论分析》，《贵州民族研究》，2010.

而寺庙成了守护亡故灵魂、举行祭祀活动的主要场所。

（3）婚丧

婚礼：新人会到寺庙中请求主持喇嘛占卜婚礼举行的时间点与长短，以得到神灵的祝福与庇佑。

葬礼：亲人逝世后，人们会首先去寺庙中参拜佛像，祈求神灵庇佑逝者，减轻其在地下的痛苦，其后恭请喇嘛参与逝者超度，送往来生。

在这些方面，寺庙的社会功能明显，成为藏族人民人生大事的见证。

2. 文化遗存

（1）经书：经书作为宗教的传播与延续的重要保证，在寺庙中地位尊贵。例如布达拉宫、大昭寺、色拉寺中，都设有大量藏经柜，接受人们的参拜，只有喇嘛能够阅读学习，并传授予世人。

（2）壁画：在藏区，壁画是寺庙、佛堂特有的装饰，带有浓重而神圣的宗教色彩，因而成为藏民悉心保存的信仰寄托，描绘了古代藏族的历史事件、神灵的模样或是人民的生活，是藏族文化的重要组成部分。

（3）唐卡：进入藏区的任何一间寺庙经堂，都可以见到很多精美的唐卡，悬挂于经堂四周。“西藏艺术呈现出一个鲜明的特点，即缺乏严格意义上讲的世俗艺术，唐卡基本上是一种宗教艺术的载体，它所表现的题材和为之服务的对象几乎都离不开藏传佛教。”

（4）建筑：寺庙是西藏建筑的代表之一。以大昭寺为例：1300 多岁的大昭寺，是西藏历史上建造最早的寺庙建筑，那里供奉诸佛菩萨造像，安请佛国世界的神灵，从而接受信徒们虔诚的顶礼和膜拜。

总之，寺庙得天独厚的自然环境与宗教震慑使得大量经书、壁画、唐卡、建筑大部分得以完整保存。使藏族人民从古至今的文化得以遗留，成为西藏具有独特文化魅力的重要原因。

在现代化的语境下，寺庙文化依然在西藏地区持续发挥着调节、满足人们需求的作用，在一定程度上减轻了现代社会的建构带来的一系列政治经济问题给人们带来的痛苦，从而增强了他们的承受力和坚忍不拔的民族精神。因此，藏传佛教信仰、寺庙文化将长期在藏区存在，并将持续产生巨大的积极占主导的功能和作用。

欠发达地区农村书屋现状、存在价值及发展建议调查报告*

——以赣中地区吉安县某农村为例

摘　要：中国是人口大国，也是农业大国。广大农民群众的物质生活水平正逐步提高，但其业余文化生活却依然贫乏。为更好地丰富农民群众的精神文化生活，农村书屋这一工程建设自2004年酝酿和提出后，就正式付诸实施且加以全面推广。至今已十多年的农村书屋建设实践表明，该建设在丰富农村文化生活、提高农民素质方面确实发挥着积极有效的作用。然而，由于受到地方管理方式落后、经济发展不足等条件的制约，大部分经济欠发达地区的农村书屋建设状况仍然不够理想。本文依据我自己对于家乡文化建设的观察及农村书屋使用状况的调查，探索建立科学性、现代化的农村书屋有效机制，形成具有长足发展动力的新时代农村书屋格局，从而促进社会主义新农村建设，培养广大新型农民积极良好的社会公德和家庭道德风尚。

关键字：农村书屋；欠发达地区；新农村文化建设

* 作者：肖冬灵；
指导老师：梁太富。

一、前言

吉安县位于江西省中部，县辖12镇7乡、306个村委会，仍处于国家级贫困县之列。我所调查的农村属于吉安县的一个普通乡镇——永阳镇，该村有三百七十多户人家，人口共约一千多人，以传统农业为主要产业，只少数几户人家开始了大规模家禽、鱼养殖，87%以上的青壮年劳动力都在广东、浙江等地的城市中务工谋生。

本次调查样本总体都在12—65岁的年龄层中，以样本来源村的常住人口为调查对象（不包含离土离乡人群），按年龄采取分层抽样方式，共发放问卷80份，回收有效问卷76份，有效率为95%。且此次调查着重还寻访了村委干部及几位活跃村民。调查的创新之处在于以留守学生的需求、农民科学务农现代化经营、空巢老人的精神生活为三个切入点，研究农村书屋的重要性，也通过现存问题更系统地、客观地、全面地提出解决方案，展望农村书屋未来发展前景，为促进社会主义新农村文化建设提供一些新思路、新看法。

二、吉安县该农村书屋现状调查、分析

我生于此，长于此，也还清晰地记得小学五年级时看到一大批书搬进村委大楼建立“书屋”的欣喜之情。怀着这份亲切和熟悉的情感，今年七月，我数次走进书屋观察、记录，与村民们进行交谈、寻访，并查询自2015年1月至7月间的书屋借阅记录，显然，这次深入调查和分析后，我发现家乡农村书屋的建设还存在很多问题，现状不容乐观。以下分别为调查的几个方面：

（一）书屋设施

根据农家书屋的硬件设施标准，首先应选择在适宜阅读的场地。我调查的该村农家书屋设在了行政村村级组织办公活动场所，即村委会大楼里的一间房中，存放书籍和阅览的地方大约有20平方米，配置的标准书柜有5个，报刊架2个。可见，书柜数量与基本硬件设施标准数量还差了一个。另外，书屋里只配备有两条凳子，也不符合足够的桌椅这一标准。由于经济落后条件的制约和管理的不到位，该村农家书屋也没有配备电视、电脑、影音播放设备等新媒体设备。可能未来一段时间内，新媒体设备还是无法真正地纳入样本村“农村书屋”财政预算中。

（二）藏书种数与藏书结构

关于藏书种数，据国家规定，农家书屋配备的图书应不少于1500册，品种不少于1200种；报刊不少于20种；音像制品和电子出版物不少于100种（张）[①]。调查发现，该村书屋在数量上可以达到要求，而书籍种类和电子音像制品则远低于标准。该农家书屋的藏书中，农林生产适用技术类和通俗休闲类所占比例最大，其次是经济类（含致富经验类）和政治军事类，文学类也占了较大一部分。占比例最小的是哲学类、计算机与外语类，三者合占比例应该不超过5%。这样的藏书结构也挺具有合理性的，至于文学类书籍占了较大一部分，也并不奇怪，在后文会提到，该农村书屋读者中青少年学生借书频率更多。随着人们生活水平和购买力的提高，对新科技的新奇必然会促进对计算机技术的需求，一些简单的计算机技术指导方面的书籍会显得更加重要，因此，计算机类书籍的缺失不符合时代发展的潮流，不适应时代进步的需要。

（三）书屋管理情况

农村书屋的管理人员多数为兼职、业余人士，没能受过专门的图书管理技能培训，缺少对图书分类的基本知识和基本规范。据我对自己家乡农村书屋的观察和了解，这个书屋的确会开放，但是图书显然谈不上科学分类和清晰摆放，通常是一堆的书毫无章法的叠摞着，使得村民查找图书很是不方便；图书借阅流程也很不规范，大多情况下只能依靠村民借阅时自觉地进行纸笔登记、自觉地归还；另外，并不会通过阅读需求的变化而相应地引进新书，基本上都是一成不变的书，时效性低，后

---

① 全国农家书屋工程协调小组办公室．农家书屋工程简介．中国农家书屋网．http：//www.zgnjsw.gov.cn/.2015.9.2.

续没有保障。该农村书屋以前的管理员是一位性格温和、年过六旬的爷爷，记得当时我还初中的时候，去书屋读书时总听到爷爷念叨着好像又有书丢失了，这就是因为图书借阅时没有及时准确地登记；近几年，图书管理员就由村支干部肖某兼任，为防止图书丢失，他只允许村民在书屋内阅读，不让外借；也自然由于各种原因，该村支干部不能一直守在书屋里。据村民反映，甚至很多情况下把书屋锁起来，认为是国家财产要好好收藏，不向村民开放，书屋也就不能够发挥到真正的作用，只成了一个“装着书的房间”。

不只是这一个农村书屋有这方面的管理问题，我认为很多欠发达地区的农村书屋都有管理缺失的问题。要加大管理方面的投入，显然也不是一件容易的事。将图书分门别类按规律摆放这个可以做到，但是，如何在村民中找到一位可以胜任图书管理的人，还很难。农村书屋在行政村中建立，是由农民自己管理，服务自我的公益性文化服务场所，[①] 因此，自我管理这一点，只找一位管理员显然不符合实际情况，就算是发工资，姑且不谈财政资金的问题，发一个全职职工的工资，那这么一份好“差事”该给谁；如果不按一个全职职工来给工资，那又有谁愿意付出太多时间在图书的管理与书籍借阅流程管理上。情况表明，多安排几位书屋管理员轮流值班会更好，首先不会耽误管理员的太多劳动时间，提高村民工作时间的灵活性可调整性；其次，多人管理可很大程度上有效避免日常图书维护和借阅的随意性，可完善监督机制，促进书屋工作的协调良性发展。还有一种方式，就是将农家书屋管理员作为一个公益性岗位。事实上，江西省早在2009年为农村书屋管理难的问题，由新闻出版局与省残联合作，选择符合一定条件的残疾人作为书屋管理员，既在很大程度上帮扶了这样的弱势群体，给了他们谋生的机会和尊严，又能适应书屋管理的需要。[②] 同时，还有一个有利因素就是残疾人劳动力对农村书屋管理会很稳定，农村书屋管理要达到规范化就很需要固定的一

① 全国农家书屋工程协调小组办公室．农家书屋工程简介．中国农家书屋网. http：//www. zgnjsw. gov. cn/. 2015. 9. 2.

② 王明谭、文洪英．残疾人管理农家书屋的“江西模式”．农民日报．2011. 3. 3.

位管理人员。在我调查的该村里，健全劳动力基本上都外出沿海城市经商务工，常年不在家乡，而残疾人则外出谋生相当困难，在农村也鲜有就业机会，我了解到的自己家乡中确实有些肢体不健全的人，对于农村书屋相对来说不那么复杂的管理和书屋本身拮据的资金预算，我认为他们中有些受过一点教育的村民的确可以胜任。

（四） 书屋使用方式、 利用率

根据存有的可能不太规范的纸质版书屋记录显示，这农村书屋以“借书”和“室内阅览”的方式居多，选择“租书”和“买书”的村民基本没有。可见，农村书屋免费服务的功能得到了很好的利用；但农村图书市场狭小，也就是说村民没有很强的购书欲望，当然这与其经济水平和受教育程度是分不开的。关于农村书屋利用率这一点，据之前的多位专家和学者调查指出，“在四种农家书屋管理模式（分别是依托新农村示范点由村两委干部代为管理、依托乡村中小学村校合建、依托农村文化活动中心由专人管理、依托村老年协会由村老年协会代为管理）中，建在村委会办公楼的农家书屋利用率最低”。[①] 欠发达地区农村书屋一般都是依托新农村示范点由村干部兼任管理，我所调查的样本农村书屋就是这样，自然没有在农村文化活动中心或者乡村中小学中设置的书屋利用率高。

（五） 书屋使用频率

我所设计的问卷调查中，就有问到受访者每月去书屋阅读的次数。从统计结果来看，农家书屋的使用频率很低。在本次受访者中，有超过15%的人表示未使用过农村书屋。仅有几位受访者每月去书屋借阅的次数达到七次以上，可以算是稳定读者，一般周末只有农村的中小学生会定期去书屋借阅图书，其余村民基本上很少去书屋。

（六） 主要读者分布、 特点

七月份，我在该村走访调查时发现，自建成农村书屋以来，书屋的

---

① 林锐君. 经济欠发达地区“农家书屋”建设现状与对策［J］. 广东农业科学. 2010（8）.

稳定读者大致可分为三类，以农村老年人和学生为主，第三类青壮年读者是在家乡准备发展养殖业。在我所看到的2015年从1月到7月间，仅有121人次借阅，其中60%以上是学生，30%以上是老年人，仅有不足10%为年轻人。

关于学生读者所占比重这么大，我深有体会和理解。调查的该村距离镇上有30里左右的路程，但去镇上的班车车次少，中小学生一般很少上街，去镇上的街上书店买书就更少，且镇里书店里的书也同样很少。因此，对一些热爱阅读的中小学生，还是很愿意去农村书屋借阅书籍的，该农村书屋的书籍虽然数量种类不多，但基本能够满足中小学生的阅读需求。村里的中小学生绝大多数都是留守孩子，父母双双外出务工，课后活动本来就很单一，休闲娱乐方式都比较原始，读书是他们很多人所喜爱的活动了。记得当时我读初中那阵，每周都会去书屋借书，上文提到“书屋很多时候都不会开放”，我就会执着地去找相关负责人拿钥匙自己去借书。此次调查发现，村里很多中小学生乐于去书屋阅读和借书，农村书屋的建设对于农村留守儿童的培养发挥着很重要的作用，很大程度上丰富着他们的生活，开阔了他们的眼界，促进他们学业和品行上的完善。

农村老年人读者以男性为主，受访者表示他们一般看的都是时政方面的书籍和报纸。一些接受过初中及以上教育的老年人很愿意走进书屋阅读，闲暇的时间长，在家也只照顾孙子孙女，闲暇之余有很强的阅读渴望。当然，在欠发达地区的农村，受过教育的老年人非常少，总体来说，固定的老年人读者占全村老年人数的比例也很小。农村书屋的建设满足了部分老年人的阅读渴望和精神追求，也丰富了他们的老年文化生活。

农村年轻人读者少，除了有村里绝大多数年轻人外出经商务工不在家的原因，还有就是即使有年轻人在家，他们忙于农作也根本不会有阅读的兴趣。最大的原因当然还是相当多的年轻人没有阅读动力，认为阅读是闲事情甚至很多人不知道有农村书屋或者认为农村书屋与自己无关。只有少数几位年轻村民有过借书的记录，他们中有人开始致力于发展养鸡场、养猪场、养牛场、鱼塘承包和山林承包这几类养殖业。他们借阅书籍则大多数都是农林生产适用技术类的，阅读频率很低。农村书屋里的图书可以给他们提供一定的技术专业方面的指导，拓展他们关于一些农业理论上的认识，但是不可否认，他们发展养殖业遇到一些问题或瓶颈大多是凭借同行人的经验或自己摸索解决，而不会把希望放在书籍指导上，且他们也还意识不到专业基础理论指导的重要性。

（七）村民阅读动机、收获

在使用过农村书屋的受访者中，被问到其阅读动机，超过10%的人阅读“毫无动机”，有动机比例最高的是“消遣娱乐”，其次才是“获取信息”和“增收致富”，这个阅读动机比例与各类图书使用频率情况相当吻合；综合主要读者群特点来看，以农村学生和老年人为主的读者自然多是为了消遣娱乐或获取信息。随着生活的不断变化，村民阅读动机在日后也会相应变化，视“增收致富”为阅读动机的人群会壮大。调查问卷中“您认为农家书屋对您的帮助和影响如何”，大多受访者都表示“不清楚”，少数村民选择有一些帮助，也有不少村民认为农村书屋与自己没什么关系。总体来说，该村农村书屋使用效果不是很好。

（八）村民读者的阅读期待、需求

与上文提到的阅读动机“消遣娱乐”比例最高不同的是受访者对“农林生产适用技术类”和“经济（含致富经济类）”图书的期待强烈。由于自身文化程度不高，村民们对“哲学类”、“外语类”的图书不感兴趣，也表示自己看不懂。显然，“哲学类”、“外语类”书籍的阅读期待比书屋实际藏书比例更低些。此外，也有少部分村民表示对计算机感兴趣，想学会简单的电脑操作，愿意去尝试读一些计算机方面的书籍。针对主要三类读者群，我特意选了一些重点读者，了解了一下他们的阅读期待和一些意见。对于村里留守学生来说，他们更愿意读文学、历史方面的读物，也希望有更多适合青少年阅读的图书出现在农村书屋。而很多村里老年人更想阅读更多关于生活技巧类、历史人物类的书籍。村里的老年人一般都有很强的红色爱国情结，以我爷爷为例，他近十年来都每日坚持看新闻联播、读报纸，我发现他就很爱读历史人物传记类的书，尤其爱读革命时期的伟人、将士人物传记。会去农村书屋阅读的那少数几位年轻人，认为书屋的图书已经足够丰富，能够满足自己对于农林生产技术指导方面的期待。随着农村文化生活的不断丰富和信息的广泛传播，村民的阅读需求会朝着多样化发展，因此，适应村民的实际阅读期待，保障丰富充足的文献资源显得尤为重要。

三、关于农村书屋建设的几点建议

从近些年农村书屋实施后对村里精神文化建设所产生的作用来看，很有必要继续建设好可持续发展的农村书屋机制。但是，调研结果显示该村农村书屋建设中各方面的问题仍旧很多，无疑会影响其功能的有效发挥。因此，针对经济欠发达地区所存在的弊端，从实际出发，也基于满足不同村民读者需求，我给出以下一些建议：

（一）完善农村文化保障体系

当今时代，很多农民愿意阅读，但看书难的老大难问题仍然存在。虽然有了农村书屋，但由于这种文化机制没有得到落实保障，基层单位的运行不当，农村书屋这一公共文化服务体系还是没能完善。在政策上可以鼓励全国各行业图书馆机构参与到农村书屋文化工程建设中来，对经济欠发达地区采取一定的资金扶助。国家还应明确农村书屋这一行政村自治公共服务的性质和作用，明确中央、地方政府、基层组织在这一文化建设中所承担的责任和所发挥的功能。建立标准化的服务监督评估体系和奖励机制，保证农村书屋建设的规范化、程序化。通过相应的奖励机制，调动社会基层建设农村书屋的积极性，促进农村书屋的可持续发展。

（二）健全农村书屋管理机制

缺乏严密的组织管理机制和健全的协调管理能力，工程就不可能获得长足性的有效发展和实质进步。首先，农村书屋应有具一定的图书管理技能、良好服务态度的管理人员，需要其具有稳定的管理时间才能保持书屋在规定时间内正常开放、服务村民。管理员上岗之前都应该简单地接受书目分类、借阅登记等方面工作的技能培训，做到图书资料能够科学归类，登记做到清晰严谨。其次，农村书屋硬件设备的定期维护应该做到位。要保证书屋内桌椅、水电设备的提供，其后期所需投入的经费应该提前预算好，避免书屋建成后就不去后期管理的现象。

（三）丰富书屋书籍种类、增强书屋吸引力

根据图书种类使用频率的情况，相应地及时调整书屋内的图书结构很有必要。可由县级、镇级统一组织协调，给各村级书屋分配不同目录的图书，过一段时间进行村与村之间的图书互换，这样即可在节约资金的基础上，最大程度地利用已有图书资源，丰富书屋的书籍种类。另一种方式，就是鼓励社会捐赠图书的活动，以增加书屋的书籍存量。重视对农村潜在读者群的开发，有针对性地做好农村书屋宣传活动，吸引更多的年轻村民加入到阅读的行列。

（四）针对村民需求，创新书屋服务形式

目前，农村书屋的形式还是单一的图书借阅，没有电子影音制品。若在一定的资金控制范围之内，引进基本的影音播放设备，充分运用新技术，会更好地服务村民。例如近两年来该村才兴起了老年人的健身广场舞，村里很多大妈们看着少数的同龄人跳健身舞自己却不会跳，会很需要这样的材料帮助她们学习，书屋就可以创新其传统的只有借阅的形式，准备一些广场舞的音频资料，既可以丰富村里的文化生活，又能促进村里老年人健康向上、积极乐观的精神风貌。在有条件的情况下农村书屋还可以定期组织读者观看影碟，若配备有计算机，可以及时发布农业产品方面的资讯，为农民在供销方面提供导向。还可以展开不同主题的读书活动，拓宽书屋服务形式，激发村民的阅读热情。

四、结束语

文化是凝聚力和创造力的重要源泉，是综合实力竞争的重要因素。加强文化建设，丰富农民的精神文化生活有利于提高农民的幸福感，建设社会主义新型农村。此次欠发达地区农村书屋调研结果表明要实现农村书屋的科学可持续化发展还任重道远。这次调研深入走进家乡的农村书屋，让我深切意识到农村精神文明建设还需加强和完善。另外，作为当代大学生，我们不应该还只待在象牙塔里，深入社会，多去探索，接受历练很有利于促进自身的发展。在此次调研活动中，我收获的不仅仅是将知识运用于实践的乐趣，更在于获得了一种思维探索能力和收集分析材料的能力，这些都很大程度上有利于提高我自身的学术素养和专业追求。同时，青年是时代的希望，民族的希望，这样的社会实践调研活动可培养对时代的使命感和对社会的责任感，对社会认识也能达到一个新的层次。服务社会、在社会实践中实现自我的价值，认识自己的不足，也为这个社会变得更好尽一份微薄之力。这次调研以我家乡的农村书屋为调查主体，更便于材料的收集和与受访者的交流，体会很多，收获很多，但我知道仍不可避免地在调研过程中有很多不足，考虑问题的角度会不够全面，尽管对于各欠发达地区农村来说，农村书屋所建设的模式和存在的问题也大同小异，但仅通过江西吉安县的一个农村为例分析欠发达地区农村书屋发展情况还是容易缺少对全局的把握。我希望家乡的农村书屋建设得更好，希望欠发达地区的农村书屋建设都可以走向可持续发展道路，也希望社会上更多团体、更多人给予“农村书屋”这一新农村文化发展举措应有的关注和重视。

致谢

很感谢北京语言大学校团委给我这次大学生创新基金项目的机会，让我得以顺利开展此次欠发达地区农村书屋调研活动，锻炼了我的学习能力、探索能力和分析、概括能力；也要感谢我尊敬的指导老师——人文社会科学学部的梁太富老师，给予我宝贵的建议和亲切的关怀。最后，还要特别感谢我热爱的家乡及淳朴善良的乡亲们，他们真诚地配合我的调研和专访，并给予我善意的包容和温暖的鼓励。此次社会调研实践活动顺利完成，离不开大家的支持和帮助。感恩，铭记！

参考文献

［1］刘丽．“农家书屋”可持续发展的思考［J］．图书馆杂志．2008（2）．

［2］李强．欠发达地区农家书屋可持续发展问题研究［J］图书馆学研究．2012（4）．

［3］林锐君．经济欠发达地区“农家书屋”建设现状与对策［J］．广东农业学．2010（8）．

［4］苏超．“文化共享工程”可持续发展研究．南开大学．博士论文．2014.

［5］张彦．“新农村书屋”可持续发展研究——以河南省南阳市为例．河南大学．硕士论文．2008.

［6］周舟．农家书屋与西部地区新农村建设研究［J］．经济地理．2010（4）．

新媒体对大学生影响的调查与分析*

摘　要：新媒体是近些年来应运而生的新名词。不同于传统意义上的大众传媒，新兴媒体有其独有的特点。随着时代的发展和社会的进步，新媒体日益发展壮大。而大学生作为新媒体的受众之一，也会在潜移默化中受到新媒体的影响。这些影响既包括正面的，也包括负面的。了解新媒体的发展背景以及新媒体在发展过程中对大学生的影响可以更好地寻求对应的解决方案。一方面，我们应当不断加强新媒体对大学生的正面影响，通过新媒体向大学生传递源源不断的正能量。另一方面，新媒体也应当进行适当的去粗取精，尽量避免对大学生造成负面影响。通过大学生的反馈和问卷可以反映出新媒体对大学生的影响，而通过一系列的分析和数据对比则能对未来新媒体对大学生影响的发展趋势进行分析，并提前采取相应措施促进新媒体的正面发展，避免新媒体的负面发展。

关键词：新媒体；大学生；价值观；综合素质

一、新媒体背景介绍

在了解新媒体之前，广为熟知的媒体与新媒体的关系需要首先明确。

---

* 作者：谭佳琳、叶子依、韩璐、李雪、任培艺；
指导老师：陆薇、童院鹏。

媒体的发展经历了三个阶段：精英媒体、大众媒体和个人媒体。这三个阶段分别代表着传媒发展的农业时代、工业时代和信息时代。广播相对报纸是新媒体，电视相对广播是新媒体，网络相对电视是新媒体。科学技术在发展，媒体形态也在发展。在互联网高速发展的今天，以个人为中心的新媒体已经从边缘走向主流。

新媒体概念是1967年由美国哥伦比亚广播电视网（CBS）技术研究所所长戈尔德马克率先提出的。对于新媒体时代的界定，学者们可谓众说纷纭，至今没有定论。新媒体并非新兴或者新型的媒体的统称，新媒体应该有其相对准确的概念。

新媒体是一个相对的概念，是报刊、广播、电视等传统媒体以后发展起来的新的媒体形态，包括网络媒体、手机媒体、数字电视等。新媒体亦是一个宽泛的概念，利用数字技术、网络技术，通过互联网、宽带局域网、无线通信网、卫星等渠道，以及电脑、手机、数字电视机等终端，向用户提供信息和娱乐服务的传播形态。

新媒体新在哪里，首先必须有革新的一面，技术上革新，形式上革新，理念上革新，我们认为后者更重要。单纯形式上革新、技术上革新称为改良更合适，不足以证明其为新媒体。理念上革新是新媒体的定义的核心内容。

从这个意义上说，“新媒体”必须具备以下几点。

第一，价值。就媒体本身意义而言，媒体是具备价值的信息载体。这个载体本身具备其价值，加之所传递信息本身的价值，共同完成媒体存在的价值。这个也就是媒体存在价值。

第二，原创性。新媒体之所以称之为新，就新在这里。应该具备基本的原创性。这里的原创性，区别于一般意义上个人或个别团体单独的原创性，应该是一段特定的时间内，时代所赋予的新的内容的创造，一种区别于前面时代所具备的内容上形式上理念上的更革新的一种创新。更具备广泛意义的创新。

第三，效应。新媒体必须具备形成一种更新的效应的特性。新媒体必须具备影响特定时间内特定区域内的人的视觉或听觉反应的因素，从而导致产生相应的结果。由于这个效应的变化发展，不排除新媒体可以发展成为主流媒体的可能，也就是新媒体在一定的时机也可以脱离新媒体概念的限制。

第四，生命力。新媒体作为媒体而存在，必须有一定生命力。或长或短必须有其存在期间的价值体现，而这个价值体现的长短，就是生命周期。

在科技蓬勃发展的今天，国家间和国内交流日趋频繁，全球相互依赖性增强，更便捷的交通和电信的进步缩短了世界的距离，利用信息通讯技术进行的交流将更为迅速和广泛。从全球范围看，信息化已经成为时代发展的主流，世界各国纷纷把发展信息技术作为社会和经济发展的重大战略目标。科学和技术的进步与发展，在推动信息社会的发展方面发挥了越来越重要的作用。新媒体成为这个时代的宠儿，在它迅速发展的同时，它也越来越多地影响着我们的生活。

二、新媒体兴起原因

新兴媒体相对于报刊、户外、广播、电视四大传统意义上的媒体，是新的技术支撑体系下出现的媒体形态，如数字报纸、数字广播、手机短信、移动电视、网络、桌面视窗、数字电视、数字电影、触摸媒体等。新媒体也被形象地称为“第五媒体”。①

近年来，新兴媒体如雨后春笋般兴起，并以不可遏制的速度发展。以中国为例，根据中国互联网信息中心的统计，截至2014年12月底，中国网民数量突破5亿，而手机用户也远远超过10亿。新兴媒体受到消费者的青睐，不断发展与壮大与其在信息传播与经营方式等方面与传统媒体相比具有巨大的优势是密不可分的。

下面我就结合新兴媒体自身的优势简要分析以网络、手机为代表的新兴媒体的兴起原因。

---

① 该定义摘自百度文库。

（一）新兴媒体的交互性与即时性

以网络和手机媒体为例，人们既是信息的受众者，同时又是信息的传播者。在这方面具有最大优势的手机媒体，通过将移动通信技术与互联网紧密结合，打破了地域、时间和计算机终端设备的限制。用户可以通过手机微信、QQ 等形式，随时随地接收和传递信息。这样就满足了随时随地地互动性表达信息的需要。同时近些年随着 3G 技术的广泛应用，手机媒体的优势逐渐在扩大，网速的提高、带宽的拓展，智能手机更多地获得消费者的青睐。

（二）碎片化时间的合理运用

当今社会，生活节奏快、工作压力大。而智能手机通过网络、视频、游戏等功能可以迎合人们休闲娱乐时间碎片化的需求。人们在工作和学习之余通过刷新微博，看朋友圈可以放松片刻，得到精神上的享受。

（三）新兴媒体注重个性化和自由性

新媒体为广大受众提供了个性化自我表达的平台，如博客、微博、QQ 空间等。人们可以对其风格、版式、内容进行自主选择、设计，进而能够最大程度的满足人们张扬自我个性的需求。此外，由于网络平台的虚拟性，人们还可以畅所欲言，表达内心真实的想法。新兴媒体促进了媒体传播领域的扩展，推动了社会舆论的多元化。由于互联网、手机通信的普及，更多的人可以自由表达意见，促进了不同观点的人更好地进行交流，甚至让不同文化、不同语言背景的人们进行互动。从某种意义上讲，新兴媒体促进了社会的多元化，同时也促进了经济全球化。人们既可以自由表达对国家大事的看法，也可以抒发对身边小事的感慨，同时不用总是担心会对自己造成不利影响。

（四）大众传播主体的多样性

印刷品传播和电子传播的形态、通道是固定的，其传播的专业要求和边际成本都很高，传播者具有较强的垄断性和控制权。而数字化必然带来的网络化，以及网络化必然导致的交互性，使传播者和接收者的身份转换极其容易。如今，一个人通过发送手机短信、撰写博客、发起网络群聊，就可以在“任何时候、任何地点，对任何人”进行大众传播，突破传统主流媒体的话语权壁垒。这样就促进大众传播主体的多样性，使人们更加容易就成为信息传播的主体。

（五）新兴媒体可以进行小众传播

以网络电子邮件为例，新兴媒体不再像广播、报纸等传统媒体一样对社会群体进行大面积信息传播。而是可以针对某一群体或个体，进行个性式信息配置。

（六）新兴媒体容量大，内容丰富多彩

以网络媒体为例，网络媒体集中了影像、声音、文本等多种媒介形式，真正实现了多媒体全方位信息传播。可以满足消费者全方位的视听感受，所以获得人们青睐。

三、新媒体对大学生的影响

（一）新媒体表达的价值观对大学生的积极影响

1. 有助于对大学生的价值观进行统一、良好的引导

新媒体的兴起与传播，在社会上形成了一个较为完整的网状结构，普及度较高，使得不同地域的学生都能接受到新媒体价值观的引导，在大的方针政策的指导下，形成基础的价值理论体系，在鼓励大学生体现自我价值时，也将其社会价值融入其中，实现自我价值与社会价值的统一。对于学校来说，新媒体中所表达的价值观也有着不可替代的积极作用。当不同地域的学生进入到同一所大学时，尽管他们有着不同的风俗习惯、身份地位也有所差异，但是同对新媒体传送内容的关注，使得他们能够找到一些共同的话题，增强了学生间的互动性，有助于构建积极健康文明和谐的校园。在新媒体中反映的一些社会中的丑恶行为会对大学生起到警醒作用，有助于帮助大学生学会分清善恶，懂得明辨是非，拒绝一切违法犯罪活动，同邪恶力量作斗争，形成良好的思想道德规范，进而树立起正确的“三观”。成为支持社会上的正义行为的中坚力量，促进社会稳定，在良好的社会大背景下，更多积极的模范先锋的出现也会继续引导大学生的价值观朝着积极的方向迈进。

如图1所示，在新媒体的影响下，大多数人更容易形成求真务实，勤劳朴实的价值观，因此，新媒体对大学生价值观能起到积极的导向作用。

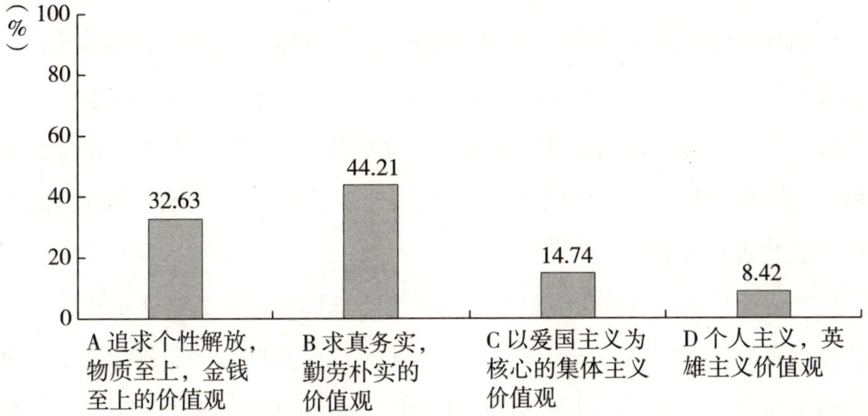

图1　关于问卷题目“受新媒体的影响，您更容易形成下面哪种价值观?”的有效回答

2. 有助于培养大学生的主人翁意识与社会责任感

大学，作为少年与成年的过渡地带，对学生的发展有着极为重大的影响力。大学生在这个时间段里补充着自己缺乏的知识与经验，逐步适应社会的发展节奏与社会生活。作为未来社会发展的新生力量，他们急需了解社会而不仅仅局限于书本知识，这时新媒体就体现出他们独一无二的重要作用。

新媒体是大学生获取信息、认知社会，进而参与社会生活的重要形式。新媒体报道社会时事、最新风尚，让还未完全迈出学校大门的新一代不至于死读书本，能够与社会接轨，让他们了解到他们是社会中的一员，是社会的主人翁，他们需要为社会的发展贡献力量，也需要承担社会责任，履行社会义务。他们通过新媒体对社会各种角色的宣传与介绍，从而预见到自己未来的专业和职业发展方向与社会职能，通过对未来角色的认知而提前为融入社会这个大熔炉里作准备，同时，各种社会角色的宣传激起了大学生们的期待，让他们有了一个积极的态度去步入社会贡献自己的热情与青春。在新媒体价值观的影响下，大学生明白了自身特定的社会地位与角色，他们更加慎重地进行价值选择。他们了解了社会，有着蓬勃朝气的他们将会懂得如何抓住机遇，迎接全球化大背景下的不同挑战，这有助于他们未来真正走向社会。

3. 有助于培养大学生的综合素质

新媒体是实施社会教育的主要途径，具有信息量大、传播范围广、及时快捷、丰富多样的特点。新媒体最重要的功能就是传播信息，现代传媒的快速发展，成为大学生获取生活经验、学习技能和认知社会的重要途径。新媒体提供的大量资源，有助于丰富大学生的科学文化知识，促进思想观念的转变。

新媒体的不断改革与创新，使得大学生能够接收到来自全世界各地的信息，对他们的思想产生强烈的冲击。新媒体的发展对全球化起到了积极的促进作用，而全球化也会使大学生的眼界更加开阔，不再局限于自己所在的这块狭小的土地，了解了不同国家的风俗习惯，语言文化，吸收借鉴他国文化中的一些成分，形成了极具特色、独具匠心的个人理解，使得大学生自己思考，自己发现的自主学习的能力得以提高。大学生作为最能够接受新鲜事物的新一代，他们的传统观念也在不知不觉中发生改变，更加能适应现代社会的发展，在继承与发展传统观念中不断进步着。

如图 2 所示，大家关注各类信息，丰富自身知识的同时，与社会接轨，更加注重从不同方面培养和锻炼自己，以达到全面发展以适应社会需求的目标。

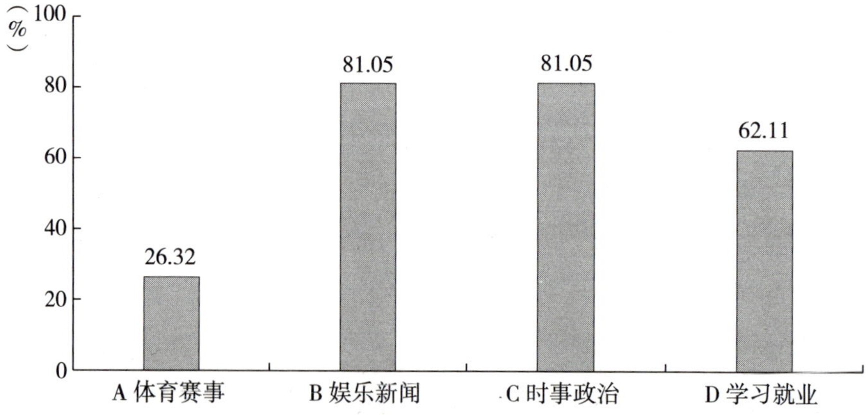

图 2　关于问卷题目“您在生活中通过新媒体主要了解的是下列哪类信息”的有效回答

（二）新媒体表达的价值观对大学生的消极影响

1. 其多元化和自由化易导致大学生价值观扭曲

现如今，新媒体的定义被逐渐拓宽，人们可以通过多种渠道、多种方式了解到时下的最新消息。其中，电视、报纸、广播等传统传媒方式所传达出来的消息较为“温和”，它们所传播出的新闻消息多为过滤后的产物。这些传媒途径对于消息的来源，可靠性以及发布者等相关信息都已了如指掌，所有易导致价值观扭曲或具有错误引导的消息都会在传播之前由特定部门予以改正。

然而新兴大众媒体“互联网”的兴起，给大众带来了新的选择的同时，也带来了新的挑战。相较于传统媒体而言，互联网最大的特点就是自由与开放。无论年龄，无论学历，无论国籍，只要有网络，便可以畅所欲言的发表自己的观点，而他人也可以从中获得相应信息。人们在网上交流的内容十分复杂，主题也十分广泛，如何控制舆论的走向就变得十分复杂。也正因如此，人们的人生观、价值观、世界观等也会在网络交流的过程中不断冲突、磨合，由此形成了自己新的价值观。

对于大学生来说，他们正处于成长阶段，并且正在逐步形成自己的人生观、价值观。在这个过程中，他们会从各种渠道，各种媒介了解到诸多信息，并需要通过自己已经形成的价值观进行适当的筛选，而如何选取出可以正确引导价值观的有效信息并非易事，这就容易导致大学生对客观价值的判断进入误区。

如图3所示，在调查中我们发现67%的大学生是出于猎奇心理而观看新媒体。换言之，大多数的大学生在通过新媒体了解信息时的心态多为好奇，而好奇的心态往往会导致产生错误的价值观。在相关新闻报道中可能会出现“富二代”，“官二代”违法乱纪，一线明星出现吸毒、赌博等不良事件，这些都很容易使大学生过分追求个人层面上的自由，而偏离了社会的核心价值观，导致价值观扭曲。

除此之外，许多网站上还会夹杂着大量不良信息，黄色信息，等等。如表1所示，在调查中我们发现大多数同学对于黄色、暴力信息并不表示排斥。这表明大学生会通过新媒体了解到黄色、暴力信息，而是否能

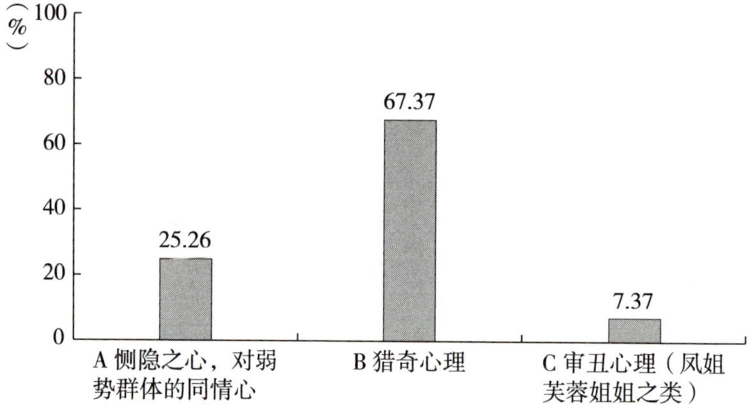

图 3　关于问卷题目“新媒体利用你较多的观看心理是什么”的有效回答

够正确对待消息则因人而异。这些都在一定层面上对大学生的价值观产生了影响，也极易导致价值观扭曲。

表 1　关于问卷题目“您对新媒体传播的一些黄色、暴力信息持什么样的想法?”的有效回答

选　　项	比　　例
A 应该严厉打击禁止	37. 23%
B 正常，它们也有存在的必要性，毕竟有市场	45. 74%
C 虽然不反对，但个人不会去接触	29. 79%
D 虽然反对，但偶尔还是有些兴趣	8. 51%
E 很有兴趣，并且会受其影响	1. 06%

2. 易导致大学生因过度依赖媒介，实践、人际交往能力下降

在通过新媒体获取信息的过程中，大学生多处于吸收信息以及思考信息的状态。他们会用自己已经形成的价值观体系去辨别事件的对错、利弊等，但很少会将自己所认同的观点、看法等付诸实践之中。也就是说，大学生只是信息的一个接受者，而不是信息的实践者，他只是接受政治信息，产生一些政治看法，但是很少会采取实际行动参与到真实的政治活动中去。现如今，网络的高速发展和新媒体的日益发达使得大学生可以足不出户地了解到新的时事新闻、政治消息等。对他们而言，只需要登录一下网站，浏览一下网页，或者看一看手机推送就可以对现如

今的流行事物、最新动态有所了解，随即在心中对事件进行判断，产生定论。而在这样的过程中，便缺少了对一些信息进行筛选、实践的过程。长期下去，大学生的实践能力就会弱化，乃至不参加任何实践活动。

同时，也存在大学生过分沉湎于媒介的案例。如表2所示，42%的同学每天会花费1—2个小时的时间通过新媒体来获取信息，18%的同学会花费2—3小时，甚至还有超过20%的同学每天花费超过3小时的时间通过新媒体来获取信息。我们不难发现，大学生每天会花费相当大量的时间在新媒体上，这种时间甚至超过了在现实生活中与人交往的时间。现如今，网络时代已经到来。由于新媒体尤其是网络这种媒介的影响，人们扩大了自己的交往范围。但这种所谓的交往往往又是不真实的，是虚拟的存在。由此也将导致大学生的社会交往能力下降，现实生活中的人际关系冷漠，使得大学生满足于媒介所构建的虚拟社会中，而忽略了现实生活中的互动，形成自闭、孤僻等性格。

表2 关于问卷题目“您每天通过新媒体方式来获取信息的时间大概为?”的有效回答

选　　项	比　　例
A 1小时以内	19.15%
B 1—2小时	42.55%
C 2—3小时	18.09%
D 3小时以上	20.21%

3. 易导致传统道德沦丧，助长崇洋媚外之势

近些年来，“小悦悦事件”、“老人扶不扶”等一系列事件成为时下热门话题，而他们所传达出来的往往是一种传统道德沦丧的消极影响。华夏中国五千多年文明一直提倡尊老爱幼、乐于助人的传统美德，而今却由于个别案例，使得新媒体传递出不良倾向。而对于道德准则的全新冲击会使大学生逐渐丧失对传统思想的认知，引起自身的素质滑坡。

在调查问卷中，我们针对汶川地震期间的救援事件进行了相应的提问，详情如表3所示：

表3 关于问卷题目“你如何看待汶川地震中的军人和因此而闻名的普通救援群众或救援有功而加官晋爵的人民公仆?”的有效回答

选　　项	比　　例
A 上面下死命令没有办法才做的	14.89%
B 他们想在灾害中出名而做的	6.38%
C 他们自愿为同胞们牺牲	78.72%

从结果中，我们不难看出，绝大部分的大学生认可军人们和普通群众在救援过程中所展现出来的乐于助人、舍己为人的优秀品质。但仍然有将近15%的调查者表示这种行为是上级的命令而不得已的牺牲，更有6%的大学生认为这些英雄所做出的牺牲和奉献是为了能够在灾害中出名。由此可见，新媒体的高度自由和开放，容易出现对同一事件的多种解读，而往往许多误导性和消极的理解容易使大学生接受并认同。这就造成了大学生在看待新闻事件时可能出现负面解读，产生消极影响，而这种影响往往表现在道德方面。本应高度弘扬的舍己为人精神在经过了某些人的加工之后变成了一种为出名的虚假之情，而当大学生没有足够的判断力去辨别真伪时，往往会信以为真。由此不难看出，新媒体容易传播误导性的新闻，使得大学生导致传统道德沦丧。

除此之外，崇洋媚外之势也在新媒体的传播中逐渐增长。近些年来“哈韩”、“哈日”已经成了一种现象，许多大学生盲目崇拜来自韩国、日本、欧美国家的偶像。从某种程度上来说，“哈韩”、“哈日”等行为在很大程度上是追求时尚的一种表现。这些文化的流行在某种层面上会给大学生、给90后甚至更年轻的一代带去深远的影响，有时甚至会是消极的。从最开始的模仿，可能转变成彻头彻尾的崇拜。而这种盲目崇拜有时甚至会让人迷失自我，失掉民族荣誉感，导致崇洋媚外的现象。而这些都会对我国的文化传承带来巨大冲击，使得我国的新一代对国家和民族的认同感减弱。

四、关于新媒体合理运用的方法和建议

（一）有关加强积极影响的分析与建议

1. 信息的去粗取精

21 世纪被称为“信息爆炸的时代”，而新媒体正是大学生获取信息的主要来源之一。显然，信息的获取与信息的利用之间还有着非常重要的一步，那就是信息的筛选。如果能够合理地去其糟粕，取其精华，提升信息利用率，势必会促进大学生吸收有益的信息，帮助其自身发展。

（1）新媒体方面

新媒体的形式十分多样，千变万化，内容也十分广泛，包罗万象，这直接形成了庞大而又错综复杂的网络交织在人们的日常生活中。对于这样一个体系，恐怕很难在每个环节把控信息的质量。于是我们把它分为四类，通过其中的代表逐个提出相应对策。

①电子媒体

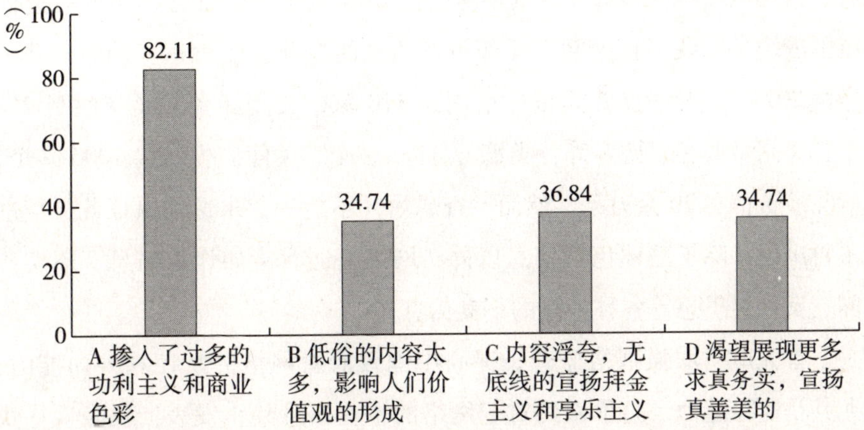

图 4　关于问卷题目“您对当下新媒体表达的价值观有什么样的看法?”的有效回答

19 世纪后期起，录音、电影、广播、电视相继出现。如今，它们仍然拥有巨大的影响力，却没有得到很好的规范。逾八成参与调查的大学生认为当下新媒体的价值观掺入了过多的功利主义和商业化色彩。优酷等视频网站想要得到更高的点击率，当红娱乐节目、电视剧甚至放在比世界性新闻更醒目的位置。这对经常访问这些网站的大学生群体来说会形成一种误导，尽管视频网站只是单纯追求其商业上的成功，却无意间把大学生视野导向了对他们发展益处更小的方向。事实上现在已经有一些“有良心”的媒体看到了这一点。2010 年 11 月 1 日，门户网站网易推出“全球名校视频公开课项目”，用户可以在线免费观看来自于哈佛大学等世界级以及国内名校的公开课课程。然而这方面的努力还远远不够，电子媒体应该更加积极地把重点从“娱乐听众/观众”向“开阔视野，丰富人生”转移。这需要国家对有责任心的电子媒体更多的扶持，同时也需要电子媒体与网络和智能终端提供商更多的合作，积极转变传统的模式。

②数字媒体

中国的互联网还很年轻，全部中国联网工作于 1994 年才完成，然而其发展速度却是惊人的。根据中国互联网络信息中心 2015 年发布的《第35 次中国互联网络发展状况统计报告》，截至 2014 年 12 月，我国 IPv4 地址数量为 3. 32 亿。这么庞大的一个用户群体，互联网环境的监督很难跟上。为营造绿色健康的互联网环境，自 2014 年 4 月中旬至 11 月，在全国范围内统一开展了打击网上淫秽色情信息的专项行动——“扫黄打非·净网 2014”，依法查处淫秽色情网站 110 家，关闭相关频道、栏目 250 个，关闭微博客、博客等各类账号 3300 多个，关停广告链接 7000 多个，删除涉黄信息 20 余万条。然而严查恐怕并不能一劳永逸地保证此类信息不再出现，除了淫秽色情信息以外，网络上还有诸如诈骗信息、不实传闻、反社会思想等各种各样的不良信息。

首先应当加强网络监管，提高中国政府对网络的掌控和导向能力，尤其是监控能力，力争做到对于网络的不良信息禁止发表，发表后尽快删除，减少这类信息在公众面前展现的空间。这与不分情况的强行禁止是有所不同的。中国的“网络墙”长期以来一直为年青一代所诟病，近日广电总局对所谓“黄暴”动画的封杀更是引起了轩然大波，逾七成的大学生都认为尽管出发点是好的，这种一刀切的做法仍然太过武断。当然，另一方面政府也应该将网络上的虚拟身份与现实挂钩，让网民在现

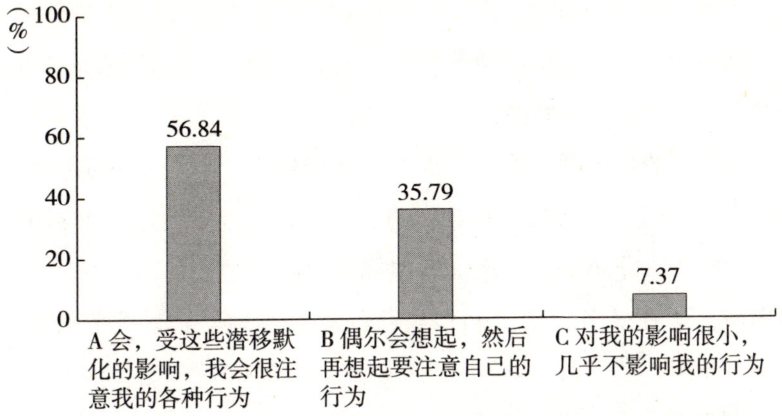

图 5　关于问卷题目“请问您会受公益广告的影响而去改善自己的不良行为吗?”的有效回答

实中也要为网络上的言辞负责。

③户外媒体

新媒体不仅仅局限于新闻，尽管人们往往会误解这一点。广告、表演、体育等都属于户外媒体的形式。事实上这种形式随着广告业的兴起、娱乐圈和体育界明星曝光率的上升已经变得越来越举足轻重。在我们的调查中，只有少于8%的大学生表示公益广告对其自身行为的影响很小。在这方面就要求明星要起到带头的积极作用，要为大学生树立正面的榜样，例如在代言中要代言自己信得过的真实的商品，不要为了钱财而违背自己的道德。

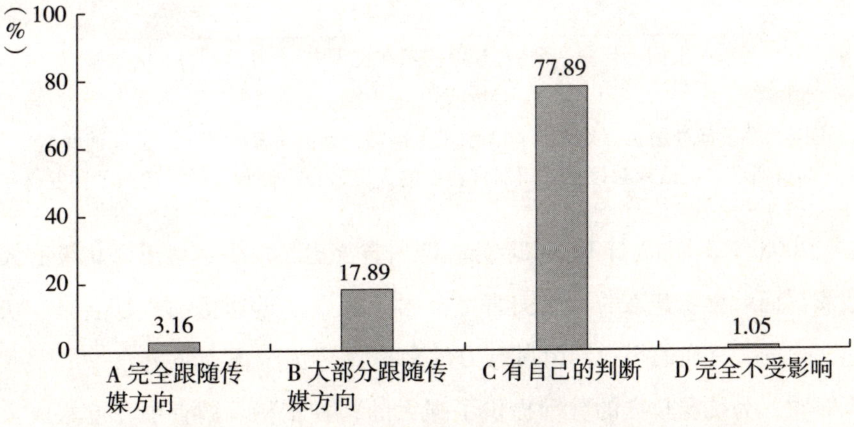

图 6　关于问卷题目“新媒体在社会评价方面对你的影响?”的有效回答

（2）大学生自身方面

大学生自身要有一定的是非分辨能力，对于一些虚假的新闻和不正当的炒作要有自己的判断能力。

令人欣喜的是如图4所示，近八成大学生都在调查中表示在新媒体的评价面前他们有自己的判断。第二点要求大学生要在社会中利用自己所学到的知识去分辨是非。例如日本福岛核电站地震的时候中国发生的抢盐事件，就有很多大学生利用自己的知识在网上告诫大家抢盐纯属炒作。

2. 增强媒体社会责任感

如图7所示，近85%的大学生认为把事实放在商业利益之前的大众媒体更有利于对其产生积极影响。媒体的社会责任感指新闻媒体机器从业人员在新闻传播活动中对国家、社会及公民大众应该承担的法律、道德和职业的责任及义务。真实性应是新闻工作的第一原则。

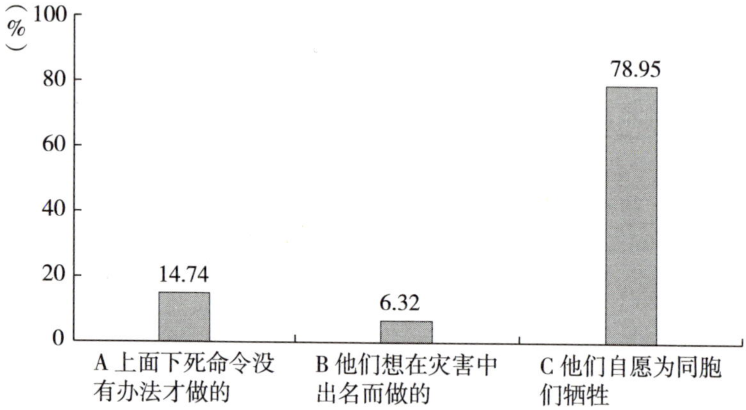

图7 关于问卷题目“对于5·12汶川大地震，那些可爱的军人和因此而闻名的普通救援群众或救援有功而加官晋爵的人民公仆，你怎么看”的有效回答

2008年5月12日14时28分，四川省汶川县发生了里氏8.0级的大地震。面对突如其来的自然灾害，全国各级媒体迅速行动，以准确、快速、全面、优质的报道，用强有力的舆论宣传为全国上下万众一心、共克时艰，为抗震救灾的胜利提供了强大的精神支持。调查中，近八成大学生认为在此次巨大灾害中闻名的普通救援群众或是因救援有功而加官晋爵的人民公仆是自愿为同胞们牺牲而非单纯出于对命令的执行或是对名利的贪求。这次大地震中全国人民展现出的正能量相信会永远留在青年人的心中，而这很大意义上要归功于新媒体的力量。

所以，新媒体不仅是社会的瞭望哨，还应该是社会道德的守望者。这是新媒体不容忽视的社会功能，对于大学生这样一个寄托着社会未来期望的群体来说，这个功能更是显得尤为重要。

3. 联动政府与群众

政府的公关活动，一类是危机公关，还有一类是信誉公关。前者为在社会经济、政治、文化、环境或者其他方面出现消极的不利于社会发展甚至可能带来恶劣影响的影响政府形象事件时，政府为了维持行政而采取的公关活动。后者，则是在社会安定下为了增加国内外民众对该政府行政能力认可增加政府信誉而做的公关活动。半数参与调查的大学生认为政府要更多的利用新媒体来公开他们的决策，这说明在信誉公关方面，政府对新媒体的利用还远远不够。而大学生表现出了这样的希望，说明大学生有着增强其政治参与性的主观意愿。新媒体作为有责任的第三方，要积极转变思想，力争向“开放媒体”转型，以中立、自由、不盲从的姿态加强政府与群众的互动。

4. 鼓励大学生加入新媒体

大学生不只是新媒体的接受者，也是新媒体的创造者。大学生参与新媒体有多种多样的形式，从简单的参与微博讨论、转发朋友圈等，到管理微信平台、电台、上传视频等，这些尝试对大学生创业有着长远的意义，有助于他们提前接触社会，强化社会技能和完善自己的价值观。

（二）有关消除负面影响的分析与建议

1. 加强新媒体自身的建设

（1）注重培养新媒体从业人员的职业道德，提高从业人员的职业素质

从业人员在很大程度上决定并影响了新媒体所表达的价值观，因此要想从源头上消除新媒体对大学生身心健康产生的不良影响，就要重视职业道德教育工作，使从业人员和服务机构增强社会责任感。

（2）新媒体应加强对大学生的正面引导，切实转变自身的观念

新媒体具有明确的导向作用，它所倡导的一些生活理念、行为准则、价值取向等影响着大学生甚至整个社会对真善美的追求。同时，新媒体的舆论导向也至关重要，小则能够影响一个人的成长与发展，大则可以影响一个国家的稳定。因此，新媒体应该转变自身观念：不应该一味追求经济利益；而应该从社会效益出发，积极主动承担起社会责任，加强对大学生的社会主义道德教育。自觉引导大学生树立正确的世界观、人生观和价值观，从而培养其健康向上的心态。

（3）新媒体应加强道德自律

当今时代，新媒体界的道德自律在全球范围内广受关注。早在20世纪40年代美国新闻界提出了“社会责任论”。“新媒体要拯救自己，最好的途径莫过于实现道德自律。”这句话的含义是为了寻求摆脱危机的道路，其基本精神就是强调传媒的道德自律。新媒体加强自律精神，不仅可以提高自身声誉，增强公众的信任；而且可以改善其所传播信息的质量，从而进一步消除新媒体带来的负面影响。

2. 政府应健全法律法规，加强对新媒体的监督和管理力度

（1）加强立法建设工作，完善法律法规

“没有规矩不成方圆”，法律是调节人们生产关系和社会关系的一种最有效力和最有强制性的社会控制手段，也是最集中反映和代表控制者的意志和愿望的一种控制手段。近年来，我国在健全传媒相关立法体系和规章制度方面不断做出努力，并且取得一定成效。比如，我国颁布了《通信短信服务管理规定》、《计算机信息网络国际联网暂行规定》；同时，新《刑法》中也明确规定禁止传播淫秽色情信息和利用计算机犯罪。这些法律法规在相当大的程度上规范了媒体的行为，消除了一些负面影响，并且有力地保护了大学生们的身心健康。今后，相关部门应更加重视法律法规的修订与完善。既要做到修改完善现行法律，使之更加适用于当今社会；又要加紧制定新的法律法规，约束个别媒介行为。同时还应该根据矛盾的普遍性和特殊原理：一方面，国家应进行宏观管理；另一方面，各地方、各单位、各部门、各行业也应该“因地制宜”，针对实际情

况制定相应的规章制度。

（2）加强对新媒体行业的监管力度，对于违法行为应予以严厉打击

相关部门不仅要做到“有法可依”，还要做到“有法必依，违法必究”。应该对新媒体从业人员严格把关，定期对传媒行业进行监督、整顿和治理，规范市场秩序。对于传媒行业出现的违法犯罪行为予以严厉打击，坚决制止。

3. 通过有效的技术控制，“过滤”所传播的内容

历史上，科学家们为了实现加强网络的技术控制做出了巨大的努力。例如：1991 年，加拿大弗雷德大学电子工程学院的考林斯研究出了“V 晶片”装置，安装在电视机上以监视、限制播放暴力镜头。其工作原理是，电视台按规定将电视节目中带有暴力、色情内容的节目进行编码，分成不同的等级，输入电视播放系统，家长则可像电视遥控器一样将相应的代码输入自己的电视机里。当“V 晶片”一旦触及这些节目就会立即停止这些节目在屏幕上出现，从而达到阻止儿童看到这些节目的目的。这项技术对净化大学生媒体环境，消除新媒体的消极作用具有很大的借鉴意义。尤其是网络传播，信息源多，内容五花八门，鱼目混珠。网络上有很多对大学生有价值的信息，也有很多黄色暴力信息。因此，对于政府部门来说，要不断增大投入，建立权威网站，构筑互联网上的“信息海关”，利用“中国互联网过滤器”堵截海内外的各种有害信息，净化网络空间。对于各高校的校园网来说，其主要服务对象是在校的青年学生，如何确保其安全、健康地运行，应是各有关方面、特别是广大技术人员着力解决的问题。对此，学校一方面要派专人上网检查，及时清除不实信息、垃圾信息、非法信息；另一方面，要在技术上加以防范。如：在校园网的出口处，进行防火墙的设置，来实现对整个校园网的安全保障，防止恶意破坏和攻击；另外可以通过添加相应的功能模块或者软件，在校园网的总出口处，屏蔽掉色情站点、反动站点；为了保障校园网内资源的安全，还可以在存放重要资源的服务器端，增加指纹登录服务器识别方式，确保资源信息安全，等等。总之，要尽可能采取措施，设立技术上的“关卡”，“过滤”传播的内容，对那些反动、迷信、色情、暴

力等方面的内容，进行层层堵截和封锁，消除可能会对大学生产生的负面影响。

4. 重视发挥学校的教育引导作用

（1）高校应出台相应的规章管理制度，加强对计算机网络的监管

各个高校有责任和义务加强对新媒体的监督和管理力度。应该出台关于校园计算机网络管理的规章制度，对计算机房、图书馆、学生宿舍的计算机网络加强监管。

（2）加强对学生的教育，引导学生进行“自我把关”

学校教育是消除新媒体消极影响的一个重要的环节。对于社会经验缺乏的青年大学生来说，他们抵制负面价值观的能力相对较差。因此，学校应该加强对学生的引导和教育，帮助学生认识到新媒体中所传播的负面价值观，增强大学生们自身对不良诱惑的“免疫力”。同时也在潜移默化中使学生们认清社会主流价值观，增强其评判意识。

（3）高校应为大学生们构建一个可以交流思想的平台

学校应该加强自身局域网建设，建设网上社区，从而满足学生的实际需要。例如，高校可以开设BBS，为学生们提供一个自由交流思想，评论时事的平台。学生们可以自由交流思想，各抒己见，碰撞出思想的火花。同时，学校也应该及时了解学生们的思想动态，从而进行有针对性、高效的思想引导。这样，学生们能够在相对宽松但又不缺约束的环境中接受高雅文化熏陶，提高鉴别能力，从而自觉抵制新媒体所传播的负面价值观。

5. 大学生自身应加强思想道德建设，提高辨别能力

（1）增强社会责任意识

大学生应该认识到自己是祖国的未来，代表国家可持续发展的实力。国家的长治久安以及综合实力的提高在很大程度上依靠大学生——这一新生代力量。“天下兴亡，匹夫有责。”大学生们应自觉树立起社会责任感，增强主人翁意识，加强自身思想道德建设。

（2）提高自我辨别能力，自觉抵制新媒体中表达的负面价值观

“外因是基础，内因是关键。”大学生应该发挥内因作用，发挥主观

能动性。一些新兴的大众传播媒介，特别是网络、手机等，具有隐蔽性强的特点，因此个体在使用时是否遵守道德规范，既不易被察觉，也不易受到监督和制约，而是完全依靠自我的道德意识。在这种情况下，他律道德弱化，而自律道德增强。大学生应该提高自身辨别能力，需要拥有一双慧眼，善于思考，分辨出主流价值观和负面的价值观。对于负面的价值观要坚决抵制，不被“吞噬”。

五、新媒体的发展趋势预测

新媒体的出现使得传统媒体受到了极大的挑战，广播、报纸等传统媒介对大学生影响越来越小的同时，新媒体以势不可挡的姿态影响着越来越多的大学生。为了顺应时代的发展潮流，如今的传统媒体也在不断创新，适时调整思路，保持着与新媒体的同步发展。而关于新媒体的未来发展潮流，我们可以发现以下几大规律：

（一）媒体碎片化

如今，社会进入碎片化阶段，各种信息扑面而来，生活被很多碎片化内容切分。传统媒体的衰落的其中一个原因便是如报纸，杂志及电视节目等更愿意去做一个定位，而“包揽天下”极难做到，因此只能吸引部分受众。而随着互联网时代的到来，数字技术、网络技术、传输技术的大量应用，大大强化了受众作为传播个体处理信息的能力，碎片化现象不但让受众群体细分呈现为碎片化现象，也引发着受众个性化的信息需求，整个网络传播呈现为碎片化语境。正如美国西北大学媒体管理中心负责人约翰·拉文所说，“碎片化”是“遍及所有媒体平台最重要的趋势”。媒体的碎片化特征将继续加剧，这对于互联网等新媒体来说将迎来发展机遇，新媒体的唯一出路是“专业、精细、特色”路线。

（二）广告分流趋势

在传统媒体逐渐衰弱，影响力下降时减少在电视、广播中插播广告的投资转而投入新媒体行业也无可厚非。以中国为例：国家广电总局颁布的《广播电视广告播出管理办法》将由此被“净化”掉的电视广告量或高达100亿元，很多电视广告为维持收益，将可能集体涨价，导致广告分流转向新媒体，广告主将可能加大在互联网和其他新媒体的投放。

（三）媒体的融合加强

传统媒体要想获得持续发展，赢得部分行业竞争力，必须要做出相应改革，而最有效快捷的方式就是与互联网加速融合，报纸开设网络版，以及报纸杂志与网站合作开设线上发行平台，以及广播的网络化、电视的网络化都会进一步得到发展。

（四）新一轮并购大潮出现

新媒体之间将出现新的一轮并购大潮，并购是为了增加对受众的覆盖，有着较广覆盖的新媒体将会收购那些资源和渠道过于单一的媒体，甚至互联网和户外媒体，互联网也可能并购平面和传统媒体，这股并购大潮是在经济逐渐回暖后会开始。互联网、户外媒体、移动性媒体以及视频新媒体之间会有新一轮的洗牌。

（五）新媒体受众的重新定义与深度细分

互联网以及户外新媒体尽管已经发展很多年，但是在对于受众的定义和细分上落后于传统品牌，如互联网和户外新媒体公司分析某些网站适用于白领、高端人群等，这些指标都过于模糊，而应该从标志消费、心理和行为角度细分受众，以及描绘受众特征。而为了吸引不同的人群，新媒体能够适时做出改革和调整，对受众的重新定义和深度细分也将必不可少。

（六）新媒体将从“侵入消费者”阶段到“消费者浸入”阶段

一个媒体要获得长足发展，必须不能给消费者带来干扰，因此互联网的硬广告将可能进一步净化，户外新媒体将会在创意上进一步提升，或者与内容提供商合作向消费者提供信息，逐步去留住消费者分散和几乎疲劳的注意力。

（七）新媒体将从资源扩张到价值扩张

如今，新的户外渠道媒体已“掘地三尺”，电梯，卖场、高校、KTV、宾馆、铁路、公交、出租车、医院、药店、候机楼、银行，甚至厕所都被一块块液晶屏占领，一时间，只要是户外媒体，似乎处处都有成为“金矿”可能。但是有了资源之后，户外广告正从资源扩张走向价值扩张阶段，新媒体必须担当客户的策划与营销，新媒体必须打造有影响力的品牌，以及介入企业的系统营销问题，才能得到广告主的信任。

（八）线上与线下将会有更多的互动出现

新媒体与终端活动之间要有更多的配合形式。新媒体将更多参与企业的营销活动中来，如配合企业做活动、采访、软文稿创作等，或者将新媒体所在场所变成体验终端，做一些新的广告创意，新的媒体创新点是互动，这是其与传统媒体最突出的区分点，因此，不管是内容还是广告，都应该在互动和互动的服务上下功夫，发掘新的形式。

（九）互联网社会化媒体潮流不可阻挡

像微博客这样的社会化媒体将带来发展机遇，同时为营销创造更多机会，网络的发展导致人人都是新媒体，人人都是播音员。以中国政府为例，自微博出现以来，政府积极调整宣传方式，加大与群众的互动，建立微博主页等。

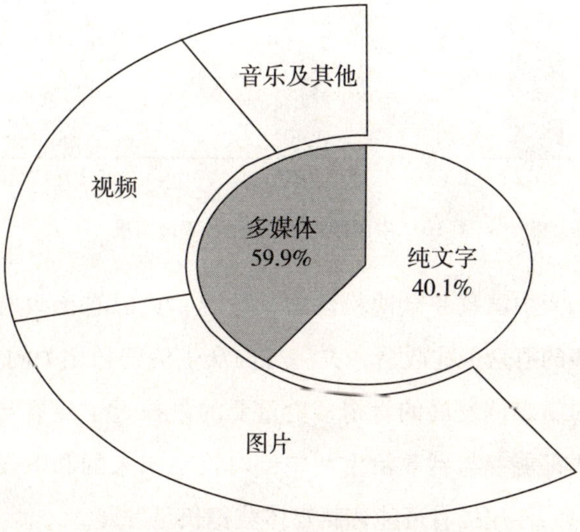

图8　全国政务微博多媒体形式示意图

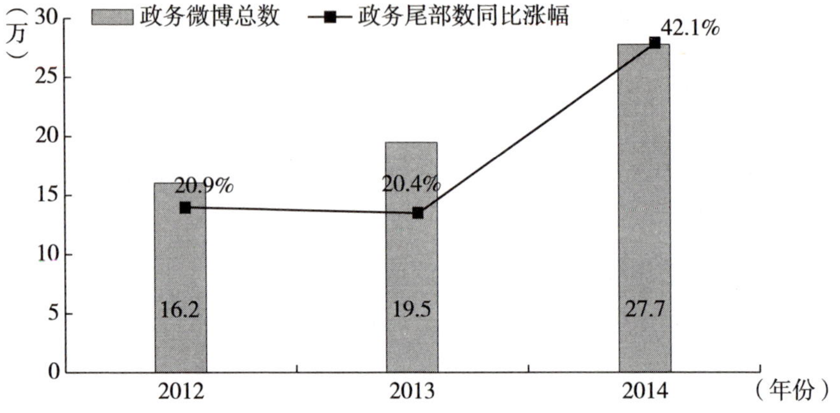

图 9　中国政务微博账号数量增长情况图

上图所示为中国政务微博账号数量增长情况，我们不难发现微博账号一直在持续增长，尤其是 2013—2014 年涨幅明显。

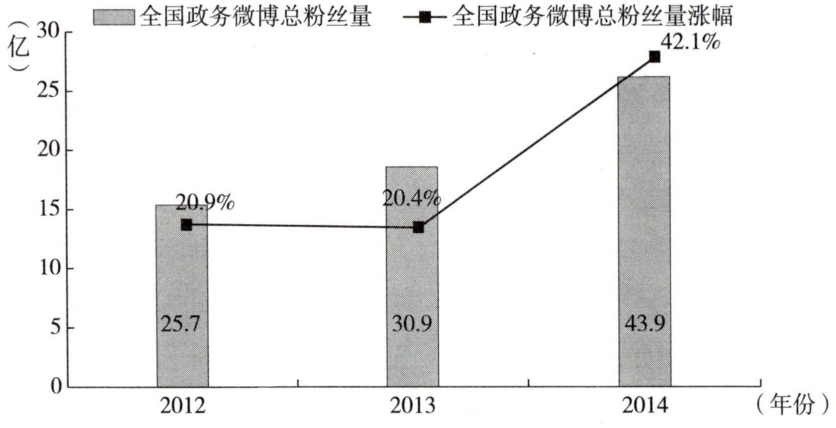

图 10　中国政务微博粉丝增长情况

上图所示为中国政务微博粉丝增长情况，可以看出政府微博的开展使得越来越多的群众关注政治，关注与群众生活密切相关的文件及政策。这不仅仅是对新媒体发展的肯定，更重要的是拉近了政府与普通大众的距离，让人人都能参与到政治生活中，对社会未来的和谐发展创造了一个平台。政府的使用极有可能让新媒体获得长足发展。

（十）综合类门户将为能有效满足消费者的生活需求而努力

未来的互联网将是面向消费者网络应用需求的互联网，因此洞察消费者和消费行为趋势将是互联网发展的关键，同时移动互联网、农村互联网都将有新的机会，互联网还有区域化和向下延伸的市场空间。

综上所述，新媒体的未来仍是一派光明，不能否认的是在发展过程中会遇到各种各样的问题和阻力，但是就社会的发展趋势而言，新媒体仍是不可替代的，而越来越多的人将会加入到使用新媒体，关注新媒体的行列中来。

参考文献

[1] 乔颖．借助新媒体技术进行大学生思想政治教育［J］．长江丛刊．2015（28）．

[2] 中国互联网络信息中心（CNNIC）．《第35次中国互联网络发展状况统计报告》［R］．北京：中国互联网络信息中心，2015.

[3] 张毓秋．新媒体环境下的高校公寓文化建设探究［J］．高教学刊．2015（23）．

[4] 王璐．网络条件下大学生道德人格偏离及干预研究［D］．燕山大学．2014.

[5] 纪建敏．基于手机媒体的大学生思想政治教育研究［D］．江西理工大学．2014.

[6] 张明平．大众传播对大学生的负面影响及控制［R］．江苏大学．2006.

[7] 陈蕾．运用新媒体创新高校党建文化育人工作的思考［J］．长春金融高等专科学校学报．2014（02）．

[8] 田晓刚．新媒体视域下大学生思想政治教育研究［J］．现代交际．2014（04）．

[9] 张译元．新媒体时代大学生思想政治教育研究［J］．赤子（中旬）．2013（12）．

“一带一路”背景下的中国与中东关系*

摘　要：位于亚非欧三大洲交界处的中东在当代的世界地缘政治中有重大的影响。中国是一个大国，一个崛起中的大国，中国若要真正成为一个有影响的负责任的对世界做出突出贡献的大国，那么中东则是中国展现大国能力的巨大舞台。自从中国和阿富汗于1955年建交、与埃及1956年建交以来，中国和中东国家的关系在曲折中发展。但改革开放以来，由于中国经济的飞速发展，综合国力和国际地位的迅速提高，中国与中东国家在政治、经济、文化、军事、外交等各方面的关系发展也不断加快。尤其是习主席提出包括中东国家的“一带一路”后，中国国内对中东的研究和中国与中东关系的发展都不断深化。

关键词：中东；一带一路；阿拉伯；以色列

一、中东简介

什么是中东？中东在哪里？自15世纪新航路开辟后欧洲国家开始向东扩张，根据欧洲以东的地区和国家距离欧洲的远近而把他们划分为

---

* 作者：陈佳妮；
指导老师：贾烈英。

“近东”、“中东”和“远东”。但三者之间的界限并没有明确的划分。现在所说的中东一般是指亚非欧三大洲相连接的地区，主要是亚洲西部和非洲北部一带。它东起伊朗高原，西达北非和地中海东岸，北至黑海和高加索，南临亚丁湾和阿拉伯海。根据国内大多数学者的划分，中东国家包括阿富汗、阿联酋、阿曼、埃及、巴勒斯坦、巴林、卡塔尔、科威特、黎巴嫩、塞浦路斯、沙特阿拉伯、土耳其、叙利亚、也门、伊拉克、伊朗、以色列和约旦，共18个国家。中东是世界文明的发源地之一，著名的古巴比伦文明（现大致在伊拉克）、古埃及文明（现大致在埃及）均发源于此；世界上最古老的人类居住地和城市也有近一半坐落于此；中东更是古老而影响深远的宗教的诞生地，犹太教、基督教、穆斯林教均诞生于此；世界石油储量的一半以上天然气储量的40%以上埋藏于此；亚非欧三大洲交界于此；世界新闻中出现频率最高的小国云集于此。中东，就是如此独特的存在。中东对世界的重要性不言而喻。

二、中以历史关系发展简析

中国和以色列的关系可谓是源远流长，从被广泛认可的开封犹太人算起，已有1000多年的历史了。而在二战中，中国作为反法西斯国家接纳了大量的犹太人，东亚最大的犹太人社团是在上海，成千上万从希特勒魔爪下逃出来的中东欧犹太难民在上海找到了安全的避难所。从1933年至1941年，上海作为“国际城市”的地位，使它成为世界上唯一一个犹太难民（或其他任何人）可以没有护照或签证而合法“登陆”的地方。[①] 在1940年时，上海的犹太人总数大约在3.5万至3.6万之间，上海所接收的犹太难民比加拿大、澳大利亚、新西兰、南非和印度接收的犹太难民的总数还要多。[②] 而那时在哈尔滨、天津、山东也有大量的犹太

① 《中国与犹太——以色列关系100年》：Goldstein主编、肖宪等译，中国社会科学出版社，P16，此处引自Jonathan Goldstein所著的章节。

② 《中国与犹太——以色列关系100年》：Goldstein主编、肖宪等译，中国社会科学出版社，P56，此处引自当时以色列驻上海名誉领事Isador A. Magid所著的章节。

人。西方的辛德勒名单全世界都知道，但殊不知在遥远的东方也有类似的故事，他就是1938—1940年中国驻维也纳总领事何凤山。1938年水晶之夜后，纳粹对犹太人的迫害逐步升级，在希特勒残酷的统治下、在其他国家拒绝接纳犹太人的情况下，在上司的反对下，在危难时刻，基于人道主义的他冒着生命和事业的风险向领馆外排大队的犹太人发放去上海的签证，而这在那时是不折不扣的救命签证。何凤山生前并未因此获得任何荣耀，也从未因此而要求任何的感恩和荣耀，但在他死后，在犹太历史学家的考证下，以色列政府最终向他颁发了“义人奖”，他的名字被刻在耶路撒冷的义人园供人们瞻仰。反过来，犹太人也对中国人很不错，雅各布·罗斯菲尔德就是有力的证明，他来自奥地利的一个中产阶级家庭，在纳粹的统治下被迫来到中国，在中国的时候他用自己精湛的医术救死扶伤，深受人们的爱戴，甚至后来以色列建国后、新中国成立后他还留在中国工作。这种交互式的友谊与恩惠不是几个例子就能说得清的。

中华民族和犹太民族都是世界上悠久的、智慧的、伟大的民族，都为世界的发展做出了不可磨灭的贡献，但同时也都在历史上受过巨大的磨难，甚至到了民族存亡的时刻。相似的经历使彼此不免产生惺惺相惜的感觉。但虽然有两国人民的感情基础，在现实的发展中由于受到变幻不定的国际形势的影响，两国关系的发展也并非一帆风顺，甚至可以说是磕磕绊绊。

1949年10月1日新中国诞生，过了3个月，以色列外长于1950年1月9日便致电周恩来总理称，“以色列政府决定承认中华人民共和国为中国的合法政府”。这是中东地区承认新中国的第一个国家。1950年9月19日，联合国大会第一次就中国在联合国的代表权问题上进行表决，以色列代表投票赞成由中华人民共和国代表取代台湾国民党政府的代表。① 虽然以色列在联合国对有关中国的问题的投票中在美国的压力下有点反复，但总的基调还是支持中华人民共和国反对“台湾当局”的。对于以色列

① 《当代以色列社会与文化》：虞卫东著，上海外语教育出版社，P482。

对新中国的承认，周恩来总理当时回电表示感谢并希望把建交事宜提上日程。但由于朝鲜战争在即，两极阵营分化，我们当时并不能看出中以两国的发展方向。虽然当时中国在两大阵营中已站到苏联一边，但以色列与苏联和美国均保持着较好的关系。另外，我们也不能认为中美关系决定了美以关系，因为美以关系并不完全像人们通常认为的是主子与仆人的关系。至少从20世纪70年代以来，以色列一直保持着相当大的外交独立性，不愿完全受制于美国。正如一位美国军官所指出的："要了解美以关系及其发展，必须记住以色列从来不像许多人所说的那样是华盛顿的走卒。从一开始，每当条件适合，它就打算离开我们，自行其是……从70年代初它的自行其是就成为两国间摩擦日益增加的根源。"①

两国关系的发展第一次出现问题的是1950年爆发的朝鲜战争。当时的以色列也还只是一个新生的国家，它国家小力量弱又受到周边阿拉伯国家的威胁，它急于与美国结盟改善自己处境保障自己的生存，朝鲜战争使以色列非常为难，它的领导层也为此分成了两大派。虽然以本·古里安为首的一派认为中国将来肯定会成为一个在国际政治舞台上有巨大影响力的大国，发展与中国的关系符合以色列的长远利益；但以摩西·夏里特为首的另一派认为以色列的当务之急是与美国搞好关系，与中国建交的事可以暂时推一推。这一推，建交就是40多年后的事了。以色列对联合国中"中国是侵略者"的议案投了赞成票并对联合国军进行医疗支援，这无疑严重损害了正在起步的中以关系。如果客观地看待这场战争和以色列作为一个国家对本国利益的抉择，这也无可厚非，在当时的情况下与美国建交的确更符合以色列的国家利益。

朝鲜战争是个插曲，如果说完全是由朝鲜战争阻断了两国关系的发展当然是不恰当的。有些国家在朝鲜战争中也站在美国的一方，但战后却逐步发展与中国的关系并逐渐建交。朝鲜战争后的以色列与中国有些接触，双方也曾有意发展外交关系，但当时以色列的夏里特政府更倾向于美国，中国又面临亚非会议，中以的接触也仅限于经济方面且规模

① 《以色列——谜一样的国家》：杨曼苏主编，世界知识出版社，P187。

较小。

笔者认为真正使中以关系逆转并使建交大幅度推迟的是1955年的亚非会议。在亚非会议上中国与众多的阿拉伯国家建立了联系。1956年中国与埃及、叙利亚和也门等国建立了外交关系，这标志着中国奉行新中东政策的开端，也标志着中国对外战略的重要改变。在此后的三十多年中，中国大力支持阿拉伯人民的反以斗争，无私地向他们提供各种形式的援助。[①] 我想这也是为什么我们看到的关于阿以冲突的报告中总是说以色列军队是多么强大、阿拉伯人是如何的处于劣势如何的可怜（这当然在一定程度上是正确的），但我们的报道中几乎没有阿拉伯人如何残酷地袭击以色列平民，他们违反国际法把武器直接对着以色列城市和平民。这事实上是存在的，只是我们没有报道而已。在这里我并不是要偏袒以色列，只是希望我们的媒体更客观和独立些，希望我们看待问题时也更理智些，不要一味地被感情所左右，不要因为国家间的关系而偏袒或诋毁一国。巴勒斯坦问题不是以色列一国造成的，是巴勒斯坦周边的中东国家一起造成的。假如第一次中东战争后约旦和埃及没有私吞联合国分给巴勒斯坦国的“国土”，巴勒斯坦国早就建立了，巴勒斯坦的独立可以减少其他周边国家以民族利益等为借口实则为了自己国家甚至君主的一己之私堂而皇之地干涉巴以冲突，巴以问题也许也会更简单些。

放眼世界地图，中国是非穆斯林也是非阿拉伯国家，与以色列毫无历史纠纷，但自20世纪50年代中期以来中国却有意回避与以色列发生任何官方关系，这在世界上是非常罕见的，甚至可以说是绝无仅有的。而以色列则不断地寻求同中国进行直接接触，而且从不与中国争吵。虽然中国对以色列很冷漠，但以色列还是避免过深地刺伤中国人民的感情。它基本坚持了“一个中国”的立场，始终拒绝与台湾建立所谓的“外交关系”。在恢复中国在联合国的合法席位问题上，以色列多数情况投赞成票，有时也投弃权或反对。虽然与台湾当局也有不少往来，与台湾的经贸关系也曾比较热，也对台湾出售过武器；但我们必须得理解任何一个

① 《今日以色列》：杨曼苏主编，中国工人出版社，P268。

国家都有它自己的国家利益，我们不能强求别国总是根据自己的意愿行事。在复杂的国际环境中，以色列对中国的方式已经可以算得上是很厚道的了。

那以色列为什么如此耐心如此坚持地要与中国建交呢？当然也是国家利益使然。以色列外交政策的核心是维护犹太国家的安全和发展，寻求国际社会的广泛承认和世界犹太人的大力支持。[①] 因为以色列国家的特殊性，“寻求国际社会的广泛承认”是以色列外交政策的核心之一。曾看过一句话说：以前以色列外交部礼宾司的官员闲得发慌，经常扳着手指数世界上有哪几个国家可以与以色列建交。这句话虽然有点戏谑，这在一定程度上也反映了真实的情况吧，即使是现在，有些国家也不承认以色列，马来西亚、黎巴嫩、叙利亚等国家的护照上还明确写着“…except Israel”。在两千多年的流散中，犹太人没有国家没有安全感，而当犹太民族终于建立起了自己的国家，他们自然会很希望成为国际大家庭中的一员被广泛接纳。在以色列建国后，承认它的基本上是欧洲和美洲国家，亚洲国家很少，要想在亚洲获得广泛的承认，在亚洲有较大影响力的中国自然是必不可少的。“假如想让亚洲知道犹太人，中国是个关键。由于阿拉伯国家反对我们的存在，因此我们必须让亚洲知道我们的情况。如果我们与中国建立了关系，我们的旗帜就会在其他亚洲国家高高升起。”[②] 哈科汉如此说道。并且，中国在经历了200多年的屈辱之后，中国站起来了，中国的再次崛起是必然的，更何况两国人民的历史感情也是不错的，中国虽然支持阿拉伯人的反以斗争但也不否认犹太人的生存权，与中国建交是符合以色列利益的。

那又是在什么样的环境下中国改变了亲阿反以的政策转而与以色列接触呢？

历史的巨变发生在20世纪70年代末期，随着中国采取优先发展经济的政策和对外越来越开放，寻求贸易和包括医药农业及军事领域在内的

---

① 《以色列社会与文化》：虞卫东著，上海外语教育出版社，前言。

② 50年代初曾参加过与中国谈判的以色列前驻缅甸大使大卫·哈科汉在70年代曾说过这句话。

技术合作，一个变化了的中国不可避免地走上了通向以色列的道路；而以色列也不可避免地要与中国建立外交关系。[①] 可以说是中国改革开放的宽松大环境使中以关系的深入发展成为可能。在邓小平领导下的中国外交变得更加务实，更加多元，而不再过多地强调意识形态。中国渴望用以色列先进的科技打破美国等国家对中国多年的封锁，让中国在发展的道路上有所飞跃。

紧接着的是1979年开始的对越自卫反击战，在这场战争中，越南方面使用的武器是苏制武器，而历次中东战争的实践证明，以色列的武器足以应对甚至打败苏制武器。越南战争是中国改变对以色列政策的一个重要转折点。这一点易被人们忽视，但确是真正非常重要的。以色列的高斯坦教授对此曾有深刻的见解。

另外不可忽视的一点是20世纪七八十年代以来的阿以和平进程。阿拉伯国家和中国对以色列都非常重要，虽然这里的重要的含义是背道而驰的。因为意识形态和经济利益等原因，中国自万隆会议以来就一直站在阿拉伯国家的一边。在很大程度上也正是中国与阿拉伯国家的关系，使得作为非阿拉伯非伊斯兰国家的中国才一直不正常地“冷落”以色列。而当阿以和平进程开始后，中国和以色列的关系也逐渐升温。宣布建国是北京长期以来敦促巴勒斯坦解放组织采取的一个步骤，这个国家的存在并获得承认的明确条件之一就是与以色列建立关系。阿拉法特于1988年12月在日内瓦发表宣言，表示接受以色列的存在，承认必须与以色列的谈判才能取得巴勒斯坦问题的解决，随后的阿拉伯首脑会议也认可了这些立场。这样一来，中国就可以更放手地公开与以色列打交道了。如果连阿拉法特都准备与以色列接触和谈判，那么也就没有道理再让中国裹足不前，或继续使其影响和作用受到限制了。[②] 许多巴勒斯坦人对华盛顿协议持保留态度，但如果不选择这种有缺陷的和平，那就只有无休止

---

① 《中国与犹太——以色列关系100年》：Goldstein主编、肖宪等译，中国社会科学出版社，P134。

② 《中国与犹太——以色列关系100年》：Goldstein主编、肖宪等译，中国社会科学出版社，P138。

的流血、痛苦和混乱。我们知道，在双方阵营里都有许多反对这一和平协议的极端分子，但是大多数以色列公民和巴勒斯坦阿拉伯人都赞同巴以改善关系、和平共处。至于外人喜不喜欢这一解决办法，那都是无关紧要的。如果战争双方决定停火，我们为什么要阻碍他们呢?《巴勒斯坦观察家》评论[①]如果说，阿以继续进行着频繁的战争，那么中以的建交也几乎是不可能的。实践证明，阿以和平进程是推动中以关系发展的重要原因。

在笔者看来，中国在处理与以色列和阿拉伯国家的关系上远没日本做得好。其实相比较而言，中国与以色列建交中中国所能获得的利益较日本与以色列建交中日本所能获得的利益要大得多，但日本在1952年就与以色列建交了。中国需要阿拉伯国家的市场和石油，日本也是。况且日本在那时的经济发展水平要比中国高得多，它本身资源少市场小，它更需要阿拉伯国家，它70%的石油是从阿拉伯国家进口的，出口产品中也有很多是流入阿拉伯国家的。但日本却能在阿以关系中踩平衡，即使在第四次中东战争中阿拉伯国家拿起石油武器逼日本表态，日本也能处理好微妙的关系，使自己不至于进入阿拉伯国家石油禁运的“黑名单”。我认为中国之所以没能像日本这样处理好是因为中国在邓小平时代前过多地强调意识形态，视野只放在已经交的朋友圈中，是自己束缚住了自己的手脚。

在有以上这些条件后，1991年的海湾战争就成了中以关系发展的催化剂。海湾战争中伊拉克为了打破美国和阿拉伯国家的联盟，多次对着以色列的城市发射飞毛腿导弹企图把以色列也卷入战争，改变这场战争的性质，使其成为反对犹太人的“圣战”。但以色列保持了极大的克制，并使阿拉伯国家中的反以联合阵线被削弱。这一方面使中国的领导层对以色列的忍耐刮目相看，另一方面中国与以色列建立外交关系的发展所受的来自阿拉伯国家的阻力也将小很多。正是海湾战争使中以在一年前

① “Pak - Israel Contacts” Editorial, The Pakistan Observer, December27, 1993, inFBIS - NES - 93 - 248, December 29, 1993, p. 43.

互设非官方联络处后短时间内建立了官方的联络机构。

时间已经到了1991年，中以建交已经是必然的事了，只是很多人都没想到，以中国外交的速度两国能在1年后建交。剩下的事就是一些细节的事了。值得一提的是马德里中东和平会议后，中国决定与以色列建交时机的选择提前并支持美国推动中东和平；在亚洲国家审计长会议上，以色列国旗第一次在中国公开飘扬；中方同意以方把设在北京的联络处从不大引人注目的酒店后廊的客房迁至气派著名的国际贸易中心大酒店并很快就变成了以色列驻华大使馆；《人民日报》对以色列态度的改变；中以高层秘密及公开的访问。终于，1992年4月21日，以色列副总理兼外长利维正式访问北京并签署关系正常化协议。

中以关系正常化有哪些影响呢？对于以色列方面，前面已经就以色列强烈的建交动机和原因的时候阐述过了，这里就不重复了。对中国而言，意义不仅仅是“深刻和深远”两词能形容的。以色列和中国在很多方面的互补性很强。以色列先进的医药、农业、军事（可以说，中国关系开始的发展就是以以色列帮助中国发展军事为基础的）等科技是中国迫切需要的，而中国巨大的市场和丰富的资源也吸引着以色列。而中国是一个正在崛起的大国，现在及将来必将在世界舞台上扮演举足轻重的作用，并且中国和阿拉伯国家的关系也不错，在阿以的和平进程中也能发挥大国的推动作用。

三、中国与阿拉伯国家关系发展简史

2013年9月，习近平主席出访中亚四国、参加上合峰会时提出构建“丝绸之路经济带”。10月，习主席访问印尼、出席亚太经合峰会时倡导建设21世纪“海上丝绸之路”。初看上面的丝绸之路貌似与中东没太大的关系，但当我们翻开地图细细寻找丝绸之路的路径时，我们就会发现不管是现代的丝绸之路还是古代的丝绸之路，中东在丝绸之路中都占了非常重要的作用。中国与阿拉伯国家的交往源远流长，早在东汉汉明帝时期班超就出使西域，促进了中国与西亚和东南欧的友好联系。而班超出使的这条路就是中国古代的丝绸之路。

而到了近代，由于中东各国和中国各自力量都比较弱小，受到西方列强的殖民侵略，国内矛盾突出，中东各国和中国都专注于自身国内的事务，无暇他顾，对对方不甚了解，双方的关系发展地很慢，尤其是新中国成立以后，在西方控制下的刚刚独立的中东各国对新中国没有好感，也不了解，没有一个阿拉伯国家主动承认中国更不用说与中国建交了，倒是完全民主的资本主义国家以色列在新中国成立的第二年主动承认了新中国。鉴于这种情况，中国一方面希望发展与以色列的关系，另一方面积极主动地与阿拉伯国家进行接触和联系。结果是和以色列的关系因为种种原因（当然有很大一部分原因是因为中国需要发展与阿拉伯国家的关系）一拖再拖，整整拖了42年才建交，而与阿拉伯国家的关系则由于过去被西方列强侵略的共同命运、巩固新的国家独立发展民族经济、对彼此的了解互相加深等原因双方的关系渐渐走上了正轨。

1955年1月20日，中国与阿富汗代表经过谈判，正式宣布两国建立外交关系。由此，阿富汗成为第一个与新中国建交的中东国家。1956年5月16日，埃及取消对“台湾”的承认，承认中华人民共和国，5月30日中国和埃及建交。[①] 1956年8月10日，中国与叙利亚建交。1956年9月24日，中国与也门建交。1958年8月25日，中国与伊拉克建交。1965年3月，中国同意巴勒斯坦解放组织在北京设立相当于大使馆的办事处。1968年1月30日，中国与新独立的南也门建交。1971年3月22日，中国与科威特建立外交关系。1971年8月4日，中国与土耳其建立外交关系。1971年8月16日，中国与伊朗建立外交关系。1971年11月9日，中国与黎巴嫩建立外交关系。1971年12月14日，中国与塞浦路斯建立外交关系。1977年4月7日中国与约旦建立外交关系。1978年5月25日，中国与阿曼建立外交关系。1984年11月1日，中国与阿联酋建立外交关系。1988年7月9日，中国与卡塔尔建立外交关系。1988年11月20日，中国承认巴勒斯坦国，12月31日，巴勒斯坦驻华办事处改为巴勒斯

---

① 《1945年以来的中东》：肖宪主编，中国社会科学出版社，P256。

坦国驻中国大使馆。1989 年 4 月 18 日，中国与巴林建立外交关系。1990 年 7 月 21 日，中国与沙特阿拉伯建立外交关系。1992 年 1 月 22 日，中国与以色列建立外交关系。[①] 至此，中国已与所有的中东国家建立了外交关系。

以上是中东国家与中国建交的详细的时间表，下面就让我们来解析一下这份时间表背后的历史。

1949 年中华人民共和国成立的时候，绝大多数中东国家未对新中国予以承认，反而继续与“台湾当局”保持外交关系。1950 年朝鲜战争爆发，大多数已加入联合国的中东国家对美国提出的“中国是侵略者”这一提案投弃权票或赞成票。据此，我们可以看出中阿关系的开始可以说是非常糟糕的。转机出现在 1955 年的亚非会议（也称万隆会议）上，这是亚非国家和地区第一次在没有西方国家参与的情况下，讨论亚非人民切身利益的大型国际会议。在二战后美苏日益加剧的冷战背景下，亚非国家为了维护自身的独立与安全，发展民族经济与文化，加强联系与合作的体现。在亚非会议上，中国与中东国家有了第一次高层的接触，周恩来总理会见了纳赛尔等阿拉伯国家领导人，双方开始了较深的互相了解，这为中国改善与阿拉伯国家的关系奠定了基础。会后一年，埃及就取消了对“台湾当局”的承认，转而承认中华人民共和国，并不久双方建交。继埃及与中国建交后，叙利亚、也门、伊拉克等国也相继与新中国建交。亚非会议和中埃建交开启了中国与中东国家关系的大门。当然，这过程中中国也付出了很多，当时自身尚且贫穷甚至连温饱都不能解决的中国却花费大量的人力物力援助埃及等阿拉伯国家，在一定程度上减缓了国内的建设和发展。

虽然中埃关系在 50 年代末经历了挫折，但中国非常重视埃及这个阿拉伯世界中的大国，两国的关系总的来说还令人满意。时间再往后就是 1966 年开始的“文化大革命”了。虽然在“文化大革命”中中国的外交工作严重受到干扰，但中国与中东的关系却依旧在稳步地发展，其中南

---

① 建交时间参考于中国外交部官网。

也门、科威特、土耳其、伊朗、黎巴嫩、塞浦路斯就是在“文革”期间与中国建交的，当然，这也要考虑美国在20世纪70年代对中国关系的缓和，中美苏大三角战略格局转变的影响。在20世纪70年代，还有一件事也不得不提——1971年中国恢复在联合国的合法席位。毛主席曾说中国恢复在联合国的合法席位是由第三世界的兄弟们抬进去的。在这里，以色列、伊朗、伊拉克、也门、叙利亚、土耳其、科威特、埃及、阿曼、阿富汗投了赞成票，巴林、卡塔尔、黎巴嫩、塞浦路斯和约旦投了弃权票，沙特投了反对票。由此可见，阿拉伯国家对中国重返联合国起了很大的作用。当我们现在在讲中阿关系的历史时，我们不该忘记这段受友邦帮助的历史。时间再往后就是中国的改革开放了，中国采取了更加务实的外交和经济政策，淡化意识形态，经济在外交中的影响上升，中国与大部分海湾国家就是在这个时期建交的，而海湾国家恰恰是阿拉伯世界的经济中心，控制了世界的石油资源。中阿历史关系发展还有非常重要的一点是中国自从亚非会议后在阿以问题上始终站在阿拉伯国家的一边，坚决地反对以色列对阿拉伯国家的战争，支持阿拉伯人民的反以斗争并为阿拉伯国家提供大量的人力物力支持。可以说，中国曾是世界上唯一一个非阿拉伯非穆斯林却对以色列异常冷淡的国家。中国的这个做法一方面使中以关系的发展不断推迟但另一方面确实使中阿关系更加紧密，只是笔者认为，作为在阿以关系中非当事人的中国，本可以处理地更巧妙一些，同时发展与两者的关系，为本国国内的发展创造更好的外部环境。

阿拉伯国家与中国外交关系的发展对双方都有极大的益处，双方经济的互补性非常强，合作潜力和前景广阔。阿拉伯国家，尤其是海湾国家，石油储备非常丰富，占世界石油储量的一半以上，而阿拉伯国家自身人口少，市场小，需要把石油稳定地卖出去。而中国从1992年成为石油净进口国后，尤其是近年来随着经济的飞速发展，对石油的需求日益增大并在2012年超过美国成为世界上最大的石油进口国。而美国在今年由于国内储量丰富的页岩气页岩油的开采成功，已经完全能实现能源自给并计划出口能源。国际能源环境将更加复杂，美国不再需要中东的能源，但中东作为战略要地，美国仍不会离开中东，而在中东美国会更加的游刃有余。在这样的背景下，中东的石油对中国的重要性也是有增无减。加强双方的合作一方面能使中国获得稳定的石油供应，这对中国是迫切的；另一方面也可使海湾国家在激烈的石油市场中稳定地出售石油，保证国内经济的发展，并在一定程度上摆脱对美国的控制。除了石油外，在经济方面，中国与阿拉伯国家的劳务合作也非常频繁。海湾国家的劳动人口有很大一部分是从国外输入的，而中国恰好有劳动力丰富的优势，中东是中国建筑承包业的重要输出地。石油和劳务合作是双方较为传统的合作，在新的形势下，笔者认为双方在服务业、人力资源和人力开发、文化、教育、旅游等行业有更大的合作潜力，并且新的合作领域不仅仅停留的器物层面上，它们会从精神层面上对中国和阿拉伯国家的关系产生重大的影响。

总之，以色列的科技，阿拉伯的资源，中国的大国环境，合作对三者都有着巨大的益处。

我国大学生创业现状分析及大学生创业扶持研究*

摘　要：大学生创业大潮风起云涌，然而成功率却令人担忧。据了解，去年大学生创业成功率不足10%，接近七成的创业人员月收入在3000以下，还有17.3%的项目处于亏损状态，而通过创业能够实现月收入过万的人仅占1.6%。由于社会资源受限、创业知识欠缺、对市场把握不够等等都使他们的创业道路艰辛曲折。到底大学生是如何看待创业？创业对他们而言又意味着什么？大学生创业有着怎样的特点、怎样的行为模式？带着这些问题，我们决定对当代大学生创业进行深入的调查研究，反映出目前大学生自己对于创业的真正思考。

关键词：大学生创业；创业扶持；创业心理

一、引言

近年来，创业在大学生之间变得越来越热。由于互联网的发展，学生的创业起点越来越低，以“小而微”为特点，集中在文化创新、科技

* 作者：施云舰、任雅萍、谭叶馨；
指导老师：冯艳宾。

及服务领域，大多选择依托学校和政府支持进行组团发展。大学生开始意识到，在严峻的就业形势下，自己能够在学校和政府的扶持下自主创业，在解决就业难问题的同时还可以创造大量就业岗位，帮助他人成功避免“毕业即失业”的尴尬情况。在这样的氛围下，大学生创业比例在逐年增长。从2015年大学生创业人数统计来看，比2014年翻两番，每年的大学生创业群体约20万人。这不是仅仅中国诞生的新兴就业方向，从全球发展趋势来看，毕业生创业的比例都在逐年增加。各个高等学府都开始重视对大学生创业，且为有意愿创业的学生提供相应的指导、咨询和协助。

除此之外，政府也注意到了大学生创业的兴起，并提供了较大力度的政策支持。2015年的政府工作报告中，李克强总理13次提及创业，他强调要继续简政放权形成新的创业浪潮，推进机制改革，为创业提供便利。创业引领计划从中央落实到地方，各高校逐步开始配置专门的就业指导老师、开设相关课程及讲座，并从资金上为学生提供便利，构建多元化人才培养模式，加大为国家发展培养和输送创新人才力度，仅北京市就已于2014年增加“促进北京地区高校大学生创业”专项资金3000万元。

首先，出于研究的指导性意义，我们主要从研究国内外主要相关论文，调查问卷，待创业者访谈和已创业者访谈等角度进行调查研究。

由于国外大学生创业潮兴起较早，调查和指导也相对更加完善，我们对已有的创业调查报告进行分析，参考调查报告问题设计，提取相关数据和理论，并和国内（尤其北京）的调查数据进行比对，得出更符合国内现状的调查结论。

在基本把握目前大学生创业现状的情况下，我们发现虽然现在媒体报道频繁，但是基于大学生创业的学术研究却少之又少，尤其是从大学生自己的角度来审视创业问题，很少有人涉及。

其次，本次研究对创业环境进行调查，探讨当前社会背景是否适合大学生进行创业，已有的政策可从哪些方面对创业提供支持，并且分析得出更适合创业的类型，以此为有意创业的同学提供参考意见。

最后，本研究着力于创业前景较明朗的方向，从待创业者访谈和创业者访谈经验出发，对创业需求和前期准备进行更进一步的分析，为有创业意愿的同学提供更明确的方向性指导，也为待开展创业指导活动的学校提供活动主题和参考。

二、研究方法

本研究选取对象主要为在校大学生（包括大专、高职、本科、研究生、博士生）及刚毕业三年内的学生（2012、2013、2014 届毕业生），纸质问卷发放主要集中于北京地区，网络问卷发放分布于全国省市及地区。

本小组对国内大学生创业现状的研究主要使用了文献研究法和问卷调查法，外加对于搜集到的数据进行定性和定量分析。

首先，我们在网络及部分期刊查询了相关文献资料，对国内外学术性论文以及最新新闻文稿进行分析。对于国内论文而言，有一些论文针对性不强，面向范围过广，参考价值不大，我们借鉴此类论文的调查方式和问题分析思路，并且考虑地域性经济发展差异和政策差异，缩小针对范围并整合有效问题。国外论文同样存在针对性不同的问题，然而同样由于国家间的经济发展和政策差异，创业形式可能会有所不同。然而由于他们采取的创业指导和国内并不相同，此类指导的效果和效率都为我们提供改进意见。由于李克强总理提出的“大众创业，万众创新”，最近创业热的兴起，各类媒体也更有意愿对此进行调查。新闻文稿以及企业名人的访谈提供的创业环境分析以及形势分析更具有代表性，可参考价值也是非常值得考虑的。

其此，我们小组根据自己的研究目的，对研究对象现实状况有针对性的设计了一份问卷，包含 28 个问题，并面向有创业经验的和无创业经验的群体设计了不同的问题。随后我们小组通过纸质发放及通过麦克表单进行网上发放的方式进行问卷发放，然后回收整理、统计和研究。通过问卷、个案研究等科学方式，对创业现象进行有计划的、周密的和系统的了解，并借助麦克表单网站自带的图表分析功能和数据库、MS EXCEL、SPSS 等工具对调查搜集到的资料进行分析、综合、比较、归纳，从而得到规律性的结论。从学术性论文中得出相关理论后，加上线上和线下同时发布调查问卷搜集到的数据，获取一手的更真实的数据，从而完善了以往的理论。而且由于对创业者从全社会人员缩小到大学生（主要为应届学生）创业，本论文的研究理论也更有准确性。

最后，我们针对少数真实的创业者进行一些针对性的采访。在问卷设计时我们特意设计了联系方式搜集的问题，并从资源留下联系方式的被访者当中选取了采访对象，主要针对正在创业的大学生、应届毕业生等。结合查询各种文献得到的理论信息以及问卷调查搜集到的第一手资料，可以分析出当前大学生创业的关注方向，我们就此进行更细致的访谈设计，问题的提出也会更有实际价值。

综合以上三种方式，我们的调查研究同时考虑到学术严谨性，数据真实性和调查研究的可行性，因此也是具有实践意义和研究价值的。同时为了使我们的研究更为完整，也为了获得更可靠有效的结果，我们也与信息科学学院的冯艳宾老师取得了联系，寻求专业知识和数据处理方法上的帮助。

三、文献研究

（一）影响大学生创业的主要因素

1. 社会环境因素

社会环境因素影响大学生创业体现在两个方面：第一是由社会或政府为在校大学生创造的商业环境，第二个是对高校学生创业创新能力的公众看法（覃加幸，2009）。为在校大学生创造的商业环境包括与大学生创业相关的政治、法律和金融环境等方面（覃加幸，2009）。大学生的创业环境越好，社会认同度越高，大学生选择创业的比例也会越高（刘敏，陆根书，彭正霞，2011）。

2. 家庭环境因素

某种程度上说，一个人的家庭是否支持他创业是决定大学生是否创业的重要原因，这主要决定于该家庭所在的地区，父母的教育水平及可以从亲朋好友处得到帮助的多少（刘敏，陆根书，彭正霞，2011）。如果他的父母鼓励他尝试而不必害怕失败，那么大学生通常会以积极的态度开始创业；如果一个人的父母想要他找到一份稳定的、安全的工作，学生在考虑创业时将谨慎保守的多。如果创业学生的家庭富裕，则该创业者在创业时愿意承担更高风险，否则，他会在意结果（张志华，2007年）。

3. 大学生自身因素

尽管政府和家庭有可以提供很多支持，一名自主创业的大学生依然依靠自己来经营公司。对于选择创业的学生，个人特质会大大影响创业成功率，包括他的心理状态、创业能力和情商等（覃加幸，2009 年）。除了上面提到的这些，一个人必须配备专业技能和管理技能，拥有自主学习的意识，并且善于把握机会（张志华，2007 年）。

（二）文献综述

由麦可思机构发布的中国大学毕业生自主创业报告指出，选择自主创业的人数近年来在快速增加，而大学毕业生，尤其是那些刚从大学毕业的学生创业成功率却非常低。一位专家说，进行自主创业的大学毕业生的创业成功率是约 2%—3%，远远低于社会自主创业成功率和海外平均水平。

现在中国政府正在通过实行优惠贷款政策等方式，鼓励高校开设创业课程来改变这一现状。但一些专家声称，政府施行的政策和他们试图创建的环境仍没解决最核心的问题——刚刚毕业的学生。出于这些考虑，一些特别为大学生创业制定的政策正在高效率地付诸实践。

虽然通过实施支持性政策可以一定程度上改变现状，可根据研究看来，教育才是目前最严重的问题。长期以来，我国的教育体系是倾向于选拔那些能获得好成绩的学生，特别是善于学习别人理论的，而这往往导致创新精神的缺失。这也就是为什么目前的学生大部分是不积极主动的，缺乏创意，不愿承担风险。然而自主创业的过程恰恰是风险很高的，需要创造性的思维来解决问题。在中国，学生可能在创业课堂上拿到高分，但在生活中却不知道该如何付诸实施。从理论到现实，还有很长的路要走，这远远超过书本上所学的理论。这些问题在教育领域都亟待解决。

同时，这篇研究报告还指出，女性比起男性更倾向于选择创业而不是就业。然而，经过我们的研究和采访，我们发现在中国这个并不适用。事实上，中国的女孩都更倾向于选择一份稳定的工作而不是创业。在中国，传统文化在职业选择方面发挥着重大的作用。在中国传统中，女孩应该做些体面、稳定的工作，而男生可以做些更有挑战性的工作。事业有成的男生也更容易吸引到女生的关注。在这种传统观念影响下，中国的女孩绝大多数选择在公司工作，而男孩则更有可能选择创业。

通过这篇文章，我们可以知道，创业选择受到专业影响。有文章说："那些自主创业者绝大多数毕业于艺术创意和设计课程专业"。然而，我们的研究得出不同的结论。自己创业的学生有许多来自金融专业和计算机科学专业，其中更是一半来自大学期间在商学院学习的学生。虽然也有艺术专业的一些学生选择自己创业，但数量很小。根据对一名绘画专业的学生采访得知，她的大多数同学选择在正规学校做教师，也有一些选择在培训中心代课。

通过我们的研究发现，技能缺乏是限制创业的重要因素。根据我们的研究和采访，创业者往往觉得他们自身经验不足，缺乏对开展业务至关重要的专业技能和社会关系。具体的问卷分析会在下一节展开。

四、问卷结果及其分析

本次研究的数据来源主要为调查问卷，本次调查共发放纸质问卷约100份，网络问卷若干，共回收有效调查问卷270份，这其中填写者男性87人，女性183人。调查问卷主要问题分为三类，主要调查范围，已有基础条件调查，以及针对创业者和未创业者的相关问题。

（一）主要调查范围

1. 地域分布

北京112；

山西30（太原23，汾阳1，朔州1，临汾1，大同1，未注明3）；

山东15（青岛4，济南4，淄博2，泰安1，潍坊1，临沂1，烟台1，未注明1）；

湖北14（武汉12，襄阳2）；

江苏12（南京7，徐州3，常州1，张家港1），江西3（南昌3）；

云南11（昆明8，曲靖2，蒙自1）。

注：其余未列出省份调查人数低于10人，共计覆盖我国24个省及直辖市，涉及49个城市。

由于问卷的主要投放范围是北京高校，因此填写人数较多。其余省份关注创业类调查问卷人数较高也主要出现在省会城市或本省较发达城市。由此可以看出城市的开放度和发展程度对创业意向有较大影响。

2. 年级分布

在调查者中，大三学生显然更关注创业类问卷，大二次之。由此我们可以判断处于规划毕业后去向关键期的学生对创业更感兴趣，也反映了当下创业潮流的火热。据此可进行创业类项目扶持的重点对象，并使创业类信息具有更好的针对性。

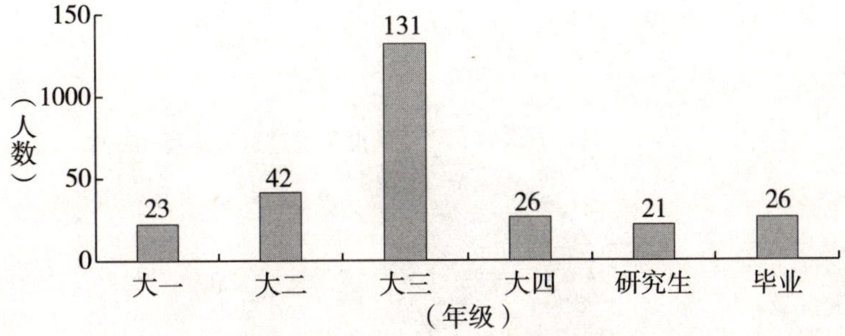

年级分布

（二）已提供基础条件调查

1. 你所在的学校目前对于学生创业提供哪些支持：（可多选）

共270人回答此问题。我们又抽取了占比例10%以上的回答并进行了数据分析。分析如下：（图表中省略内容见附件）

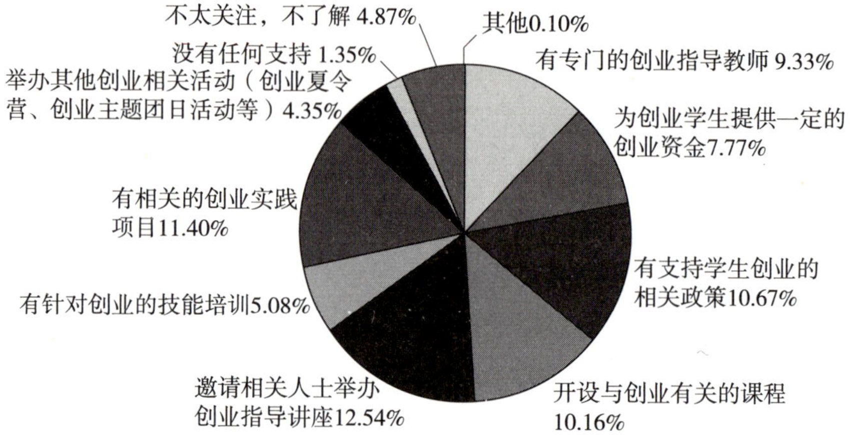

超过半数学校都有创业大赛，接近半数学校会举办讲座或有相关创业实践项目。由此调查结果可知高校目前的培养重点是鼓励学生进行实践。并且提供与学生创业相关的政策。然而开设课程或有专门指导老师比例较小，理论知识或许并不充分。学生的创业行为更多是自发性的尝试，可能并没有系统性规划。

2. 您是否参加过学校或其他组织举办的创业大赛或创业项目

调查可知超过一半的同学对于创业比赛感兴趣，然而感兴趣的人数远远超过实际参加过的人数。这和前期理论知识和对创业了解不足可能存在一定关系，有待后续进一步调查。

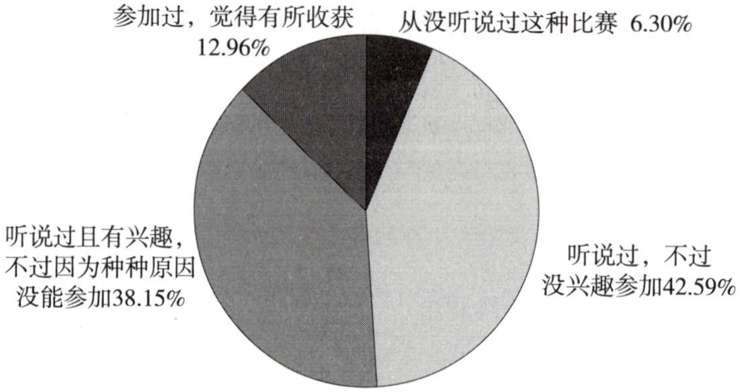

3. 您是否曾经创业/正在创业？

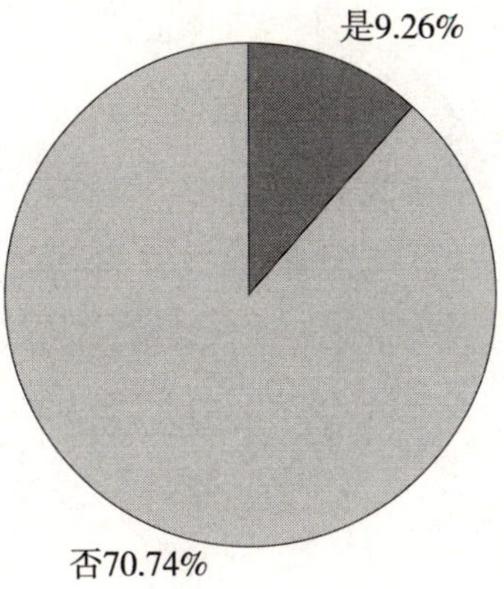

调查可知受访者中接近十分之一曾经创业或者正在创业。考虑到该问卷的发放对象主要为在校学生，该比例高出我们之前的预期，也说明目前的创业热潮是实实在在发生在我们身边。

（三） 创业者调查部分

1. 您进行创业原因是：（可多选）

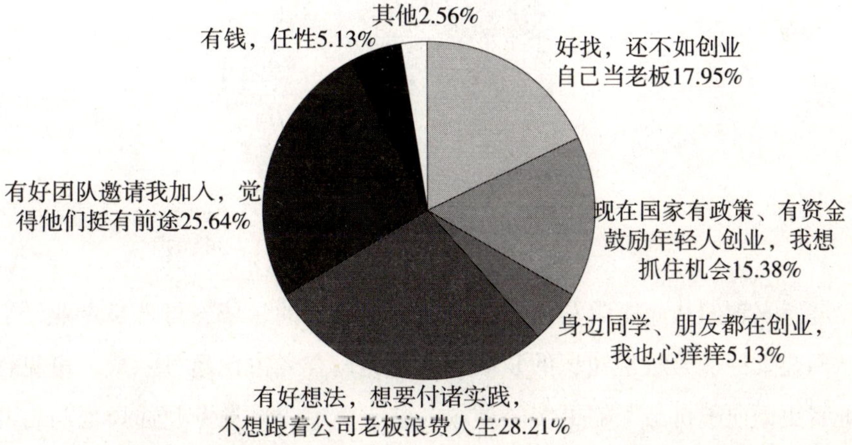

有好想法想要进行实现以及有好团队邀请的调查者比重最高，加起来超过一半，说明创业者在选择创业项目时更看重未来的发展前景，在发展前景较为明朗的状况下创业是大多数人愿意接受的。

2. 您创业选择的是哪种形式

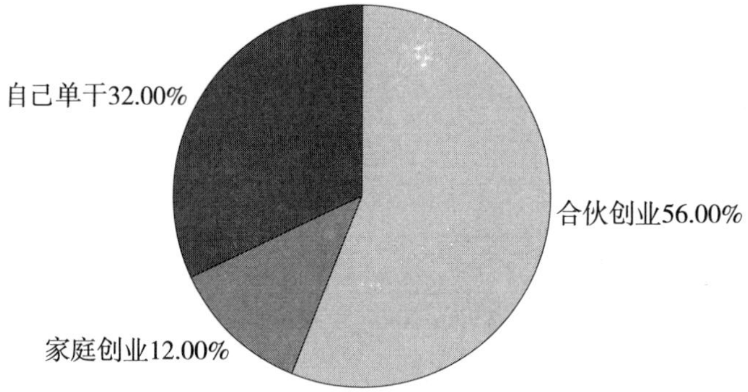

选择合伙创业者和自己单干的调查者占据接近百分之九十的比重。这说明创业者不再倾向于接受家庭支持，更希望进行个人独立性事业。而找到一个合适的合伙人更是非常重要的前提。

3. 创业选择的是哪个领域

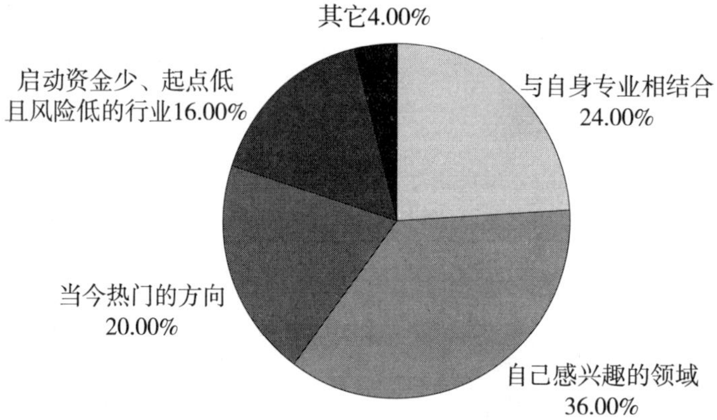

感兴趣的从而能激发更多热情和创新思路的领域、与自身专业结合从而能发挥最大所学知识的领域。这两类调查者占比超过六成，可见创业者更倾向于自己了解更多的领域、鉴于学生的自身专业选择也与自身兴趣有关，可见当前大学生创业更多是想实现自己的梦想。这一趋势与从前创业者的创业导向有了较大的不同，反映出当前大学生创业的独特性。

4. 您创业选择的是怎样的类型

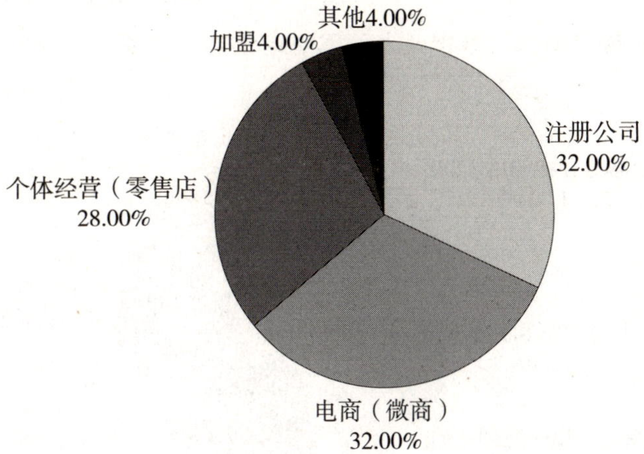

电商（微商）、注册公司和个体经营占据绝大多创业比例。微商或电商由于其启动资金较低，商品选择范围较广的特点，选择者正在不断增加。传统零售业和注册公司可能更需要丰富经验和资本积累才能入门。

5. 您进行自主创业，投入多少资金

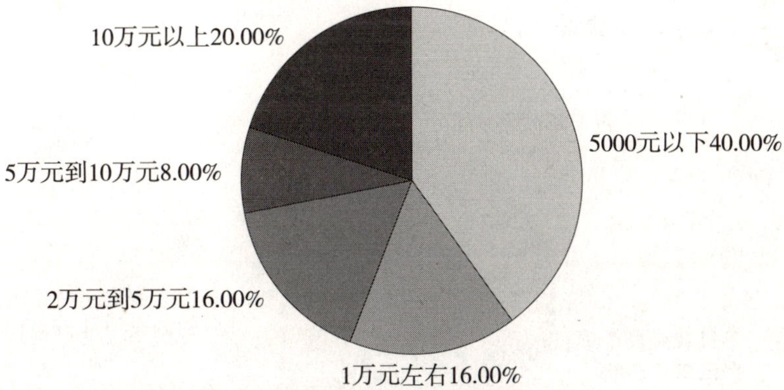

大学生创业者的创业投入五分之二集中在 5000 元以下，五分之一集中在 10 万元以上。以普通大学生月平均开支水平集中在 1000 元到 2000 元之间来估算，相当多的学生创业者愿意拿出自己几个月的生活费，或者一段时间的积蓄来创业，这些人大多抱着试试看的心理去创业；而也有不少的人拿出了自己几年的生活费，甚至长久以来的积蓄去创业，这

些人基本可以肯定是放手一搏，对自己创业成功的信心很大。最大比例的两组数据出现分化，说明学生创业者的出发点也有比较大的分歧。

6. 您认为您创业过程中最大的困难是什么（可多选）

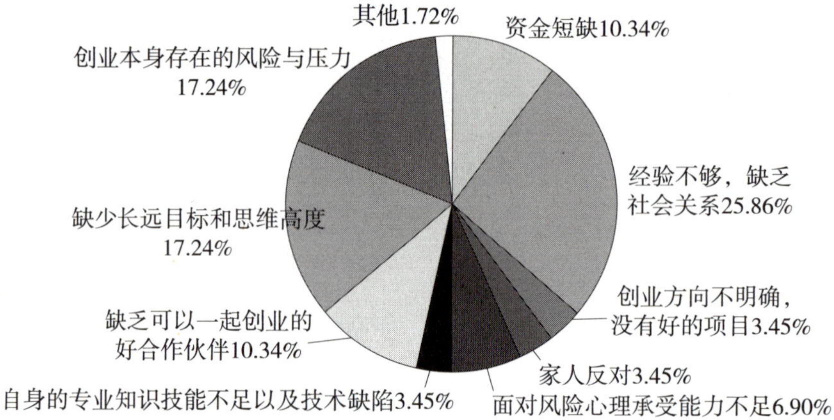

学生创业者创业过程中遇到最多的问题是经验不够，缺乏长远目标以及创业本身存在的风险，三者比例相加超过六成。由此看来，学校进行创业扶持时，应当针对这些问题开展针对性的培训。

7. 您是否会继续创业

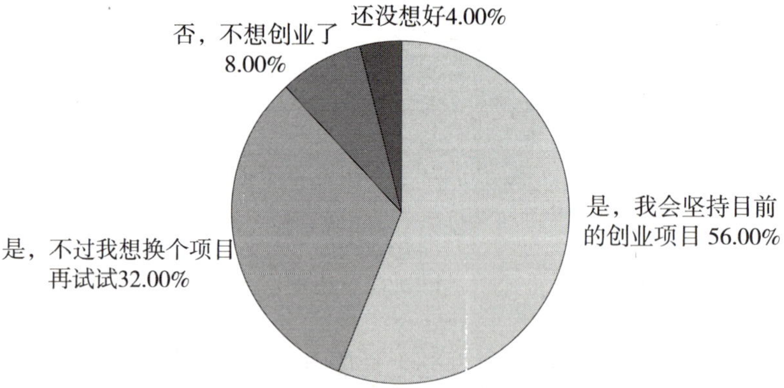

从此结果可以看出，对于曾经创业或者正在创业的人来说，出于某些原因，创业拥有极大的魔力，使得绝大部分创业者（88%）愿意继续在创业之路上走下去。至于这个动力来自哪里，可以在今后继续探索。

8. 您觉得自己不想创业/别人不想创业，可能存在的原因是：（可多选）

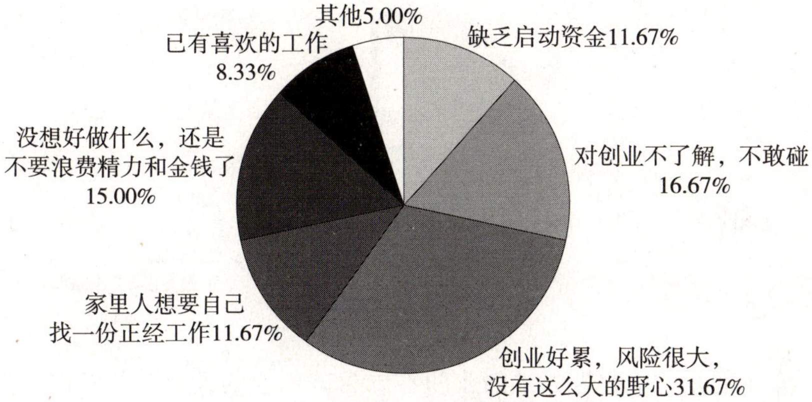

已创业者对创业风险和理论知识的缺乏都表示了困惑。这说明在高校中，想要鼓励更多创业者进行实践，风险控制和创业理论也是十分重要的基础。

（四）未创业者调查

1. 您是否打算毕业后/现在开始创业

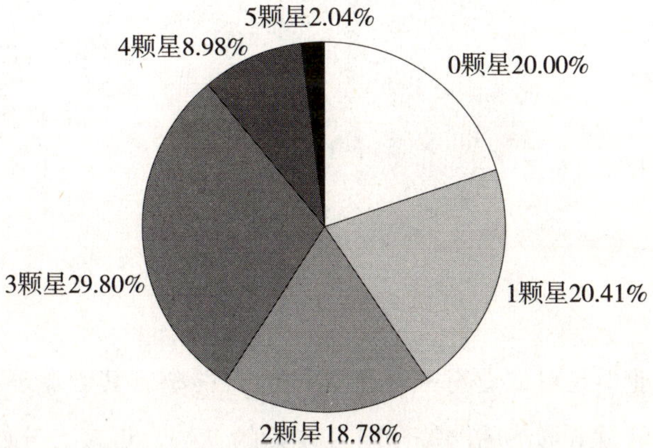

在未创业者中，犹豫不决者和对创业不抱希望者参半。三分之一调查者处于徘徊状态。缺乏经验、资金、理论支持和好的合伙人都可能成为未进行实际创业的原因。

2. 您对自己创业成功有多大信心

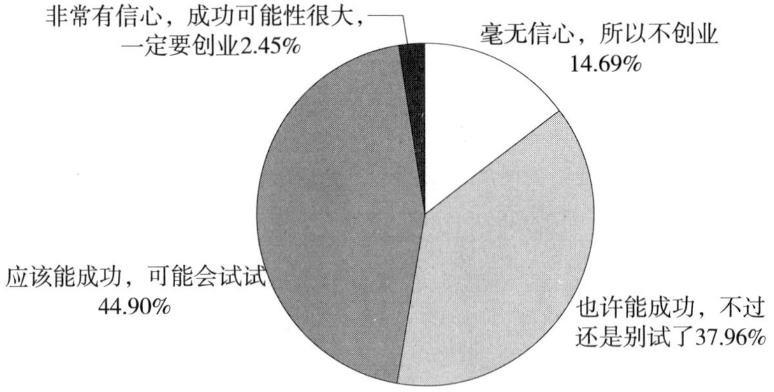

在未创业者中，想尝试创业和不想尝试创业的人数大约各占一半，不想创业的人略微多一些。

3. 您选择自主创业的原因是：（可多选）

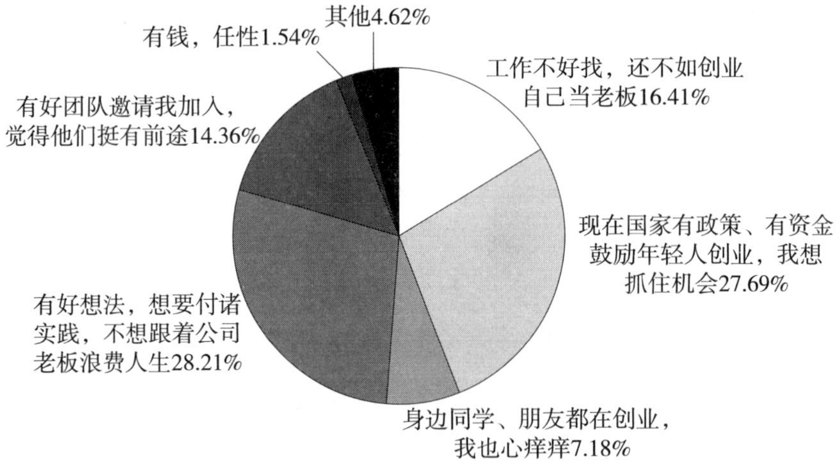

在未创业但是对创业有兴趣想尝试的人群中，其创业理由如上图所示。由于当前就业形势的严峻和国家政策的支持，更多人开始关注就业。而近年活跃的网络和崛起的O2O、B2C等营销方式促进了更多的人对创业有了好的想法。结合上面对已创业者的调查可以相互证明，大学生创业更多地向实现自身理想的方向发展。

这一点可以说明如果有好的创业支持，选择创业的人会有进一步增加的趋势。

4. 如果创业，您会选择哪个领域

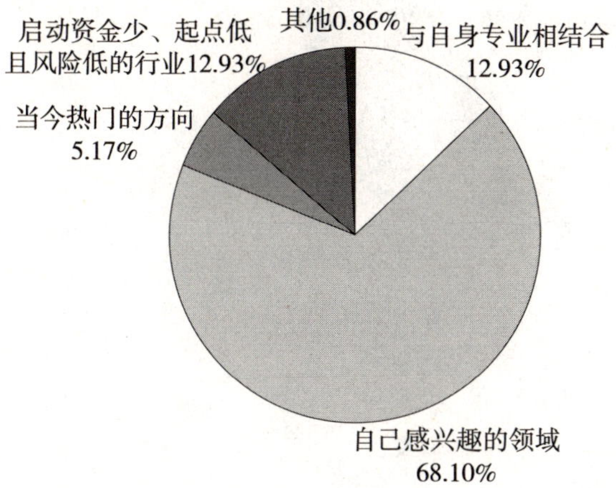

可以看到这些未创业者如果创业，近七成会选择自己感兴趣的领域，如果将专业选择也与自身兴趣有关考虑进去，这一比例更是超过八成。这一结果与上一条再次相互印证，证明当代大学生创业有鲜明的时代特点。

5. 如果创业，您会选择哪种形式

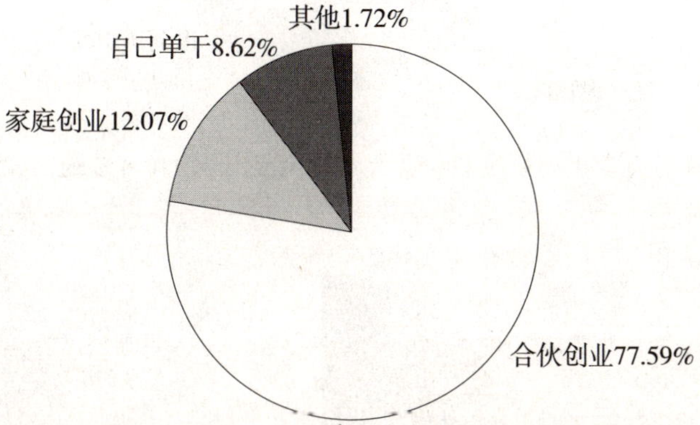

与已创业者的调查相比，未创业者对合伙创业的兴趣要大得多，超过了四分之三。这应该出于大家对于自己单干风险的未知性的担忧，所以愿意合伙创业分担风险，同时伙伴互补可以提升成功概率。

6. 如果您进行自主创业，您能承受多大金额的资金投入

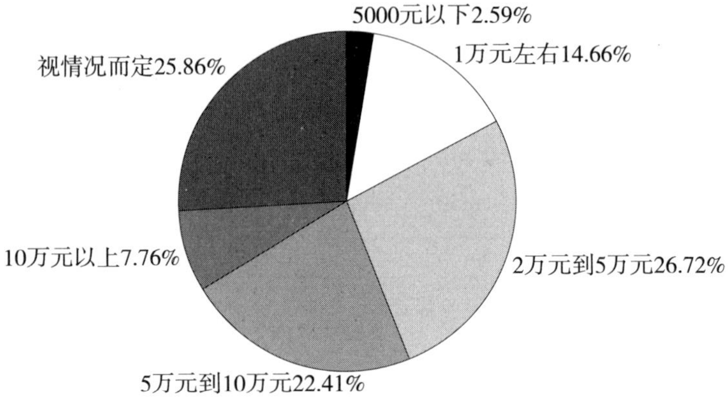

7. 您会选择怎样的创业类型

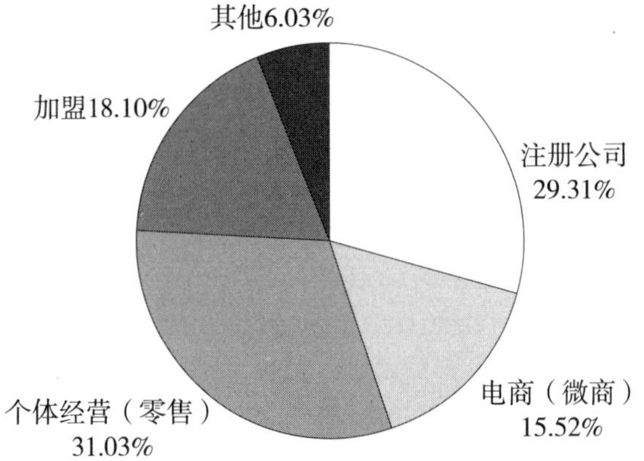

8. 您认为大学生创业过程中最大的障碍是什么：（可多选，最多选3项）

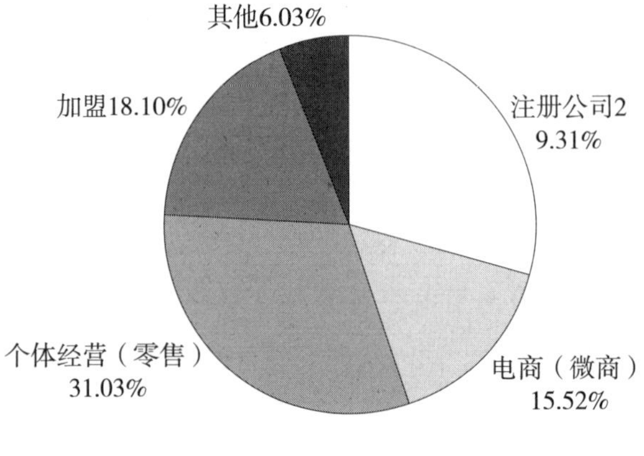

这一结果可以看出，经验缺乏，资金缺乏和创意缺乏是制约大学生创业最大的三个因素，在学校开展创业扶持时应该更多地向这三个方向投注精力。

9. 您觉得自己不想创业/别人不想创业，可能存在的原因是：（可多选）

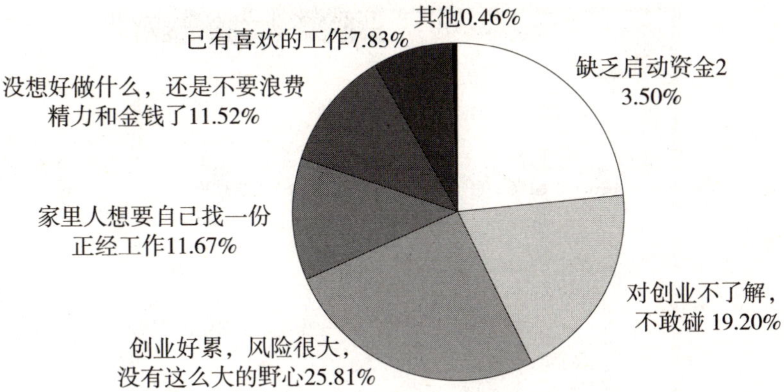

不想创业的人中，最多的担忧还是创业的风险，其次是资金的短缺，再其次是对创业缺乏了解。

10. 你认为学校最应当对于学生创业提供哪些支持：（可多选，最多选 5 项）

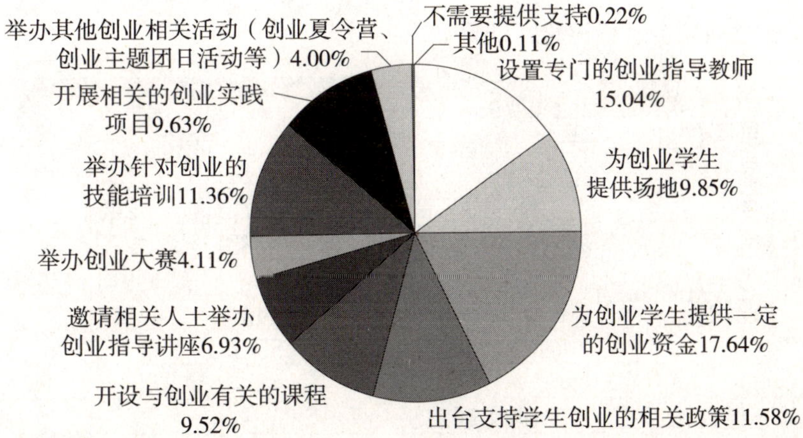

为创业学生提供场地、资金、政策，配备专门的创业指导教师并开设相关课程是当前推进大学生创业的当务之急。

（五）独立性检验

1. 性别对创业的影响

通过数据库导入处理可以得到如下结果：

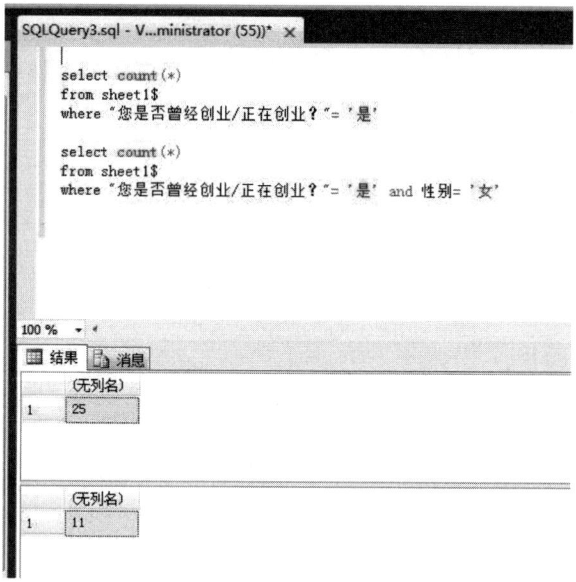

设 P0：是否创业与性别无关？

P1：是否创业与性别有关？

通过列联表进行检验，结果如图：

A	B	C	D
是否创业	男	女	合计
是	14	11	25
否	73	172	245
合计	87	183	270
理论值	8.055555556	16.94444444	
	78.94444444	166.0555556	
p值：	0.007570215		

在 SPSS 中进行检验。

Case Processing Summary

	Cases					
	Valid		Missing		Total	
	N	Percent	N	Percent	N	Percent
是否创业 * 性别	270	100.0%	0	.0%	270	100.0%

是否创业 * 性别 Crosstabulation

Expected Count

		性别		Total
		.00	1.00	
是否创业	.00	166.1	78.9	245.0
	1.00	16.9	8.1	25.0
Total		183.0	87.0	270.0

Chi-Square Tests

	Value	df	Asymp. Sig. (2-sided)	Exact Sig. (2-sided)	Exact Sig. (1-sided)
Pearson Chi-Square	7.132[a]	1	.008		
Continuity Correction[b]	5.983	1	.014		
Likelihood Ratio	6.640	1	.010		
Fisher's Exact Test				.012	.009
Linear-by-Linear Association	7.106	1	.008		
N of Valid Cases	270				

a. 0 cells (.0%) have expected count less than 5. The minimum expected count is 8.06.

b. Computed only for a 2x2 table

当 P < 0.05 时 拒绝原假设。

可证明性别与是否创业有相关性。

从统计结果可以看出，男性创业积极性要高于女性。

2. 线性回归检验

由上结果可知，显著性水平 sig > a = 0.05

所以回归模型不显著。

五、小结

本小节将主要讨论以下内容，本课题研究方法、研究结果可靠性、研究成果价值、当前研究局限性以及下一步研究建议。

Between-Subjects Factors

		N
性别	男	87
	女	183

Tests of Between-Subjects Effects

Dependent Variable:您是否打算毕业后/现在开始创业

Source	Type III Sum of Squares	df	Mean Square	F	Sig.
Corrected Model	1.159[a]	1	1.159	.581	.447
Intercept	747.722	1	747.722	374.764	.000
性别	1.159	1	1.159	.581	.447
Error	534.708	268	1.995		
Total	1368.000	270			
Corrected Total	535.867	269			

a. R Squared = .002 (Adjusted R Squared = -.002)

Parameter Estimates

Dependent Variable:您是否打算毕业后/现在开始创业

Parameter	B	Std. Error	t	Sig.	95% Confidence Interval	
					Lower Bound	Upper Bound
Intercept	1.710	.104	16.381	.000	1.505	1.916
[性别=男]	.140	.184	.762	.447	-.222	.502
[性别=女]	0[a]	.	.	.	.	.

a. This parameter is set to zero because it is redundant.

（一）课题研究方法及研究结果可靠性

课题研究方法已经在第四小节讨论过，由于本研究主要期望能对在校高校生的创业积极性和期望支持进行调查，为使调查结果更具参考价值和靶向性，我们采用了投放调查问卷的形式。参与调查问卷者主要为北京高校学生，以及对创业活动有积极想法者。

本次研究的目的主要为广大学生创业者和高校的创业活动组织提供参考意见，因此高校学生以及创业积极者的参考意见都十分重要。且本次调查样本数据量较大，地域覆盖较广，数据误差相对较小。

（二）研究成果价值

当前研究成功显示了我国各个地区（北京为主）高校有创业意向者占比，以及他们当前遭遇的困境和期望得到的支持。调查报告同时探索了已有高校的创业支持项目，这能够很好地为其他待开展创业活动的高校提供参考。

在有创业意向但未进行实践的调查者的研究结果中，我们发现被调查者对创业基础知识有更为强烈的需求，而这正是被很多积极开展创业支持活动的高校所忽略的。缺乏专业知识和对创业活动的基本了解可能是高校开展创业大赛或创业讲座时，报名参与并不积极或活动效果并未达到预期的重要原因。

在已创业者的调查研究结果中，我们相应地发现了他们所遭遇的困境主要包括对缺乏风险控制知识和创业经验不足的问题。这说明未创业时的知识缺乏在创业后不能得到很好的解决，从而成为创业困境。

此调查结果可以为高校开展活动提供新的创业活动思路，例如在创业活动相关社团中组织经验分享会，在经验分享活动中获取更多经验和经营思路，并可由此寻找更为合适的商业合作伙伴。

（三）当前研究局限性

当前研究依然存在局限，由于本次调查样本并未去除男女生意向差异，可能会对创业活动的风险接受程度有一定影响。且迫于财力、物力及时间限制，本次调查搜集的数据资料并未达到最理想水平，故最终结果反映仍有缺陷。数据分析时由于单个地区样本量不充足，因此并未考虑到不同专业对创业意向和创业成功率是否具有重要影响。

此外，本次调查由于时间限制，不能做到二次反馈调查。因此未能进行深入相关问题研究。例如，学校组织创业大赛有参加意向但未参与的原因是否与缺乏理论知识相关，学校组织的创业相关活动的效果是否对现实具有指导价值。

当前研究局限并不影响已有结论，但可以为后续进一步研究提供研究方向。如果在更理想的前提下，必能达到更理想的结果，从而得到更多更有价值的结论。

（四）进一步研究建议

如若在高校想要开展新的创业支持项目前进行更深入研究调查，我们能给出的建议是，针对本校学生投放调查问卷，主要调查方向为有意向却未能参加校内已有活动的原因；学生对学校已开展项目的了解程度和参与效果。

并且可以针对已开展收效良好的创业活动学校进行访谈调查，主要目标可以定位为商学院以及倾向商科的高校。此类高校创业支持活动较为成熟，可以给未开展活动高校提供更具参考价值的意见。主要调查方向可以是，学校/学院是否有开设创业/商业基础课程；参与创业互动的学生是否更倾向选修此类课程；校内创业活动社团主要活动内容和成果。

若想对当前大学生创业者进行行为分析，由本次调查结果出发，可以着重考虑已创业者选择微商/合伙创业/传统零售业的原因，以及他们选择此类创业时对创业风险的考虑。

若对当前高校生有创业意向者进行行为分析，亦可由本次调查结果出发，着重考虑调查者的风险接受度。并且探索对创业的认知程度对创业意向是否存在正向影响/二次性影响。

六、结论

本研究采用较大的样本量对当代大学生的创业现状和就业扶持情况进行简单研究。研究首先解决了大学生创业和大学生创业扶持现状与相关文献和政策描述中的差异。调查发现，由于中国传统文化影响，与其他国家女性相比，中国女性更倾向于寻找稳定的工作；技能的匮乏是创业的主要制约因素；大学生自身的素质也对创业成功与否有重大影响。研究发现，社会环境、家庭环境与大学生的自身因素（即是他们自己的个性）是最重要的影响因素。通过研究发现越来越多的学生在选择创业，对此课题如果能进一步的研究，将帮助广大学生更好的发现创业热点，提升成功率。

同时由上述研究可知，对创业不了解和对创业风险的担忧成为阻碍调查者进行创业的重要影响因素。而校内的创业大赛和创业讲座似乎并不能很好地解决这些困惑。

在问卷的互动反馈中，有创业想法但难以实现的主要集中于以下几个问题，与调查问卷结果相符。认为创业目标不明确，缺乏挤出资金的和缺乏对创业了解是共性问题。

学校方面可以提供的创业大赛形式并不能得到很好的认可，想要校方提供创业基金和场地的比重较大。校方可以考虑划出校内一部分区域，以价格较低的租金提供给学生进行创业实践，或是进行小班化风险管理和创业相关理论教学，开设有偿选修课。

课程中，对当前国家创业政策的解读和如何申请创业贷款可以成为重要课程部分。

在创业社团开展相关活动时可以倾向经验交流，邀请已创业人士进行经验分享，或者社团内进行模拟创业活动，分享创业思路和风险控制方式。使得具有良好创业想法的同学能够获取相关知识，并在活动中找到合适的合作伙伴。

参考文献

[1] 黎昕．大学生创业现状的问题分析与建议［J］．教育与职业，2013：98－100. DOI：doi：10. 3969/j. issn. 1004－3985. 2013. 24. 041.

[2] 刘敏，陆根书，彭正霞．大学生创业意向的性别差异及影响因素分析［J］．复旦教育论坛，2011，09（9：6）：55－62. DOI：doi：10. 3969/j. issn. 1672－0059. 2011. 06. 011.

[3] 覃加幸．现阶段影响大学生创业的因素及对策研究［J］．中国科教创新导刊，2009：15－15. DOI：doi：10. 3969/j. issn. 1673－9795. 2009. 23. 010.

[4] 张志华．大学生创业影响因素分析［J］．成功：教育版，2007.

[5] 网易新闻．大三休学加入创业潮 90 后创业催生“21 岁现象”［EB/OL］．http：//news. 163. com/15/0112/16/AFP6T5VV00014AEE. html，2015－01－12/2015－08－04.

[6] The Open University，（2015）．Graduate Business Start－ups.［online］Available at：http：//www. innovations. ac. uk/btg/resources/publications/graduatebusiness. pdf［Accessed 14 Jun. 2015］.

附录：大学生创业意向调查表

如今神创板高攀不起、自主创业大潮波澜壮阔，为了解当代毕业生对于自主创业的认识和理解，也为了完成双专业学期论文，特向大家发放此调查表，希望大家抽出时间填写。本问卷调查对象为在校大学生（包括大专、高职、本科、研究生、博士生）及刚毕业三年内的学生（2012、2013、2014 届毕业生），如果您不在此范围内，则不必参与填写，不过欢迎帮忙扩散～感谢所有参与者的配合！

1. 性别（必填）

○男　　○女

2. 大学所在地（省＋市，如：江苏南京/湖北武汉/北京）（必填）

____

3. 年级（请标明如大几/研几/博几/已毕业）（必填）

____

4. 您的专业类别是（必填）

○理学　○工学　○农学　○医学　○哲学　○经济学　○法学　○教育学　○体育类　○文学　○语言类　○艺术类　○历史学　○管理学

5. 你所在的学校目前对于学生创业提供哪些支持：（可多选）（必填）

□有专门的创业指导教师　□为创业学生提供场地　□为创业学生提供一定的创业资金

□有支持学生创业的相关政策　□开设与创业有关的课程　□邀请相关人士举办创业指导讲座

□举办创业大赛　□有针对创业的技能培训　□有相关的创业实践项目

□举办其他创业相关活动（创业夏令营、创业主题团日活动等）□没有任何支持

□不太关注，不了解　□其他：____

6. 您是否参加过学校或其他组织举办的创业大赛或创业项目（必填）

○从没听说过这种比赛　○听说过，不过没兴趣参加

○听说过且有兴趣，不过因为种种原因没能参加　○参加过，觉得有所收获

7. 您是否曾经创业/正在创业？（必填）

○是　○否

8. 您进行创业原因是：（可多选）（必填）

□工作不好找，还不如创业自己当老板　□现在国家有政策、有资金鼓励年轻人创业，我想抓住机会

□身边同学、朋友都在创业，我也心痒痒　□有好想法，想要付诸实践，不想跟着公司老板浪费人生

□有好团队邀请我加入，觉得他们挺有前途　□有钱，任性　□其他：____

9. 您创业选择的是哪种形式（必填）

○合伙创业　○家庭创业　○自己单干　○其他：____

10. 您创业选择的是哪个领域（必填）

○与自身专业相结合　○自己感兴趣的领域　○当今热门的方向

○启动资金少、起点低且风险低的行业　○其他：____

11. 您创业选择的是怎样的类型（必填）

○注册公司　○电商（微商）　○个体经营（零售店）　○加盟　○其他：____

12. 您进行自主创业投入多少资金　（必填）

○5000 元以下　○1 万元左右　○2 万元到 5 万元　○5 万元到 10 万元　○10 万元以上

13. 您认为您创业过程中最大的困难是什么（可多选）（必填）

□资金短缺　□经验不够，缺乏社会关系　□创业方向不明确，没有好的项目　□家人反对

□面对风险心理承受能力不足　□自身的专业知识技能不足以及技术缺陷

□缺乏可以一起创业的好合作伙伴 □缺少长远目标和思维高度 □创业本身存在的风险与压力　□其他：____

14. 您是否会继续创业（必填）

○是，我会坚持目前的创业项目　○是，不过我想换个项目再试试　○否，不想创业了　○还没想好

15. 你认为学校最应当对于学生创业提供哪些支持：（可多选，最多选 5 项）（必填）

□设置专门的创业指导教师　□为创业学生提供场地　□为创业学生提供一定的创业资金

□出台支持学生创业的相关政策　□开设与创业有关的课程　□邀请相关人士举办创业指导讲座

□举办创业大赛　□举办针对创业的技能培训　□开展相关的创业实践项目

□举办其他创业相关活动（创业夏令营、创业主题团日活动等）□不需要提供支持　□其他：____

16. 您觉得自己不想创业/别人不想创业，可能存在的原因是：（可多选）（必填）

□缺乏启动资金　□对创业不了解，不敢碰　□创业好累，风险很大，没有这么大的野心

□家里人想要自己找一份正经工作　□没想好做什么，还是不要浪费精力和金钱了……

□已有喜欢的工作方向，它的名字不叫“创业”　□其他：____

17. 您是否打算毕业后/现在开始创业

0 颗星：不想不想 我就是不想

1－2 颗星：曾经思考过，还没等想要试试就已经放弃了

3 颗星：正在考虑，正在犹豫，正在徘徊

4 颗星：很想自己创业，已开始 严肃构思

5 颗星：非常想创业，已经跟导师/学校/公司/潜在合伙人接触，寻求帮助

1　2　3　4　5

18. 您对自己创业成功有多大信心　（必填）

○毫无信心，所以不创业　○也许能成功，不过还是别试了　○应该能成功，可能会试试

○非常有信心，成功可能性很大，一定要创业

19. 您选择自主创业的原因是：（可多选）（必填）

□工作不好找，还不如创业自己当老板　□现在国家有政策、有资金鼓励年轻人创业，我想抓住机会

□身边同学、朋友都在创业，我也心痒痒　□有好想法，想要付诸实践，不想跟着公司老板浪费人生

□有好团队邀请我加入，觉得他们挺有前途　□有钱，任性　□其他：____

20. 如果创业，您会选择哪个领域　（必填）

○与自身专业相结合　○自己感兴趣的领域　○当今热门的方向

○启动资金少、起点低且风险低的行业　○其他：____

21. 如果创业，您会选择哪种形式　（必填）

○合伙创业　○家庭创业　○自己单干　○ 其他：____

22. 如果您进行自主创业，您能承受多大金额的资金投入（必填）

○5000 元以下　○1 万元左右　○2 万元到 5 万元　○5 万元到 10 万元　○10 万元以上　○视情况而定

23. 您会选择怎样的创业类型（必填）

○注册公司　○电商（微商）　○个体经营（零售店）　○加盟　○其他：____

24. 您认为大学生创业过程中最大的障碍是什么：（可多选，最多选 3 项）（必填）

□资金短缺　□经验不够，缺乏社会关系　□创业方向不明确，没有好的项目　□家人反对

□面对风险心理承受能力不足　□自身的专业知识技能不足以及技术缺陷

□缺乏可以一起创业的好合作伙伴　□缺少长远目标和思维高度

□创业本身存在的风险与压力　□其他：____

25. 您觉得自己不想创业/别人不想创业，可能存在的原因是：（可多选）（必填）

□缺乏启动资金　□对创业不了解，不敢碰　□创业好累，风险很大，没有这么大的野心

□家里人想要自己找一份正经工作 □没想好做什么，还是不要浪费精力和金钱了

已有喜欢的工作方向，它的名字不叫“创业”　□其他：____

26. 你认为学校最应当对于学生创业提供哪些支持：（可多选，最多选 5 项）（必填）

□设置专门的创业指导教师　□为创业学生提供场地　□为创业学生提供一定的创业资金

□出台支持学生创业的相关政策　□开设与创业有关的课程　□邀请相关人士举办创业指导讲座

□举办创业大赛　□举办针对创业的技能培训　□开展相关的创业实践项目

□举办其他创业相关活动（创业夏令营、创业主题团日活动等）

□不需要提供支持　□其他：____

足尖下的西城*

——北京市西城区道路名称的语言文化价值及英译现状初探

摘　要： 该研究项目旨在以社会语言学理论为基础，运用文献研究、实地考察走访、问卷调查等研究方法，对西城道路名称进行了系统的分析考察，归纳提炼出北京西城道路名称命名的基本特点，进而探讨道路名称的语言文化价值。并在实地考察过程中对道路名称类英译公示语进行调查，看其是否规范。

关键词： 语言；文化保护；城市建设；道路名称；公示语

一、选题缘起

自元大都城建立以来，北京市西城区便成为京畿中心、繁华地区。如今，西城区辖 15 个街道，加之经济、教育、旅游发达，独特的人文底蕴与文化内涵吸引着世界各地的游客前来游览观光。而街道名称作为人们日常生活中必不可少的标识，不仅仅承担着引导方向的重任，更是城市文化和城市精神的反映。在街道的命名与变迁下往往隐藏着深厚的语

* 作者：巨爽、唐娜、王璐、段盛雅、燕羽；
指导老师：程娟。

言文化内涵及社会价值。以往研究对北京特有的胡同名字的起源与文化比较关注，而忽略了更为普遍的街道名称的价值与意义。在对民国初年西城区一些地域街道命名的采集与分析时，我们发现了许多有意思的现象：仅在西城区，“大平街”出现两次，尽管剪子巷、翠花巷也都出现了两次，但考虑到古汉语中“大”“太”的通假情况，“大平街”或“太平街”无法得到考证。另外，由于地理发展、政治事件、经济变迁、文化传承等因素，街道名称也带上了深深的时代印记，街道名称的变迁便也不可忽略。从大街小巷名称的变化，我们可以触碰到时代的脉搏，体会到其下的文化内涵。因此选择从西城区街道命名与变迁中攫取语言文化价值。

北京语言大学出版的张清常老师的《北京街道名称史话》中对北京市的胡同名称做了比较详细的考察，但对于基本道路的说明较少。另外，近年城市发展加快，相关研究仍不到位。

道路名称的英译既为来京外国人提供了语言交流上的便利，也是北京国际化在语言上的体现，然而我们在平时的行走过程中却发现城市中仍存在着不规范的此类公示语。对于街道名称的英文翻译的相关研究已有不少，针对北京市西城区的语料搜集和相关研究仍十分有限。

二、选题意义

1. 理论价值

从街道名称看命名规则与特点，深化街道名称问题研究。

通过对“佟麟阁路”、“什坊小街”等街道名称的分析，在词汇学的视角下，可以研究街道名称的修饰语与通语的构成方式及其各自的语素组成。

2. 文化价值

从路名看其背后的文化内涵。总结路名背后的故事，有利于地区文化保护。看到其变化，思考路名变迁带来的便与不便。

3. 应用价值

从英文翻译和相关领域的对比，查漏补缺，进一步规范。如：lu jie street road 混用的情况时有发生，需要规范和思考其便利性。

三、分析与讨论

（一）道路命名规则总结

除胡同以外，北京市西城区的街巷名称也比较丰富，有“路、街、巷、条、里、道、河沿”等。其中大的道路命名十分规律。

1. “路”与“街”的命名一般搭配明显且范围较大的地区名字，如“阜成门外大街”。一般具有明显的方位指向性功能，如“内”“外”“东西南北”。标明方向的词一般出现在“路”“街”之前，但当路名是专有名时（通过谐音等方法变更后得名、而非直接以大范围区域名命名），如“礼士路（驴市大街）”，则在其整体前面加上方位词，成“南礼士路”、“北礼士路”。

2. 平行分列的“巷”“条”“里”一般加数字在前面作为标志。“条”一般用来命名一系列平行的东西走向的小路，但也有特例，如“横二条”。

3. 特有的“河沿”，在北京话里读作“河沿（四声）儿”，十分具有地方特色。顾名思义，该命名方式也十分的合理。就是说沿着河的路，如织女桥东河沿。

（二）命名意义

丰富的命名在表示地理位置、指明方位上起到了重要的作用。如德胜门外大街，明确地指出该道路出于德胜门的外部，隐约标明该路已经不在二环以内了。

生动的命名还赋予这些简单而平凡的文字以文化内涵。如改名后的礼士路，充分展现了我国重礼仪的传统美德，听起来也很文雅。很多的路名背后还有许多故事，如战争中涌现的英雄赵登禹、佟麟阁，每当走过以这些名字命名的路，都会肃然起敬，想着这是革命先辈流汗流血为我们创造的平坦大路，就会更加珍惜现在的生活。

（三）问题反思

“月坛南街”在“文革”期间曾被改名为社会路，现在改为月坛南街，但当地小区的楼名仍然叫改名之前的名字，导致楼名与路名不统一的情况。因路名大多与周边的地标同名，而老式居民住宅多采用路名命名，所以路名一旦变更便使得居民楼名与道路名称不符。这是此次社会实践发现的最多的问题。

道路、胡同的命名打破了惯有的以宽度大小分类命名的方式，大的胡同如“辟才胡同”“灵境胡同”（之前该胡同很窄，现在看到的是修建以后的），宽度有如一条大街，而一些小街虽然叫街、路，但规模还不及一般的胡同。只因道路拓宽改造，虽方便了通行却给道路名称文化带来了损失。针对此，张清常老师在《北京街巷名称史话》一书第八章北京街巷名称的改变中分析了改名遗留的问题，并给出了详细的建议。个人觉得市区政府在规划的时候或应参考一下相关的研究，张老师给出的建议不无可取之处，并且细致入微，总可解决似此胡同命名妄自尊大的问题。

（四）道路名称变迁的原因和意义

1. 关于变更

有的道路改名则因为原名不够文雅。如“驴市大街”，原来就是卖驴、驴肉的地方，现因为成了重要的交通干道，取其谐音改名叫“礼士路”，自复兴门外大街分南北，有南礼士路和北礼士路。再如现在的“美术馆路”，原来叫猪市大街，后因新地标美术馆的建成更名美术馆路。这样的变更似乎十分具有时代气息，充分展现了城市跳动的脉搏。

而有的再命名就显得过于繁杂，虽然从某种角度上来说遵从了道路命名的基本规则，但新名字有的十分拗口，有的十分冗长，易混淆或者忘记。如：三里河六巷东侧路，走起来就是一条宽度达不到路的级别，甚至比胡同还小的小巷子。有的标示牌有名称不统一或错别字现象，如簸箩仓胡同，取曾有存放簸箩的仓库之意，现经百姓误听讹传，出现了“菠萝仓胡同”的写法，这实在是有悖汉字名称深藏文化内涵的本质，而事实上胡同内很多门牌上的写法都与正确名称有出入。

西城地区的文化保护做得还是比较到位的。居民们多回答说通过街道两侧的宣传橱窗了解到了相关街道名字的文化内涵。这点十分难得。既有文化保护宣传的媒介，又有文化保护宣传的受众，保护这条路走起来便不困难。居民们大多能说出一二，有的连来龙去脉都记得非常清楚，得益于本地居民丰富的生活体验，有的在西长安街听评书的时候就了解到了很多关于地域名称文化的内容，这是十分珍贵的。

2. 变更意义

通过调查与反思，我们发现路名变更不仅可以体现城市的发展，也可以展现出城市丰厚的文化底蕴。路名的变更，有时是为了更好的贴合周围的建筑情况。变更，以新代旧，告诉我们城市近几年来发生了什么。适当的保留与适当的变更相得益彰，彼此映衬，古今交融，别具一格。

3. 道路名称变更的民意调查报告

该调查共分两个部分，网络调查和实地调查。共调查175人，其中网络有效问卷95份、实地调查有效问卷80份。

其中大部分参与调查的是三十岁以下的年轻人；本次调查中，女性占多数。在我们调查的人当中有一般的人没有关注过道路命名的相关问题。基本上所有的人都认同北京的街道命名，没有太多的异议，仅有三分之一的人反映街道名称曾给他们的带来过不便。

有的居民指出使用老路名可以令他想起老祖宗；而一位来北京做生意的小伙子则说北京的路名都太过老土，特别是诸如“条”“胡同”这样的命名不能体现出城市建设的时代步伐，他更建议说有的路名可以叫作“阳光大道”；一位曾有过上山下乡经历的义达里老居民则反映说很多地方胡同没了可是名字还在，失去了其本来的意义，他还为我们讲述了西四牌楼原来是杀人场的故事；一位七旬老人告诉我们多年前西黄城根北街路面坑洼不平，十分不方便行走，两年前路修好了，虽然留存了原地名，但几十年前的老街景已然不复，但焕然一新的路又宽敞又整洁，展现出城市的新面貌。

关于路名是否应该变更的问题，有些居民说不该变更，因为那样老年人不能记清路的名字，很容易迷路。有的居民则说应当承上启下，视具体情况而定。这样的建议也是极好的。

（五）西城区道路名称公示语英译现状初探

公示语是面向公共环境的标示性语言，应在做到在没有基础性错误的同时达到翻译“信、达、雅”的标准。

目前在北京市西城区的道路名称英译中仍旧存在着许多汉语拼音式的音译，这也是西城区公示语问题中的主要问题，即直接将“路”翻译为Lu，“街”翻译为“Jie”。这样的翻译看似保留了汉语独有的文化内涵，但实际上在语言学上并没有将英译的功能和目的体现出来，非汉语母语者实际上并不能理解。如下图所示，“太平桥大街”按照规范应翻译为“TAIPINGQIAO St.”，我们猜测如此翻译是因为“太”并不容易通过英语中对应的说法翻译出来，因而形成了一个翻译上的鸿沟，而诸如此类的路名在翻译规范中并没有详细的说明解释，给实际翻译造成了困难，也在实际应用中消解掉了公示语本身所具有的意义。

再如“赵登禹路”直译为“ZHAO DENG YU LU”似乎并不妥帖，应译为“ZHAODENGYU Rd”或“路”译为“LANE”也不为过。这样的翻译就如同没有做翻译这项工作一样，是无用功。

在《北京市公共场所英语标识规范——道路交通》中的规定：小街、条、巷、夹道一般情况下译为Alley，当路宽达到一定规模时可译为St；在《北京市公共场所英语标识规范——通则》中，方位词含有指示方向的意义时应译成英文，当方位词本身固化为地名的一部分时，方位词采用汉语拼音，如东直门DONGZHIMEN。根据以上两条英译规则，我们发现西城区的部分街道翻译不符合这些规范，因国际地图及旅游类书籍编写在一定程度上采用我国所提供地方特色翻译标准，所以这些不规范的翻译在某种程度上会给来京外国人带来困惑。“安平巷”翻译为“AN PING XIANG”，“XIANG”本身不具有国际通用的识别性，不能一目了然式的令人明白这是一条怎样的街道，因而“Alley”似乎更为合适；“南玉带西巷”的英译并没有遵循以上规范，像“XI XIANG”这样的翻译即使外国人可以拼读出来，也不能有效地理解，或许译为“WEST Alley”更有实际价值。

更为有趣的是同是巷子这样的街道，“安平巷”便是直译，而“蒲州巷”就被翻译成了“PUZHOU Alley”。这似乎也体现了目前在语言文化上有标准但不合实际、有标准却不用标准的一大问题。

同样给道路名称翻译带来困扰的是以下两条街道的名称：

可以看到像“南横街”、“东侧路”这样的名称在翻译上并不能很好的实现有效翻译，而只能采取直译的方式。这样使原本就拗口难辨的路名的英译变得更加难以理解，这点是道路命名本身和规范道路英译两方面应该合力解决的问题。

通过以上例子可以看出，西城区路名公示语英译现状十分堪忧，问题重重。很多地方似乎只是方便了译者本身，减少其工作量而难为了那些花费心思去理解路牌内容的人。而且另一点不太规范的是很多的标示牌都是由公安局这样的部门监制的，我们不禁怀疑其在语言学方面的可靠性，或许在这个领域还是应当由一个统一的研究语言的可靠部门来进行标准化的管理，也能进一步避免不同街道标准不统一的问题。

四、结论

通过分析与讨论可以看出目前北京市西城区的道路命名的文化内涵仍有极大价值，但在语言学方面欠缺一定的社会性意义，比如一些命名不够人性化、不方便区分和识记等。在道路名称公示语英译方面仍存在很多问题，在语言翻译规范仍做得不到位。从社会语言研究的角度上来看，这样的语言实例十分具有研究和探讨价值，是我们在语言应用方面的筑路石。希望北京市西城区的相关部门可以加以重视，在丰富城市语言景观的同时，保证其合理性与规范性，为建设一个人性化的城市付出更多的努力。

参考文献

[1]《北京市公共场所英语标识规范》，2006 年 2 月 22 日。

[2] 北京市地方志编纂委员会，《北京志·地名志》、《北京志·道路志》，北京出版社，2006 年。
[3] 北京市西城区志编纂委员会，《北京市西城区志》，北京：北京出版社，1999 年。
[4] 范仲英（2004），《实用翻译教程》，外语教学与研究出版社，2004 年。
[5] 古建华（2010），《图说老北京——京门九衢》，中国书店出版社，2010 年。
[6] 吕和发（2004），公示语的汉英翻译，《中国科技翻译》第 17 卷 1 期，2004 年。
[7] 吕和发（2005），公示语的功能特点与汉英翻译研究，术语标准化与信息技术，2005 年。
[8] 杨全红（2004），也谈汉英公示语的翻译，中国翻译，2005 年。
[9] 袁良平、汤建民，年国内翻译研究的计量分析——基于 3 种翻译研究核心期刊的词频统计．上海翻译出版社，2001－2006.
[10] 张清常（2004），《北京街道名称史话（修订本）》，北京：北京语言大学出版社，2004 年。
[11] 周海南等（2001），《西城追忆》，西城区档案馆期刊第 44 期，2001 年。
[12] Newmark. Peter. A Text Book of Translation. London：Pren—rice Hall，1988.